AF856852

Inhaltskontrolle im nationalen und Europäischen Privatrecht

Schriften zum Europäischen
und Internationalen Privat-, Bank-
und Wirtschaftsrecht

EIW Band 33

Schriften zum Europäischen und Internationalen Privat-, Bank- und Wirtschaftsrecht

Herausgegeben von

Professor Dr. Horst Eidenmüller, LL.M. (Cambridge), München
Professor Dr. Dr. Stefan Grundmann, LL.M. (Berkeley), Berlin
Professor Dr. Susanne Kalss, LL.M. (Florenz), Wien
Professor Dr. Wolfgang Kerber, Marburg
Professor Dr. Karl Riesenhuber, M.C.J. (Austin/Texas), Bochum
Professor Dr. Heike Schweitzer, LL.M. (Yale), Florenz
Professor Dr. Hans-Peter Schwintowski, Berlin
Professor Dr. Reinhard Singer, Berlin
Professor Dr. Christine Windbichler, LL.M. (Berkeley), Berlin

EIW Band 33

De Gruyter Recht · Berlin

# Inhaltskontrolle im nationalen und Europäischen Privatrecht

## Deutsch-griechische Perspektiven

Herausgegeben von Karl Riesenhuber
und Ioannis K. Karakostas

ATHEN-BOCHUM

De Gruyter Recht · Berlin

Veröffentlichung der Beiträge der Deutsch-Griechischen Tagung am 20. und 21. Februar 2009 im Veranstaltungszentrum der Ruhr-Universität Bochum.

Herausgeber:
Professor Dr. Karl Riesenhuber, M.C.J., Ruhr-Universität Bochum
und Professor Dr. Ioannis K. Karakostas, National und Kapodistria Universität zu Athen

♾ Gedruckt auf säurefreiem Papier,
das die US-ANSI-Norm über Haltbarkeit erfüllt.

ISBN 978-3-89949-745-8

*Bibliografische Information der Deutschen Nationalbibliothek*

Die Deutsche Nationalbibliothek verzeichnet diese Publikation in der Deutschen Nationalbibliografie; detaillierte bibliografische Daten sind im Internet über http://dnb.d-nb.de abrufbar.

© Copyright 2009 by De Gruyter Rechtswissenschaften Verlags-GmbH, D-10785 Berlin

Dieses Werk einschließlich aller seiner Teile ist urheberrechtlich geschützt. Jede Verwertung außerhalb der engen Grenzen des Urheberrechtsgesetzes ist ohne Zustimmung des Verlages unzulässig und strafbar. Das gilt insbesondere für Vervielfältigungen, Übersetzungen, Mikroverfilmungen und die Einspeicherung und Verarbeitung in elektronischen Systemen.

Printed in Germany
Umschlaggestaltung: Christopher Schneider, Laufen
Datenkonvertierung/Satz: WERKSATZ Schmidt & Schulz GmbH, Gräfenhainichen
Druck und Bindung: Hubert & Co., Göttingen

## Geleitwort

*Apostolos Georgiades* und *Karl Riesenhuber* haben am Rande der Tagung *Privatrechtsgesellschaft*, die vom 19.4.2007 bis zum 21.4.2007 in Bochum stattgefunden hat, die Idee zu einer Deutsch-Griechischen Tagung aus der Taufe gehoben. Mir war als damaligem Dekan sogleich bewusst, welche großen Anstrengungen damit für die Organisatoren verbunden sein würden. Es galt, ein Thema von übergreifendem Interesse zu finden und die Mitglieder sowohl der Athener wie die der Bochumer Juristischen Fakultät zur Mitarbeit zu motivieren. Als Prodekan hatte ich dann die große Freude und die persönliche Ehre, die Athener Kolleginnen und Kollegen an der Ruhr-Universität begrüßen zu dürfen, und als Zivilrechtler bin ich in den Genuss der überaus anregenden Vorträge und der fruchtbaren Diskussionen gekommen. Daher habe ich allen Anlass, nicht nur allen Referenten, sondern zuvörderst *Ioannis K. Karakostas* und *Karl Riesenhuber* als den treibenden Kräften des Projekts namens der Juristischen Fakultät der Ruhr-Universität Bochum für ihr Engagement an dieser Stelle herzlich zu danken.

Die Wahl der Inhaltskontrolle als Generalthema der Verhandlungen war überaus glücklich. Dies liegt an der hohen Aktualität wie der rechtspolitischen Brisanz des Sujets. Denn die Privatautonomie genießt in den Mitgliedsstaaten der Europäischen Gemeinschaften kraft unterschiedlicher Rechtstradition einen völlig verschiedenen Stellenwert. Die auch insoweit eng miteinander verwandten Zivilrechtsordnungen Griechenlands und Deutschlands setzen die Schwelle für richterliche Eingriffe im Wege der Inhaltskontrolle gemeinhin recht hoch an. Dieser vergleichbare Standard bildete den Hintergrund, vor dem die europäische Rechtsvereinheitlichung äußerst fundiert behandelt werden konnte. Überdies ist die harmonische, ja geradezu freundschaftliche Atmosphäre unserer gemeinsamen Tagung sicherlich nicht zuletzt auf diese rechtsdogmatische Basis zurückzuführen.

Ich bin mir sicher, dass die im vorliegenden Tagungsband zusammengefassten Vorträge und Diskussionsberichte gewichtige Beiträge zu der nach wie vor unverzichtbaren europaweiten Auseinandersetzung mit Grund und Grenzen der richterlichen Inhaltskontrolle privatautonomer Rechtsakte bilden werden, und kann die Veranstalter und Herausgeber zum Erscheinen des Buches nur beglückwünschen.

*Peter A. Windel*

# Vorwort

Kaum ein anderes Thema berührt die Grundlagen der Privatrechtsordnung – und damit der Ordnung einer Privatrechtsgesellschaft – so wie das der Inhaltskontrolle. Seine prinzipielle Bedeutung zeigt sich daran, dass es die verschiedensten Bereiche des Privatrechts betrifft und auch grundrechtliche Fragen aufwirft. Nicht von ungefähr handelt es sich um eine Frage, die in der einen oder anderen Form seit alters gestellt wird: Wie weit darf und wie weit muss die Inhaltskontrolle im Privatrecht gehen? Einer Fülle von Aspekten dieses Generalthemas haben sich Mitglieder der Athener und der Bochumer Juristenfakultäten anlässlich einer Tagung im Rahmen ihrer Fakultätspartnerschaft gewidmet.

Die Herausgeber danken dem *Verein zur Förderung der Rechtswissenschaft e.V.* für die Förderung der Veranstaltung sowie der Drucklegung. Dank gebührt zudem den wissenschaftlichen und studentischen Mitarbeitern des Bochumer Lehrstuhls von Karl Riesenhuber für die engagierte Mitwirkung bei der Vorbereitung und Durchführung der Tagung und die sorgfältige und gedankenreiche Unterstützung bei der Redaktion des Bandes: Herrn Rechtsreferendar *Martin Bredol,* Frau Rechtsreferendarin *Julia Jacobs*; Herrn Assessor *Alexander Jüchser,* Frau Rechtsreferendarin *Sarah Rohde,* Herrn Rechtsreferendar *Alexander Roos,* Herrn Assessor *Frank Rosenkranz,* Herrn Assessor *Stefan Wichary,* Frau cand. iur. *Ulrike Koch,* Frau stud. iur. *Sina Krefft,* Herrn cand. iur. *Sven Lohse,* Frau stud. iur. *Sandra Rösler* und Herrn stud. iur. *Hans Schimmeck.*

Athen und Bochum im September 2009

*Antonis K. Karampatzos*
*Karl Riesenhuber*

# Autorenverzeichnis

*Matthias Armgardt*, Dr. iur., o. Professor an der Universität Konstanz

*Martin Bredol*, Rechtsreferendar am OLG Saarbrücken, Wiss. Mitarbeiter an der Ruhr-Universität Bochum

*Julia Jacobs*, Rechtsreferendarin am OLG Hamm, Wiss. Mitarbeiterin an der Ruhr-Universität Bochum

*Alexander Jüchser*, Ass. iur., Wiss. Mitarbeiter an der Rheinischen Friedrich-Wilhelms-Universität Bonn

*Ioannis Karakostas*, Dr. iur, o. Professor und Prorektor an der National und Kapodistria Universität zu Athen

*Antonios Karampatzos*, Dr. iur., Ass. Professor an der National und Kapodistria Universität zu Athen

*Christoph Krampe*, Dr. iur., o. Professor an der Ruhr-Universität Bochum

*Martin Maties*, Dr. iur., Wiss. Assistent an der Ruhr-Universität Bochum

*Karlheinz Muscheler*, Dr. iur., o. Professor an der Ruhr-Universität Bochum

*Paraskevi Paparseniou*, Dr. iur., MLE, Ass. Professor an der National und Kapodistria Universität zu Athen

*Karl Riesenhuber*, Dr. iur., M.C.J., o. Professor an der Ruhr-Universität Bochum

*Sarah Rohde*, Rechtsreferendarin am OLG Hamm, Wiss. Mitarbeiterin an der Ruhr-Universität Bochum

*Renate Schaub*, Dr. iur., LL.M., o. Professorin an der Ruhr-Universität Bochum

*Vassilis Voutsakis*, Dr. iur., DEA, Ass. Professor an der National und Kapodistria Universität zu Athen

*Rolf Wank*, Dr. iur., o. Professor an der Ruhr-Universität Bochum

*Stefan Wichary*, Ass. iur., Wiss. Mitarbeiter an der Ruhr-Universität Bochum

*Peter A. Windel*, Dr. iur., o. Professor an der Ruhr-Universität Bochum

# Inhaltsverzeichnis

# Abkürzungsverzeichnis

| | |
|---|---|
| a.A. | andere/r Ansicht |
| a.a.O. | am angegebenen Ort |
| ABGB | Österreichisches Allgemeines Bürgerliches Gesetzbuch |
| abgedr. | abgedruckt |
| ABl. | Amtsblatt der Europäischen Union |
| Abs. | Absatz |
| AbzG | Abzahlungsgesetz |
| AcP | Archiv für die civilistische Praxis (Jahrgang [Jahr], Seite) |
| a.F. | alte Fassung |
| AG | 1. Amtsgericht; 2. Die Aktiengesellschaft (Jahr, Seite) |
| AGB | Allgemeine Geschäftsbedingungen |
| AGBG | Gesetz zur Regelung des Rechts der Allgemeinen Geschäftsbedingungen |
| AGG | Allgemeines Gleichbehandlungsgesetz |
| A.K. | Astikós Kódikas [griechisches Zivilgesetzbuch von 1946] |
| a.M. | am Main |
| Anh. | Anhang |
| Anm. | Anmerkung |
| AnwKomm | Anwaltskommentar |
| AP | Arbeitsgerichtliche Praxis (Gesetz Paragraph/Artikel Nummer) |
| Arm | Armenopoulos (Jahr, Seite) |
| ARSP | Archiv für Rechts- und Sozialphilosophie (Band [Jahr], Seite) |
| Art. | Artikel (EZ, MZ) |
| Aufl. | Auflage |
| AÜG | Arbeitnehmerüberlassungsgesetz |
| Az. | Aktenzeichen |
| b2b | business to business |
| b2c | business to consumer |
| BAG | Bundesarbeitsgericht |
| BAGE | Entscheidungen des Bundesarbeitsgerichts (Band, Seite) |
| BAT | Bundesangestelltentarifvertrag |
| BayObLG | Bayerisches Oberlandesgericht |
| BayObLGZ | Entscheidungen des Bayerischen Obersten Landesgerichts in Zivilsachen (Jahr, Seite) |
| BB | Betriebsberater (Jahr, Seite) |
| Bd. | Band |
| Bearb. | Bearbeitung |

| | |
|---|---|
| BetrVG | Betriebsverfassungsgesetz |
| Bf. | Beschwerdeführer |
| BGB | Bürgerliches Gesetzbuch |
| BGE | Entscheidungen des schweizerischen Bundesgerichts, amtliche Sammlung (Jahrgang Band=Sachgebiet, Seite) |
| BGH | Bundesgerichtshof |
| BGHZ | Entscheidungen des Bundesgerichtshofs in Zivilsachen (Band, Seite) |
| BT | Bundestag |
| BT-Drs. | Bundestagsdrucksache |
| BUrlG | Bundesurlaubsgesetz |
| BVerfG | Bundesverfassungsgericht |
| BVerfGE | Entscheidungen des Bundesverfassungsgerichts (Band, Seite) |
| B.W. | Burgerlijk Wetboek |
| bzw. | beziehungsweise |
| c2c | consumer to consumer |
| Cc, C.c. | Code civil; Codice Civile (Italien), Código Civil (Portugal) |
| CFR | Common Frame of Reference |
| ChrID | Chronika Idiotikou Dikaiou [Chronik des Privatrechts] (Jahr, Seite) |
| c.i.c. | culpa in contrahendo |
| CISG | United Nations Convention on Contracts for the International Sale of Goods |
| CMLR | Common Market Law Review (Jahr, Seite) |
| DB | Der Betrieb (Jahr, Seite) |
| DCFR | Draft Common Frame of Reference |
| DEE | Dikaio Epichieriseon kai Etairion [Unternehmens- und Gesellschaftsrecht] (Jahr, Seite) |
| ders. | derselbe |
| d.h. | das heißt |
| dies. | dieselbe/dieselben |
| DNotZ | Deutsche Notarzeitschrift (Jahr, Seite) |
| Drs. | Drucksache |
| ebd | ebenda |
| EEmpD | Epitheorisi Emporikou Dikaiou [Revue des Handelsrechts] (Jahr, Seite) |
| EfAD | Efarmoges Astikon Dikaion [Theorie und Praxis des Zivilrechts] (Jahr, Seite) |
| EG | 1. Europäische Gemeinschaft; 2. nach Bezeichnung eines Artikels: EG-Vertrag seit Vertrag zur Gründung der Europäischen Gemeinschaft |
| EGBGB | Einführungsgesetz zum Bürgerlichen Gesetzbuch |
| EheRG | Gesetz zur Reform des Ehe- und Familienrechts |
| Einl. | Einleitung |

| | |
|---|---|
| EllDni | Elliniki Dikaiosyni [Griechische Justiz] (Jahr, Seite) |
| endg. | endgültig |
| EpiskED | Episkopisi Emporikou Dikaiou [Überblick des Handelsrechts] (Jahr, Seite) |
| ErbR | Zeitschrift für die gesamte erbrechtliche Praxis (Jahr, Seite) |
| ERCL | European Review of Contract Law (Band [Jahr], Seite) |
| ErfK | Erfurter Kommentar zum Arbeitsrecht (§ Gesetz Rn.) |
| ERPL | European Review of Private Law (Jahr, Seite) |
| EU | Europäische Union |
| EuGH | Europäischer Gerichtshof |
| EUI | European University Institute |
| EuZW | Europäische Zeitschrift für Wirtschaftsrecht (Jahr, Seite) |
| EVÜ | Übereinkommen über das auf vertragliche Schuldverhältnisse anzuwendende Recht |
| EWG | Europäische Wirtschaftsgemeinschaft |
| EzA | Entscheidungssammlung zum Arbeitsrecht (§ Gesetz Nummer) |
| f., ff. | folgende (EZ, MZ) |
| FamRZ | Zeitschrift für das gesamte Familienrecht (Jahr, Seite) |
| FAZ | Frankfurter Allgemeine Zeitung (Datum, Seite) |
| FGPrax | Praxis der Freiwilligen Gerichtsbarkeit (Jahr, Seite) |
| Fn. | Fußnote |
| FPR | Familie, Partnerschaft und Recht (Jahr, Seite) |
| FS | Festschrift |
| gem. | gemäß |
| GewO | Gewerbeordnung |
| GG | Grundgesetz |
| ggf. | gegebenenfalls |
| GRCh | Charta der Grundrechte der Europäischen Union |
| grVerf | griechische Verfassung |
| grZGB | griechisches Zivilgesetzbuch |
| h.M. | herrschende Meinung |
| h.L. | herrschende Lehre |
| Hs. | Halbsatz |
| i.E. | im Ergebnis, im Einzelnen |
| i.e.S. | im engeren Sinne |
| ILR | Israel Law Review (Band [Jahr], Seite) |
| insb. | insbesondere |
| IPR | Internationales Privatrecht |
| IPRax | Praxis des internationalen Privat- und Verfahrensrechts (Jahr, Seite) |
| IPRspr | Die deutsche Rechtsprechung auf dem Gebiet des Internationalen Privatrechts (Jahr, Nummer) |
| i.S.d. | im Sinne des/der |
| JURA | Juristische Ausbildung (Jahr, Seite) |

| | |
|---|---|
| JW | Juristische Wochenschrift (Jahr, Seite) |
| JZ | JuristenZeitung (Jahr, Seite) |
| krit. | kritisch |
| Labeo | Labeo: Rassegna di diritto romano [Labeo: Überprüfung des römischen Rechts] (Band [Jahr], Seite) |
| LAG | Landesarbeitsgericht |
| LG | Landgericht |
| lit. | litera |
| LM | Lindenmaier/Möhring (Nachschlagwerk des BGH) |
| MDR | Monatsschrift für Deutsches Recht (Jahr, Seite) |
| m. E. | meines Erachtens |
| MittBayNot | Mitteilungen des Bayerischen Notarvereins, der Notarkasse und der Landesnotarkammer Bayern (Jahr, Seite) |
| MittRhNotK | Mitteilungen der Rheinischen Notarkammer (Jahr, Seite) |
| m.w.N. | mit weiteren Nachweisen |
| Neubearb. | Neubearbeitung |
| Neudr. | Neudruck |
| NJ | Nederlandse Jurisprudentie [Niederländische Jurisprudenz] (Jahr, Seite) |
| NJW | Neue Juristische Wochenschrift (Jahr, Seite) |
| NJW-RR | Neue Juristische Wochenschrift Rechtsprechungsreport (Jahr, Seite) |
| NoB | Nomiko Bima [Juristisches Podium] (Jahr, Seite) |
| Nr. | Nummer |
| n.v. | nicht veröffentlicht |
| Nw. | Nachweise |
| NZA | Neue Zeitschrift für Arbeitsrecht (Jahr, Seite) |
| OLG | Oberlandesgericht |
| PECL | Principles of European Contract Law |
| PEL | Principles of European Law, Study Group on a European Civil Code |
| PICC | Principles of International Commercial Contracts |
| Q. J. Econ. | Quarterly Journal of Economics (Band [Jahr], Seite) |
| RabelsZ | Zeitschrift für ausländisches und internationales Privatrecht (Band [Jahr], Seite) |
| RdA | Recht der Arbeit (Jahr, Seite) |
| RegBegr | Begründung zum Regierungsentwurf |
| RG | Reichsgericht |
| RGZ | Entscheidungen des Reichsgerichts in Zivilsachen (Band, Seite) |
| RIDA | Revue international des droits de l'antiquité (Brüssel) [Internationale Zeitschrift für die Rechte der Antike] (Serie Band [Jahr], Seite) |
| RIW | Recht der Internationalen Wirtschaft (Jahr, Seite) |
| RL | Richtlinie |

| | |
|---|---|
| Rn. | Randnummer |
| Rpfleger | Rechtspfleger (Jahr, Seite) |
| Rs. | Rechtssache |
| S./s. | Seite/Satz; siehe |
| S. Cal. L. Rev. | Southern California Law Review (Band [Jahr], Seite) |
| SD | Schnelldienst |
| SGB | Sozialgesetzbuch |
| Slg. | Sammlung |
| s.o. | siehe oben |
| SZRom | Savigny Zeitschrift Romanische Abteilung (Band [Jahr], Seite) |
| TR | Tijdschrift voor Rechtsgeschiedenis [Zeitschrift für Rechtsgeschichte] (Band [Jahr], Seite) |
| TVG | Tarifvertragsgesetz |
| u. | und |
| u.a. | unter anderem |
| Überbl. | Überblick |
| usw. | und so weiter |
| v. | von, vom |
| v.a. | vor allem |
| vgl. | vergleiche |
| VO | Verordnung |
| Vorb. | Vorbemerkung |
| vs. | versus |
| VSG | Verbraucherschutzgesetz |
| WiStG | Wirtschaftsstrafgesetz |
| YbPrIntL | Yearbook of Private International Law (Band [Jahr], Seite) |
| z. B. | zum Beispiel |
| ZErb | Zeitschrift für die Steuer- und Erbrechtspraxis (Jahr, Seite) |
| ZEuP | Zeitschrift für Europäisches Privatrecht (Jahr, Seite) |
| ZEV | Zeitschrift für Erbrecht und Vermögensnachfolge (Jahr, Seite) |
| ZfA | Zeitschrift für Arbeitsrecht (Jahr, Seite) |
| ZFE | Zeitschrift für Erziehungswissenschaft (Jahr, Seite) |
| ZHR | Zeitschrift für das gesamte Handelsrecht und Wirtschaftsrecht (Band [Jahr], Seite) |
| ZIP | Zeitschrift für Wirtschaftsrecht (Jahr, Seite) |
| ZNotP | Zeitschrift für die Notarpraxis (Jahr, Seite) |
| ZRP | Zeitschrift für Rechtspolitik (Jahr, Seite) |
| ZVglRWiss | Zeitschrift für vergleichende Rechtswissenschaft (Band [Jahr], Seite) |

# § 1 Inhaltskontrolle im deutschen und Europäischen Privatrecht – Einführung

*Karl Riesenhuber*

In einem Privatrecht, dessen fundamentales Prinzip die Privatautonomie ist, wirft die Inhaltskontrolle grundlegende prinzipielle Fragen auf. In den vergangenen Jahrzehnten zeichnete sich eine Tendenz ab, die Inhaltskontrolle in geradezu allen Bereichen des Privatrechts zu intensivieren. Das ist einerseits ein schleichender Vorgang, wenn die Inhaltskontrolle mit den Mitteln des hergebrachten Zivilrechts durch die Rechtsprechung erfolgt. Deutlich sichtbar geworden ist diese Tendenz jedoch insbesondere in der Rechtssetzung der Europäischen Gemeinschaft, die ihren vorläufigen Abschluss – nach heftigen wissenschaftlichen Auseinandersetzungen – in der AGB-Richtlinie aus dem Jahr 1993[1] fand. Kernpunkt der Auseinandersetzung war die Frage, ob sich die Inhaltskontrolle auch auf Individualvereinbarungen erstrecken dürfe. Dagegen wurden besonders von deutscher Seite prinzipielle Einwände erhoben. Prominent hat *Claus-Wilhelm Canaris* eingewandt, eine solche Inhaltskontrolle berühre den Kern der grundrechtlich gewährleisteten Vertragsfreiheit.[2] Diese grundrechtliche Gewährleistung lasse sich schon aus dem europäischen Primärrecht ableiten. Wenn indes das europäische Recht keinen ausreichenden Schutz der Vertragsfreiheit sichere, so sei eine solche Inhaltskontrolle doch jedenfalls mit dem nationalen deutschen Verfassungsrecht unvereinbar. *Canaris* ging so weit, für diesen Fall eine „Solange III"-Entscheidung des Bundesverfassungsgerichts zu fordern, mit der die Kontrolle des Gemeinschaftsrechts am Maßstab der nationalen Grundrechte wieder aufgenommen würde.

Mit Verabschiedung der AGB-Richtlinie war zwar die legislatorische Entwicklung zu einem vorläufigen Ende gekommen – die Inhaltskontrolle von Individualvereinbarungen war abgewendet worden –, nicht aber die rechtspolitische Diskussion. Sie dauert an. Darauf hat kürzlich *Filippo Ranieri* eindringlich hingewiesen.[3] In der Kommission gibt es Bestrebungen, die Inhaltskontrolle im Privatrecht künftig wei-

---

**1** Richtlinie 93/13/EWG des Rates vom 5.4.1993 über missbräuchliche Klauseln in Verbraucherverträgen, ABl. 1993 L 95/29.

**2** *Canaris,* Verfassungs- und europarechtliche Aspekte der Vertragsfreiheit in der Privatrechtsgesellschaft, in: Festschrift für Lerche (1993), S. 873–891.

**3** *Ranieri,* Die Privatrechtsgesellschaft und die Angleichung des Europäischen Vertragsrechts. Ein rechtsvergleichender Rückblick und eine rechtspolitische Diagnose, in: Riesenhuber (Hrsg.), Privatrechtsgesellschaft (2007), S. 355–378.

ter zu intensivieren.[4] Hier wird die Thematik nicht so sehr unter prinzipiellen Gesichtspunkten erörtert, als unter pragmatischen. Die Kommission weist vor allem darauf hin, dass eine Inhaltskontrolle von Individualvereinbarungen nach dem Recht einiger Länder durchaus möglich sei, dies aber nicht zu praktischen Problemen geführt habe.[5]

Die hier kurz skizzierte Entwicklung macht deutlich, dass in diesem Bereich ein erheblicher Forschungs- und Diskussionsbedarf besteht. Dabei ist in besonderem Maße ein Austausch über die Grenzen der einzelnen juristischen Fachbereiche einerseits und über die Grenzen der Mitgliedstaaten andererseits geboten. Zum einen ist ein vertieftes Verständnis der europarechtlichen und verfassungsrechtlichen Grundlagen erforderlich. Welchen Rahmen bietet das Primärrecht für die Rechtsangleichung? Welche Vorgaben ergeben sich für die Inhaltskontrolle auf europäischer und nationaler Ebene durch die Grundrechte: Privatautonomie und Vertragsfreiheit einerseits und „soziale Grundrechte" wie Arbeitnehmer- und Verbraucherschutz andererseits? Zum zweiten tut eine Bestandsaufnahme der Problematik über die Grenzen der Teilbereiche des Privatrechts hinweg not. Und endlich machen die Hinweise der Kommission auf die Rechtspraxis einiger Mitgliedstaaten deutlich, dass eine solche Diskussion nicht in nationaler Isolation geführt werden darf, sondern einer rechtsvergleichenden Grundlage bedarf.[6]

Dazu will der vorliegende Band einen Beitrag leisten. Am Anfang steht eine Erörterung von Grundlagenfragen: die historische Entwicklung, das Verhältnis von Auslegung und Inhaltskontrolle sowie die grundrechtliche Gewährleistung. Der Grundlegung folgen Untersuchungen zu einzelnen Rechtsgebieten – Arbeitsrecht, Erbrecht, IPR – sowie zu Einzelfragen.

---

**4** Bericht der Kommission über die Anwendung der Richtlinie 93/13/EWG des Rates v. 5.4.1993 über missbräuchliche Klauseln in Verbraucherverträgen, KOM(2000) 248 endg., sub III 1 c (S. 16 f.).

**5** S.a. *Riesenhuber,* Wandlungen oder Erosion der Privatautonomie?, in: ders./Nishitani (Hrsg.), Wandlungen oder Erosion der Privatautonomie? (2007), S. 8 f.

**6** S. bereits *Georgiades,* Privatrechtsgesellschaft in Griechenland, in: Riesenhuber (Hrsg.), Privatrechtsgesellschaft (2007), S. 333–353.

# § 2 Zur Dogmengeschichte der *laesio enormis* – eine historische und rechtsvergleichende Betrachtung

*Matthias Armgardt*

**Übersicht**



## I. Einleitung

Der folgende Beitrag zur *laesio enormis* aus rechtshistorischer und rechtsvergleichender Sicht soll einen Überblick über die Entwicklung dieses Rechtsinstituts bieten, der in der Antike beginnt und bis zu den neuesten Strömungen des europäischen Privatrechts reicht. Unter *laesio enormis* ist eine schwerwiegende Störung der Äquivalenz von Leistung und Gegenleistung zu verstehen. Ich möchte mit einer Skizze der dogmengeschichtlichen Entwicklung der *laesio enormis* beginnen, die in eine rechtsvergleichende Betrachtung mündet und dabei folgende Punkte ansprechen:

(1) die Ursprünge des Rechtsinstituts im antiken römischen und jüdischen Recht,

(2) die Verallgemeinerung des zunächst kasuistisch gefassten Rechtsinstituts zur Zeit der Glossatoren und Kommentatoren,

(3) die Fortentwicklung im kanonischen Recht hin zu einem Extrempunkt,

(4) den Beginn der Gegenbewegung zum scholastischen Denken im Zeitalter des Naturrechts unter *Christian Thomasius*,

(5) die Entstehung der Regelungen in den nationalen Kodifikationen Europas

(6) möchte ich einen Blick auf die neuesten Entwicklungen zur Vereinheitlichung des europäischen Privatrechts, genauer auf den *Draft Common Frame of Reference* werfen.

## II. Römisches Recht

Als historischer Ausgangspunkt der Entwicklung der *laesio enormis* wird in der Regel das nachklassische römische Recht genannt, auch wenn der Begriff *laesio enormis* nicht im römischen Recht nachweisbar ist, sondern von den Glossatoren eingeführt wurde.[1] Im Codex Iustinianus sind zwei Reskripte der Kaiser *Diokletian* und *Maximian* C 4,44,2 und C 4,44,8 aus den Jahren 285 bzw. 293 n. Chr. überliefert.[2] Ich möchte im Folgenden nur den etwas kürzeren und wohl früher zu datierenden Text C 4,44,2 besprechen.

> Diocl./Maxim. (Aurelio Lupog; 28.10.285) C. 4,44,2:
>
> Rem maioris pretii si tu vel pater tuus minoris pretii distraxit, humanum est, ut vel pretium te restituente emptoribus fundum venditum recipias auctoritate intercedente iudicis, vel, si emptor elegerit, quod deest iusto pretio recipi[e]<a>s. minus autem pretium esse videtur, si nec dimidia pars veri pretii soluta est.
>
> Wenn Du oder dein Vater eine Sache, die mehr wert ist, zu einem geringeren Preis veräußert hast, ist es billig, dass du entweder gegen Erstattung des Kaufpreises zugunsten des Käufers das verkaufte Grundstück auf Anordnung des Richters zurückerhältst oder dass du, falls der Verkäufer dies wählt, das, was zu einem gerechten Preis fehlt, (vom Käufer als Nachzahlung) erhältst.

Die kaiserliche Kanzlei *a libellis* gestattet dem Aurelius Lupus, der vorträgt, er oder sein Vater habe ein Grundstück zu einem äußerst niedrigen Preis verkauft, dass er von dem Käufer nach dessen Wahl entweder Herausgabe des Grundstücks verlangen kann oder den Käufer zur Nachzahlung der Wertdifferenz auffordern kann, vorausgesetzt, der Kaufpreis betrage weniger als die Hälfte des „*verum* bzw. *iustum pretium*", des wahren bzw. gerechten Preises.[3] Geschützt ist der Verkäufer, der sein Grundstück zu einem Schleuderpreis veräußert. Auf einen spiegelverkehrten Schutz des Käufers, der zuviel gezahlt hat, deutet nichts hin. Von irgendwelchen subjektiven

---

1 *Zimmermann*, Law of Obligations (1990), S. 259 Fn. 154.

2 Aus der mittlerweile unübersehbaren Literatur sei hier nur verwiesen auf: *Becker*, Die Lehre von der laesio enormis aus der Sicht der heutigen Wucherproblematik (1993), S. 10 ff.; *Hackl*, Zu den Wurzeln der Anfechtung wegen laesio enormis, SZRom 98 (1981), S. 147 ff.; *Harke*, Laesio enormis als error in negotio, SZRom 122 (2005), S. 91 ff.; *Mayer-Maly*, Renaissance der laesio enormis?, in: Festschrift für Larenz (1983), S. 395 ff.; *Pennitz*, Zur Anfechtung wegen *laesio enormis* im römischen Recht, in: Festschrift für Mayer-Maly (2002), S. 575 ff.; *Wacke*, Circumscribere, gerechter Preis und die Arten der List, SZRom 94 (1977), S. 184 ff.; *Sirks*, La laesio enormis en droit romain et byzantin, TR 53 (1985), S. 291 ff.; *ders.*, Diocletian's Option for the Buyer in the Case of Rescission of a Sale, TR 60 (1992), S. 291 ff.

3 Interpolationsverdacht hegt deshalb *Klami*, Laesio enormis in Roman Law, Labeo 33 (1987), S. 48, 55 ff.

Zusatzvoraussetzungen ist in beiden Reskripten nicht die Rede. Allerdings hat *Wacke* darauf aufmerksam gemacht, dass hier nicht der Fall eines dolosen Käuferhandelns gemeint ist, sondern nur ein einfaches *circumscribere* (übervorteilen) vorliegen darf.[4]

Gegen die Authentizität dieser Reskripte ist manches vorgebracht worden.[5] In letzter Zeit tendiert man wieder stärker zur Annahme der Echtheit der Reskripte.[6] Sie passen jedenfalls hervorragend in die Zeit *Diokletians*. Während der jahrzehntelangen Militäranarchie vor dem Regierungsantritt des letzten Christenverfolgers, die das römische Reich politisch und wirtschaftlich in seinen Grundfesten erschüttert hatte, war der Prinzipat untergegangen. Mit der Herrschaft *Diokletians* begann die Epoche des Dominats, des spätantiken Zwangstaates. Zwar hat sich die These *Viskys* nicht bewahrheitet, dass die Reskripte als Reaktion auf die galoppierende Inflation im ausgehenden 3. Jahrhundert zu sehen seien.[7] Denn *Sirks* hat gezeigt, dass die Inflationsrate zu dieser Zeit nur etwa 4 % betragen hat.[8] Die Reskripte passen aber hervorragend zu den Wirtschaftsreformen *Diokletians*, die insbesondere auf den Schutz von Kleinbauern vor Großgrundbesitzern und skrupellosen Landaufkäufern gerichtet waren und einer Bodenkonzentration vorbeugen sollten. Dabei sollte sowohl die Landflucht bekämpft als auch die Existenzgrundlage der Kleinbauern gesichert werden.[9] Auch die Tatsache, dass *Diokletian* im Jahre 301 ein Höchstpreisedikt (*edictum de pretiis rerum venalium*) erlassen hat, um den Markt zu regulieren, passt zur Vorstellung der *laesio enormis*. Die im Reskript gegebene Begründung „*humanum est*" deutet zudem auf Billigkeitserwägungen der Kaiser hin.

*Sirks* und *Zimmermann* tendieren dagegen zu der Auffassung, es lägen justinianische Fälschungen vor. *Justinian* habe aufgrund seiner rigiden Steuerpolitik Kleinbauern dazu gezwungen, ihre Landgüter zu verkaufen und städtische Kapitalisten hätten diese Situation ausgenutzt. Um letzterem entgegenzuwirken, habe *Justinian* die Regelung C. 4,44,2 als angeblich diokletianisch eingeführt.[10] Ich muss gestehen, dass es mir nicht einleuchtet, warum *Justinian* sich den Schutz der Bauern nicht auf die eigenen Fahnen geschrieben haben sollte, um dann sein Licht mithilfe einer Fälschung unter den Scheffel zu stellen. Aber wie dem auch sei – jedenfalls handelt es sich bei den Reskripten wohl um nachklassische Veränderungen des klassischen Juristenrechts durch kaiserliche Eingriffe.

---

**4** *Wacke*, SZRom 94 (1977), S. 184, 190.

**5** Für justinianische Veränderungen z.B. *Sirks*, TR 60 (1992), S. 291 ff., zustimmend *Zimmermann* (Fn. 1), S. 259 f. und *Casani*, La rescisión por lesión (1999), S. 23 ff., 46 f., 53 f. Vorsichtiger *Klami*, Labeo 33 (1987), S. 48, 55 ff.; *ders.*, Roman Law and Hardship (1987), S. 156 ff., 172.

**6** *Visky*, Die Proportionalität von Wert und Preis in den romanistischen Rechtsquellen des III. Jahrhunderts, RIDA 3. sér. 16 (1969), S. 355 ff., 374 ff., 385 ff.; *Hackl*, SZRom 98 (1981), S. 147 ff. Gegen eine Interpolationsannahme wegen deren Nichtbeweisbarkeit auch *Watson*, The hidden Origins of Enorm Lesion, Journal of Legal History 2 (1981), S. 186 ff.

**7** *Visky*, RIDA 3. sér. 16 (1969), S. 355 ff., 371 ff.

**8** *Sirks*, TR 60 (1992), S. 291, 292.

**9** Dazu *Pennitz*, FS Mayer-Maly (2002), S. 575, 582 ff.

**10** *Sirks*, TR 60 (1992), S. 291 ff. *Zimmermann* (Fn. 1), S. 261.

Im klassischen römischen Recht scheint es dagegen die Möglichkeit der wahlweisen Vertragsaufhebung bzw. Nachzahlung im Falle einer *laesio enormis* nicht gegeben zu haben.[11] So findet sich beispielsweise im Ulpianfragment D. 4,4,16,4 folgender Ausspruch des *Pomponius*:

> „... Pomponius ait in pretio emptionis et venditionis naturaliter licere contrahentibus se circumvenire."

> „... Pomponius sagt, in Bezug auf den Preis beim Kauf und Verkauf sei es natürlicherweise erlaubt, dass die Parteien sich übervorteilen."

*Pomponius* sieht also die Übervorteilung, das *circumvenire*, beim Kauf als natürlich an. Ähnlich liest sich das Paulusfragment D. 19,2,22,3[12], das diesen Gedanken auch für die *locatio conductio*, das Miet-, Pacht-, Dienst- und Werkvertragsrecht bestätigt. Auch hier geht es allerdings nur um nicht-doloses Handeln[13], denn der römische Kaufvertrag gehörte zu den Obligationen, die durch die *bona fides* geprägt waren. Die Diokletianreskripte stellen sich vor dem Hintergrund des klassischen römischen Rechts als eine signifikante Kurskorrektur für den Sonderfall des Grundstücksverkaufs zu Schleuderpreisen dar.

## III. Jüdisches Recht

Damit möchte ich auf das ebenfalls der Antike entstammende jüdische Recht zu sprechen kommen. Es ist dadurch gekennzeichnet, dass religiöse und rechtliche Vorstellungen untrennbar miteinander verwoben sind. Vermutlich schon Jahrhunderte vor der sagenumwobenen Gründung Roms im Jahre 753 v. Chr. wurden von *Mose* in Leviticus 25,14 und 17 Regelungen geschaffen, die den Aussagen der klassischen römischen Juristen *Pomponius* und *Paulus* diametral entgegengesetzt sind. Die Tora verbieten es den Juden, sich gegenseitig zu übervorteilen:

**Leviticus 25:14** WTT וְכִֽי־תִמְכְּרוּ מִמְכָּר לַעֲמִיתֶךָ אוֹ קָנֹה מִיַּד עֲמִיתֶךָ אַל־תּוֹנוּ אִישׁ אֶת־אָחִֽיו׃

> **Leviticus 25:14** Und wenn ihr etwas verkauft – *sei es* ein Verkauf an deinen Nächsten oder ein Kaufen aus der Hand deines Nächsten –, soll keiner seinen Bruder übervorteilen.

Was nach Ansicht der klassischen römischen Juristen natürlich war, war und ist nach jüdischem Recht im Verhältnis der Juden untereinander schlicht verboten. Das mo-

---

11 Das lässt sich allein aus den folgenden Digestenstellen nicht mit Sicherheit beweisen. Mangels entgegenstehender Anhaltspunkte ist es jedoch angesichts der gegenwärtigen Quellenlage überwiegend wahrscheinlich, dass es im römischen Recht vor Diokletian keine Vertragsaufhebung wegen laesio enormis gegeben hat.

12 „Quemadmodum in emendo et vendendo naturaliter concessum est quod pluris sit minoris emere, quod minoris sit pluris vendere et ita invicem se circumscribere, ita in locationibus quoque et conductionibus iuris est".

13 Siehe *Wacke*, SZRom 94 (1977), S. 184, 190.

saische Recht hat also von vornherein einen völlig anderen Ausgangspunkt gewählt als das römische. Sanktionen werden allerdings im Buch Leviticus nicht genannt.

Die über die Tora hinausgehende Weiterentwicklung des jüdischen Rechts wurde lange Zeit nicht schriftlich festgehalten. Erst um etwa 200 n. Chr. wurde die Mischna, die auf eine längere mündliche Tradition zurückgeht, verschriftlicht[14]. Die Entstehung der Mischna fällt also in die Blütezeit des klassischen römischen Rechts. Die Mischna Bava Metzia 4,3 enthält zur Konkretisierung von Leviticus 25,14/17 Vorschriften über die Übervorteilung, die später im palästinischen und babylonischen Talmud ausgiebig diskutiert wurden. Die Mischna Bava Metzia 4,3 lautet:

> „Die Übervorteilung beträgt ... ein Sechstel des Wertes. Wie lange darf er zurücktreten? Bis er [die Ware] einem Kaufmanne oder einem Verwandten gezeigt haben kann. ...[15]

Die Regelung der Mischna zeigt, dass bereits eine Überzahlung des Käufers von lediglich einem Sechstel dazu führte, dass dieser vom Kaufvertrag zurücktreten konnte. Das Rücktrittsrecht war allerdings zeitlich eng begrenzt. Eine Beschränkung auf Grundstücksverkäufe lag nicht vor. Damit unterscheidet sich das jüdische Recht zu klassischer Zeit[16] vom römischen Recht ganz erheblich durch eine außerordentlich strenge Inhaltskontrolle.[17]

Für die Antike ist als Zwischenergebnis festzuhalten, dass sich im nachklassischen römischen Recht Regelungen zum Schutz von Grundstücksverkäufern finden, die nicht einmal die Hälfte des Wertes als Kaufpreis erhalten haben. Dagegen

---

**14** *Stemberger*, Einleitung in Talmud und Midrasch (8. Aufl. 1992), S. 129 ff.; *Liebermann*, Hellenism in Jewish Palestine (2. Aufl. 1962), S. 83 ff.

**15** Übersetzung nach *Goldschmidt*, Der babylonische Talmud (1996) (Nachdruck der 1. Auflage 1930–1936).

**16** Zum rabbinischen Recht ausführlich *Sperber*, Laesio enormis and the Tamudic Law of Ona'ah, ILR 8 (1973), 254 ff.

**17** Die Mischna B.M. 4,4 zeigt zudem, dass die Regeln der Übervorteilung erstens für Käufer und Verkäufer und zweitens für Laien und Kaufleute galten. Problematisch ist die Bedeutung der Mischna B.M. 4,9, der zufolge es bei Sklaven, Schuldscheinen, Grundstücken und heiligen Sachen keine Übervorteilung gab:
„Bei folgenden Dingen gibt es keine Übervorteilung: bei Sklaven, Schuldscheinen, Grundstücken und Heiligem. Wegen dieser ist weder das Doppelte noch das Vier- oder Fünffache zu zahlen; ..."
Ausweislich des babylonischen Talmud wurde zur Zeit der Amoräer diskutiert, ob diese Mischna das Handeln in den privilegierten Fällen nur straflos stellte oder ob auch das Rücktrittsrecht in diesen Fällen ausgeschlossen war. Vermutlich war zu tannaitischer Zeit nur gemeint, dass in den vier genannten Sonderfällen das Handeln straflos, worauf der Hinweis auf das Doppelte bzw. das Vier- oder Fünffache als Strafmaß deuten. Man wird wohl annehmen dürfen, dass gerade im wirtschaftlich bedeutenden Fall des Grundstückskaufs ein Rücktritt möglich war. *Christoph Becker* hält einen Einfluss des jüdischen Rechts auf die Diokletianreskripte für möglich (*Becker* [Fn. 2], S. 22; ähnlich *Dickstein*, B. *Cohen*, *Volterra* und *Jolowicz*: dazu *Sperber*, ILR 8 [1973], 254, 272 Fn. 34 m.w.N.). Dafür bestehen jedoch m.E. kaum Anhaltspunkte (ähnlich zurückhaltend auch *Baron*, A Social and Religious History of the Jews (2. Aufl. 1952), S. 415 Fn. 32 und *Sperber* a.a.O.). Das jüdische Recht ist mit seiner außerordentlich strengen, ethisch motivierten, umfassenden Inhaltskontrolle jedenfalls einzigartig.

standen nach jüdischem Recht dem Käufer und dem Verkäufer schon bei Abweichungen von Preis und Wert um mehr als ein Sechstel zeitlich beschränkte Rücktrittsrechte zu.

## IV. Der lange Weg bis heute

Damit möchte ich die Antike verlassen und den Weg der *laesio enormis* bis ins Europa des 21. Jahrhunderts skizzieren.

### 1. Die Verallgemeinerung des zunächst kasuistisch gefassten Rechtsinstituts zur Zeit der Glossatoren und Kommentatoren

Die mittelalterliche Jurisprudenz der Glossatoren und Kommentatoren, die nach der Wiederentdeckung des Corpus Iuris Civilis damit begannen, das justinianische Gesetzbuch für die Praxis nutzbar zu machen, möchte ich nur kurz streifen. Die mittelalterliche Jurisprudenz, die ja erst den Begriff *laesio enormis* entwickelt hat, begann, nach dem Grundprinzip des Reskripts C 4,44,2 zu suchen. Dies führte zu einer bemerkenswerten Verallgemeinerung des Anwendungsbereichs der *laesio enormis*[18]:

- nicht nur der Verkäufer, sondern auch der Käufer sollte geschützt werden,
- nicht nur der Verkauf von Grundstücken, sondern auch von Häusern und Fahrnis sollte betroffen sein,
- nicht nur Kaufverträge, sondern auch alle anderen durch die *bona fides* geprägten Vertragstypen[19] (also: Miete, Pacht, Dienst- und Werkvertrag, Gesellschaft und Auftrag) sollten dem Gedanken der Austauschgerechtigkeit verpflichtet sein.[20]

### 2. Die Fortentwicklung im kanonischen Recht hin zu einem Extrempunkt

Etwa zeitgleich mit den Glossatoren und Kommentatoren begannen sich kanonische Juristen und scholastische Theologen mit dem Problem der *laesio enormis* zu beschäftigen.[21] Dort wurde – unter Rückgriff auf das alte Testament – die Austauschgerechtigkeit in einem absoluten Sinne verlangt. Man ging dabei weit über die im rabbinischen Recht anzutreffende Schwelle des Missverhältnisses von 1/6 hinaus und verlangte, dass Wert und Preis einer Sache vollkommen äquivalent sein müss-

---

**18** Dazu *Kalb*, Laesio enormis im gelehrten Recht (1992), S. 106 ff.; *Schulze*, Die laesio enormis in der deutschen Privatrechtsgeschichte (1973), S. 13 ff.
**19** *Baldus* (1320/27-1400), Commentaria, Nr. 17 zu C. 4,44,1 (fol. 136r.); *Becker* (Fn. 2), S. 64.
**20** *Zimmermann* (Fn. 1), S. 262.
**21** Dazu ausführlich *Kalb* (Fn. 18), S. 117 ff. Siehe auch *Zimmermann* (Fn. 1), S. 267.

ten. Damit wurde eine nicht mehr zu steigernde Extremposition formuliert. Exemplarisch sei hier nur auf *Thomas von Aquin* hingewiesen. In seiner Summa Theologiae aus dem Jahre 1256 liest man im Anschluss an die Darstellung der *laesio enormis* folgendes:

> Sed lex divina nihil impunitum relinquit quod sit virtuti contrarium. Unde secundum divinam legem illicitum reputatur si in emptione et venditione non sit aequalitas iustitiae observata.
>
> Aber das göttliche Recht lässt (im Gegensatz zum menschlichen Recht) nichts ungestraft, was der Tugend entgegensteht. Daher ist es nach göttlichem Recht als unerlaubt anzusehen, wenn bei einem Kauf oder Verkauf die Gleichheit der Gerechtigkeit (d.h. der gerechte Preis) nicht beachtet wird.

Nach *Thomas von Aquin* geht das göttliche Recht also weit über das menschliche hinaus.[22] Das kanonische Recht greift die Verallgemeinerung der *laesio enormis* durch die Glossatoren und Kommentatoren nicht nur auf, sondern verschärft die Anforderungen an den gerechten Preis bis ins Absolute. Damit ist in der Geschichte der *laesio enormis* ein absoluter Höhepunkt des Gedankens der Austauschgerechtigkeit erreicht.

### 3. Die Einleitung der Gegenbewegung zum kanonischen Denken im Zeitalter des Naturrechts durch Christian Thomasius

Das Formulieren einer Extremposition führt oft zu Gegenbewegungen. Solche lassen sich auch bei der Geschichte der *laesio enormis* beobachten. Zunächst haben die humanistischen Juristen die Auffassung vertreten, die Verallgemeinerung der *laesio enormis* durch die Glossatoren und Kommentatoren sei unzulässig[23]. Da die Humanisten aber nicht am geltenden Recht, sondern an der Rekonstruktion der Antike interessiert waren, blieb ihre Kritik ohne Einfluss auf die Praxis.

Die entscheidende Gegenbewegung entstand zur Zeit des Naturrechts und ging von *Christian Thomasius* (1655–1728) aus[24]. Während *Grotius, Pufendorf* und *Wolff* noch weitgehend der scholastischen Ethik, wie sie *Thomas von Aquin* formuliert hatte, folgten, und sich für eine möglichst breite Anwendung der *laesio enormis* aussprachen[25], trat ihnen *Christian Thomasius* entschieden entgegen. In seiner polemischen *Dissertatio de aequitate cerebrina* – Abhandlung über die hirngespinstige Gleichheit – spricht

---

**22** Dazu und zu den Vorstellungen Aquins zum weltlichen Recht *Kalb* (Fn. 18), S. 123 ff.

**23** *Becker* (Fn. 2), S. 48 f.

**24** Dazu ausführlich *Luig*, Bemerkungen zum Problem des gerechten Preises bei Christian Thomasius (1655–1728), in: Gedenkschrift für Riederer (1981), S. 167 ff.; *ders.*, Der gerechte Preis in der Rechtstheorie und Rechtspraxis von Christian Thomasius (1655–1728), in: Diritto e potere nella storia europea, Atti in onore di Bruno Paradisi, Quarto congresso internazionale della società italiana di storia del diritto (1982), S. 775 ff.

**25** *Zimmermann* (Fn. 1), S. 266 Fn. 195. Die Einzelheiten sind kompliziert. Siehe dazu *Becker* (Fn. 2), S. 103 f. Fn. 4 m.w.N. Zu *Grotius* s. insb. *Landau*, Hegels Begründung des Vertragsrechts, ARSP 59 (1973), S. 117, 132.

er sich vehement für die Prinzipien der Eigenverantwortlichkeit der Vertragsparteien und die Preisfreiheit aus. Er möchte zum klassischen römischen Recht zurückkehren, also zu *Pomponius* und *Paulus*, nach denen es erlaubt ist, sich gegenseitig zu übervorteilen. In der Dissertatio liest man, der gerechte Preis beruhe stets allein auf der freien Vereinbarung der Parteien.[26]

> Dissertatio de aequitate cerebrina[27], Cap. 2 § 26:
>
> ... quod omne iustum pretium fiat demum ex conventione.

Nicht zu Unrecht wird die Kritik des *Thomasius* mit dem modernen Liberalismus in Verbindung gebracht.[28] An dieser Stelle dürfte ein historischer Wendepunkt in der Geschichte der *laesio enormis* zu verorten sein. Die Abkehr des deutschen Privatrechts von dem Rechtsinstitut der *laesio enormis* dürfte hier einen ihrer Ursprünge haben. Auch die deutsche Pandektistik des 19. Jahrhunderts war, dem Geiste der Zeit folgend, liberalistisch geprägt und besonders dem Gedanken der Privatautonomie verpflichtet. Es verwundert daher nicht, dass in diesem Umfeld das Rechtsinstitut der *laesio enormis* keinen Nährboden mehr fand und in Deutschland abgestorben ist. Allerdings wird zu zeigen sein, dass die Grundgedanken der *laesio enormis* auch im heutigen deutschen Privatrecht viel lebendiger sind, als es auf den ersten Blick den Anschein hat.

## V. Europäisches Recht

Damit möchte ich den Schwerpunkt von der rechtsgeschichtlichen auf die rechtsvergleichenden Betrachtungen verlagern und auf das heutige europäische Recht zu sprechen kommen. Als Ergebnis des jahrhundertelangen Ringens um die sachgerechte Ausgestaltung der *laesio enormis* ist in den heutigen europäischen Rechtsordnungen eine beachtliche Regelungsvielfalt entstanden, die demjenigen, der sich um eine Vereinheitlichung des europäischen Privatrechts bemüht, einiges Kopfzerbrechen bereitet.

### 1. Frankreich

Ich beginne mit der Betrachtung des französischen Rechts, denn die Art. 1674 ff. des Code civil erinnern sehr an die Diokletianreskripte. Die Vorschriften basieren auf einer Stellungnahme Napoleons, der den Schutz der durch die Revolutionswirren in

---

**26** *Luig*, Der gerechte Preis (Fn. 24), S. 775, 780.

**27** Chr. *Thomasius*, Dissertatio de aequitate cerebrina l. 2 Cod. de Rescindenda Venditione, Halae (1706).

**28** *Luig*, Der gerechte Preis (Fn. 24), S. 775, 802 f. Siehe auch *ders.*, Zur Bewertung von Christian Thomasius' Strafrechtslehren als Ausdruck liberaler politischer Theorie, Studia Leibnitiana XII/2 (1980), S. 243 ff.

Not geratenen Grundstückseigentümer im Auge hatte.[29] Die in Art. 1674 Cc normierte Grundregel lautet[30]:

> Si le vendeur a été lésé de plus de sept douzièmes dans le prix d'un immeuble, il a le droit de demander la rescision de la vente, quand même il aurait expressément renoncé dans le contrat à la faculté de demander cette rescision, et qu'il aurait déclaré donner la plus-value.

Wenn der Verkäufer um mehr als 7/12 bezüglich des Preises einer Immobilie verletzt worden ist, hat er das Recht, die Aufhebung des Kaufes zu verlangen, auch wenn er ausdrücklich im Vertrag auf die Möglichkeit, diese Aufhebung zu verlangen, verzichtet hat und auch wenn er (der Käufer) sich zur Zahlung der Wertdifferenz bereiterklärt hat.

Weiterhin ist Art. 1681 Cc zu beachten:

> Dans le cas où l'action en rescision est admise, l'aquéreur a le choix ou de rendre la chose en retirant le prix qu'il en a payé, ou de garder le fonds en payant le supplément du juste prix, sous la déduction du dixième du prix total.

In dem Fall, dass die Klage auf Aufhebung zugelassen worden ist, hat der Erwerber die Wahl entweder die Sache gegen Rückerhalt des Preises, den er gezahlt hat, zurückzugeben oder das Grundstück gegen Zahlung des Differenzbetrages zum angemessenen Preis abzüglich 1/12 des Gesamtpreises zu behalten.

Diese Vorschrift lehnt sich sehr eng an die Diokletianreskripte an. Die Beschränkung der *laesio enormis* auf den Grundstückskauf und auf den Verkäuferschutz entspricht dem spätrömischen Vorbild. Auch das Wahlrecht des Käufers, der entweder das Grundstück zurückgeben muss oder den Kauf durch Nachzahlung der Differenz – allerdings abzüglich eines Zwölftels – aufrecht erhalten kann, entspricht den Diokletianreskripten. Dass die *lésion* nicht $^1/_2$ sondern mehr als 7/12 betragen muss, der Verkäufer also weniger als 5/12 des Wertes erhalten haben muss, ist zwar als Unterschied zu verzeichnen, fällt angesichts der großen Gemeinsamkeiten aber kaum ins Gewicht.

Schließlich ist auch der politische Hintergrund der französischen und der spätrömischen Regel ähnlich: es geht wohl in beiden Fällen um den Schutz der Grundstückseigentümer vor der Verschleuderung ihrer Existenzgrundlage in schwierigen Zeiten. Man darf daher das französische Recht in diesem Punkt als weniger napoleonisch denn vielmehr römisch geprägt ansehen. Napoleon hat sich – wie es scheint – von Diokletian inspirieren lassen.

### 2. Österreich: § 934 ABGB

Eine enge Anlehnung an das römische bzw. gemeinrechtliche Vorbild weist auch das österreichische Recht auf. § 934 ABGB lautet[31]:

---

**29** *Kaser/Knütel* (Hrsg.), Römisches Privatrecht (18. Aufl. 2005), § 41 Rn. 14.
**30** Dazu *Ferid/Sonnenberger*, Das französische Zivilrecht, Bd. 2 (2. Aufl. 1986), Rn. 2 G 369 ff. (S. 79 ff.)
**31** Dazu *Koziol/Welser*, Grundriss des bürgerlichen Rechts, Band II (2001), S. 92 ff.

> „Hat bei zweiseitig verbindlichen Geschäften ein Teil nicht einmal die Hälfte dessen, was er dem andern gegeben hat, von diesem an dem gemeinen Werte erhalten; so räumt das Gesetz dem verletzten Teile das Recht ein, die Aufhebung, und die Herstellung in den vorigen Stand zu fordern. Dem andern Teile steht aber bevor, das Geschäft dadurch aufrecht zu erhalten, dass er den Abgang bis zum gemeinen Werte zu ersetzen bereit ist. Das Missverhältnis des Wertes wird nach dem Zeitpunkte des geschlossenen Geschäftes bestimmt."

Das österreichische Recht hat die in der mittelalterlichen Jurisprudenz entwickelte und im gemeinen Recht anzutreffende Verallgemeinerung der *laesio enormis* übernommen. Man hat auch den Namen *laesio enormis* ausdrücklich beibehalten. Vertragsgegenstand muss nicht unbedingt eine Immobilie sein, es muss nicht unbedingt um einen Kauf gehen, geschützt ist nicht nur derjenige, der die Leistung erbringt, sondern auch derjenige der zur Erbringung der Vergütung verpflichtet ist. Der österreichische Gesetzgeber hat zudem im Jahre 1979 § 935 ABGB neu gefasst und dafür gesorgt, dass die Regelung der *laesio enormis* nicht vertraglich abbedungen werden kann.[32] Das österreichische Recht kennt damit eine sehr starke Ausprägung des Gedankens der *laesio enormis* und führt die gemeinrechtliche Tradition ungebrochen fort.

### 3. Deutschland: § 138 II BGB

Dagegen ist das deutsche Recht einen anderen Weg gegangen. Es kennt keine Spezialregelung für die *laesio enormis*, sondern sucht die Lösung unter Anwendung des zur Nichtigkeit des Rechtsgeschäfts führenden Wuchertatbestandes des § 138 Abs. 2 BGB. Die Vorschrift lautet:

> „Nichtig ist insbesondere ein Rechtsgeschäft, durch das jemand unter Ausbeutung einer Zwangslage, der Unerfahrenheit, des Mangels an Urteilsvermögen oder der erheblichen Willensschwäche eines anderen sich oder einem Dritten für eine Leistung Vermögensvorteile versprechen oder gewähren lässt, die in einem auffälligen Missverhältnis zu der Leistung stehen."

*Luig* hat gezeigt, dass die Wurzeln dieser Vorschrift im Wucherstrafrecht, das sich aus den deutschen Stadtrechten des 15. Jahrhunderts entfaltet hat, und nicht in der *laesio enormis* zu suchen sind.[33] Das deutsche Wucherstrafrecht hatte den Schutz des wirtschaftlich Schwächeren zum Ziel. In den Gesetzen seit dem 16. Jahrhundert wurde das Gewinnmachen unter Ausnutzung einer Notlage, einer Zwangslage, eines unausweichlichen Bedarfs, des Leichtsinns, der Unerfahrenheit, des Mangels an Urteilsvermögens oder der erheblichen Willensschwäche unter Strafe gestellt. Gegen Ende des 19. Jahrhunderts wurden die Wuchertatbestände des heutigen Strafgesetzbuches geschaffen.[34] Die aus dem Jahr 1896 stammende Formulierung

---

**32** *Zimmermann* (Fn. 1), S. 269.

**33** *Luig*, Vertragsfreiheit und Äquivalenzprinzip im gemeinen Recht und im BGB, Bemerkungen zur Vorgeschichte des § 138 II BGB, in: Festgabe für Coing (1982), S. 171, 185 ff.

**34** *Becker* (Fn. 2), S. 167 f. Heute § 291 StGB.

des § 138 Abs. 2 BGB folgte weitgehend den vorher normierten Straftatbeständen. Sie ist durch das Tatbestandsmerkmal „Ausbeutung" sehr stark subjektiv geprägt. Unter „Ausbeutung" ist Vorsatz bezüglich des auffälligen Missverhältnisses und der besonderen Situation des übervorteilten Vertragspartners zu verstehen.

Auf den ersten Blick scheint sich damit das deutsche Privatrecht endgültig von den Diokletianreskripten und der gemeinrechtlichen *laesio enormis* verabschiedet zu haben und zum Liberalismus des klassischen römischen Rechts zurückgekehrt zu sein. Bei näherer Betrachtung zeigt sich jedoch, dass die Grundwertungen der *laesio enormis* im Wege der Auslegung des Tatbstandsmerkmals „auffälliges Missverhältnis" im Sinne von § 138 Abs. 2 nachhaltig nachwirken. Der BGH geht diesbezüglich von der sog. „Grenze des Doppelten" aus, d.h. ein auffälliges Missverhältnis liegt jedenfalls dann vor, wenn die vom Schuldner zu erbringende Leistung um 100 % oder mehr über dem Marktpreis liegt.[35] Das hessische Landesarbeitsgericht hat kürzlich entschieden, eine Vergütungsabrede über ein Probezeitgehalt, das 57 % des Eingangsgehaltes der niedrigsten Beschäftigungsgruppe des branchenüblichen Entgelttarifvertrages betrage, sei gemäß § 138 BGB nichtig.[36] *Zimmermann* hat zu Recht darauf hingewiesen, dass die subjektive Seite des § 138 Abs. 2 BGB einen fast fiktiven Charakter hat.[37] Nach der Rechtsprechung des BGH spricht im Falle eines besonders groben Missverhältnisses der Leistungen eine tatsächliche Vermutung dafür, dass die subjektiven Voraussetzungen erfüllt sind.[38] Damit nähert man sich im Ergebnis doch wieder dem Grundgedanken der *laesio enormis*, dem zufolge es bezüglich des Wert-Preis-Verhältnisses feste objektive Grenzen gibt, deren Überschreitung zur Nichtigkeit des Vertrages führen.

## 4. Schweiz: Art. 21 OR

Das schweizerische Obligationenrecht knüpft – wie der deutsche § 138 Abs. 2 BGB, an dem man sich orientiert hat – am strafrechtlichen Wuchertatbestand an.[39] Art. 21 OR lautet:

> Art. 21 Übervorteilung
>
> Wird ein offenbares Missverhältnis zwischen der Leistung und der Gegenleistung durch einen Vertrag begründet, dessen Abschluss von dem einen Teil durch Ausbeutung der Notlage, der Unerfahrenheit oder des Leichtsinns des andern herbeigeführt worden ist, so kann der Verletzte innerhalb Jahresfrist erklären, dass er den Vertrag nicht halte, und das schon Geleistete zurückverlange.
>
> Die Jahresfrist beginnt mit dem Abschluss des Vertrages.

---

**35** Münchener Kommentar-*Mayer-Maly/Armbrüster*, BGB (4. Aufl. 2001), § 138 BGB Rn. 144 m.w.N. Ausgangspunkt der Rechtsprechung zur Entwicklung der Grenze des Doppelten war die Beurteilung der Sittenwidrigkeit von Verbraucherkreditverträgen anhand von § 138 I BGB.

**36** LAG Hessen v. 7.8.2008 (Az. 9/12 Sa 1118/07).

**37** *Zimmermann* (Fn. 1), S. 269.

**38** BGH, NJW-RR 1990, 1199; BGH, NJW 1994, 1275. Münchener Kommentar-*Mayer-Maly/Armbrüster* (Fn. 35), § 138 BGB Rn. 154.

**39** *Bucher*, Obligationenrecht Allgemeiner Teil (2. Aufl. 1988), S. 229.

Wie das deutsche Recht setzt Art. 21 OR das subjektive Tatbestandsmerkmal der „Ausbeutung“ voraus und knüpft objektiv an ein „offenbares Missverhältnis“ des Wertes der Leistungen an. Anders als das deutsche Recht sieht das schweizerische Recht jedoch keine Nichtigkeit *ipso iure* vor, sondern gewährt dem Übervorteilten lediglich eine Anfechtungsmöglichkeit mit Wirkung *ex tunc*, die an eine einjährige Frist beginnend mit dem Zeitpunkt des Vertragsschluss gebunden ist.[40]

## 5. Common Law

Im Common Law sind Äquivalenzstörungen nur in schwer eingrenzbaren Ausnahmefällen relevant. Abweichend vom kontinentaleuropäischen Recht ist maßgebliches Steuerungselement die dem Common Law eigene, dogmatisch schwer fassbare Rechtsfigur der *consideration doctrine*, die kein direktes Pendant in den anderen europäischen Rechten hat. Ein formloses Versprechen ist nur wirksam, wenn eine *consideration* dafür besteht[41]. Die bekannteste Definition ist folgende:

> “A valuable consideration, in the sense of the law, may consist either in some right, interest, profit, or benefit accruing to the one party, or some forbearance, detriment, loss, or responsibility, given, suffered, or undertaken by the other.”

Die damit verbundene Rechtsunsicherheit bezüglich der Verbindlichkeit einer Offerte liegt auf der Hand und wird oft beklagt.[42] Sie kann nur durch eine gesiegelte Urkunde beseitigt werden, vorausgesetzt, eine solche sieht die Rechtsordnung vor, was bei etwa der Hälfte der US-amerikanischen Bundesstaaten nicht der Fall ist.[43] Für das Problem der *laesio enormis* gilt, dass die *adequacy of consideration* grundsätzlich nicht relevant ist, weil die subjektive Einschätzung der Parteien respektiert wird.[44] In Einzelfällen sind vor allem die US-amerikanischen Gerichte jedoch von diesem Grundsatz erheblich abgewichen. In neuerer Zeit wird zur Rechtfertigung dieser Abweichungen vor allem die sog. *unconscionability doctrine* bemüht, der zufolge bereits erhebliche Äquivalenzstörungen zur Verneinung der *consideration* ausreichend sein sollen, wobei die Gerichte von der Differenz zwischen Wert und Preis regelmäßig auf eine Beeinträchtigung der Willensfreiheit der benachteiligten Partei geschlossen haben.[45] Objektive und subjektive Voraussetzungen verschwimmen in der Regel. Damit finden sich Grundgedanken der *laesio enormis* im Gewande der fundamentalen *consideration doctrine* auch im Vertragsrecht des *Common Law* wieder.

---

**40** *Bucher* (Fn. 39), S. 233, 234.
**41** *Fromholzer*, Consideration, US-amerikanisches Recht im Vergleich zum deutschen (1997), S. 8.
**42** Z.B. P.S. *Atiyah*, Consideration: A Restatement, in: „Essays on Contract“ (1986), S. 179 ff.; *Bucher*, Besprechung Fromholzer-Consideration, ZEuP 1999, 399, 407.
**43** *Fromholzer* (Fn. 41), S. 15–17.
**44** *Fromholzer* (Fn. 41), S. 21 ff.
**45** *Fromholzer* (Fn. 41), S. 29 m.w.N.

## 6. Draft Common Frame of Reference

Nun möchte ich noch kurz auf den Draft Common Frame of Reference eingehen. Art. II-7:207 trägt die Überschrift „Unfair exploitation“ und lautet:

(1) A party may avoid a contract if, at the time of the conclusion of the contract:
 (a) the party was dependent on or had a relationship of trust with the other party, was in economic distress or had urgent needs, was improvident, ignorant, inexperienced or lacking in bargaining skill; and
 (b) the other party knew or could reasonably expected to have known this and, given the circumstances and purpose of the contract, exploited the first party's situation by taking an excessive benefit or grossly unfair advantage.

(2) Upon the request of the party entitled to avoidance, a court may if it is appropriate adapt the contract in order to bring accordance with what might have been agreed had the requirements of good faith and fair dealing been observed.

(3) A court may similarly adapt the contract upon the request of a party receiving notice of avoidance for unfair exploitation, provided that this party informs the party who gave the notice without undue delay after receiving it and before that party has acted in reliance on it.

Abs. 1 der Vorschrift erinnert in seinem Zusammenspiel von objektiven und subjektiven Tatbestandsmerkmalen sehr an § 138 Abs. 2 BGB: „to exploit“ ist eine verbalisierende Übersetzung von „Ausbeutung“, „grossly unfair advantage“ erinnert spiegelverkehrt an „auffälliges Missverhältnis“ und auch die Beschreibung der Schutzwürdigkeit der übervorteilten Partei in Abs. 1 a) erinnert an die deutsche Regelung. Allerdings ist ein solcher Vertrag – anders als nach deutschem Recht – nicht *ipso iure* nichtig. Es liegt vielmehr im Belieben der übervorteilten Partei, die Nichtigkeit des Vertrages durch eine Art Anfechtung herbeizuführen, es sei denn, dass die übervorteilende Partei gemäß Abs. 3 das Gericht anruft. Dann und für den Fall, dass die übervorteilte Partei dies wünscht (Abs. 2), kann das Gericht den Vertrag anpassen.

Der Sache nach handelt es sich bei dem Regelungsvorschlag des DCFR also um eine modifizierte Fassung des Tatbestandes des § 138 Abs. 2 BGB, mit grundsätzlich anderer, flexiblerer Rechtsfolgenregelung.

## 7. Vorschlag zur europäischen Rechtsvereinheitlichung

Die kurze Studie soll nicht ohne einen konkreten Vorschlag für die europäische Rechtsvereinheitlichung enden. Es hat sich gezeigt, dass die Kombination von subjektiven und objektiven Komponenten, die der Gesetzgeber des BGB als Modell gewählt hat, nur eingeschränkt erfolgreich ist. Die tatsächliche Vermutung der subjektiven Voraussetzungen in Extremfällen lässt die Grenze zur Fiktion verschwimmen. Es sollte besser eine objektive Grenze definiert werden, bei deren Überschreitung es auf das zusätzliche Vorliegen subjektiver Voraussetzungen überhaupt nicht mehr ankommt. Die von der deutschen Rechtsprechung favorisierte „Grenze des Doppelten“ ist diesbezüglich eine geeignete, auch aus historischer Sicht bewährte Größe. Solange diese äußerste Grenze nicht überschritten ist, ist es sinnvoll auf eine Kombination von objektiven und subjektiven Voraussetzungen zurückzugreifen. Im Sinne eines beweglichen Systems sollte der subjektiven Komponente umso größere Bedeutung zukommen, je geringer die Abweichung von Preis und Wert ausfällt – und umgekehrt. Die Rechtsfolge sollte flexibel ausgestaltet werden, d.h. dem Übervorteilten sollte das Wahlrecht eingeräumt werden, den Vertrag wegen der Übervorteilung rückgängig zu machen oder nicht[46].

## 8. Ergebnis

Im heutigen kontinentaleuropäischen Recht sind folgende drei Regelungsansätze zur Lösung des Problems der *laesio enormis* anzutreffen:

Erstens eine Fortentwicklung der gemeinrechtlichen *laesio enormis*, die insbesondere das österreichische, aber auch das französische Recht prägt;

Zweitens der dem strafrechtlichen Wuchertatbestand nachempfundene zivilrechtliche Wuchertatbestand, der sich im deutschen und schweizerischen Recht findet, aber bei der Auslegung des Begriffes des „auffälligen Missverhältnisses" auf die für die *laesio enormis* charakteristische objektive Grenze des Wert-Preis-Verhältnisses zurückgreift. Dieser Gruppe ist auch der DCFR zuzuordnen.

Drittens das *Common Law*. Es wendet in diesen Fällen die *consideration doctrine* an und geht damit dogmatisch einen eigenen Weg, wobei sich insbesondere unter dem Gesichtspunkt der *unconscionability doctrine* die in den anderen Rechtsordnungen diskutierten Probleme wieder finden.

Als Fazit bleibt festzuhalten, dass die in den Diokletianreskripten aufgeworfene entscheidende Frage nach dem „*iustum pretium*" immer noch aktuell ist. Im 21. Jahrhundert wird man wohl eher von Marktpreisen als vom „gerechten Preis" sprechen. Das Grundproblem bleibt aber bestehen. Es lautet: Wo verläuft bei Wert-Preis-Differenzen die objektive Grenze, deren Überschreitung zur Aufhebung des Vertrages führt. Die extrem liberale Vorstellung, es gebe eine solche Grenze nicht, findet zumindest im europäischen Recht keinen Anklang. Eben so wenig hat sich das scholastische Konzept durchsetzen können, Preis und Wert müssten stets identisch sein. Damit bleibt die *laesio enormis* eine für das europäische Privatrecht wichtige Rechtsvorstellung. Das gilt – bei Licht besehen – auch für das deutsche Privatrecht, das die *laesio enormis* eigentlich abschaffen wollte. Im Hinblick auf die europäische Rechtsvereinheitlichung sei ein bewegliches System mit objektiver Grenze und flexibler Rechtsfolgengestaltung empfohlen.

---

**46** Entgegen *Grechenig*, Die laesio enormis als enorme Läsion der sozialen Wohlfahrt? – Ein rechtsökonomischer Beitrag zur HGB-Reform, Journal für Rechtspolitik, Heft 1/2006, widerspricht die Vertragsaufhebung wegen laesio enormis auch nicht ökonomischer Vernunft. Soweit *Grechenig* im Rahmen der grundsätzlich sinnvollen und wichtigen ökonomischen Analyse des Rechts auf die Anreize zur Produktion von Information abstellt, kommt er selbst zutreffend zu dem Ergebnis, dass die Abschaffung der laesio enormis das Problem der Informationsverwertung nicht lösen kann. Zur Lösung dieses Problems müssen andere Rechtsinstitute (wie z.B. eine Extension der Geschäftsführung ohne Auftrag) fruchtbar gemacht werden.

# Diskussionsbericht zu § 2

*Riesenhuber* dankte dem Referenten und hob hervor, dass die geschichtlichen und rechtsvergleichenden Grundlagen gerade im Hinblick auf die Rechtsangleichung nötig und wichtig seien.

Nach Einschätzung von Prof. Dr. *Fillipo Ranieri* (Universität des Saarlandes) spielten jüdische Quellen im Mittelalter eine untergeordnete Rolle. Viel bedeutender sei die Aristotelische Wirtschaftsethik gewesen, die auch die Philosophie von *Thomas von Aquin* geprägt habe. Nach dieser Ethik sei der Kaufpreis gleichzusetzen mit dem objektiven Wert einer Ware. Daher habe es ein *iustum pretium* geben können, während heutzutage der Preis durch das Zusammentreffen von Angebot und Nachfrage zustande komme. Hier schloss die Frage von *Wank* an, ob der Marktpreis denn überhaupt gerecht sei. Immerhin sage der Marktpreis doch nicht mehr aus, als dass ein bestimmter Anbieter auf einem bestimmten Markt einen bestimmten Preis habe durchsetzen können. Im Arbeitsrecht zeige sich aktuell bei der Frage eines gesetzlichen Mindestlohns – im Arbeitsrecht falsch verortet, da eigentlich eine sozialrechtliche Frage – eine Verschiebung des objektiven Gerechtigkeitsmaßstabes weg vom Marktpreis hin zu der Frage des Lebensbedarfs eines arbeitenden Menschen.

*Armgardt* teilte die Auffassung *Ranieris,* dass *Thomas von Aquin* stark von der Aristotelischen Wirtschaftsethik beeinflusst worden sei. Möglicherweise sei dieser Einfluss noch stärker als der durch das jüdische Recht gewesen. An *Wank* gewandt meinte *Armgardt,* der Marktpreis sei sicherlich nicht göttlich gerecht i.S.v. *Thomas von Aquin* und die Vorstellung eines *iustum pretium* habe heute zumindest für weltliche Zwecke ausgedient. Auch wenn dies ein Stück weit den Abschied von der Gerechtigkeit bedeute, sei auf Marktpreise als Vergleichsmaßstab abzustellen. Mindestlöhne seien dagegen eher öffentliches Recht als Zivilrecht. Die entsprechenden Argumentationsstrukturen auf das gesamte Zivilrecht übertragen zu wollen, solle daher nicht angestrebt werden.

Bezüglich des englischen Rechts bezweifelte *Ranieri,* dass die *consideration doctrine*[1] mit dem Vortragsthema etwas zu tun habe. Die *consideration* gäbe keine Auskunft über die Angemessenheit des Vertrags, da schon ein Pfefferkorn eine ausreichende Gegenleistung darstelle. Eine materielle Gerechtigkeitskontrolle finde dagegen etwa in den Fällen von *undue influence* statt, in denen die Entscheidungsfreiheit des Vertragspartners eingeschränkt sei.

*Karampatzos* gab daraufhin zu bedenken, dass im *Common Law* der Grundsatz *pacta sunt servanda* eine viel größere Rolle spiele als im griechischen oder deutschen Recht. Daher komme die Fallgruppe der *undue influence* in der Praxis eine geringe Bedeutung zu. Es bestehe im *Common Law* große Skepsis gegenüber einer Vertragskontrolle durch die *undue influence doctrine,* da sie unkontrollierbare Folgen habe. Für die

---

1 Einführend zu dieser *doctrine: Lyall,* An Introduction to British Law (2. Aufl. 2002), S. 239 f.; *Zweigert/Kötz,* Rechtsvergleichung (3. Aufl. 1996), S. 384 ff. Ausführlich etwa *Peel,* The Law of Contract (12. Aufl. 2007), S. 71 ff.; *Ranieri,* Europäisches Obligationenrecht (3. Aufl. 2009), S. 75 ff.

englische Rechtsprechung gelte vielmehr der Grundsatz: *The court does not write contracts for the parties.*

Der Einschätzung, dass die *consideration* mit dem Vortragsthema nichts zu tun habe, stellten sich *Riesenhuber* und *Armgardt* entgegen. *Armgardt* verwies darauf, dass die *unconsciability doctrine* jedenfalls bei der *consideration* verortet sei. *Riesenhuber* betonte, das Verhandeln der Parteien vor Vertragsabschluss stelle immerhin einen prozeduralen Schutzmechanismus dar, der einen aus Sicht der Parteien gerechten Preis sichere. Flankierend trete dazu die *undue influence doctrine*[2], so dass im Ergebnis möglicherweise wie bei § 138 Abs. 2 BGB prozedurale und materielle Elemente verbunden seien.

Da Art. 179 Fall b des griechischen ZGB dem § 138 Abs. 2 BGB sehr ähnlich ist, interessierte *Paparseniou* sich näher für die Rechtsprechung des BGH, wonach ab einem bestimmten objektiven Missverhältnis zwischen Leistung und Gegenleistung das Vorliegen des subjektiven Wuchertatbestandes vermutet wird. Konkret fragte sie, ob sich daraus eine Beweislastumkehr ergäbe, was *Armgardt* bejahte. In diesem Zusammenhang wies *Krampe* darauf hin, dass im deutschen Recht neben § 138 Abs. 2 BGB auch immer noch der Rückgriff auf den allgemeinen § 138 Abs. 1 BGB möglich sei, dessen Wortlaut keine subjektiven Merkmale enthalte. Um einen Wertungswiderspruch zu verhindern, müssten die entsprechenden subjektiven Merkmale des Wuchertatbestandes bei der Gesamtwürdigung der Sittenwidrigkeit berücksichtigt werden.[3] Unabhängig von der dogmatischen Konstruktion stelle sich für *Krampe* die Frage, ob die deutsche Nichtigkeitssanktion angemessen sei.

Im Hinblick auf die Rechtsvereinheitlichung durch den DCFR merkte *Armgardt* an, dass er die Kombination objektiver und subjektiver Merkmale im Wuchertatbestand für sehr sinnvoll halte. Allerdings müsse es eine objektive (Schmerz-)Grenze geben, bei deren Überschreitung die subjektiven Kriterien irrelevant seien und sich der Übervorteilte vom Vertrag lösen können müsse – so er dies denn wolle. Dass eine objektive Grenze sachgerecht sei, zeigten im Übrigen im deutschen Recht gerade die Versuche, die subjektiven Voraussetzungen des Wuchertatbestandes durch einen Rückgriff auf § 138 Abs. 1 BGB zu umgehen.

*Martin Bredol*

2 Dazu eingehend *Peel* (Fn. 1), S. 446 ff.
3 Vgl. nur Palandt-*Ellenberger*, BGB (68. Aufl. 2009), § 138 BGB Rn. 34.

# § 3 Auslegung und Inhaltskontrolle

*Christoph Krampe*

**Übersicht**



## I. Auslegung einer „Tagespreisklausel"

Der Bundesgerichtshof lehnt in ständiger Rechtsprechung eine geltungserhaltende Reduktion unwirksamer Allgemeiner Geschäftsbedingungen ab, gelangt aber bisweilen zur Aufrechterhaltung einer Klausel im Wege ergänzender Auslegung.[1] Dies zeigen exemplarisch die Tagespreisklausel-Entscheidungen von 1981 und 1984.[2] Es ging um folgende im Kraftfahrzeughandel damals übliche Kaufpreisbestimmungsklausel:

> „Preisänderungen sind nur zulässig, wenn zwischen Vertragsabschluss und vereinbartem Liefertermin mehr als vier Monate liegen; dann gilt der am Tag der Lieferung gültige Preis des Verkäufers".

Mit dieser Bestimmung orientiert sich der Verwender an § 309 Nr. 1 BGB (damals § 11 Nr. 1 AGBG), wonach formularmäßige Preiserhöhungen innerhalb von vier Monaten nach Vertragsschluss grundsätzlich unwirksam sind. Doch im Jahre 1981 hat der BGH die Klausel auf die Unterlassungsklage eines Verbraucherschutzvereins hin für unwirksam erklärt, weil das dem Verkäufer eingeräumte Preiserhöhungsrecht den Käufer im Sinne von § 307 Abs. 1 BGB (damals § 9 Abs. 1 AGBG) unangemessen benachteilige. Demgegenüber betrifft das Urteil von 1984 eine Individualstreitigkeit. Der Kläger hatte bei dem beklagten Automobilhersteller einen PKW zum Listenpreis von „zur Zeit DM 25 330" bestellt. Bei Lieferung wurden gemäß Tagespreisklausel 28 580 DM in Rechnung gestellt. Diese Summe hat der Kläger zunächst auch bezahlt. Doch gestützt auf die danach festgestellte Unwirksamkeit der Tagespreisklausel, hat er bereicherungsrechtliche Rückerstattung des Differenzbetrags zwischen dem Tagespreis und dem Listenpreis zur Zeit des Vertragsschlusses verlangt. Die Klage hatte keinen Erfolg. Die Klausel sei zwar unwirk-

---

1 *Krampe*, Aufrechterhaltung von Verträgen und Vertragsklauseln, AcP 194 (1994), 1 ff., 13 ff., 38 ff.
2 BGHZ 82, 21; BGHZ 90, 69.

sam, weil das Preiserhöhungsrecht des Verkäufers nicht an das „billige Ermessen" im Sinne des § 315 Abs. 1 BGB gebunden sei. Andererseits aber sei diese Klausel nunmehr im Wege ergänzender Auslegung durch eine Regelung zu ersetzen, die dem billigen Ermessen entspricht. Die Begründung dieser zweiten Tagespreisklausel-Entscheidung des BGH ist in folgenden Leitsätzen zusammengefasst:

> „a) Die Lücke in einem Vertrag, der durch Unwirksamkeit einer Klausel in Allgemeinen Geschäftsbedingungen entsteht, kann im Wege ergänzender Vertragsauslegung geschlossen werden, wenn konkrete gesetzliche Regelungen zur Ausfüllung der Lücke nicht zur Verfügung stehen und die ersatzlose Streichung der unwirksamen Klausel nicht zu einer angemessenen, den typischen Interessen des Klausel-Verwenders und des Kunden Rechnung tragenden Lösung führt.
>
> b) Die unwirksame Tagespreisklausel der in Nr. II 2 der im Kraftfahrzeughandel verwendeten Neufahrzeug-Verkaufsbedingungen ist danach durch eine Regelung zu ersetzen, die den Käufer zwar grundsätzlich zur Zahlung des bei Auslieferung des Fahrzeugs gültigen Listenpreises verpflichtet, soweit dieser Preis einer nach billigem Ermessen zu treffenden Leistungsbestimmung durch den Verkäufer entspricht, der ihm aber andererseits ein Rücktrittsrecht einräumt, wenn die Preiserhöhung den Anstieg der allgemeinen Lebenshaltungskosten in der Zeit zwischen Bestellung und Auslieferung nicht unerheblich übersteigt".

## II. Auslegungsregeln

Die ergänzende Auslegung gehört nicht zu den traditionellen und allgemein anerkannten Auslegungsregeln.[3] Soweit solche in den europäischen Zivilgesetzbüchern enthalten sind, lassen sich zwei Grundkonzeptionen erkennen. Im französischen Code civil sind im Abschnitt *De l'interprétation des conventions* (Art. 1156–1164) Vertragsauslegungsregeln aufgeschrieben, die weitgehend an die von den römischen Juristen überlieferten Interpretationsgrundsätze angelehnt sind.[4] Dazu gehören insbesondere der Vorrang des Parteiwillens gegenüber einer Wortlautauslegung (*voluntas potius quam verba*), die Bevorzugung einer aufrechterhaltenden gegenüber der zur Ungültigkeit des Rechtsgeschäfts führenden Auslegung (*magis valeat quam pereat*) und die „Celsinische Unklarheitenregel", im Zweifel solle zu Lasten desjenigen ausgelegt werden, der den Vertrag vorformuliert (*ambiguitas contra stipulatorem, in dubio contra proferentem*).[5] Demgegenüber hat der in der Tradition Savignys stehende BGB-Gesetzgeber in den französischen Auslegungsregeln keine „wirklichen Rechtssätze", sondern eher Denkregeln ohne Regelungscharakter gesehen und sich daher auf die Übernahme nur weniger allgemeiner Grundsätze beschränkt, nämlich wie Art. 1156 Cc die Erforschung des Parteiwillens mit Vorrang vor der Wortlautaus-

---

3 *Zimmermann*, The Law of Obligations, Roman Foundation of the Civilian Tradition (1990), S. 621 ff.; *Kötz*, Interpretation and Contents, in: Beale/Hartkamp/Kötz/Tallon (Hrsg.), Cases, Materials and Text on Contract Law (2002), S. 555 ff.

4 Ähnlich Spanien (Art. 1281–1289 Código Civil) und Italien (Art. 1362–1371 Codice Civile); vgl. *Bessone*, L'interpretazione del contratto (1983), S. 16 ff.

5 *Krampe*, Die Celsinische Auslegungsregel 'ambiguitas contra stipulatorem est', in: À l'Europe du troisième millénaire, Mélanges Giuseppe Gandolfi II (2004), S. 877 ff.

legung (§ 133 BGB) und die Vertragsauslegung nach Treu und Glauben (§ 157 BGB). Die im Code civil enthaltene aufrechterhaltende Auslegung (Art. 1157 Cc) ist im BGB nur als Sonderregel für Verfügungen von Todes wegen festgehalten (§ 2084).[6]

Andererseits findet sich unter den allgemeinen Regeln auch § 140 BGB, der in Übernahme der gemeinrechtlichen Konversionslehre (*conversio actus iuridici*) die Aufrechterhaltung des nichtigen Rechtsgeschäfts durch Umdeutung in ein gültiges Rechtsgeschäft vorsieht.[7] Es ist ein auch in andere europäische Zivilgesetzbücher[8] eingegangener Rechtsbehelf, der nach herrschender Lehre und Rechtsprechung von der Auslegung abzugrenzen, aber einer ergänzenden Auslegung ähnlich ist.[9] Im Code civil ist eine solche Regel nicht enthalten, auch nicht im Reformentwurf der Commission Pierre Catala von 2005. Aber die in der Doktrin für möglich gehaltene „*conversion par réduction*" findet sich in einem Entwurfsartikel über die Teilaufrechterhaltung eines nichtigen Rechtsgeschäfts durch *qualification* wieder, der die Auslegungsregeln ergänzt.[10] Indessen folgt das griechische Zivilgesetzbuch von 1946 (*Astikós Kódikas*) nicht nur in seiner Beschränkung auf wenige Auslegungsgrundsätze, sondern auch mit der Übernahme der Konversionsregel (*Metatropí*) dem deutschen BGB.[11] Die entsprechenden Artikel 173, 182, 200 A.K. sind eine nahezu wörtliche Übersetzung der §§ 133, 140, 157 BGB. Im Entwurf der Akademie Europäischer Privatrechtswissenschaftler in Pavia hat auch die mit der ergänzenden Auslegung vergleichbare *conversion du contrat nul* ihren Niederschlag gefunden.[12]

---

**6** *v. Savigny*, System des heutigen Römischen Rechts I (1840), S. 206 ff., 211; *ders.*, Obligationenrecht II (1853), S. 189 ff.; Kommission zur Ausarbeitung des Entwurfs eines bürgerlichen Gesetzbuchs, Entwurf eines Bürgerlichen Gesetzbuches, Allgemeiner Teil, Vorlage des Redaktors Gebhard (1881) II, S. 250 ff., 254.

**7** *Krampe*, Die Konversion des Rechtsgeschäfts (1980); *Gandolfi*, La conversione dell'atto invalido, Il modello germanico I (1984); *ders.*, La conversione dell'atto invalido, Il problema in proiezione europea II (1988); *Schöll*, Die Konversion des Rechtsgeschäfts, Eine rechtsvergleichende Studie zur Hermeneutik der Privatautonomie angesichts teleologischer Inkohärenzen rechtsgeschäftlicher Unwirksamkeitstatbestände, Abhandlungen zum schweizerischen Recht (2005), Heft 694.

**8** Griechenland: metatropi (Art. 182 A. K.), Italien: conversione (Art. 1424 C. c.), Portugal: conversão (Art. 293 C. c.), Niederlande: conversie, omzetting (Art. 3:42 B. W.).

**9** BGHZ 19, 269.

**10** Avant-projet de réforme du droit des obligations et du droit de la prescription, Ministère de la Justice, Rapport de la commission Pierre Catala 2005, Paris 2005, Paris 2006, S. 99, Art. 1143: L'acte nul faute de répondre aux conditions de la validité correspondant à la qualification choisie par les parties subsiste, réduit, s'il répond aux conditions de validité d'un autre acte dont le résultat est conforme à leur volonté. Bereits die Überschrift im Abschnitt 2 des 3. Kapitels lautet *De l'interprétation et de la qualification.*

**11** Vgl. dazu *I. Π. Ἀραβαντινοῦ*, Ἀκυρότης, μερικὴ ἀκυρότης, μετατροπή, Athen 1957; *Krampe* (Fn. 7), S. 16 f.

**12** Académie des Privatistes Européens (Coordinateur *Giuseppe Gandolfi*), Code Européen des Contrats, Avant-projet I (2001), Art. 145, al. 1: Abstraction faite de ce que disposent l'art. 40 al. 2 et l'art. 143 al. 1, le contrat nul produit les effets d'un contrat différent et valable, duquel existent les éléments de fond et de forme, qui permette de réaliser de façon raisonnable le but poursuivi par les parties.

Für Allgemeine Geschäftsbedingungen gilt der Grundsatz „objektiver Auslegung". Nicht also die individuellen Vorstellungen der Parteien sollen maßgeblich sein, sondern das Verständnis der am Geschäftsverkehr jeweils beteiligten Kreise. Anerkannt ist insbesondere auch die ‚Unklarheitenregel' *in dubio contra proferentem.*[13] Als allgemeine Regel des Code civil (Art. 1162) vom BGB zunächst nicht übernommen, ist sie gleichwohl in das AGB-Gesetz von 1976/77 eingegangen (§ 5 AGBG) und von dort mit der Eingliederung des AGB-Rechts durch das Schuldrechtsmodernisierungsgesetz von 2001 unter der Überschrift „mehrdeutige Klauseln" schließlich doch ins BGB aufgenommen worden (§ 305 Abs. 2 BGB 2002). Die Vorschrift entspricht der europäischen Verbraucherschutzrichtlinie von 1993 (Art. 5) und den Rechtsordnungen in der Europäischen Union mit eigenständigen Verbraucherschutzgesetzen wie in Griechenland.[14] Nicht nur als verbraucherschützende, sondern als allgemeine Auslegungsregel ist sie auch in den Entwürfen für ein künftiges europäisches Privatrecht verankert.[15]

Das Problem all dieser Regeln ist ihr Verhältnis zueinander und das jeweilige Regelverständnis. So wird die Unklarheitenregel nach herrschender Auffassung als „subsidiäre" Regel angesehen,[16] die nach Auffassung des Bundesgerichtshofs nur dann anwendbar ist, wenn nicht schon die objektive Auslegung zu einem klaren Ergebnis führt, sei es auch durch die eigene letztinstanzliche Beseitigung des Auslegungszweifels zugunsten des Verwenders.[17] Umstritten ist auch die allgemeine Umdeutungsregel. Die Konversion des nichtigen Rechtsgeschäfts gilt zwar als Instrument gestaltender Aufrechterhaltung. Aber den nach § 138 BGB sittenwidrigen Vertrag nimmt der BGH aus dem Anwendungsbereich des § 140 BGB.[18] Dem entspricht es,

---

**13** *Raiser*, Das Recht der Allgemeinen Geschäftsbedingungen (1935, Neudr. 1961), S. 264 ff.

**14** *Kapnopoulou*, Das Recht der missbräuchlichen Klauseln in der Europäischen Union – Das griechische Verbraucherschutzrecht als Beitrag zum Europäischen Privatrecht (1997), insb. S. 148 ff.; *Roussos*, Die Fortbildung des griechischen Vertragsrechts unter dem Einfluss der EU-Richtlinien, ZEuP 2005, S. 322 ff.

**15** Zum Entwurf der Akademie von Pavia, *Gandolfi* – Gruppe (Fn. 12); vgl. Art. 40: Expressions ambiguës.
1. Quand, en dépit de l'évaluation effectuée en vertu de l'alinéa 3 de l'art. 39, il n'est pas possible d'attribuer un sens univoque aux expressions utilisées par les contractants, sont observées, dans l'ordre, les dipositions suivantes.
2. Dans le doute, le contrat ou les clauses séparées doivent être interprétés dans un sens qui leur confère quelque effet plutôt que dans un sens qui les empêcherait d'en produire.
3. Les clauses préparées par l'un des contractants et qui n'ont pas été objet d'une tractation, dans le doute, s'interprètent contre l'auteur de celles-ci.
Art. 41. Expressions obscures.
Lorsque, nonobstant l'application des règles contenues dans les articles précédents, le contrat demeure obscur, il doit être interprété, s'il est à titre gratuit, dans le sens le moins sévère pour l'obligé et, s'il est à titre onéreux, dans le sens qui réalise un ajustement équitable des intérêts des parties.
Vgl. im Übrigen *Riesenhuber*, Europäisches Vertragsrecht (2. Aufl. 2006), S. 190 ff., Rn. 426–435.

**16** So schon *Stella-Maranca*, Intorno alla regola interpretatio contra stipulatorem, in: Annali della Facoltá di Giurisprudenza dell'Università di Bari, 1929, II (1930), S. 28 f.

**17** Vgl. z. B. BGHZ 74, 383, 385 f.

**18** BGHZ 68, 204. Ebenso *Gandolfi* (Fn. 7 [1988]), S. 390 ff.

dass er sich dieses Rechtsbehelfs auch nicht zur Aufrechterhaltung unangemessener Allgemeiner Geschäftsbedingungen bedient, wie er ja auch die geltungserhaltende Reduktion einer unwirksamen Klausel ablehnt.

## III. Gestaltende Aufrechterhaltung

So bleibt als methodisches Instrument für eine gestaltende Aufrechterhaltung nur noch die ergänzende Auslegung im Einzelfall.[19] Die Tagespreisklausel ist im Unterlassungsverfahren für unwirksam erklärt worden, weil sie nicht Treu und Glauben entspricht. An sich bestimmt § 315 Abs. 1 BGB gerade umgekehrt, dass im Zweifel die Leistungsbestimmung nach billigem Ermessen zu treffen ist. Ein solcher Klauselinhalt entspräche nicht nur einer Auslegung nach Treu und Glauben, sondern auch einer Interpretation zu Lasten des Verwenders. Aber im Unterlassungsverfahren könnte dies zum Prozessverlust des klagenden Verbraucherverbands führen, wäre also im Ergebnis eine Entscheidung zu Gunsten des beklagten Verwenders. Hier gebietet daher die Auslegung gegen den Verwender folgerichtig, wenn auch auf den ersten Blick paradoxerweise, eine möglichst kundenfeindliche und damit zur Unwirksamkeit der Klausel führende Auslegung.

Doch im Individualverfahren geht es um Vertragsgerechtigkeit unter den Vertragsparteien. Wollte man es jetzt bei der Unwirksamkeit der Tagespreisklausel belassen und den ursprünglichen Listenpreis zugrunde legen, so wäre dies für den Käufer ein ungerechtfertigter Vorteil, weil dieser Preis nur für den Fall der Lieferung innerhalb von vier Monaten vereinbart war. Deshalb wäre durch bloßes Streichen der Tagespreisklausel die nicht der AGB-rechtlichen Inhaltskontrolle unterliegende Preisvereinbarung und damit die Gültigkeit des Kaufvertrags insgesamt betroffen. Unter diesen Umständen war die Nichtigkeit nur noch durch gestaltende Vertragsaufrechterhaltung zu vermeiden. So ist kraft richterlicher Gestaltung an die Stelle eines nicht an das billige Ermessen gebundenen Preisbestimmungsrechts eine für beide Parteien interessengerechte Tagespreisklausel gesetzt worden, und zwar nicht nur mit einem angemessenen Preiserhöhungsrecht des Verkäufers einerseits, sondern unter bestimmten Umständen auch mit einem Rücktrittsrecht des Käufers andererseits. Mit einer derartigen Ergänzung kann die vertraglich vereinbarte Klausel nicht „klar und verständlich" im Sinne von § 307 Abs. 1 S. 2 BGB sein. Aber der Verstoß gegen das Transparenzgebot erweist sich für den Vertragspartner des Verwenders nicht als „unangemessene Benachteiligung". Denn die ergänzende Auslegung holt im Individualprozess jene Interpretation der Tagespreisklausel nach Treu und Glauben nach, die zwar den Ausgang des Unterlassungsverfahrens nicht bestimmen konnte, die aber im Rahmen einer Individualstreitigkeit möglich sein sollte.[20]

---

**19** Beispiel aus neuerer Zeit: Ersatzartikelklausel im Internet-Versandhandel, BGH, NJW 2005, 3567.
**20** Wohl anders BGHZ 82, 21, 27 f.

## Diskussionsbericht zu § 3

*Riesenhuber* dankte dem Referenten und wies darauf hin, dass sich bei der Tagespreisklausel-Entscheidung des BGH[1] möglicherweise auch das Problem der Rückwirkung von Rechtsprechung stelle. Wenn der BGH eine bestimmte AGB-Klausel für unwirksam erkläre, müsse geklärt werden, wie dem Vertrauen der Parteien auf die Wirksamkeit der Klausel – falls ein solches berechtigterweise aufgrund der Gesetzeslage oder der Rechtsprechung bestand – in einer Übergangszeit Rechnung getragen werden könne.

Anschließend führte Prof. Dr. *Fillipo Ranieri* (Universität des Saarlandes) aus, dass seit dem 19. Jahrhundert die naturrechtliche Vorstellung einer Einigung der Parteien als Voraussetzung für einen Vertragsschluss gilt. Hinzu käme der römische Grundsatz des *pretium certum.*[2] Allerdings zeige die moderne Rechtsentwicklung in eine andere Richtung: dort, wo Vertragsparteien gerade die Konkretisierung der Gegenleistung zum Teil offen lassen, diene der Marktpreis als Orientierung. Dies lege nahe, dass das Problem der ergänzenden Auslegung bei der konkreten vertraglichen Einigung anzusiedeln sei.

Hierzu bemerkte *Krampe,* dass bei dem der Tagespreisklausel-Entscheidung zugrunde liegenden Sachverhalt ein Konsens zwischen den Parteien doch vorgelegen habe. Der Preis des Wagens sollte sich eben nach dem dann geltenden Tagespreis richten. Es stelle sich aber die Frage, ob dann ein Teil der Gesamtabrede nachträglich anders ausgelegt werden könne. Dies sei zu verneinen, da die Gesamtabrede nicht teilbar sei. Die Preisabrede sei zudem als Teil der *essentialia negotii* der AGB-Kontrolle ohnehin nicht zugänglich. Hier bleibe es bei der allgemeinen Inhaltskontrolle nach § 138 BGB.

Im griechischen Recht, so *Paparseniou,* wäre bei Tagespreisklauseln zum einen Art. 371 ZGB zu beachten, wonach einer Partei das Recht eingeräumt werden kann, die Gegenleistung nach billigem Ermessen zu bestimmen. Die Richtlinie 93/13/EWG[3] sei in Griechenland durch das Verbraucherschutzgesetz umgesetzt. Bezüglich Preisänderungsklauseln hätten sich in der Rechtsprechung des *Areopags,* die großen Wert auf Transparenz lege, vor allem zwei Zulässigkeitskriterien herausgebildet. Zum einen müsse es einen wichtigen Grund geben, der die spätere einseitige Änderung des Vertrags rechtfertigt. Einen solchen Grund konnte *Paparseniou* bei der Tagespreisklausel, die dem BGH zur Bewertung vorlag, nicht finden. Betreffe die Unbestimmtheit die Gegenleistung, müssten zum anderen von Anfang an im Vertrag konkrete und einleuchtende Kriterien für die Bestimmung der Gegenleistung festgelegt werden, um Transparenz für den Kunden zu schaffen. Des Weiteren

1 BGHZ 90, 69 – Tagespreisklausel.

2 Vgl. dazu mit zahlreichen weiteren Nachweisen *Ranieri,* Europäisches Obligationenrecht (3. Aufl. 2009), S. 36 ff.

3 Richtlinie 93/13/EWG des Rates vom 5.4.1993 über mißbräuchliche Klauseln in Verbraucherverträgen, ABl. 1993 L 95/29.

müsse der Verwender dem Kunden immer das Recht zugestehen, sich vom Vertrag lösen zu können, wenn die Erhöhung der Gegenleistung für ihn übermäßig ist. Dies folge aus einer „schwarzen" Verbotsliste im Verbraucherschutzgesetz, wonach Vertragsbedingungen auf jeden Fall missbräuchlich sind, die den Verbraucher daran hindern vom Vertrag zurückzutreten, wenn die Preiserhöhung gemäß den Vertragsbedingungen übermäßig hoch ist. Nach *Paparseniou* wäre eine solche Tagespreisklausel nach griechischem Recht wegen Verstoßes gegen das Transparenzgebot unwirksam.

Auf den Hinweis *Krampes*, der soeben aufgezeigte Unterschied zwischen griechischer und deutscher Rechtsprechung könnte Folge der Verschiedenheit von Unterlassungs- und Individualverfahren sein, erklärte *Paparseniou*, dass die in Rede stehende Klausel nach griechischem Recht auch im Individualverfahren für intransparent und damit unwirksam erachtet würde.

*Krampe* stimmte *Paparseniou* darin zu, dass die Klausel intransparent sei. Doch habe er Bedenken, das Transparenzgebot allein und damit auch für alle künftigen Fälle darüber entscheiden zu lassen, ob eine Klausel aufrechterhalten werden könne oder nicht. Denn dadurch werde das Instrument einer ergänzenden Vertragsauslegung generell für allgemeine Geschäftsbedingungen in Frage gestellt. Bei ungünstigster Auslegung wären wohl stets alle Klauseln unwirksam. Es komme doch aber in erster Linie auf eine gerechte Lösung an, nicht auf eine transparente.

Anschließend bemerkte *Muscheler*, dass Konversion, ergänzende Vertragsauslegung und geltungserhaltende Reduktion sich in Funktion, Mechanismus und oft auch im Ergebnis ähnelten, denn alle diese Auslegungsinstrumente orientierten sich am hypothetischen Parteiwillen. Indes bestünden große Zweifel, ob der BGH in seiner Entscheidung zur Tagespreisklausel den hypothetischen Parteiwillen zutreffend berücksichtigt habe. Denn die Klausel, wie sie der BGH „erfunden" habe, sei intransparent und in sich widersprüchlich. Einerseits verlange sie die Ausübung des einseitigen Leistungsbestimmungsrechts nach billigem Ermessen wie bei § 315 BGB. Dann könne aber die vom BGH aufgestellte Voraussetzung für ein Rücktrittsrecht des Käufers, nämlich eine Preiserhöhung, die den Anstieg der allgemeinen Lebenshaltungskosten in der Zeit zwischen Bestellung und Auslieferung nicht unerheblich übersteigt, nie vorliegen. Außerdem sei es fraglich, ob eine Klausel, deren einziger Sinn es ist, Änderungen der Verhältnisse nicht zu einer Gesamtnichtigkeit des Vertrages führen zu lassen, sinnvoll dahingehend ausgelegt werden könne, dass eine Partei vom Vertrag zurücktreten kann – damit wäre der Vertrag im Ergebnis ja gerade beseitigt.

*Krampe* ergänzte, auch bei der Teilnichtigkeit käme es auf den hypothetischen Parteiwillen an. Vorliegend gehe es zwar um eine geltungserhaltende Reduktion. Doch auch hier müsse die Frage der Teilbarkeit gestellt werden. Auch bei Teilnichtigkeit gäbe es anerkannte Fallgruppen einer Teilaufrechterhaltung analog § 139 BGB. Als Beispiel führte *Krampe* die Bierlieferungsverträge mit sittenwidrigen Bezugsverpflichtungen an. Maßgeblich sei danach, auf welches Vertragselement sich der hypothetische Wille beziehe. Außerdem komme es darauf an, wie die Umdeutungsregel zu verstehen sei. Nach *Flume* betreffe § 140 BGB nicht die quantitative Teilnichtigkeit sondern die qualitative.[4] Schließlich blieben wohl auch dann bestimmte Teilbereiche außen vor, doch der Richter müsse Recht anwenden können, und eine Fortentwicklung des Rechts müsse auch im Allgemeinen Teil möglich sein.

*Martin Bredol*

4 *Flume,* Allgemeiner Teil des Bürgerlichen Rechts, Band II (4. Aufl. 1992), S. 590.

# § 4 Die ökonomische Handlungsfreiheit im Lichte neuster Entwicklungen der griechischen Rechtsprechung

*Vassilis Voutsakis*

**Übersicht**



## I. Einführung

Der herrschenden Lehre zufolge entfalten die Grundrechte nicht nur zwischen Staat und Bürger Wirkung, sondern auch im Verhältnis zwischen Privatpersonen: die Grundrechte der einen können die Privatautonomie der anderen einschränken. Gegenstand des vorliegenden Beitrags ist jedoch nicht die Geltung der Grundrechte im Bereich der Beziehungen zwischen Privaten im Sinne der Lehre der Drittwirkung. Im Vordergrund stehen vielmehr die Bedrohungen der Privatautonomie durch den Staat, wie sie sich z.B. in der Umverteilung des Reichtums oder in der Intervention zugunsten der Schwachen zeigte. In diesem Sinne sind diese Bedrohungen Bestandteil einer tieferen Tendenz unserer Rechtsordnungen, nämlich einer Durchdringung des Privatrechts mit öffentlich-rechtlichen Elementen. Wie diese Entwicklung zu bewerten ist, ist allerdings durchaus umstritten. Während manche darin eine Bedrohung des Kernbereichs der Privatautonomie sehen, meinen andere, es handele sich um notwendige Einschränkungen zum Schutz des Schwächeren.

Ausgangspunkt der folgenden Überlegungen ist der Schutz der Privatautonomie als Grundrecht. Hier zeichnet sich im griechischen Recht eine bemerkenswerte Entwicklung ab. Hat der Staatsrat (das oberste Verwaltungsgericht Griechenlands) die Handlungsfreiheit des Einzelnen lange Zeit eher stiefmütterlich behandelt, so zeichnet sich in der jüngeren Rechtsprechung ab, dass der Staatsrat sie nunmehr als ein „unantastbares" Grundrecht sowie als Schranke staatlichen Handelns anerkennt.

Wie fügt sich aber ein Beitrag mit solchem Gegenstand in eine Tagung zum Thema der Privatautonomie? In der griechischen Grundrechtstheorie ist der Gedanke der Unantastbarkeit der Person eng mit dem Autonomieprinzip verbunden.[1] Das Autonomieprinzip hat dabei zwei Unterprinzipien: Zum einen das Prinzip der Autonomie der Privatperson gegenüber der anderen Privatperson (Privatautonomie), zum anderen, das Prinzip der Autonomie der Person gegenüber dem Staat. Die Autonomie gegenüber dem Staat bedeutet die explizite Anerkennung einer Sphäre, innerhalb deren die Person der staatlichen Gewalt nicht unterworfen ist. Dieses Verständnis ist für das Autonomieprinzip als solches von zentraler Bedeutung und hat Rückwirkungen auch auf die Konzeption der Privatautonomie. In der Rechtsprechung ist eine Tendenz zu erkennen, das Autonomieprinzip stärker zu betonen und auch die Privatautonomie zu stärken. Trifft diese Beobachtung zu, so mögen die folgenden Ausführungen auch für eine Tagung zum Thema Privatautonomie von Bedeutung sein: Die Privatautonomie ist auf ein Grundprinzip des Rechts mit grundrechtlicher Schutzdimension zurückzuführen, das in der griechischen Rechtsprechung jetzt erstmals tragende Bedeutung entfaltet.

Ist *Hermes*, der Schützer des Handelns, auch einer der Götter *Olympus*, so hat sich das wirtschaftliche Leben Griechenlands doch lange Zeit auf eine starke Tradition der Staatsintervention gestützt. Diese Tradition spiegelt sich auch in der Rechtssprechung des Staatsrats Griechenlands wider. Schon ein kurzer Blick auf die gerichtlichen Entscheidungen der letzten 35 Jahre zeigt, dass die Verfassung aus Sicht des Gerichts sowohl die ökonomische Handlungsfreiheit als auch die Interventionsgewalt des Gesetzgebers in das Wirtschaftsleben garantiert. Das wirft die Frage auf, in welchem Verhältnis Individualfreiheit und Interventionsbefugnis stehen. Bedingen sie einander gegenseitig, ergänzen sie sich oder widersprechen sie einander? Kann man die Handlungsfreiheit des Einzelnen gegen Einschränkungen im Bereich der Wirtschaft ins Feld führen oder wird sie zugunsten von Allgemeininteressen zurückgedrängt oder sogar geopfert?

---

**1** In diesem Sinne *Nagel*, Personal Rights and Public Space, in: ders. (Hrsg.), Concealment and Exposure & Other Essays (2002), S. 37 ff.

Im Folgenden werde ich versuchen, die damit aufgeworfenen Fragen in drei Schritten zu beantworten. Zuerst werde ich ohne theoretische Verfeinerung die Verfassungsregelungen darstellen, die den Schutz der ökonomischen Handlungsfreiheit gewährleisten (II.). Anschließend ist zu erörtern, auf welchen methodologischen und grundrechtstheoretischen Annahmen die bisherige Rechtsprechung beruht (III.). Abschließend spreche ich einige neue Entwicklungen der Rechtsprechung an, die den heuristischen Wert der herkömmlichen Methodenlehre bzw. Grundrechtstheorie in Frage stellen (IV.).

## II. Der grundrechtliche Schutz in der ökonomischen Handlungsfreiheit

Wie schon erwähnt, werde ich mich nur auf eine Form der Handlungsfreiheit beschränken, die ökonomische Handlungsfreiheit. Dabei ist von Anfang an zu betonen, dass weder die griechischen Gerichte noch die Verfassungstheorie die Handlungsfreiheit von Verfassungs wegen einheitlich begründen. Während man sich einig ist, dass die Handlungsfreiheit als Grundrecht anzuerkennen ist, wird sie von manchen als Ausdruck des Rechts auf freie Entfaltung der Persönlichkeit angesehen (Art. 5 Abs. 1 griechischen Verfassung),[2] andere verstehen sie als indirekten Ausdruck der persönlichen Freiheit (Art. 5 Abs. 3 griechische Verfassung)[3].

Diese unterschiedlichen Begründungswege sind nicht nur von theoretischem Interesse, sondern wirken sich auf den folgenden Ebenen aus: auf Ebene der Schranken und auf Ebene der Schranken-Schranken der Grundrechte. Gründet man die Handlungsfreiheit auf Art. 5 Abs. 1 grVerf, so können Einschränkungen auf die Rechte anderer, auf Anordnungen der Verfassung und auf die guten Sitten gestützt werden. Wird die Handlungsfreiheit auf Art. 5 Abs. 3 grVerf gestützt, so stellen sowohl der allgemeine Gesetzesvorbehalt als auch die Aufgabe des Staates, die wirtschaftliche Aktivität zu regulieren, um die Entwicklung der gesamten Volkswirtschaft zu ermöglichen (Art. 106 Abs. 1 grVerf), die Menschenwürde zu schützen und Schaden von der nationalen Wirtschaft abzuhalten (Art. 106 Abs. 2 grVerf) mögliche Schranken dar.[4] Dieser kurze Überblick zeigt, dass nach der griechischen Verfassung sowohl die Rechte anderer als auch Interessen, die nicht unmittelbar auf solchen Rechten beruhen, als Schranken der Handlungsfreiheit anerkannt werden. Um den Gegenstand dieses Textes weiter zu präzisieren, beschränke ich mich im Folgenden auf die Beziehung zwischen der Handlungsfreiheit einerseits und Allgemeininteressen der letzteren Form andererseits.

Das System der Schranken der Handlungsfreiheit wird durch die Schranken-Schranken ergänzt. Schranken der Grundrechte müssen zum einen durch ein legi-

---

**2** Staatsrat 1366/83; Staatsrat 2029/92.

**3** Vgl. Staatsrat 2614/89; Staatsrat 357/92 und Staatsrat 1820/95, in denen der Richter auf die Anordnungen des Art. 5 Abs. 1 und 3 grVerf verweist, und Staatsrat 2998/88, in der er die Anordnung des Art. 5 grVerf allgemein erwähnt.

**4** Staatsrat 2998/88.

times Allgemeininteresse[5] begründet sein. Zum anderen müssen sie das Verhältnismäßigkeitsprinzip beachten und dürfen den Wesensgehalt der Handlungsfreiheit nicht verletzen.[6]

## III. Die Tradition: die Abwägungsmöglichkeit in der ökonomischen Handlungsfreiheit

### 1. Die gerichtliche Praxis

Sowohl die Schranken als auch die Schranken-Schranken der Handlungsfreiheit haben ihre eigene Geschichte, Bedeutung und Wirkung. Eine Dimension jedoch, die ich hervorheben möchte, ist, dass einige der Schranken und der Schranken-Schranken eine unmittelbare methodologische Funktion erfüllen. Die Handlungsfreiheit wird – so die Gerichte – von den Interessen der Allgemeinheit begrenzt. An diese gleichsam rituell wiederholte Aussage schließen sich mehrere theoretische Fragen an: Welches sind diese Interessen? Welches Gewicht hat diese Schranke für den Entscheidungsprozess des Richters? Dabei versteht sich, dass man den Entscheidungsprozess des Richters nur schwer rekonstruieren kann; man kann jedoch mit den Mitteln der Methodenlehre dem Faden dieses Prozesses folgen. In diesem Sinne sind vier grundsätzliche Ansätze von zentraler Bedeutung:

#### a) *Der explizite Bezug auf das Allgemeininteresse*

Zwei Punkte sind dabei zu unterstreichen. Erstens konstruieren die Gerichte diese Schranke in gewissem Sinne selbst. Wie schon dargestellt (oben, II.), steht der Terminus „Allgemeininteresse" als solcher nicht im Verfassungstext. Gerichte zögern jedoch nicht, die verschiedenen Interessen und Güter, die als Schranken der Handlungsfreiheit nach dem Text der Verfassung gelten („gute Sitten", „Anordnungen der Verfassung", „der Schaden der nationalen Wirtschaft" oder „die Entwicklung der gesamten Volkswirtschaft"), unter dem Begriff des „Allgemeininteresses" zusammenzufassen. Dabei weigern sich die Gerichte zweitens, den Begriff des Allgemeininteresses zu definieren. In jedem Fall kann man sagen, dass der Gebrauch des Begriffs weder neutral noch theoriebeladen ist: das Allgemeininteresse bezieht sich bloß auf eine nicht weiter teilbare Entität, eine einheitliche Gesamtheit mit eigener Identität.

#### b) *Die explizite Darstellung der Technik der Abwägung*

Kollidieren mehrere inkommensurable, *prima facie* gleichrangige Rechtsgüter miteinander, so kündigt das Gericht im Allgemeinen an, eine Abwägung durchzuführen. Die Gerichte verwenden diese Metapher auch, wenn es um zulässige Einschränkungen eines Rechts geht: Sie wägen die Bedeutung der konkreten Er-

---

**5** Staatsrat 1649/96.
**6** Staatsrat 2445/92; Staatsrat 4050/90.

scheinungsform des Rechts und die Bedeutung des konkreten Allgemeininteresses ab und vergleichen sie miteinander.

#### c) *Die ausdrückliche Festsetzung von Abwägungsrichtlinien*

Dabei formulieren die Gerichte selbst die Richtlinien, die ihr Urteil bestimmen. Sie berufen sich auf die Wesensgehaltsgarantie, nach der der Grundrechtskern zu achten ist. Ferner berufen sie sich auf das Verhältnismäßigkeitsprinzip, wonach die jeweiligen Schranken zur Erreichung des verfolgten Zwecks geeignet, erforderlich und verhältnismäßig i.e.S. sein müssen.

#### d) *Der Vorrang der Wesensgehaltsgarantie vor dem Verhältnismäßigkeitsgrundsatz*

Das Verhältnis von Wesensgehaltsgarantie und Verhältnismäßigkeitsgrundsatz erörtern die Gerichte nicht näher. Zumeist stellen sie beide Kriterien ohne Rangordnung nebeneinander. Allerdings kann man vermuten, dass die Wesensgehaltsgarantie einen gewissen Vorrang genießt. Zunächst betrachtet der Richter, ob eine staatliche Maßnahme einen Eingriff in den Grundrechtskern bedeutet. Ist dies der Fall, untersucht er, ob der Eingriff in das Grundrecht verhältnismäßig ist. Dieser formale Vorrang ist auch auf einen axiologischen Vorrang zurückzuführen, der sozusagen mit der Grammatik des Grundrechts bzw. eines Abwehrrechts verwoben ist. Zwar sagen die Gerichte nicht ausdrücklich, dass der Wesensgehalt des Grundrechts unantastbar ist. Indes scheint doch aus der Funktion der Grundrechte als Abwehrrechte gegen den Staat zu folgen, dass sie einen unangreifbaren Wesensgehalt haben, einen Bereich, in den sich der Staat nicht einmischen darf.

### 2. Theoretische Grundlagen

Die Berufung auf das Allgemeininteresse und die Wahl der Abwägung sowie der Weise, in der sie durchzuführen ist, setzen ein bestimmtes theoretisches Gefüge voraus. Dieses Gefüge enthält sowohl grundrechtstheoretische als auch methodologische und sprachtheoretische Elemente und lässt sich in vier Ebenen entfalten. Rekonstruieren wir dieses Gefüge in groben Linien: Der Richter akzeptiert, dass die Handlungsfreiheit *qua* Abwehrrecht unter bestimmten Voraussetzungen zurücktreten soll (a). Ob und wann dies der Fall sein soll, kann teils *in abstracto* teils *in concreto* bestimmt werden (b). Dieser methodologische Ansatz beruht auf einer Sprachtheorie, nach der, zum einen, jeder (Rechts-) Begriff einen Kern und einen Hof hat, die voneinander scharf zu trennen sind, zum anderen, die Auslegung einer gesetzlichen Vorschrift auf der Feststellung einer semantischen Regel besteht (c). Diese Sprachtheorie hat gewisse Schwächen, unter denen eine der wichtigeren die tatsächliche Unmöglichkeit der Juristen ist, die Grenze zwischen dem semantischen Kern und dem semantischen Hof genau zu bestimmen (d). Diese Schwäche ist in unserem Falle besonders zu beachten, denn der Richter neigt dazu anzunehmen, dass jeder Eingriff in ein Recht im Prinzip gesetzesmäßig ist; seine Gesetzesmäßigkeit hängt von der Bedeutung des allgemeinen Interesses ab, dem er dient (e).

*a) Die vorausgesetzte grundsätzliche Einschränkbarkeit der Handlungsfreiheit*

Die Rechtsprechung definiert die Handlungsfreiheit als die Freiheit, sich im wirtschaftlichen Bereich zu betätigen.[7] Die Handlungsfreiheit einer Person ist im Prinzip in Beziehung mit anderen schutzwürdigen Gütern zu verstehen. Die Geltung der Handlungsfreiheit schließt nicht aus, – im Gegenteil –, sie gebietet, ihre Verflechtung mit anderen, von der Verfassung geschützten Interessen der Gesamtheit zu berücksichtigen. Welcher ist der eigentliche grundrechtstheoretische Sinn dieser Grundannahme des Richters? Es ist wohl zu erwarten, dass der Richter sich nicht in theoretische Vertiefungen einmischt, jedoch kann man mit guten Gründen behaupten, dass die begriffliche Verflechtung der Handlungsfreiheit mit anderen Rechtsgütern die Möglichkeit ihrer Einschränkung zugunsten dieser Rechtsgüter zur Folge hat. Diese Möglichkeit bedeutet, dass die Handlungsfreiheit *a priori* teils als uneinschränkbar, teils als einschränkbar betrachtet wird.

Wo liegt die Grenzlinie? An diesem Punkt zeigt die Lehre der Wesensgehaltsgarantie einen Ausweg: Diejenigen Formen der Handlungsfreiheit, die als Ausdruck ihres Wesensgehalts zu betrachten sind, sind weder *a priori* einschränkungsfähig noch einschränkungsbedürftig, wobei diejenige Formen der Handlungsfreiheit, die als Ausdruck ihrer Peripherie zu betrachten sind, *a priori* einschränkungsfähig bzw. -bedürftig sind. Die Grenze hängt daher davon ab, ob das allgemeine Interesse in den Wesensgehalt des Grundrechts eingreift oder nicht. Im ersten Falle ist das Grundrecht unantastbar, d.h. es ist abwägungsunfähig; im anderen Falle ist das Grundrecht einschränkbar; es ist der Abwägung unterworfen.

*b) Auslegung und Abwägung*

Ferner, zeigt die Rekonstruktion seiner Argumentation, dass der Richter sich auf bestimmten methodologischen und sprachphilosophischen Annahmen stützt. Fangen wir mit den Ersteren an.

Der grundlegende Unterschied zwischen den verschiedenen Formen der Handlungsfreiheit liegt darin, dass einige davon nicht abzuwägen sind, weil sie zum Wesensgehalt des Grundrechts gehören, und andere abzuwägen sind, weil sie diesem Bereich nicht unterfallen. Dieser Unterschied wird erkennbar, wenn man die Weise, in der die Juristen die Handlungsfreiheit behandeln, genauer betrachtet. Wie vorher betont (oben, II.), ist klar, dass der Richter nicht ausdrücklich behauptet, der Wesensgehalt der Handlungsfreiheit sei nie einzuschränken – auch nicht in denjenigen Fällen, in denen ein sehr bedeutsames oder dringendes Allgemeininteresse auf dem Spiel steht. Man kann jedoch annehmen, dass die Gerichte im Prinzip von einer Uneinschränkbarkeit des Wesensgehalts ausgehen und dass deswegen jede Einschränkung des Wesensgehalts der Handlungsfreiheit verboten ist.

In solchen Fällen scheint die Rechtsprechung anzuerkennen, dass die Handlungsfreiheit nie eingeschränkt werden darf. Das heißt, dass kein Allgemeininteresse, wie

---

7 Staatsrat 1094/87.

bedeutsam es auch sein mag, in der Lage ist, sie einzuschränken. Kein Interesse der Allgemeinheit, unabhängig von seiner Bedeutsamkeit, soll und darf gegen die Handlungsfreiheit abgewogen werden. In dieser Hinsicht ist der Handlungsspielraum des Richters, wenn der Wesensgehalt der Handlungsfreiheit auf dem Spiel steht, eher eng: Unabhängig sowohl vom spezifischen Gewicht des Allgemeininteresses als auch von den jeweiligen konkreten Umständen, soll der Richter in jedem Fall auf die Abwägung zwischen diesem Interesse und der Handlungsfreiheit verzichten. Methodologisch betrachtet bedeutet das: Ist der Wesensgehalt der Handlungsfreiheit betroffen, so muss der Richter nach der grammatischen Auslegungsmethode vorgehen.

Anders ist zu entscheiden, wenn die Peripherie der Handlungsfreiheit betroffen ist. Erstens ist die Peripherie *in abstracto* einschränkbar; dies bedeutet, dass stets die Möglichkeit besteht, dass ein Allgemeininteresse vorhanden sein könne, welches eine solche Einschränkung rechtfertigen könne. Ob und wann diese Möglichkeit besteht, kann nur *in concreto,* nach den jeweiligen Umständen, beurteilt werden. Die Erscheinungsformen der Peripherie der Handlungsfreiheit gelten prinzipiell als Gründe für eine Abwägung mit den konkurrierenden allgemeinen Interessen im Einzelfall. In methodologischer Hinsicht, hat der Richter bei der Peripherie der Handlungsfreiheit mit einer Prinzipienkollision zu tun, die er aufheben soll.[8] Die Aufhebung der Kollision erfolgt durch eine Abwägung, d.h. durch einen qualitativen Vorgang, bei dem der Richter auf jeden konkreten Fall die spezifische Interessenkonstellation in den Blick nehmen muss. Die Abwägung findet *ad hoc* statt. Bei der Begründung des *ad hoc* Urteils leistet aber die Methodenlehre den Juristen gewisse Hilfe. Hier zeigt sich der Wert methodologischer Prinzipien, wie das Verhältnismäßigkeitsprinzip – in allen seinen drei Schritten. Ungeachtet dessen hebt die Begründungsmöglichkeit aus der Sicht der methodologischen Prinzipien den konkreten Charakter des richterlichen Urteils nicht auf.

Um die methodologische Grundannahmen des Ansatzes der Rechtsprechung zusammenzufassen: Während die Einschränkbarkeit des Wesensgehalts der Handlungsfreiheit *in abstracto* im Prinzip auszuschließen ist, ist die Frage nach der Einschränkbarkeit der Peripherie *in concreto* zu beurteilen, je nach dem spezifischen Gewicht des jeweiligen entgegengesetzten allgemeinen Interesses. Es liegt auf der Hand, dass dieser Rechtsprechung die traditionelle Methodenlehre zugrunde liegt.

#### *c) Der Vorrang der Semantik*

Zumindest nach dem *linguistic turn* der Philosophie und der Geistes- bzw. Sozialwissenschaften gilt als Gemeinplatz, dass das Recht strukturell mit der menschlichen Kommunikation verbunden ist und dass deswegen die Methodenlehre die Sprachtheorie voraussetzt. Die traditionelle Methodenlehre, von der im obigen Abschnitt die Rede war, setzt diejenigen Sprachtheorien voraus, nach denen, *erstens*, jeder Begriff, z.B. der Begriff der Handlungsfreiheit, einen semantischen Kern und einen

8 Vgl. in diesem Sinne *Larenz,* Methodenlehre der Rechtswissenschaft (4. Aufl. 1979), S. 392 ff.

semantischen Hof hat (*These von drei semantischen Bereichen*), *zweitens*, diese Bereiche voneinander durch semantische Grenzen klar getrennt werden können (*These von den klaren semantischen Grenzen sprachlicher Ausdrücke*), und, *drittens*, man, anhand dieser Unterscheidungen, zwischen einerseits der Feststellung und andererseits der Festsetzung der Bedeutung dieses Begriffs unterscheiden muss (*These vom Unterschied zwischen Feststellung und Festsetzung der sprachlichen Bedeutung*). Das sprachtheoretische Fundament der traditionellen Methodologie kann folglich in drei Schritten artikuliert werden:

(1) Die These von drei semantischen Bereichen wird von mehreren Sprachtheorien akzeptiert. Trotz ihrer sonst tiefen Unterschiede stimmen Essentialisten, Konventionalisten und Sprachanalytiker[9] darin überein, dass die Extension der Kategorie der unklaren Begriffe – welcher, je nach der Theorie, mehrdeutige, vage, inkonsistente oder evaluative offene Begriffe zugehören – in zwei klar voneinander zu unterscheidende Bereiche eingeteilt werden kann.

Den essentialistischen Theorien gemäß hat die Sprache zur Funktion, die Wirklichkeit abzubilden. Verständigungsprobleme entstehen vor allem wegen der vagen Begriffe, für welche, zum einen, man sicher ist, dass es gewisse Teile der Wirklichkeit gibt, die von ihnen abgebildet werden, und dass es gewisse Teile der Wirklichkeit gibt, die von ihnen nicht abgebildet werden, aber, zum anderen, man nicht sicher ist, ob bestimmte Teile der Wirklichkeit von ihnen abgebildet werden oder nicht.[10] Mit anderen Worten akzeptiert die essentialistische Sprachtheorie ein Drei-Bereiche-Modell, mit positiven, negativen und neutralen Kandidaten. Der Begriff der Handlungsfreiheit gilt als vager Begriff. In diesem Sinne würde ein Essentialist die Extension des Begriffes der Handlungsfreiheit in zwei Bereichen eingliedern, in ihren semantischen Kern und in ihren semantischen Hof.

Die konventionalistischen Theorien weigern sich, die Annahme einer Wirklichkeit, zu der man durch die Sprache Zugang hätte, zu akzeptieren, und erkennen die Vielfältigkeit der Funktionen der Sprache an. In diesem Rahmen heben sie die intersubjektive Dimension der Sprache hervor: Entscheidend wird die jeweilige, sprachliche Konvention, die allein die Bedeutung eines Ausdrucks festsetzt.[11] Trotzdem behalten die Konventionalisten das Schema des semantischen Kerns und des semantischen Hofs der vagen Ausdrücke bei. Die Mitglieder einer Sprachgemeinschaft mögen über die Verwendung der semantischen Konvention, welche die Bedeutung des Ausdrucks „Handlungsfreiheit" bestimmt, nicht einig sein.

---

**9** Ich bezeichne den Ansatz *Klatts* als sprachanalytisch und nicht als inferentialistisch, obwohl er sich auf die Theorien sowohl *Robert Alexys* als auch *Richard Brandoms* beruft; *Klatt*, Theorie der Wortlautgrenze – Semantische Normativität in der juristischen Argumentation (2004). Der Grund dafür ist, dass ich nicht sicher bin ob „die integrative Theorie der Bedeutung", die *Klatt* zu formulieren versucht (a.a.O. S. 121), von *Brandom* akzeptiert werden könnte, vgl. *Brandom*, Making It Explicit. Reasoning, Representing & Discursive Commitment (1994), Kap. 8, und ferner *Larmore*, Der Zwang des besseren Arguments, in: Festschrift für Habermas (2001), S. 106, 121.

**10** Vgl. *Moore*, A Natural Law Theory of Interpretation, S. Cal. L. Rev. 58 (1985) S. 279–398.

**11** Vgl. David K. *Lewis*, Convention: A Philosophical Study (1969).

Die wesentliche Schwäche der konventionalistischen Sprachtheorien ist die unkritische Annahme des epistemischen und normativen Wertes der bloß in der Praxis befolgten sprachlichen Konventionen. Um diese Schwäche zu überwinden hat kürzlich *Matthias Klatt* vorgeschlagen, anhand des Instrumentariums *Robert Alexys* und *Richard Brandoms*, aus den implizit akzeptierten Bedeutungsregeln eines Ausdrucks die Normen, die seine richtige Anwendung vorschreiben, rational zu rekonstruieren. *Klatt* meint weiterhin, dass im Falle der evaluativen offenen Begriffe das Schema des semantischen Kerns und des semantischen Hofs ebenfalls gültig ist: Bei einem evaluativen offenen Ausdruck – wie der Handlungsfreiheit – würden sich die semantischen Grenzen aus den mit seinem Gebrauch verbundenen normativen Festlegungen von Folgen und Umständen sowie aus den Berechtigungen zu solchen Festlegungen ergeben.[12]

(2) Die zweite These der Theorien, welche die traditionelle Methodenlehre stützen, geht von der Möglichkeit einer scharfen Trennung der drei Bereiche aus. Danach sind Begriffskern und Begriffshof bzw. Kern und Hof des Ausdruckes scharf voneinander abzugrenzen. In diesem Sinne können klare Fälle prinzipiell von unklaren Fällen unterschieden werden. Dabei wird eingeräumt, dass es verschiedene Grade semantischer Klarheit gibt; ferner ist die doppelte Begrenzung von klaren und unklaren Fällen zeitlich und sozial zu relativieren; und endlich kann man gestehen, dass die Weite eines Begriffs im Grunde genommen ein Kontinuum ist. Ungeachtet dieser Vorbehalte kann man behaupten, dass in der Regel semantisch klare Fälle vorhanden sind; die schwierigen Fälle (*hard cases*) sind von geringer Zahl und daher bilden sie die Ausnahme.

(3) Die dritte These der Sprachtheorien, die der traditionellen Methodenlehre zugrunde liegen, ist die These vom Unterschied zwischen Feststellung und Festsetzung der sprachlichen Bedeutung. Die These bezieht sich auf die sprachliche Handlung, die vom Äußerer ausgeführt wird. Diese Handlung hängt von der Stelle ab, die die zu regelnde Erscheinungsform des Begriffs im Bedeutungsfeld dieses Begriffs besitzt; in unserem Falle hängt sie von der Frage ab, ob die konkrete Erscheinungsform der Handlungsfreiheit zum Kern oder zum Hof des Begriffes der Handlungsfreiheit gehört. Bei der Auslegung des Kerns der Handlungsfreiheit führt der Rechtsanwender eine bestimmte sprachliche Handlung durch; wenn er mit einer Erscheinungsform zu tun hat, die zum Hof der Handlungsfreiheit gehört, führt er eine andere sprachliche Handlung durch. Im ersten Falle stellt er die Existenz einer semantischen Regel fest, im zweiten legt er selbst eine semantische Regel fest.

Fangen wir mit dem ersten Fall an. Wenn es um eine Form Handlungsfreiheit geht, die zum Kern des Begriffs bzw. des Ausdruckes gehört, stellt der Rechtsanwender bloß fest – der essentialistischen Variante gemäß –, ob und wie die semantische Regel das eigentliche Wesen des Begriffs abbildet, oder – der konventionalistischen Variante gemäß –, ob und wie die semantische Regel in der Tat innerhalb der

12 *Klatt* (Fn. 9), S. 278.

Sprachgemeinschaft befolgt wird. In beiden Fällen führt der Rechtsanwender eine deskriptive Sprachhandlung aus. Die Bedeutung einer Norm ist empirisch feststellbar. So ist wohl zu erklären, warum die traditionelle Methodenlehre der grammatischen Auslegung den Vorzug gibt: Wenn es um den Kern der Handlungsfreiheit geht, beschränkt sich der Jurist darauf, die Existenz einer semantischen Regel festzustellen.

Die Situation stellt sich ganz anders dar, wenn man eine Erscheinungsform behandelt, die zum Hof der Handlungsfreiheit gehört. Der Richter muss einen zusätzlichen sprachlichen Akt durchführen, um den konkreten Fall dem Begriff der Handlungsfreiheit unterzuordnen: er muss eine neue semantische Regel einführen. Die Befürworter der essentialistischen Variante meinen, dass der Rechtsanwender sich zunächst vollständige Kenntnis über die gerade entdeckte Wirklichkeit formen muss, um danach den semantisch richtigen sprachlichen Ausdruck auszuwählen. Die Befürworter der konventionalistischen Variante behaupten, der Rechtsanwender setze die Bedeutung selbst fest und führe somit eine neue semantische Regel ein, die durch gleichförmige Wiederholung von den anderen Mitgliedern der Sprachgemeinschaft verfestigt wird. Dies ist der Grund, warum die traditionelle Lehre sich quasi-automatisch auf die Metapher der Abwägung beruft. Um zu beurteilen, ob ein Eingriff in die Handlungsfreiheit im Bereich des Hofes zulässig ist, muss der Richter die vorhandenen Alternativen für die Überwindung der Kollision, nämlich, zum einen, die Anerkennung des Vorrangs des Allgemeininteresses, zum anderen, die Anerkennung des Vorrangs der Handlungsfreiheit, klar artikulieren, um danach ihre jeweiligen positiven und negativen Folgen miteinander zu vergleichen.

Etwas differenzierter ist die Stellung des sprachanalytischen Ansatzes. *Klatt* geht zum einen davon aus, dass die Praxis der Normenanwendung betrachtet werden muss. In diesem Maße, kann er von der Feststellung der semantischen Regel sprechen. Zum anderen, betont er jedoch, nicht der faktische Konsens, sondern die Normen, die instituiert werden, seien entscheidend. Da ferner der Sprachanalytiker den Zweck verfolgt, die semantischen Strukturen einer Sprachgemeinschaft zu verändern und zu verbessern, kann er von Festsetzung sprechen. Auf jeden Fall, „bleiben Festlegung und Festsetzung deutlich zu unterscheidende Arten sprachanalytischen Diskurses“.[13] Mit anderen Worten: Trotz ihrer Differenzierung von den beiden anderen Varianten stimmt die sprachanalytische Theorie der These vom Unterschied zwischen Feststellung und Festsetzung der sprachlichen Bedeutung zu.

Um zusammenzufassen: Der herrschenden Grundrechtstheorie gemäß, ist die Uneinschränkbarkeit der Handlungsfreiheit auf eine semantische Frage, d.h. die Frage der Begrenzung des semantischen Kerns vom semantischen Hof, zurückzuführen.

---

**13** *Klatt* (Fn. 9), S. 234.

### d) *Die Schwierigkeit der Abgrenzung von Begriffskern und Begriffshof*

Die Sprachtheorie, die von der traditionellen Methodenlehre vorausgesetzt wird, stößt auf erhebliche Hindernisse. An dieser Stelle beschränke ich mich auf Folgendes: Die Eingrenzung des semantischen Kerns vom semantischen Hof ist in der Tat sehr schwierig. Die Konsequenzen dieser Schwierigkeit sind leicht zu erkennen und sind miteinander verkettet. Trotz der Aussage der traditionellen Methodenlehre kann sie das Auslegungsverfahren bei einem klaren und einem schwierigen Fall nicht mehr unterscheiden: In beiden Fällen unternimmt der Rechtsanwender *grosso modo* denselben Akt.

Gegenüber diesem Einwand kann der Anhänger der herkömmlichen Sprachtheorie bloß antworten, damit werde der normative Charakter seines Ansatzes übersehen. Dieses Gegenargument ist nicht leicht zu entkräften. Aus analytischen Gründen setzt jede normative Theorie einen Maßstab fest, anhand dessen bestimmte Zustände beurteilt werden sollen. Es ist kaum zu bezweifeln, dass in der Tat häufig der jeweilige zu beurteilende Zustand von dem normativen Maßstab abweicht. In unserem Falle ist häufig der semantische Kern vom semantischen Hof schwer abzugrenzen. Ferner sind die schwierigen Fälle, obgleich sie von geringer Zahl sind, von entscheidender Bedeutung. In diesem Sinne, bleibt trotz der intuitiven Stärke dieses Gegenarguments die eigentliche Frage unbeantwortet: Was ist der normative Wert eines Maßstabes, der häufig nicht beachtet wird – und den Rechtsanwender hilflos lässt?

### e) *Ökonomische Handlungsfreiheit – auch der Gewinnerzielung*

Die griechische Rechtsprechung hat sich bisher der oben erwähnten Schwierigkeit der Grenzziehung zwischen semantischem Kern und semantischem Hof nicht explizit gestellt. Von Anfang an ist die Rechtsprechung in Bezug auf die Merkmale des Kerns der Handlungsfreiheit lakonisch geblieben. Die Gerichte haben sich damit begnügt, die Wesensgehaltsgarantie in einer quasi-rituellen Weise zu wiederholen, ohne eine Definition des semantischen Kerns der Handlungsfreiheit zu geben. Die einzige und bemerkenswerte Ausnahme ist ein Urteil, demzufolge der Kern der Handlungsfreiheit in den Kosten der jeweiligen konkreten Aktivität besteht.[14]

Dieses Urteil ist indes problematisch, und zwar sowohl aus wirtschaftwissenschaftlicher wie auch aus juristischer Perspektive. Wirtschaftswissenschaftlich dürfte eine unternehmerische Aktivität, die bloß kostendeckend konzipiert ist, wohl unsinnig sein. Aber auch aus juristischer Sicht scheint die Entscheidung bedenklich: Die Freiheit des Einzelnen wäre außerordentlich beschränkt, würde sie nur gewährleistet, soweit eine bloße Kostendeckung intendiert ist, nicht aber, soweit eine Gewinnerzielungsabsicht verfolgt wird. Ist man wirklich frei, wenn bloß die Kostendeckung der Aktivität als geschützter angesehen wird? So gesehen scheint die Hand-

---

**14** Staatsrat 368/1989, vgl. ebenfalls vor kurzem Athener Verwaltungsgericht zweiter Instanz 1629/2008.

lungsfreiheit kaum einen Kern zu haben. Ihr Kern ist so eng, dass der Hof praktisch die gesamte Weite des Schutzbereichs deckt.

Welche Folgen hat dieser grundrechtstheoretische Ansatz? Die Berufung auf das Wesensgehaltsprinzip erscheint als eher oberflächlich. Wenige Fälle ausgenommen würde das Gericht die Handlungsfreiheit immer als abwägungsbedürftig ansehen. Die Handlungsfreiheit wäre demnach zugunsten eines Allgemeininteresses einschränkbar, wenn dieses nur von relativ großer Bedeutung wäre.

Diese Sichtweise leidet an innerer Inkonsistenz. Beteuert die Rechtsprechung auf der einen Seite die Uneinschränkbarkeit (des Kerns) der Handlungsfreiheit, so setzt sie doch auf der anderen Seite fast *jede* Erscheinungsform der Handlungsfreiheit einer Abwägung aus und öffnet so den Weg zu ihrer Einschränkung. Dabei handelt es sich auch nicht etwa um eine bloße Diskrepanz zwischen einem normativen Maßstab und seiner tatsächlichen Anwendung. Insofern ist wiederum darauf hinzuweisen, dass die Praxis gerade leugnet, einen normativen Maßstab anzuwenden (s.o. 2. d).

Wenn aber unser Argument treffend ist, soll die innere Beziehung zwischen dem normativen Wert des Ideals der semantischen Begrenzbarkeit beider Bereiche und der tatsächlichen Unmöglichkeit, dieses Ideal zu verwirklichen, betrachtet werden. Mit anderen Worten: Es soll geprüft werden, ob das normative Ideal an sich, vom Anfang an, problematisch war. In diese Richtung gehen auch folgende Gedanken.

## IV. Neuere Entwicklungen: Die Abwägungsunmöglichkeit in der ökonomischen Handlungsfreiheit

### 1. Die neuere Rechtsprechung

In neueren Entscheidungen des Staastrats ist eine Wendung der Rechtsprechung festzustellen.[15] Der Richter setzt zunächst fest, dass die Vorschrift des Art. 5 Abs. 1 grVerf „die Sicherstellung des freien wirtschaftlichen Vorgangs der Unternehmen" schützt, „damit sie mit Gewinn im Rahmen des Marktwettbewerbs funktionieren können". Ferner setzt der Richter fest, dass die am Gemeinwohl orientierten Schranken der Handlungsfreiheit „die Verwirklichung der legitimen Zwecke des Unternehmens" respektieren: „die Existenz des Unternehmens als wirtschaftliche Einheit darf nicht übermäßig erschwert werden".[16] Damit wird, mit anderen Worten, die Gewinnerzielungsabsicht als legitimer Zweck des Unternehmens und als Grundlage für seine Existenz anerkannt.

Weiterhin ist einer jüngeren Entscheidung zu entnehmen, dass zwar die Marktregulierung zur Durchsetzung höchster Produktpreise nicht rechtswidrig sei, dass

**15** Dabei kann man mit guten Gründen vermuten, dass der griechische Richter von der Jurisprudenz des Europäischen Gerichthofes für Menschenrechte beinflusst wurde.
**16** Staatsrat 3633/2004.

aber bei der Bestimmung der Preise nicht nur die Produktions- oder Betriebskosten eines vernünftig organisierten Unternehmens zu berücksichtigen sind, sondern auch der Gewinn, mit dem ein vernünftig organisiertes Unternehmen rechnet.[17] Mit anderen Worten bedeutet das, dass die Regulierung des Marktes die Möglichkeit eines Unternehmens, Gewinn zu erzielen, nicht beeinträchtigen darf. Das Gericht anerkennt ausdrücklich, dass die Möglichkeiten und Inhalte wirtschaftlicher Tätigkeit durch den freien Markt determiniert werden, nicht durch staatliches Ermessen.

Die Art und Weise, in die sich das Gericht in diesen Entscheidungen der Handlungsfreiheit nähert, ist aus den folgenden Gründen von hohem theoretischen Interesse:

(a) Das Gericht hat der Handlungsfreiheit einen eigentlichen Inhalt gegeben. Um das Instrumentarium der traditionellen Methodenlehre weiter anzuwenden, ergänzt das Gericht – und sogar explizit – die herkömmliche semantische Regel, dass die Handlungsfreiheit nur die Deckung der Betriebskosten schützt, wenn es davon ausgeht, der Schutz der Handlungsfreiheit sichere auch den Gewinn eines vernünftig organisierten Unternehmens.

(b) Diese neue Definition weist einen noch höheren Grad an Unbestimmtheit auf. Allerdings enthält bereits der Maßstab der Produktions- oder Betriebskosten eines vernünftig organisierten Unternehmens eine gewisse Vagheit, vor allem hinsichtlich der „Vernünftigkeit“ des so organisierten Unternehmens. Jedoch können die Produktions- und Betriebskosten immerhin mit gewisser Sicherheit und Konkretheit bestimmt werden. Demgegenüber ist es schwierig zu definieren, was den Gewinn eines ebenfalls vernünftig organisierten Unternehmens ausmacht: Worin besteht dieser Gewinn? Es liegt auf der Hand, dass die Antwort auf diese Frage sehr kompliziert ist und von mehreren Faktoren abhängt.

(c) Die neue Definition berücksichtigt sowohl die Erkenntnisse der Wirtschaftswissenschaften als auch die Wirklichkeit der zeitgenössischen Betriebspraxis. In diesem Sinne kann die Definition echte Wirkungen in der Wirklichkeit entfalten.

(d) Schützt die Handlungsfreiheit auch den Erwerb eines angemessenen Gewinns, so darf dieser nicht durch staatliche Maßnahmen reduziert werden. Das Minimum eines angemessenen Gewinns soll unbedingt garantiert werden.

## 2. Die grundlegenden Schwächen der traditionelle Methodenlehre

Welche sind die grundrechtlichen bzw. methodologischen und sprachtheoretischen Prinzipien, die die Begründung der richterlichen Entscheidung in den neueren Urteilen leiten? Könnte man behaupten, dass der Richter letztendlich die Wesensgehaltstheorie und somit auch die traditionelle Methodenlehre konsequent anwen-

17 Staatsrat 85/2006.

det? Vielleicht. Aber es stellt sich auch die Frage, ob diese Theorien das eigentliche Problem erfassen.

Man kann sich nämlich mit guten Gründen fragen: Geht es darum, ob eine bestimmte Aktivität zum Begriffskern der Handlungsfreiheit gehört oder ob diese Aktivität *simpliciter* verboten oder erlaubt ist? Letzteres ist ein echtes praktisches Problem; ungeachtet der traditionellen Methodenlehre, ist es kaum evident, dass ein praktisches Problem anhand semantischer Regeln zu lösen ist. Da aber das ganze bisherige theoretische Gefüge auf der Grundlage einer bestimmten Theorie über die Beziehungen zwischen Sprache und Wirklichkeit beruht, wenden wir den Blick auf diese Sprachtheorie.

Wie schon erwähnt, gibt es drei Varianten der Sprachtheorie, die den Unterschied zwischen Festsetzung und Feststellung behaupten. Alle drei geraten in ernste Schwierigkeiten, die – meines Erachtens – nicht überwunden werden können. Die erste Schwierigkeit betrifft die essentialistische sowie die konventionalistische Variante (a), die Zweite die sprachanalytische Variante (b).

### *a) Die Illusion einer wertungsneutralen Bestimmung der Handlungsfreiheit*

Um die erste Schwierigkeit darzulegen, stimmen wir vorläufig der essentialistischen und der konventialistischen Sprachtheorien zu, dass die technischen Schwierigkeiten, die semantische Grenze zwischen Kern und Hof klar zu bestimmen, eine eher geringe Rolle hinsichtlich des normativen Werts dieser Theorie spielen. Um die Unzulänglichkeit dieser Theorien zu beleuchten, müssen wir auf einen der wichtigsten Aspekte der heutigen Debatte über die Beziehung zwischen Recht und Moral Rücksicht nehmen, dass mindestens die Rechtsordnungen der westlichen Demokratien sich auf moralische Wertungen stützen. Die Frage ist, ob der Begriff der Handlungsfreiheit von diesen grundsätzlichen Wertungen abgekoppelt, überhaupt verstanden werden kann.

Nach der Hermeneutik muss man selbst ein Werturteil fällen, um eine Wertung zu verstehen.[18] Eine Wertung kann nicht beschrieben werden, sie lässt sich nicht von außen feststellen. Ferner ist das Urteil des Richters in Bezug auf den Kern der Handlungsfreiheit ein Wertungsurteil, es setzt die Geltung bestimmter rechtlichen Normen voraus. In diesem Sinne ist das Urteil des Richters in Bezug auf den Kern der Handlungsfreiheit axiologisch. Folglich wackelt die These der traditionellen Sprachtheorie vom Unterschied zwischen Feststellung und Festsetzung. Da die Feststellung der semantischen Regel stets ihre Festsetzung voraussetzt, hat die Sprachhandlung des Richters axiologischen Charakter.

Darüber hinaus lässt sich ein radikalerer Vorbehalt gegenüber der These vom Unterschied zwischen Feststellung und Festsetzung formulieren. Schon seit den Arbeiten von so verschiedenen Denkern wie *Marcel Mauss* und *Georges Bataille, Michael Walzer*

---

**18** *Gadamer*, Wahrheit und Methode. Grundzüge einer philosophischen Hermeneutik, in: ders. (Hrsg.), Gesammelte Werke I (1990), S. 317 ff.

und *Elizabeth Anderson* wissen wir, dass die Tätigkeit innerhalb des wirtschaftlichen Feldes sich auf gewisse Wertungsgrundannahmen stützt. Zum Beispiel hat *Marcel Mauss* gelehrt, dass der Gewinn nicht *eo ipso* Ziel der wirtschaftlichen Tätigkeit ist; man kann viel mehr soziales *prestige* erreichen, wenn man dem anderen etwas schenkt, als wenn man von ihm etwas herausbekommt.[19] *Georges Bataille* hat gezeigt, dass der tiefere Zweck mindestens der bedeutenden sozialen Handlungen eher die Verschwendung als der Gewinn ist.[20] *Michael Walzer* erwähnt, dass Effizienz als ein den Markt zu regulierendes Ideal von sozialen Normen abhängt.[21] *Elizabeth Anderson* behauptet, dass sogar die banalste wirtschaftliche Entscheidung von axiologischen, und nicht nur von technischen Elementen geprägt ist.[22] Sind diese Theorien treffend, so kann man behaupten, dass sich die Festlegung einer Regel, die das wirtschaftliche Leben normiert, auf bestimmte Wertungen stützt. Mit anderen Worten: Die These vom Unterschied zwischen Feststellung und Festsetzung ist auch in dieser Hinsicht problematisch.

### *b) Die praktische Dimension der Festsetzung*

Das gerade erwähnte Argument gegen die Sprachtheorie, die der traditionellen Methodenlehre zugrundeliegt, betrifft nur ihre essentialistische und die konventionalistische Varianten. Die sprachanalytische Theorie *Klatts,* die die Eigenart offener evaluativer Begriffe anerkennt und den echten axiologischen Charakter deren Auslegung in Betracht nimmt, scheint von dem oben genannten Argument des Vorrangs der Festsetzung gegenüber der Feststellung unberührt zu bleiben. *Klatt* kann eigentlich auf seiner These über die zentrale Rolle der Festsetzung bei der Rechtsfindung ohne weiteres bestehen, wenn er sich eine wertrealistische Position, d.h. eine Position, nach der die gültigen Werte bzw. Normen in einer authentischen Weise existieren, zu eigen macht.[23]

*Klatts* Theorie kann zudem von einem realistischen Argument im Sinne von *Charles Larmore* unterstützt werden. Der eminente Moralphilosoph, der sich offen zu einer Art schwachen moralischen Platonismus bekennt, behauptet, dass es moralische Tatsachen gibt, die unabhängig von unserem Tun existieren und für alle identisch sind.[24] In diesem Sinne darf er von Wahrheit im moralischen Bereich sprechen: Da wahre Sätze sich auf etwas in der objektiven Welt beziehen, gibt es keinen Grund das Attribut „wahr" exklusiv den physischen oder den psychischen Phänomenen zuzuschreiben und es den moralischen Phänomenen abzusprechen.[25] Mit anderen Worten: Nicht nur ist die moralische Richtigkeit rechtfertigungstranszendent, sie

---

**19** *Mauss,* Essai sur le don (2007).
**20** *Bataille,* La part maudite (1967).
**21** *Walzer,* Response, in: Miller/Walzer (Hrsg.), Pluralism, Justice, and Equality (1995), S. 295 f.
**22** E. *Anderson,* Value in Ethics and Economics (1993), S. 141 ff.
**23** Die Stellung *Klatts* ist nicht vollkommen klar. Zum einen schlägt er vor, eine integrative Theorie der Bedeutung zu elaborieren; *Klatt,* (Fn. 9), S. 121; zum anderen erwähnt er die Objektbezogenheit sprachlicher, auch rechtlicher, Ausdrücke (a.a.O. S. 232). S. auch oben Fn. 9.
**24** *Larmore,* FS Habermas (2001), S. 106, 107.
**25** *Larmore,* FS Habermas (2001), S. 106, 118.

ist sogar direkt weltbezogen.[26] Weiter ist das erkennende Subjekt der moralischen Tatsachen gegenüber passiv. Auf diese Weise können die moralischen Tatsachen unseren Behauptungen über sie Widerstand leisten. Aufgrund dieser Grundannahme kann man die moralischen Normen beschreiben und feststellen.

Wenn die Lösung *Larmores* richtig wäre, dann könnte man auch den Ansatz *Klatts* akzeptieren. Die Auslegung einer Rechtsnorm möge wohl ein Werturteil sein; dies bedeute aber auf keinen Fall, dass sie nicht zugleich eine konstative Sprachhandlung ist. In unserem Falle könnte man, dieser Analyse folgend, behaupten, dass im Fall einer Erscheinungsform des Kerns der Handlungsfreiheit der Richter die Verfassungsanordnung auslege, indem er ein Werturteil fälle, d.h. eine moralische Tatsache feststelle.

Der moralische Realismus indes kann von mehreren Seiten her kritisiert werden. Ich werde mich auf zwei Einwände beschränken.

Zum Einen kann man sich fragen, ob der Unterschied zwischen Feststellung und Festsetzung noch besteht und weiterhin, falls die Antwort positiv ist, worin der Unterschied liegt. Anders formuliert: Wenn die Rechtsanwendung im Bereich des Kerns als auch im Bereich des Hofes der Handlungsfreiheit in einem Werturteil besteht, lässt sich fragen, wie das Werturteil im zweiten Falle aussieht, damit es die Form einer Festsetzung hat, wie *Klatt* behauptet.

Zum Anderen kann man den normativen Wert des Bezugs auf diese quasi-existierenden Werte bezweifeln. *David Sussman* behauptet, dass ein Begriff der Wahrheit, der weltbezogen ist und bloß eine passive Haltung seitens des wertenden Subjekts verlangt, die Normativität der moralischen Phänomene nicht in Betracht nehmen kann. Wörtlich stellt er Folgendes fest:

> "Let us grant that scientific knowledge is intrinsically valuable – that is worthy of pursuit, simply because of what it is. This fact does not in itself show that it is rationally incumbent upon me or anyone else actually to pursue such knowledge. There may well be other intrinsic goods, such as beauty or pleasure, that I can only effectively pursue by neglecting science. It does not even follow from the fact that something is an appropriate object of concern that I am under rational obligation to care about it [....] Many people are perfectly appropriate objects of love or devotion, even though I am under no rational obligation to love any of them [...]
>
> [....] Whether and how we should care about some things often depends, in part, on whether we desire to do so. Such desire is best thought of as a kind of immediate affective engagement by the merits of something, more akin to love or fascination than a brute impulse or urge [...] [M]y reasons to care about Caravaggios *St. Jerome* depend on facts about the painting, not about facts me. What depends on me, and my affective state, is whether the objective merits of *St. Jerome* present me with mere practical possibility, a compelling suggestion, or a kind of 'volitional necessity' that I cannot ignore without violence to myself [...]."[27]

**26** *Larmore,* FS Habermas (2001) S. 106, 115–116.
**27** *Sussman,* The Authority of Reason, Ethics 113 (2003), 355.

Das Problem besteht nicht darin, dass die Idee einiger eigenständiger, d.h. von uns, oder besser: von unserer Vernunft, unabhängiger Entitäten eher unkritisch erscheint, sondern darin, dass die Existenz solcher Entitäten keinen Bezug auf uns hat. Wir wissen wohl, dass die Normen gelten, um menschliche Wesen zu binden. Genauer: die Geltung einer Norm ist mit ihrer Bindungskraft gleichzusetzen. So stellt sich die Frage, wie eine Norm ihren analytisch intrinsischen Zweck erfüllen kann, wenn sie *uns*, die menschlichen Wesen, nicht bindet. *Sussman* betont mit Recht, dass eine solche Norm als eigentliche Norm nicht funktionieren kann. Ihr fehlt die Dimension der praktischen Notwendigkeit.

Die praktische Notwendigkeit der Norm bringt das Verhältnis der Norm zu dem Subjekt in zweierleier Weise zum Ausdruck. *Erstens* verleiht sie der Norm den Charakter einer Möglichkeit, die sich dem Subjekt anbietet und die von ihm selbst ergriffen werden kann, indem die Befolgung der Norm zu einer aktiven Einstellung des Subjekts wird. *Zweitens* verleiht sie der Norm notwendigen Charakter: Wird die Norm vom Subjekt nicht als beachtenswert betrachtet, so wird die Natur des Subjekts als moralischer Person in Frage gestellt. Folglich tut die Annahme der Existenz von uns unabhängiger Normen, die bloß festzustellen seien, der Normativität dieser Normen Unrecht. Und ferner verlangt jede Wertung die Festsetzung einer semantischen Regel: Die semantische Dimension eines Ausdrucks setzt seine pragmatische Dimension voraus.

Fassen wir zusammen: Wenn die Bestimmung der Bedeutung der Handlungsfreiheit grundsätzlich pragmatischen und nicht semantischen Charakter hat, kann der Anhänger der traditionellen Methodenlehre nicht mehr behaupten, dass die Bedeutung einer Norm bloß festzustellen und nicht festzulegen ist.

### 3. Die Untersuchung moralischer Gründe

Akzeptiert man diese Einwände gegen die These der herkömmlichen Sprachtheorie vom Unterschied zwischen Feststellung und Festsetzung, so kommen wir zu einer weiteren Schlussfolgerung, die die gesamte Sprachtheorie, in allen ihren Varianten, betrifft. Zum einen hebt der Richter eine Vorstellung des Begriffs der Handlungsfreiheit hervor, nach der ihr semantischer Kern definierbar ist. Zum anderen lässt sich die These über den Unterschied zwischen der Festsetzung und Feststellung eigentlich nicht begründen. Wenn aber das Verständnis eines Tatbestands, der zum semantischen Kern des Begriffs der Handlungsfreiheit gehört, eine echte Festsetzung – und keine bloße Feststellung – verlangt, schwankt das gesamte theoretische Gebäude der traditionellen Sprachtheorie. Ist der Richter verpflichtet, beim Kern und Hof der Handlungsfreiheit gleich vorzugehen, so wird die Grenze zwischen diesen zwei Bereichen verwischt und mithin wackelt das Drei-Bereiche-Modell. Mit anderen Worten: Erweisen sich die kritischen Einwände gegen die These der herkömmlichen Sprachtheorie vom Unterschied zwischen Festsetzung und Feststellung als schlüssig, so zerfallen auch ihre andere Grundannahmen, nämlich die These von den drei semantischen Bereichen und die These von der klaren semantischen Grenze sprachlicher Ausdrücke. Einen sprachlichen Ausdruck zu verstehen heißt demnach, ihn als Resultat eines Aktes zu begreifen und folglich die Gründe des Aktes zu überprüfen. In diesem Sinne muss der semantische Ansatz im Rahmen einer pragmatischen Untersuchung stattfinden.

Welche methodologischen Folgen ergeben sich aus dem Misserfolg der Sprachtheorie, die von der traditionellen Methodenlehre vorausgesetzt wird? Die unmittelbare Folge ist, dass der mentale Prozess, der für die Auslegung des Kerns eines (Recht-) Begriffs notwendig ist, auch für die des Hofes durchgeführt werden muss. In beiden Fällen geht es um die Auslegung eines evaluativen Begriffs – und nicht mehr um die Kollision zwei vom Recht geschützter Güter. Die Auslegung eines evaluativen Begriffs benötigt die Untersuchung der moralischen und nicht bloß rechtlichen Gründe, die für oder gegen alle möglichen Auslegungsalternativen sprechen. Hier kann nicht dargestellt werden, wie dieser Prozess durchzuführen ist. Die Moraldiskussion der letzten Jahre hat zur Formulierung mehrerer methodologischer Vorschläge geführt. Es gehört nicht zu diesem Beitrag, die Vor- und Nachteile dieser Vorschläge darzustellen bzw. kritisch zu überprüfen. Für unsere Zwecke reicht aus, die Argumentationsformen, die Regeln und die Prinzipien des allgemeinen praktischen Diskurses ohne weitere Erörterung zu benutzen.

## 4. Die Uneinschränkbarkeit der ökonomischen Handlungsfreiheit

Der obige methodologische Ansatz weist auf eine Grundrechtstheorie, der zufolge die Grundrechte unantastbar sind.

(a) In analytischer Hinsicht hat die Handlungsfreiheit Vorrang vor jeder Form des Allgemeininteresses. Es ist wahr, dass die traditionelle Grundrechtstheorie ebenfalls von einem zeitlichen und axiologischen Vorrang des Wesengehalts eines Rechts vor seiner Peripherie sprach. Das hier eingeführte Argument schlägt jedoch etwas anderes vor.

Folgt man einerseits dem Gericht, wenn es sich der ökonomischen Handlungsfreiheit als schutzwürdiges Recht annähert, und andererseits denjenigen sprachtheoretischen Ansätzen, die den Unterschied zwischen Festsetzung und Feststellung semantischer Regeln kritisieren, bzw. denjenigen methodologischen Vorschlägen, für die das Verstehen einer Rechtsnorm stets in ihre Auslegung im Lichte der Gründe besteht, die ihre Geltung rechtfertigen können, so kann man den radikalen Unterschied zwischen Wesensgehalt und Peripherie eines Rechts nicht mehr behalten.

Darin liegt das eigentliche Problem der Wesensgehaltstheorie: Der Unterschied zwischen Wesensgehalt und Peripherie des Grundrechts kann nur als radikal begriffen werden. Man könnte sich mit einem weniger scharfen Unterschied nicht begnügen. Der Grund dafür ergibt sich aus der Natur der Grundrechte oder besser aus dem Zweck, dem die Grundrechte als solche dienen. An dieser Stelle können wir die Diskussion zwischen der traditionellen oder der neueren Varianten der Willenstheorie und der Interessentheorie nicht aufnehmen.[28] Auf jeden Fall kann man mit guten Gründen behaupten, dass die Handlungsfreiheit – ein Grundrecht, und zwar ein Abwehrrecht – in gewisser Weise wichtige Aspekte der Persönlichkeit einer Person schützt. Geht man davon aus, so kann man sich weiter fragen, wie wichtige Aspekte der Persönlichkeit einer Person zu schützen wären, wenn die Grenzlinie zwischen den Fällen, in denen die Persönlichkeit immer schutzwürdig wäre, und den Fällen, in denen die Persönlichkeit nur unter Bedingungen – die sogar nur *in concreto* bestimmbar wären – schutzwürdig wäre, unscharf sei.

(b) Der Vorrang des Grundrechts vor den Allgemeininteressen hat zur Folge, dass das Recht nicht abgewogen werden darf. Die zwei Rechtsgüter, Grundrecht und Allgemeininteresse, befinden sich nicht mehr auf dem gleichen Rang. Eine der grundsätzlichen Bedingungen der Abwägung war die *prima facie* Gleichrangigkeit der Rechtsgüter. Akzeptiert man eine solche Hierarchie zwischen den Grundrechten und den allgemeinen Interessen, so fällt die Abwägung weg.

Einzuräumen ist, dass die Rechtsprechung diese Folgerung nie selbst gezogen hat. Jedoch kann man die Konsistenz der Argumentation des Richters in Frage stellen, wenn er, einerseits, behauptet, der Staat solle immer dem Wesengehalt der Handlungsfreiheit schonen, andererseits, die Handlungsfreiheit solle beachtet werden, sofern kein vorrangiges Allgemeininteresse hervortritt.

(c) Folglich kann man aufgrund einer rationalen Rekonstruktion der Argumentation des Richters annehmen, dass er eine Theorie anwendet, nach der die Rechte uneinschrankbar sind, mindestens gegenüber den Allgemeininteressen. Jede Rechtsperson genießt eine Sphäre, in die der Staat nicht eindringen darf. Dieses Verbot mag nicht absolut sein. Aber auch wenn es Ausnahmen kennt, sind diese Ausnahmen mit größtmöglicher Konkretheit umzuschreiben.

## V. Nachwort

Machen wir folgende Annahmen: *Erstens*, gewisse Grundnormen gelten für die gesamte Rechtsordnung, so behauptet mit guten Gründen die Lehre der Rechtsprinzipien. *Zweitens*, das Prinzip der Autonomie der Person stellt sich als ein Grundprinzip der gesamten Rechtsordnung dar, wenn man der kantischen Auffassung bzw. der kantianischen Tradition folgt. *Drittens*, sowohl das Prinzip der Privatautonomie als auch die ökonomische Handlungsfreiheit stützen sich auf das Prinzip der Autonomie der Person, wie die einflussreichsten Tendenzen des Liberalismus behaupten. Nehmen wir die obigen drei Punkte an, so kann in der Rechtsordnung Griechenlands eine gewisse Tendenz zur Verstärkung des Schutzes der ökonomischen Handlungsfreiheit und ferner der Autonomie der Person ausgemacht werden.

---

**28** Vgl. *Simmonds/Kramer/Steiner* (Hrsg.), A Debate over Rights (2000).

## Diskussionsbericht zu § 4

*Riesenhuber* dankte dem Referenten und wies darauf hin, dass in der Diskussion dem Privatrechtler vielfach das Öffentliche Recht als Rückzugsposition diene. Die Privatautonomie als Teil der allgemeinen Handlungsfreiheit stelle ein zentrales Argument in der Diskussion um die Inhaltskontrolle, auch auf europäischer Ebene, dar. Durch den Vortrag von *Voutsakis* sei die Grundlage für die weitere Diskussion gelegt worden. Im Öffentlichen Recht sowie im Privatrecht zeigten sich die Pole der formalen Freiheit des Einzelnen gegenüber der tatsächlichen Entfaltungsmöglichkeit. Es bestehe die Gefahr, dass, bei weiterer inhaltlicher Auffüllung der Handlungsfreiheit, die Handlungsfreiheit der anderen beschränkt werde.

*Armgardt* nahm Bezug auf die Beschreibung der Sprachregeln im Referat von *Voutsakis,* wonach jeder Begriff immer einen „Kern" und einen „Hof" besitze. Dies sei als Überbleibsel des scholastischen Denkens zu erachten, das zwischen *essentialia* und *accidentalia* unterscheide. Er habe den Eindruck gewonnen, dass die Überwindung der semantischen Theorie durch Rückgriff auf die moralische Theorie, gleichfalls die Frage betreffe, ob die Definitionstheorie geeignet sei, die Probleme zu erfassen. Die Definitionstheorie sei vielmehr ein „Dinosaurier", der überlebt habe, aber nicht in der Lage sei, die juristischen Probleme zu lösen. Aus semantischer Sicht könne die moderne analytische Philosophie für eine Lösung befragt werden. *Voutsakis* merkte an, dass die semantische Theorie unter anderem von *Larenz* und *Canaris* verteidigt werde. Die Semantik habe in den letzten 20 bis 40 Jahren nach *Wittgenstein*[1] eine große Entwicklung erfahren. Die Hauptfrage lag nach *Voutsakis* darin, ob definitorische d.h. semantische Fragen oder rechtsmoralische Fragen betroffen seien. Bei der Frage um die Einschränkung der Handlungsfreiheit handele es sich, seiner Meinung nach, um eine rechtsmoralische Frage.

*Karampatzos* stimmte der Grundthese *Voutsakis,* dass die Handlungsfreiheit grundsätzlich nicht abzuwägen sei, zu. Dies werde in Griechenland aber nicht in dieser Weise wahrgenommen. Für die Zukunft wünsche er sich mehr juristische Zurückhaltung. Die Tendenz, die Handlungsfreiheit einzuschränken, sei nicht nur bei griechischen Gerichten und Verwaltungsbehörden zu beobachten, sondern auch in Deutschland. Denn aufgrund des Prinzips von Treu und Glauben gemäß § 242 BGB, auf welches sich viele gerichtliche Entscheidungen stützten, werde die allgemeine Handlungsfreiheit eingeschränkt. Diese Tendenz habe es schon vor der Einbeziehung des Europäischen Vertragsrechts in das materielle Recht der Staaten gegeben.

*Voutsakis* stimmte *Karampatzos* zu, dass darin eine große Schwäche der griechischen Judikatur liege. Vor allem seien die öffentlich-rechtlichen Gerichte eher bereit, die Handlungsfreiheit zu bewahren als die Zivilgerichte. Die Theorie der Drittwir-

---

1 *Wittgenstein*, Logisch-Philosophische Abhandlung, in: Ostwald (Hrsg.), Annalen der Naturphilosophie (1921), 185 ff., *Wittgenstein*, Tractatus logico-philosophicus, Logisch-philosophische Abhandlung (Neudr. 2003).

kung,[2] welche in Griechenland umfassend akzeptiert werde, stelle die Grundlage für weitere Einschränkungen der Handlungsfreiheit in bürgerlich-rechtlichen Entscheidungen dar.

*Sarah Rohde*

**2** Zur mittelbaren Wirkung der Grundrechte u.a. Maunz/Dürig-*Herdegen*, GG (53. Aufl. 2009), Art. 1 Abs. 3 GG Rn. 59–67, Staudinger-*Sack*, BGB (Neubearb. 2003), § 134 BGB Rn. 39–41, *Schwabe*, Die sogenannte Drittwirkung der Grundrechte (1971). Vgl. auch BVerfG, NJW 1958, 257 – Lüth-Urteil; BVerfG, NJW 1967, 1411; BVerfG, NJW 1976, 1677; BVerfG, NJW 1987, 827.

# § 5 Inhaltskontrolle im *Common Frame of Reference* (CFR) für ein Europäisches Privatrecht

*Karl Riesenhuber*

**Übersicht**

## I. Der *Common Frame of Reference*

Der (*Draft*) *Common Frame of Reference* oder Gemeinsame Referenzrahmen ist eine kodifikationsförmige Sammlung von Regeln des Vertragsrechts und angrenzender Rechtsgebiete. Er wurde mit finanzieller Unterstützung der EG Kommission von mehreren Wissenschaftlergruppen ausgearbeitet und Anfang 2008 zunächst in einer Entwurfsfassung der Öffentlichkeit vorgestellt,[1] sodann im April 2009 in einer überarbeiteten und erweiterten Entwurfsfassung[2] vorgelegt.[3] Unabhängig von den intendierten Funktionen des Regelwerks hat es die äußere Gestalt einer Kodifikation des Vermögensrechts.

Dem DCFR vorangegangen ist eine etwa dreißigjährige Entwicklung einer „Europäisierung“ des Privatrechts, die man auf unterschiedlichen Ebenen verfolgen kann. Europarechtlich hat sie sich in einem zunehmenden Einfluss des EG-Primärrechts, nämlich der Grundfreiheiten, und des Sekundärrechts manifestiert. Frühzeitig hat im Gesellschafts- und Arbeitsrecht eine legislatorische Rechtsangleichung stattgefunden. Seit den 1980er Jahren hat sie sich zunehmend auf das allgemeine Privatrecht und das Vertragsrecht erstreckt.[4] Durch eine Vielzahl von Richtlinien hat der Europäische Gesetzgeber auf die inhaltliche Ausgestaltung der mitgliedstaatlichen Privatrechte eingewirkt und dabei teils ganz erhebliche Änderungen veranlasst. So hat zum Beispiel der deutsche Gesetzgeber die Umsetzung der Verbrauchsgüterkaufrichtlinie zum Anlass genommen, gut 100 Jahre nach Entstehung des BGB das Schuldrecht zu modernisieren.[5]

Neben dieser hoheitlichen Europäisierung hat frühzeitig auch ein Prozess der wissenschaftlichen Europäisierung des Privatrechts eingesetzt. Insbesondere *Hein Kötz* hat eine Unterfütterung der Rechtsangleichung durch eine entsprechende Rechts-

---

**1** *v. Bar/Clive/Schulte-Nölke,* Principles, Definitions and Model Rules of European Private Law – Draft Common Frame of Reference (DCFR) – Interim Outline Edition (2008).

**2** *v. Bar/Clive/Schulte-Nölke,* Principles, Definitions and Model Rules of European Private Law – Draft Common Frame of Reference (DCFR) – Outline Edition (2009).

**3** Dass innerhalb von so kurzer Zeit von nur wenig mehr als einem Jahr zwei unterschiedliche Entwürfe vorgelegt werden, war offenbar einem Druck von Seiten der Kommission geschuldet, schon Anfang 2008 einen Text der Öffentlichkeit vorzustellen. So sehr zu begrüßen ist, dass damit das Publikum in die Diskussion einbezogen wurde, so lästig ist doch, dass der Entwurf 2009 gegenüber dem von 2008 nicht nur Ergänzungen aufweist, sondern auch eine ganze Reihe Änderungen; s. nur z.B. Art. II.-9:403 DCFR 2008 im Vergleich zu Art. II.-1:110 DCFR 2009. Der Vorgang macht nicht zuletzt noch den ganz erheblichen Diskussionsbedarf deutlich, der besteht, bevor man daran denken kann, aus dem DCFR oder seinen Teilen einen Rechtsetzungsentwurf zu machen. Im nachfolgenden Text beziehe ich mich, wenn nicht eigens anders gekennzeichnet, nur auf die Fassung von 2009.

**4** S. nur *Riesenhuber,* Europäisches Vertragsrecht (2. Aufl. 2006).

**5** Die Pläne für eine Reform des Schuldrechts waren freilich schon älter; s. *Bundesminister der Justiz* (Hrsg.), Abschlussbericht der Schuldrechtskommission (1992).

ausbildung angemahnt[6] und 1996 ein rechtsvergleichendes Lehrbuch zum „Europäischen Vertragsrecht" vorgelegt[7]. Als besonders einflussreich erwies sich das von *Ole Lando* initiierte Vorhaben, gemeinsame Grundregeln des europäischen Vertragsrechts herauszuarbeiten. Die von ihm ins Leben gerufene *Commission on European Contract Law* legte 1999 Teile I und II der *Principles of European Contract Law* vor,[8] 2003 folgte ein Teil III. Andere Wissenschaftlergruppen verfolgten ähnliche oder komplementäre Vorhaben.[9]

Die Entwicklung hin zu einem *Common Frame of Reference* knüpft an beide genannten Entwicklungsstränge an. Die *Study Group on a European Civil Code,* 1999 von *Christian v. Bar* ins Leben gerufen, nahm es in Angriff, eine Europäische Zivilrechtskodifikation im Entwurf auszuarbeiten, aufbauend auf den *Principles of European Contract Law.*[10] Sie tat sich 2005 mit dem neu gegründeten *Joint Network on European Private Law* (auch „Co-PECL Network of Excellence")[11] sowie mit der *Acquis Group* zusammen, deren Ziel eine geordnete Zusammenstellung der vertragsrechtlichen Regeln der Europäischen Gemeinschaft war.[12] Der *Draft Common Frame of Reference* stellt das vorläufige Ergebnis der Arbeit dieser Gruppen dar.

> Der Entwurf besteht in seiner Fassung von 2009 aus zehn Büchern und einem Anhang (Annex).[13] Die Bücher sind in Kapitel (Chapters), diese wiederum in Abschnitte (Sections) und Unterabschnitte (Sub-Sections) unterteilt. Buch I (General Provisions) und II (Contracts and other juridical acts) enthalten allgemeine Vorschriften. Buch III (Obligations and corresponding rights) enthält eine Art „Allgemeines Schuldrecht"; es ist als solches nicht beschränkt auf vertragliche Schuldverhältnisse. Sodann folgen Regelungen zu den einzelnen Vertragstypen (Buch IV: Specific Contracts and the rights and obligations arising from them), zur Geschäftsführung ohne Auftrag (Buch V), zum Deliktsrecht (Buch VI) und zum Bereicherungsrecht (Buch VII). Der Anhang enthält Definitionen. Neu hinzugekommen sind im Februar 2009 die Bücher VIII bis X, die einzelne Aspekte des Mobiliarsachenrechts betreffen. Buch VIII befasst sich mit dem Mobiliarsachenrecht in Form von Eigentumserlangung und -verlust, Buch IX mit den Eigentumsrechten (Fahrnispfandrechten) und Buch X mit Treuhandverhältnissen (Trusts).
>
> Der DCFR unterscheidet nicht zwischen Bürgerlichem Recht und Handelsrecht. Stattdessen enthält das Regelwerk an verschiedenen Stellen Vorschriften, die nach

---

**6** *Kötz,* Gemeineuropäisches Zivilrecht, in: Festschrift für Zweigert (1981), S. 481 ff.

**7** *Kötz,* Europäisches Vertragsrecht I (1995).

**8** Dazu *Zimmermann,* Konturen eines Europäischen Vertragsrechts, JZ 1995, 477 ff.

**9** Übersicht bei *Wurmnest,* Common Core, Grundregeln, Kodifikationsentwürfe, Acquis-Grundsätze – Ansätze internationaler Wissenschaftlergruppen zur Privatrechtsvereinheitlichung in Europa, ZEuP 2003, 714 ff.

**10** Zur *Study Group* etwa *v. Bar,* Die Study Group on a European Civil Code, in: Festschrift für Henrich (2000), S. 1–11; *ders.,* The Common Frame of Reference and the Works of the Study Group on a European Civil Code in: ERA-Forum 2/2003. scripta iuris europei 2003, S. 100–101. Ferner die Selbstdarstellung unter www.sgecc.net.

**11** Zur Co-PECL vgl. www.copecl.org.

**12** Zur *Acquis Group* etwa *Schulte-Nölke,* Europäische Forschergruppe zum geltenden Gemeinschaftsprivatrecht („Acquis-Gruppe") gegründet, ZEuP 2002, 893 ff. Ferner die Selbstdarstellung unter www.acquis-group.org.

**13** Einführende Übersicht bei *Ernst,* Der Common Frame of Reference aus juristischer Sicht, AcP 208 (2008), 248, 250 f.

den Rollen (dem Status) der Beteiligten unterscheiden, nämlich danach, ob Unternehmer oder Verbraucher beteiligt sind (b2b, b2c, c2c). Personenrechtliche Regeln über den Beginn der Rechtsfähigkeit enthält der DCFR nicht (Art. I.-1101 Abs. 2 lit. a) DCFR).[14]

Das äußere System ähnelt insofern dem des BGB, als die Verfasser des DCFR ebenfalls zwischen Allgemeinen und Besonderen Vorschriften unterscheiden und wiederholt das Allgemeine „vor die Klammer gezogen" haben.[15] Allerdings ist der Gedanke des Allgemeinen Teils[16] weder von den Regelungsgegenständen noch von der begrifflichen Durchbildung ähnlich weitgehend durchgeführt wie im BGB.

Der DCFR sieht damit aus wie ein Gesetz. Welche Funktion er haben soll, ist ganz unklar.[17] Hinter dem Vorhaben steht bei manchen sicherlich die Hoffnung, (die Grundlage für) ein Europäisches Vertragsgesetzbuch zu schaffen. Andere befürchten genau das, und nicht zuletzt deshalb haben Kommission und Parlament zu beschwichtigen gesucht: Es handele sich nur um eine *toolbox,* einen Werkzeugkasten, aus dem man Elemente entnehmen kann, ein Referenzmodell, das es erlaubt, die Einzelregelungen der Rechtsangleichung zu verorten. Hier ist alles offen.

Funktion und Rechtsnatur des DCFR sind auch für die Bewertung seiner Regeln zur Inhaltskontrolle von Bedeutung. Soll er z.B. „nur" eine zusätzliche wählbare „Rechtsordnung" darstellen, so kann man erwägen, ob die Wahl nicht eine zusätzliche Legitimation für die im Referenzrahmen vorgesehenen zwingenden Regeln darstellt.[18] Dient der DCFR der Kommission als „Steinbruch", aus dem sie einzelne Regelungsbestandteile entnehmen kann, so steht das eigentliche Gesetzgebungsverfahren noch bevor und kommen noch wesentliche Änderungen in Betracht. – Für die Zwecke des vorliegenden Beitrags lassen wir indes „weichere" Verwendungsmöglichkeiten außer Betracht und erörtern den DCFR als stelle er ein Gesetzbuch dar. Immerhin ist das eine denkbare und auch von manchen befürwortete Verwendungsmöglichkeit. Für eine Bewertung ist es daher in der rechtspolitischen Diskussion geboten, von dieser Variante auszugehen.[19]

---

**14** Zu Inhalten und Auslassungen (teils krit.) *Ernst,* Zur Struktur des CFR, in: Schmidt-Kessel (Hrsg.), Der Gemeinsame Referenzrahmen: Entstehung, Inhalte, Anwendung (2009), S. 55, 56 f.

**15** *Ernst* (Fn. 14), S. 55, 60.

**16** Dazu nur *Wieacker,* Privatrechtsgeschichte der Neuzeit (2. Aufl. 1967), S. 486–488; *Bydlinski,* System und Prinzipien des Privatrechts (1999), S. 119–134; *Drobnig,* Scope and general rules of a European civil code, ERPL 1997, 489, 493–495; *Medicus,* BGB Allgemeiner Teil (9. Aufl. 2006), Rn. 31–39.

**17** Dazu *Eidenmüller/Faust/Grigoleit/Jansen/Wagner/Zimmermann,* Der Gemeinsame Referenzrahmen für das Europäische Recht – Wertungsfragen und Kodifikationsprobleme, JZ 2008, 529, 530; *Schulze,* CFR und acquis communautaire, ZEuP 2007, 130, 135 f.; *Möslein,* Legal Innovation in European Contract Law: Within and Beyond the (Draft) Common Frame of Reference (EUI Working Paper).

**18** Auf das ungelöste Problem von *zwingenden* Regeln in einem *wählbaren* Modell nur *Basedow,* Kodifikationsrausch und kollidierende Konzepte – Notizen zu Marktbezug, Freiheit und System im Draft Common Frame of Reference, ZEuP 2008, 673, 675.

**19** So mit Recht *Wagner,* Die soziale Frage und der Gemeinsame Referenzrahmen, ZEuP 2007, 180, 183 f.

## II. Aspekte der Inhaltskontrolle – Übersicht am Beispiel des deutschen Rechts

Der Begriff der Inhaltskontrolle wird oft wegen seiner Unschärfe gerügt.[20] In einem allgemeinen Sinne kann man darunter die inhaltliche Überprüfung privatrechtlicher Vereinbarungen anhand hoheitlich determinierter Maßstäbe verstehen (Inhaltskontrolle im weiteren Sinne).[21] Dabei können die Maßstäbe gesetzlich mehr oder weniger fest umrissen und den Kontrollorganen dementsprechend weniger oder mehr zur Konkretisierung überlassen sein. Die Kontrolle kann schon im Gesetz enthalten oder den Gerichten oder Behörden übertragen sein. Für die Zwecke der vorliegenden Untersuchung, die im Wesentlichen vergleichend angelegt ist, ist es sinnvoll, von diesem weiten Begriff auszugehen. Dieser weite Blickwinkel erleichtert nicht nur die vergleichende Erörterung, sondern eröffnet zugleich die Sicht auf die prinzipielle Ebene, da die Gesamtheit der Kontrolltatbestände in der Sache die Grenzen der Privatautonomie aufzeigt.[22] Die meisten Rechtsordnungen sehen mehrere Formen der Inhaltskontrolle vor, die sich aus unterschiedlichen Regelungen ergeben.

### 1. Diskriminierungsverbote

Zur Inhaltskontrolle sind heute zuerst die Diskriminierungsverbote zu rechnen, die der Gemeinschaftsgesetzgeber im Hinblick auf Rassen- und Geschlechtsdiskriminierung für den Bereich des allgemeinen Vertragsrechts vorgeschrieben hat, soweit es um Güter oder Dienstleistungen geht, die der Öffentlichkeit ohne Ansehen der Person zur Verfügung stehen.[23] Denn die Diskriminierungsverbote betreffen nicht nur die Abschlussfreiheit, sondern – teleologisch selbstverständlich – auch die Inhaltsfreiheit. Der Bäcker muss seine Brötchen nicht nur auch an Frauen verkaufen,

---

**20** *Ulmer,* Richterrechtliche Entwicklungen des Gesellschaftsrechts (1986), S. 26.

**21** *Fastrich,* Richterliche Inhaltskontrolle im Privatrecht (1992), S. 5 (der, S. 5–28, für die Zwecke seiner dogmatischen Untersuchung die Inhaltskontrolle mit dem vertragsrechtlichen Hauptanwendungsfall der AGB-Kontrolle von der Sittenwidrigkeitskontrolle und der Ausübungskontrolle nach § 242 BGB unterscheidet); *Kötz* (Fn. 7), §§ 8, 9, unterscheidet die „Kontrolle der Vertragsfreiheit" (Mieter-, Arbeitnehmer-, Verbraucherschutz, Wucher, AGB-Kontrolle) von der Gesetzes- und Sittenwidrigkeit; *Möslein,* Inhaltskontrolle und Inhaltsregeln im Schuldvertragsrecht, in: Riesenhuber/Nishitani (Hrsg.), Wandlungen oder Erosion der Privatautonomie? (2007), S. 233, 234.

**22** So zu Recht *Fastrich* (Fn. 21), S. 5. Auch an dieser Stelle kann freilich Vollständigkeit in keiner Weise angestrebt werden, sondern muss die Untersuchung auf die wichtigsten Normengruppen beschränkt bleiben; s. noch unten, III. vor 1.

**23** *Riesenhuber* (Fn. 4), Rn. 183–189; zu den Grundlagen *Basedow,* Der Grundsatz der Nichtdiskriminierung im europäischen Privatrecht, ZEuP 2008, 230–251 (mit der wichtigen Unterscheidung zwischen binnenmarktbezogenen und gesellschaftspolitischen Diskriminierungsverboten sowie der Charakterisierung des vom EuGH hervorgehobenen Grundsatzes als *hermeneutisches* Prinzip); *Riesenhuber,* Privatautonomie und Diskriminierungsverbote – Grundlagen im deutschen Recht und europäische Regulierung, in: ders./Nishitani (Hrsg.), Wandlungen oder Erosion der Privatautonomie? (2008), S. 19, 34.

er muss sie ihnen auch zum selben Preis verkaufen wie Männern.[24] Der Unterschied zu anderen Tatbeständen der Inhaltskontrolle liegt im Maßstab, der hier nicht vom Gesetzgeber allgemein vorgegeben ist, sondern sich – zumindest im Grundfall – relativ aus einem Vergleich mit den Bedingungen ergibt, die der Vertragspartner anderen Kunden einräumt (oder einräumen würde).[25]

## 2. Verbot von gesetzes- und sittenwidrigen Rechtsgeschäften

Jede Rechtsordnung kennt Vorschriften, nach denen Verträge (Rechtsgeschäfte) oder einzelne Bestimmungen, die gegen gesetzliche Verbote oder die guten Sitten und die öffentliche Ordnung verstoßen, nichtig sind.[26] In Deutschland ist das in §§ 134, 138 BGB geregelt, in Frankreich in Art. 1133 Cc, in Griechenland in Art. 174 ZGB.

Wo, wie in § 134 BGB, nur die privatrechtliche Folge der zivilrechtlich „imperfekten" Verbotsgesetze (*leges imperfectae*) angeordnet wird, erlaubt die Regelungstechnik, die anderswo vorgesehenen Wertungen zivilrechtlich umzusetzen. Allerdings ergibt sich daraus die bekannte Problematik zu bestimmen, was „Verbotsgesetz" (auch) im zivilrechtlichen Sinne ist.[27] Mit dieser Zuordnung eng verbunden ist die Rechtsfolgenanordnung, da die Nichtigkeitssanktion in vielen Fällen nicht dem Zweck des Verbots gerecht wird.[28]

Das Verbot sittenwidriger Rechtsgeschäfte in § 138 BGB „will lediglich verhindern, dass Rechtsgeschäfte in den Dienst des Unsittlichen gestellt werden. Man soll nicht durch Rechtsgeschäfte Unsittliches rechtlich erzwingbar machen können."[29] Damit werden also nicht, wie man unbefangen meinen könnte, Richter zu Sittenwächtern gemacht – eine Vorstellung, die mit einer freiheitlichen und pluralistischen Gesellschafts- und Rechtsordnung ganz unvereinbar wäre.

## 3. Die Kontrolle Allgemeiner Geschäftsbedingungen

Ein zentraler Bereich der richterlichen Inhaltskontrolle ist die Überprüfung von Allgemeinen Geschäftsbedingungen. Da der Verwendungsgegner AGB im Regelfall mit sinnvollem Aufwand nicht individuell überprüfen, geschweige denn AGB unterschiedlicher Anbieter bewerten und vergleichen kann, unterliegen sie keiner

24 Bei den Diskriminierungsverboten des Europäischen Arbeitsrechts ist das deutlich hervorgehoben, s. Art. 141 EG, Art. 4, 14 Abs. 1 lit. a), c) Richtlinie 2006/56/EG; in Art. 2 lit. a) Richtlinie 2004/113/EG ist das nur durch die weite Fassung des Diskriminierungsverbots („weniger günstige Behandlung") ausgedrückt.

25 *Möslein* (Fn. 21), S. 233, 237.

26 *Kötz* (Fn. 7), S. 235 ff.; *Zweigert/Kötz*, Einführung in die Rechtsvergleichung (3. Aufl. 1996), S. 374 ff.; *Zimmermann*, The Law of Obligations – Roman Foundations of the Civilian Tradition (1990), S. 697–705 sowie 706–715.

27 *Flume*, Allgemeiner Teil des BGB, Band II (4. Aufl. 1992), § 17, 1 (S. 342–346).

28 Dazu *Flume* (Fn. 27), § 17, 3 (S. 346–350).

29 *Medicus* (Fn. 16), Rn. 680; (ähnlich) *Flume* (Fn. 27), § 18, 5 (S. 376, 385).

Marktkontrolle. Dieses Marktversagen rechtfertigt die staatliche Kontrolle.[30] Im deutschen Recht unterscheidet man die Einbeziehungskontrolle von der Inhaltskontrolle. Bei der Einbeziehungskontrolle geht es darum sicherzustellen, dass der Verwendungsgegner die Möglichkeit hat, die AGB zur Kenntnis zu nehmen; damit wird sein grundsätzliches Einverständnis in besonderer Weise abgesichert. Bei der Inhaltskontrolle werden die (wirksam in den Vertrag einbezogenen) AGB auf ihre Vereinbarkeit mit einem Maßstab der Fairness und der Austauschgerechtigkeit hin überprüft.

In Deutschland hat man eine AGB-Kontrolle im Anschluss an die grundlegende Arbeit *Ludwig Raisers* aus dem Jahr 1935[31] zunächst judiziell über §§ 138, 242 und 315 BGB entwickelt.[32] 1977 hat der Gesetzgeber sie mit dem AGB-Gesetz speziell vorgeschrieben. Die Regelung wurde von der 1993 verabschiedeten AGB-Richtlinie der Gemeinschaft überlagert.[33] 2001 hat der Gesetzgeber sie im Zuge der Schuldrechtsmodernisierung in §§ 305–310 BGB überführt.

## 4. Treu und Glauben

Auch in der Generalklausel von Treu und Glauben kann man einen Tatbestand der Inhaltskontrolle sehen. Das zeigt sich schon daran, dass die AGB-Kontrolle vor ihrer gesetzlichen Regelung v.a. auf § 242 BGB gestützt wurde. Deutlich wird das auch am Beispiel der Geschäftsgrundlagenstörung, die wir im Anschluss an die Lehre *Oertmanns*[34] herkömmlich bei § 242 BGB verortet haben[35] und die heute in § 313 BGB normiert ist. Hier ist der Eingriff in die Vertragsfreiheit sogar besonders einschneidend. Denn über die Regelung des § 313 BGB wird im Regelfall nicht nur eine Vereinbarung kassiert, sondern – letztlich durch das Gericht –[36] inhaltlich angepasst.

---

**30** Einzelheiten sind umstritten; dazu wie hier *Eidenmüller,* Privatautonomie, Verteilungsgerechtigkeit und das Recht des Vertragsschlusses im DCFR, in: Schulze/v. Bar/Schulte-Nölke (Hrsg.), Der akademische Entwurf für einen Gemeinsamen Referenzrahmen (2008), S. 73, 92 f.; *ders.*, Party Autonomy, Distributive Justice and the Conclusion of Contracts in the DCFR, ERCL 5 (2009), 109, 128–130; Münchener Kommentar-*Basedow,* BGB (5. Aufl. 2007), § 307 BGB Rn. 5 f. (der maßgeblich auf eine Asymmetrie von Verwender und Gegner abstellt); *Behrens,* Die ökonomischen Grundlagen des Rechts (1986), S. 155–158; 170–172; *Fastrich* (Fn. 21), S. 79–92; *Kötz,* Der Schutzzwecke der AGB-Kontrolle – eine rechtsökonomische Skizze, JuS 2003, 209, 213; *Schäfer/Ott,* Lehrbuch der ökonomischen Analyse des Rechts (4. Aufl. 2005), S. 514 f.

**31** *Raiser,* Das Recht der allgemeinen Geschäftsbedingungen (1935, Nachdr. 1961).

**32** In der Rechtsprechung des BGH grundlegend BGHZ 22, 90, 97. Zur Entwicklung nur *Ranieri,* Europäisches Obligationenrecht (3. Aufl. 2009), S. 371–374, 384–387; Münchener Kommentar-*Basedow* (Fn. 30), § 242 BGB Rn. 8.

**33** Zur AGB-Richtlinie *Riesenhuber* (Fn. 4), § 22; weiterführend zur Umsetzung in den Mitgliedstaaten *Ranieri* (Fn. 32), S. 403–420.

**34** *Oertmann,* Die Geschäftsgrundlage – ein neuer Rechtsbegriff (1921); grundlegend zuvor *Windscheid,* Die Lehre von der Voraussetzung (1850).

**35** Aus der Rechtsprechung grundlegend RGZ 103, 328, 332.

**36** Umstritten ist, ob die Geschäftsgrundlagenstörung nach § 313 BGB zunächst eine Verhandlungspflicht auslöst; dazu nur *Riesenhuber,* Vertragsanpassung wegen Geschäftsgrundlagenstörung – Dogmatik, Gestaltung und Vergleich, BB 2004, 2692–2702.

## 5. Zwingendes Recht

Als Inhaltskontrolle kann man weiterhin auch Vorschriften des zwingenden Rechts ansehen. Hier beschränkt schon der *Gesetzgeber* die privatautonomen Gestaltungsmöglichkeiten.[37] Zum Schutz bestimmter Personen, z. B. von Mietern oder Arbeitnehmern, enthalten alle Rechtsordnungen zwingende Vorschriften (auch) über den Inhalt von Verträgen, von denen man nicht abweichen kann.

Die Kategorie des zwingenden Rechts liegt allerdings auf einer anderen Ebene als die zuvor erörterten Kontrolltatbestände, da selbstverständlich auch die Regeln über verbots- und sittenwidrige Gesetze sowie über die AGB-Kontrolle zwingendes Recht darstellen. Sämtliche erörterten Kontrolltatbestände sind zwingendes Recht, doch erschöpft sich das zwingende Recht nicht in diesen Kontrolltatbeständen. Mit Blick auf die praktischen Folgen wird das zwingende Recht von manchen dem Verbotsgesetz gleichgestellt. Das zwingende Recht erscheint danach als ein zivilrechtlich „perfektes", nämlich mit einer Sanktionsnorm versehenes Verbotsgesetz. Dagegen wird der Unterschied hervorgehoben, dass in einem Fall das Verbot im Vordergrund steht, im anderen lediglich die rechtsgeschäftliche Gestaltungsmöglichkeit begrenzt wird. „Die Rechtsordnung ‚verbietet' nicht die Rechtsgeschäfte, welche die der rechtsgeschäftlichen Gestaltungsmöglichkeit gesetzten Grenzen überschreiten. Sie lässt sie nur nicht gelten."[38]

## 6. Dispositives Recht

Auch dispositives Recht hat eine verhaltenssteuernde Wirkung.[39] Das dispositive Recht kommt zur Anwendung, wenn die Parteien nichts Besonderes vereinbaren; wer eine abweichende Regelung bevorzugt, trägt die Initiativ- und Verhandlungslast.[40] Kommt dispositives Recht zum Zuge, weil die Parteien keine eigene Regelung getroffen haben, so liegt darin durchaus eine heteronome staatliche Regelung,[41] und zwar auch dann, wenn der Gesetzgeber bei der Ausgestaltung des dispositiven Rechts versucht hat, die typischen Parteiinteressen abzubilden.

Der Inhaltskontrolle rechnen wir das dispositive Recht an dieser Stelle gleichwohl nicht zu.[42] Erlegt es den Parteien auch Verhandlungslasten auf, so dient es doch (als

---

**37** *Möslein* (Fn. 21), S. 233, 234.

**38** *Flume* (Fn. 27), § 17, 3 (S. 343), im Anschluss an *v. Thur,* Allgemeiner Teil II/2 (1. Aufl. 1918, unveränderter Nachdr. 1957), S. 1 f. („logische Ungenauigkeit").

**39** *Riesenhuber/Möslein,* Contract Governance, in: Riesenhuber (Hrsg.), Perspektiven des europäischen Schuldvertragsrechts (2008), S. 1, 24.

**40** *Möslein* (Fn. 21), S. 233, 238; *Hesselink,* Non-mandatory Rules in European Contract Law, ERCL 1 (2005), 44, 70.

**41** *Canaris,* Grundrechte und Privatrecht, AcP 184 (1984), 201, 213–215; *Medicus,* Der Grundsatz der Verhältnismäßigkeit im Privatrecht, AcP 192 (1992) 35, 47; (wohl) andere Ansicht: *Beuthien,* Gesellschaftsrecht und Kartellrecht, ZHR 142 (1978), 259, 264, Fn. 10.

**42** Dazu anschaulich *Meller-Hannich,* Verbraucherschutz im Schuldvertragsrecht (2005), S. 26–28.

solches) nicht dazu, das Ergebnis, den Inhalt der Vereinbarung, zu überprüfen. Soweit das dispositive Recht, wie in § 307 Abs. 2 Nr. 1 BGB, als *Maßstab* der Inhaltskontrolle herangezogen wird, ist jene Vorschrift der Kontrolltatbestand, nicht das dispositive Recht.

## III. Inhaltskontrolle im *Draft Common Frame of Reference*

Inhaltskontrolle ist demnach im Bereich des Vertragsrechts ein ausgesprochen weites Feld, zumal wenn man darunter auch die über das Recht der einzelnen Vertragstypen verstreuten Tatbestände zwingenden Rechts versteht. In dieser Breite können die Kontrolltatbestände des DCFR hier nicht im Einzelnen gewürdigt werden. Stattdessen beschränken wir uns im Folgenden auf die allgemeinen Kontrolltatbestände.

### 1. Diskriminierungsverbote, Art. II.-2:101–105[43]

Die gemeinschaftsrechtlich vorgegebenen vertragsrechtlichen Diskriminierungsverbote sind in Deutschland in § 19 AGG überschießend umgesetzt, da dort auch eine Benachteiligung wegen der Religion, der Behinderung, des Alters oder der sexuellen Identität verboten wird.[44] Im DCFR statuiert Art. II.-2:101 ein Recht, nicht wegen Rasse oder ethnischer Herkunft oder wegen des Geschlechts diskriminiert zu werden. Sachlich beschränkt sich die Vorschrift, den Vorgaben der Richtlinien entsprechend, auf Verträge und Rechtsgeschäfte, die den Zugang zu oder die Versorgung mit Gütern oder Dienstleistungen zum Gegenstand haben, die der Öffentlichkeit ohne Ansehen der Person zur Verfügung stehen.

Hervorzuheben ist hier vor allem die vom DCFR verwandte Regelungstechnik. In Art. II.-2:101 wird ein Recht, nicht diskriminiert zu werden (*right not to be discriminated against*) begründet, das offenbar sowohl vorvertraglich als auch vertraglich und deliktsrechtlich (absolut) konzipiert ist. Dass auch der vorvertragliche Bereich umfasst sein muss, ist nach dem Schutzzweck der Regelung folgerichtig, aber auch in Art. II.-2:101 angedeutet, wenn dort das Handeln „in Beziehung auf einen Vertrag" erfasst wird, der „den Zugang ... zu Gütern und Dienstleistungen" betrifft. Der hybride vertrags- und deliktsrechtliche Charakter ist in Art. II.-2:104 angedeutet, wo zwar primär auf die Rechtsbehelfe wegen Nichterfüllung einer Verpflichtung ver-

43 Die Vorschriften gehen zurück auf die Vorschläge der *Acquis*-Gruppe; in den PECL waren sie noch nicht enthalten.

44 Die Richtlinie 2000/78/EG des Rates vom 27.11.2000 zur Festlegung eines allgemeinen Rahmens für die Verwirklichung der Gleichbehandlung in Beschäftigung und Beruf, ABl. 2000 L 303/16 („Gleichbehandlungsrahmenrichtlinie") ist in ihrem sachlichen Anwendungsbereich auf das Arbeitsleben und angrenzende Bereiche beschränkt und betrifft das allgemeine Vertragsrecht („Zugang zu Gütern und Dienstleistungen") nicht. Allerdings gibt es Bestrebungen der Kommission, den Anwendungsbereich der Richtlinie auf das allgemeine Vertragsrecht zu erweitern; s. Vorschlag der Kommission für eine Richtlinie des Rates zur Anwendung des Grundsatzes der Gleichbehandlung ungeachtet der Religion oder der Weltanschauung, einer Behinderung, des Alters oder der sexuellen Ausrichtung, KOM(2008) 426 endg.

wiesen wird, aber eigens hervorgehoben ist, dass Rechtsbehelfe aus Buch VI über die außervertragliche Haftung unberührt bleiben.

Im Hinblick auf die Inhaltskontrolle ergeben sich aus diesen Vorschriften des DCFR keine Besonderheiten. Diskriminierungsverbote sind heute ein Bestandteil des Europäischen Vertragsrechts und der mitgliedstaatlichen Vertragsrechte (auch wenn die Effizienz der Regelungen umstritten bleibt).[45]

## 2. Verstoß gegen fundamentale Prinzipien und zwingendes Recht

Zwei Vorschriften betreffen „verbotswidrige" Verträge (und Rechtsgeschäfte, Art. II.-7:101 Abs. 3 DCFR) in einem weiteren Sinne. Art. II.-7:301 erklärt Verträge für nichtig, die fundamentale Prinzipien der mitgliedstaatlichen Rechtsordnungen (*laws of the Member States of the European Union*) verletzen, soweit die Nichtigkeitsfolge geboten ist, um dem betroffenen Prinzip Wirksamkeit zu verleihen, Art. II.-7:302 (s. sogleich a)). Ein Vertrag, der gegen zwingende Gesetzesbestimmungen verstößt (und nicht bereits wegen Verletzung fundamentaler Prinzipien nichtig ist), kann nach der anschließenden Vorschrift von Art. II.-7:303 für nichtig erklärt werden (dazu nachfolgend, b)).

### *a) Verstoß gegen fundamentale Prinzipien des mitgliedstaatlichen Rechts, Art. II.-7:301*

Der Vorschrift liegt Art. 15:101 PECL zugrunde, der aber im Tatbestand wie in den Rechtsfolgen leicht geändert wurde.

#### aa) Tatbestand

Die erste Vorschrift findet kein unmittelbares Vorbild im nationalen Recht, es handelt sich um eine der nationalen Rechtssprache entkleidete Version des Verbots sittenwidriger Geschäfte (§ 138 BGB). Anstelle des wertungsmäßig aufgeladenen und heute teils als antiquiert empfundenen Begriffs der guten Sitten steht hier der (im Hinblick auf die unterschiedlichen Rechtstraditionen) „neutrale" Begriff der Prinzipien. Das erscheint auch von deutscher Perspektive insofern treffend, als über § 138 BGB, wenn man so will, fundamentalen Prinzipien der Rechtsordnung zur Geltung verholfen wird.[46] Insbesondere kann man auch die mittelbare Drittwirkung der

**45** S. nur *Eidenmüller/Faust/Grigoleit/Jansen/Wagner/Zimmermann,* JZ 2008, 529, 535; *Eidenmüller* (Fn. 30), S. 73, 86 f.; *ders.*, ERCL 5 (2009), 109, 121–123; *Kirchner,* Zivilrechtlicher Diskriminierungsschutz: ein ökonomischer Ansatz, in: Leible/Schlachter (Hrsg.), Diskriminierungsschutz durch Privatrecht (2006), S. 37–52; *Thüsing,* Gedanken zur Effizienz arbeitsrechtlicher Diskriminierungsverbote, RdA 2003, 257–264.

**46** Für das deutsche Recht hat *Larenz,* Allgemeiner Teil des Bürgerlichen Rechts (7. Aufl. 1989), § 22 III (S. 437 f.), nachgewiesen, dass damit zum einen die herrschende Moral, zum anderen die der Rechtsordnung selbst immanenten Prinzipien gemeint sind; zu letzterem Aspekt näher *ders.*, Richtiges Recht – Grundzüge einer Rechtsethik (1979), S. 55 *et passim.* Ähnlich *Medicus* (Fn. 16), Rn. 680 (der von den guten Sitten als „rechtlich geprägtem Ausschnitt aus der Sittenordnung" spricht); Münchener Kommentar-*Armbrüster* (Fn. 30), § 138 BGB Rn. 1 (§ 138 BGB dient dazu, „der Rechtsordnung zu helfen, ihre Grundwertungen zu verteidigen").

Grundrechte so einordnen, die gerade über die Generalklausel des § 138 BGB zur Geltung kommen soll. Tatsächlich werden die Grundrechte ja auch rechtstheoretisch als Prinzipien verstanden, nämlich als Optimierungsgebote.[47] Als praktische Anwendungsfälle kann man z.B. die Fallgruppen der Schuldnerknebelung,[48] möglicherweise auch die der Übersicherung[49] oder des Verleitens zum Vertragsbruch (Kollision von Globalzession und verlängertem Eigentumsvorbehalt)[50] ansehen. Auch die Bürgschaftsrechtsprechung,[51] hinter der die Effektuierung des Prinzips der Privatautonomie des Bürgen steht, kann man dazu rechnen. Sieht man das Verbot der Versklavung nicht schon als der Privatautonomie immanent an, so kann man es ebenfalls über Art. II.-7:301 zur Geltung bringen.

Der Preis einer von mitgliedstaatlichen Konzepten unabhängigen Formulierung des Tatbestands ist freilich eine gewisse Blutleere. Der Begriff der „fundamentalen Prinzipien" erweckt daher auch in seiner Allgemeinheit und Unbestimmtheit Unbehagen. Das liegt keineswegs nur daran, dass uns der Terminus in diesem Zusammenhang ungewohnt ist und eine Rechtstradition und Rechtskultur fehlt, die der Regelung Kontur verleihen könnte. Darüber hinaus mangelt es dem Kontrolltatbestand auch an der „Richtung", die § 138 Abs. 1 BGB mit dem moralischen Begriff der Sittenwidrigkeit immerhin gibt. Der Begriff des Prinzips ist dagegen höchst allgemein und wertungsmäßig neutral.[52] Das wird exemplarisch deutlich, wenn man sich die Liste der von *Franz Bydlinski* hervorgehobenen 139 Prinzipien des Privatrechts vor Augen führt.[53] Auch die Verfasser des DCFR erörtern – allerdings im Zusammenhang mit Fragen der Regelsetzungstechnik – fundamentale Prinzipien. Fundamentale Prinzipien seien ganz vage und könnten auch vom jeweiligen politischen Standpunkt abhängen.[54] Auch „Solidarität" und „Treu und Glauben" würden von manchen als fundamentale Grundsätze angesehen.[55] Wenn nun Art. II.-7:301 so weit gehen würde, auch diese Prinzipien mit der Nichtigkeitsdrohung zu bewehren, würde die Vorschrift einer außerordentlich weiten Inhaltskontrolle das Tor öffnen. Gewollt ist das aber wohl nicht, und die hier bezeichneten Prinzipien müssen wohl entweder „noch grundlegender" sein als etwa Solidarität und Treu und Glauben oder in ihrem Kernbereich betroffen, um die Nichtigkeitssanktion auszulösen.

---

**47** *Alexy,* Theorie der Grundrechte (3. Aufl. 1996), S. 75 ff.
**48** BGH, NJW 1953, 1665.
**49** BGH, NJW 1956, 706.
**50** BGH, NJW 1959, 1533.
**51** BVerfGE 89, 214; BGH, NJW 1989, 1276.
**52** Zum Begriff nur *Canaris,* Systemdenken und Systembegriff in der Jurisprudenz – entwickelt am Beispiel des deutschen Privatrechts (2. Aufl. 1983), S. 46–60; *Dworkin,* Taking Rights Seriously (1977), S. 22–28; *Riesenhuber,* System und Prinzipien des Europäischen Vertragsrechts (2003), S. 12–19.
**53** *Bydlinski,* System und Prinzipien des Privatrechts (1996), „Prinzipienliste" S. 773.
**54** *v. Bar/Clive/Schulte-Nölke* (Fn. 2), Introduction, Rn. 11.
**55** *v. Bar/Clive/Schulte-Nölke* (Fn. 2), Introduction, Rn. 13, 15, 18. Zu Treu und Glauben *Larenz* (Fn. 46), S. 80–87; zu Solidarität *Lurger,* Vertragliche Solidarität – Entwicklungschancen für das allgemeine Vertragsrecht in Österreich und in der Europäischen Union (1998); *dies.,* Grundfragen der Vereinheitlichung des Vertragsrechts in der Europäischen Union (2002), S. 380–385.

Eine gewisse Konturierung ergibt sich allerdings aus den Kommentaren zu der vorbildlichen Vorschrift des Art. 15:101 PECL. Die Verfasser erläutern zunächst, dass man sich für die (wie es dort noch heißt:) „in den Rechtsordnungen der Mitgliedstaaten der EU als wesentlich anerkannten Grundsätze" zunächst an den Grundfreiheiten, der EMRK und der Grundrechtscharta orientieren kann. Dasselbe ließe sich im Wege der systematischen Auslegung auch für den DCFR begründen (vgl. Art. I.-1:102 (2) DCFR). So verstanden ginge es eher um ein rechtsethisches Minimum, wie es *Franz Bydlinski* in einem anderen Werk unter der Bezeichnung der „fundamentalen Rechtsgrundsätze" erörtert,[56] um Prinzipien des „richtigen Rechts", wie sie *Karl Larenz* hervorgehoben hat.[57] Die Bezugnahme auf den rechtsvergleichenden Befund könnte als Hinweis auf die vom EuGH in seiner Rechtsprechung hervorgehobenen „Allgemeinen Rechtsgrundsätze" sein.[58] Diese Allgemeinen Rechtsgrundsätze sind freilich nicht scharf umrissen und zudem höchst allgemein. Konkreter ist der Hinweis auf Grundrechte und Grundfreiheiten. Allerdings bleibt hier ganz offen, *wie* sich diese Grundrechte und Grundfreiheiten zu den „wesentlichen Grundsätzen" verhalten. Das ist schon ganz allgemein im Hinblick auf die Drittwirkungsproblematik (bei Grundrechten und Grundfreiheiten) problematisch. Wenn man sich aber zudem an der Grundrechtscharta orientiert, tritt hinzu, dass hier auch soziale Grundrechte anerkannt werden, z.B. der Schutz bei ungerechtfertigter Entlassung (Art. 30 GRCh) und der (hohe) Verbraucherschutz (Art. 38 GRCh). Eine – wie immer festzustellende – Verletzung dieser sozialen Grundrechte kann sicher nicht in jedem Fall die Unwirksamkeit des Rechtsgeschäfts nach sich ziehen, da sonst die speziellen gesetzlichen Regeln (des Verbraucher- oder Arbeitnehmerschutzes) obsolet wären. In Art. II.-7:301 DCFR wird die Problematik freilich auf der Rechtsfolgenseite entschärft, da dort nicht in jedem Fall die Nichtigkeit angeordnet ist, sondern nur, soweit es erforderlich ist, um das verletzte Prinzip effektiv durchzusetzen.

Neben den Grundrechten soll – wiederum nach den Erläuterungen zu Art. 15:101 PECL – auch die Rechtsvergleichung Hinweise auf fundamentale Prinzipien liefern, genannt werden zum Beispiel Einschränkungen der persönlichen Freiheit durch Verträge übermäßig langer Dauer, aber auch die Verletzung von „Normen des Familienlebens und der Sittlichkeit" sowie gegen die ordnungsgemäße Rechtspflege (z.B. Mandatsvereinbarungen gegen Erfolgsbeteiligung).[59] „Rein nationale Rechtsauffassungen als solche haben keine Wirkung auf Verträge, die den Grundregeln unterliegen."[60] Diese Einschränkung dürfte praktisch nicht unerhebliche Auswir-

---

**56** *Bydlinski,* Fundamentale Rechtsgrundsätze – Zur rechtsethischen Verfassung der Sozietät (1988).

**57** *Larenz* (Fn. 46).

**58** Dazu jüngst *Metzger,* Extra legem, intra ius: Allgemeine Rechtsgrundsätze im Europäischen Privatrecht (2009); ferner das Standardwerk von *Tridimas,* The General Principles of EC Law (2. Aufl. 2007).

**59** *v. Bar/Zimmermann,* Grundregeln des Europäischen Vertragsrechts, Teil III, Art. 15:101 Kommentar B.

**60** *v. Bar/Zimmermann* (Fn. 59), Art. 15:101 Kommentar B.

kungen haben, bedenkt man, dass der Maßstab der guten Sitten für § 138 BGB *im Inland* gefunden wird und dass sich die Wertvorstellungen in den Mitgliedstaaten der EU – zumal nach den jüngsten Erweiterungen – erheblich unterscheiden.[61] Ist daher für einen Verstoß gegen Art. II.-7:301 DCFR ein Verstoß gegen die „gemeineuropäischen guten Sitten“ erforderlich, so könnte das wohl nur auf einen „kleinsten gemeinsamen Nenner der Sittlichkeit“ hinauslaufen. Dann wird die Vorschrift die Funktion des § 138 BGB nur partiell erfüllen können. Umgekehrt würde die Inhaltskontrolle möglicherweise außerordentlich ausgeweitet, wenn schon die nur in einer oder einzelnen Mitgliedstaaten als fundamental anerkannten Prinzipien die Nichtigkeitsfolge des Art. II.-7:301 DCFR auslösen könnte.[62]

Im Grunde handelt es sich hier um eine kollisionsrechtliche Problematik, jedenfalls wenn man vom DCFR als wählbare Rechtsordnung ausgeht. Dann wäre es folgerichtig, auf *dieser* Ebene fundamentale Prinzipien autonom zu bestimmen, ergänzt nur um („sonst“) gemeinschaftsrechtlich vorgegebene fundamentale Prinzipien. Ob daneben auch mitgliedstaatliche fundamentale Prinzipien zum Tragen kommen, bestimmt dann das Kollisionsrecht, das insbesondere Eingriffsnormen zur Geltung bringen kann (Art. 7 EVÜ, Art. 8 Rom I-VO).

#### bb) Rechtsfolgen

Die Rechtsfolgenanordnung ist flexibel ausgestaltet. Nichtigkeit ist zwar die grundsätzlich vorgesehene Sanktion, doch greift sie nur ein *soweit* das *erforderlich* (*required*) ist, um dem verletzten Prinzip zur Wirksamkeit zu verhelfen. Das überrascht zunächst, da sowohl § 138 BGB als auch die Vorbildregelung in Art. 15:101 PECL Nichtigkeit als einzige Rechtsfolge vorsehen. Indes wird auch zu § 138 BGB hier von Rechtsprechung und Lehre in Vielem eine differenzierte Rechtsfolgenanordnung begründet.[63] Einen guten Sinn hat das insbesondere, wenn nur einzelne Bestimmungen eines Vertrags zu beanstanden sind, z. B. eine überlange Vertragsdauer.

Damit liegt der Unterschied der Regelungen eher im Regel-Ausnahme Verhältnis und – damit einhergehend – in der Verteilung der Begründungslast[64]. Soll es bei der Verletzung fundamentaler Prinzipien um Ähnliches gehen wie bei der Sittenwidrigkeit des § 138 BGB, dürfte Nichtigkeit als Regelfolge sachlich treffender sein. Die Flexibilität der Rechtsfolgenanordnung wäre dann umgekehrt als ein Vorbehalt entgegenstehender teleologischer Erwägungen zu formulieren.

### *b) Verletzung zwingender Vorschriften, Art. II.-7:302*

Die Rechtsfolgen einer Verletzung zwingender Vorschriften regelt Art. II.-7:302 DCFR. Die Vorschrift geht – im Wesentlichen unverändert – auf Art. 15:102 PECL

---

**61** Eine Handvoll gemeinsamer Fallgruppen stellt *Kötz* (Fn. 7), § 9 II, III (S. 237–246) vor.
**62** Das besorgt *Eidenmüller* (Fn. 30), S. 73, 81 Fn. 10; *ders.*, ERCL 5 (2009), 109, 117 Fn. 13.
**63** Münchener Kommentar-*Armbrüster* (Fn. 30), § 138 BGB Rn. 157–161; s.a. *Kötz* (Fn. 7), § 9 III.4. (S. 244–246) zur geltungserhaltenden Reduktion übermäßig langer oder weitreichender Vertragsbindung.
**64** *Krebs*, Die Begründungslast, AcP 195 (1995), 171.

zurück. Die Unidroit *Principles of International Commercial Contracts* enthalten keinen vergleichbaren Tatbestand; sie regeln Fragen der *illegality* nicht, Art. 3.1 lit. b) PICC.

aa) Tatbestand

Im Vergleich mit § 134 BGB fällt die Vorschrift über die Verletzung zwingender Vorschriften sehr eingehend aus. Sie findet nur Anwendung, wo nicht schon Art. II.-7:301 wegen Verletzung fundamentaler Prinzipien Nichtigkeit anordnet.[65] Dann hat die Verletzung der zwingenden Vorschrift auf die Wirksamkeit des Vertrags die Auswirkungen, die die zwingende Vorschrift vorschreibt. Sieht die zwingende Vorschrift nicht ausdrücklich Auswirkungen auf die Wirksamkeit vor, so kann ein Gericht den Vertrag für wirksam erklären, ihn ganz oder teilweise aufheben (*avoid*), und zwar auch mit „retrospektiver" Wirkung, oder es kann den Vertrag oder seine Wirkungen „modifizieren". Absatz 3 der Vorschrift zählt beispielhaft eine Reihe von Erwägungen auf, die das Gericht bei der Bestimmung der Rechtsfolgen berücksichtigen soll.

Wenn die Vorschrift nur eingreift, falls der Vertrag nicht schon wegen Verletzung fundamentaler Prinzipien nichtig ist, gleichzeitig aber primär anordnet, dass dann die von der zwingenden Vorschrift vorgesehenen Rechtsfolgen zum Zuge kommen, so ist damit vorausgesetzt, dass es zwingende Vorschriften gibt, die dem Schutz fundamentaler Prinzipien dienen. Deren spezifische Rechtsfolgen werden dann aber von der Nichtigkeitsfolge des Art. II.-7:301 überlagert. Auch insoweit wird man von einem Spezialitätsverhältnis ausgehen müssen.

Unklar ist, was mit „zwingenden Vorschriften" gemeint ist: Solche des DCFR, des Gemeinschaftsrechts und/oder der mitgliedstaatlichen Rechtsordnungen. Mangels Einschränkung könnte man von der dritten, weitesten Auslegung ausgehen.[66] Dagegen spricht indes systematisch, dass sich der DCFR bei der Vernichtbarkeit wegen Verstoßes gegen fundamentale Rechtsgrundsätze (wohl) nicht auf rein nationale Prinzipien bezieht (s.o., a)aa)).

bb) Rechtsfolgen

Betreffs der Rechtsfolgen kommt zunächst die spezifische Sanktionsanordnung zum Zuge. Das hat seinen guten Sinn, denn mitunter erfordert der Schutzzweck Anderes als die Nichtigkeit; wir kennen das z.B. vom Mietwucher (§ 5 WiStG; dazu noch sogleich im Text). Dass freilich die spezielle Sanktionsanordnung der allgemeinen vorgeht, erscheint uns als selbstverständlich. Die Frage, ob eine spezifische Sanktionsanordnung in diesem Sinne speziell und abschließend ist, ist in jedem Fall der Auslegung der verletzten zwingenden Vorschrift überlassen – nach deutschem Recht wie unter dem Regime des DCFR.

Fehlt eine Rechtsfolgenanordnung, so liegt es im Ermessen des Gerichts (*a court may*), die Verletzungsfolgen zu bestimmen. Tatbestandsmerkmal ist dabei allein die Verletzung einer zwingenden Vorschrift. Erwägungen für die Ermessensausübung

**65** Das hatte Art. 15:102 Abs. 1 PECL noch als selbstverständlich vorausgesetzt.
**66** So *Ernst*, AcP 208 (2008), 248, 270.

bestimmt Absatz 3 der Vorschrift. Danach soll die Entscheidung über die Wirksamkeit oder Anpassung des Vertrags eine „angemessene und verhältnismäßige Antwort" (*appropriate and proportional response*) auf die Rechtsverletzung sein. Dabei hat das Gericht alle „relevanten Umstände" zu berücksichtigen. Dazu zählen in einer nicht abschließenden Auflistung (*including*)[67]

(a) der Zweck der verletzten Vorschrift,

(b) die „Kategorie der Personen" (*categorie of persons*), deren Schutz die Vorschrift dient,

(c) jede (*any*) Sanktion, die wegen der Verletzung getroffen werden kann;

(d) die Schwere der Verletzung;

(e) ob die Verletzung vorsätzlich erfolgte; und

(f) die Nähe der Beziehung von Verletzung und Vertrag.

Manches klingt hier für den deutschen Juristen durchaus vertraut. Denn gerade unser § 134 BGB, der nur die zivilrechtliche Sanktion statuiert, wirft bekanntlich schwierige Auslegungsfragen auf.[68] Wo die zivilrechtliche Sanktionsanordnung fehlt, ist eben fraglich, ob sie überhaupt geboten ist. Standardbeispiele sind das Ladenschlussgesetz einerseits und das Schwarzarbeitsgesetz andererseits. Eine einfache Formel, nach der man bestimmen könnte, ob ein Verbotsgesetz vorliegt, lässt sich nicht aufstellen. Stattdessen werden einzelne Erwägungen hervorgehoben, die dafür oder dagegen sprechen könnten.[69]

Art. II.-7:302 DCFR entspricht dem in gewisser Weise, wenn für die Entscheidung über die zivilrechtliche Nichtigkeitsanordnung als erstes der Zweck der verletzten Vorschrift zu berücksichtigen ist. Und auch die generalpräventiven Erwägungen, die dort aufscheinen, spielen auch bei § 134 BGB eine Rolle, z. B. wenn man erwägt, ob das Schwarzarbeitsgesetz, das ja keineswegs die Werk- oder Dienstleistungen verbieten will, zu seiner effektiven Durchsetzung die abschreckende Nichtigkeitsfolge verlange.[70]

Schließlich ist uns auch nicht ganz fremd, dass das Gericht nicht nur darüber entscheidet, ob die Verletzung einer zwingenden Norm eine Auswirkung auf das Rechtsgeschäft hat, sondern auch zwischen mehreren möglichen Folgen auswählt. Bekanntes Beispiel ist der Mietwucher (§ 5 WiStG), wo dem bewucherten Mieter, der ja vermutlich in einer Wohnungsnot in den Vertrag eingewilligt hat, kaum damit gedient wäre, den Vertrag nun zu vernichten. Rechtsfolge ist daher nur die Herabsetzung des Mietzinses auf das zulässige Maß.[71] Das ist eine Art der Vertragsanpassung.

---

**67** Zur rechtsvergleichenden Ausgangslage *Kötz* (Fn. 7), § 9 IV (S. 246–251).
**68** Oben, II.1. mit Nw. in Fn. 28.
**69** S. z. B. *Medicus* (Fn. 16), Rn. 653–657.
**70** BGH, NJW 1983, 109 ,110.
**71** BGH, NJW 1984, 722; vgl. Münchener Kommentar-*Armbrüster* (Fn. 30), § 138 BGB Rn. 107 zu der Diskussion, in welchem Maß der Mietzins zu reduzieren ist.

Gibt es demnach viele Gemeinsamkeiten zwischen Art. II.-7:302 DCFR und § 134 BGB, so sind doch die erheblichen Unterschiede nicht zu verkennen. Der erste liegt darin, dass zwischen Verbotsgesetzen einerseits und den Grenzen rechtsgeschäftlicher Gestaltungsmöglichkeiten (s.o., II.5) nicht unterschieden wird. Der Unterschied fließt im DCFR lediglich in die Ermessensausübung des Gerichts ein, soweit dort, etwa im Hinblick auf die Verschuldensform, der Sanktionscharakter zu berücksichtigen ist.

Dieser Sanktionscharakter scheint im DCFR ganz im Vordergrund zu stehen. Das kommt schon zum Ausdruck, wenn die Auswahl der Rechtsfolgen eine „angemessene und verhältnismäßige Antwort" auf die Verbotsverletzung sein soll und zu berücksichtigen ist, welche sonstigen Sanktionen vorgesehen sind. Ein Bestrafungselement klingt vor allem an, wenn das Gericht die Schwere der Verbotsverletzung ebenso berücksichtigen soll wie die Frage, ob die Verletzung vorsätzlich erfolgte. Ist auch die „Nähe" von Verletzung und Vertrag ebenfalls zu berücksichtigen (wenn auch in der Vorschrift erst an letzter [!] Stelle erwähnt), so schwebt den Verfassern doch offenbar ein Strafcharakter der Rechtsfolgen vor.

Dazu passt es auch, dass das Gericht bei der Rechtsfolgenwahl „alle relevanten Umstände" berücksichtigen soll. Es kommt damit durchaus in Betracht, dass das Gericht bei sonst gleichgelagerten Sachverhalten in einem Fall mit Rücksicht auf den Verschuldensgrad den Vertrag anpasst (z.B. dem anderen Teil eine höhere Leistung zuspricht), *im nächsten Fall* aber den Vertrag vernichtet. Und da dem Gericht ein Ermessen eingeräumt ist, kommt ebenso in Betracht, dass unter denselben Umständen ein Gericht den Vertrag anpasst und ein *anderes Gericht* den Vertrag für nichtig erklärt und dabei beide Gerichte im Rahmen ihres Ermessens handeln.

Das Auswahlermessen des Gerichts unterscheidet sich grundlegend von der Rechtsfolgenanordnung des § 134 BGB, die schlicht auf Nichtigkeit lautet. Zwar kommt, wie gesagt, auch hier eine geltungserhaltende Reduktion in Betracht. Doch ist das nur im Rahmen einer teleologischen Reduktion und mit dem entsprechenden methodischen Begründungsaufwand möglich. Demgegenüber ist es etwas ganz anderes, wenn das Gericht im Rahmen eines Ermessens grundsätzlich ebenso Wirksamkeit, ganz oder teilweise Unwirksamkeit oder Anpassung des Vertrags „oder seiner Wirkungen" anordnen kann. Art. II.-7:302 DCFR eröffnet damit dem Gericht von vornherein eine Auswahl nach Ermessen, und die angebotenen Rechtsfolgen sind, wie schon die Alternative von Wirksamkeit und Nichtigkeit zeigt, grundsätzlich als gleichwertig konzipiert.

Überlässt man die Rechtsfolgenbestimmung weitgehend dem Gericht, so resultiert daraus eine nicht unerhebliche Rechtsunsicherheit. Sie wird freilich mit zunehmender Gerichtspraxis geringer. Der Sanktionscharakter ist uns zwar nicht völlig fremd, bei § 134 BGB aber eher eine zusätzliche Erwägung denn bestimmendes Element. Man kann zweifeln, ob die Sanktion im Rahmen der zivilrechtlichen Rechtsfolgen eine maßgebende Erwägung sein sollte. Wenn die Sanktion in das Ermessen des Gerichts gelegt wird, das den Vertrag auch geltungserhaltend abändern kann, dürfte die davon ausgehende Präventionswirkung eher geringer sein als bei einer grundsätzlichen Nichtigkeitsanordnung.

### c) *Ergänzende Rechtsfolgenregelungen, Art. II.-7:303 f.*

Ein Vertrag, der gegen fundamentale Prinzipien des mitgliedstaatlichen Rechts oder Gemeinschaftsrechts verstößt, ist nichtig, wenn das erforderlich ist, um das Prinzip zu verwirklichen; ein Vertrag, der sonst gegen zwingendes Recht verstößt, kann gerichtlich für wirksam oder unwirksam erklärt oder abgeändert werden. Von den ergänzenden Regelungen des Abschnitts betrifft Art. II.-7:303 f. die Folgen der Nichtigkeit: Die Rückabwicklung erfolgt nach Bereicherungsrecht (Abs. 1); Auswirkungen auf eine erfolgte Eigentumsübertragung richten sich nach dem auf die Übereignung anwendbaren Recht (Abs. 2); vorbehalten bleibt die Vertragsänderungsbefugnis des Gerichts (Abs. 3).

Eine interessante ergänzende Regelung enthält Art. II.-7:304. Ist ein Vertrag nach den Vorschriften dieses Abschnitts ganz oder teilweise nichtig oder vernichtet, so kann ein Partner vom anderen Ersatz seines Vertrauensinteresses (Abs. 2) verlangen, wenn er von der Verletzung der Prinzipien bzw. des zwingenden Rechts nichts wusste und vernünftiger Weise auch nichts wissen musste und der andere die Verletzung kannte oder kennen musste.

Im deutschen Recht gibt es eine ähnliche Regelung nur für die Anfechtbarkeit in § 122 BGB. In anderen Fällen kommt ein Anspruch aus c.i.c. (§ 311 Abs. 2 BGB) in Betracht. Das wird v.a. für die Fälle der von einer Seite zu verantwortenden Formnichtigkeit erörtert,[72] hat aber auch für Fälle der Nichtigkeit Bedeutung, auch in Fällen der Gesetzes-[73] oder Sittenwidrigkeit[74]. In besonderen Fällen ist auch an Ansprüche wegen vorsätzlicher sittenwidriger Schädigung zu denken, § 826 BGB.[75]

Im Vergleich der Regelungen fällt auf, dass Art. II.-7:304 für den objektiven Tatbestand der Haftung allein auf das Nichtkennenmüssen des Anspruchstellers abstellt, für die Zurechnung allein auf das (mindestens:) Kennenmüssen des Schuldners. Insofern ähnelt die Haftung jener des § 122 BGB, die ebenfalls einerseits kein Verschulden voraussetzt andererseits bei Kennenmüssen des Anfechtungsgegners (Anspruchstellers) ausgeschlossen ist. Dort ist die Veranlasserhaftung allerdings wegen der Verantwortlichkeit des Irrenden über seinen internen Bereich (Irrtum) und das Vertrauen des Anfechtungsgegners besonders begründet.[76] Demgegenüber kann man in Fällen der Gesetzes- oder Sittenwidrigkeit nicht ohne Weiteres von einer solchen Verantwortlichkeit eines Teils ausgehen. Hier erscheint eine Verschuldenshaftung daher passender. Folgerichtig ist allerdings der vollständige Ausschluss der Haftung bei Kenntnis des Anspruchsstellers, Art. II.-7:304 Abs. 1 DCFR (ebenso in § 122 Abs. 2 BGB). Bei einer Ausgestaltung als Verschuldenshaftung hingegen ist eine anteilige Berücksichtigung der Verschuldensanteile sachgerechter.[77]

---

**72** *Flume* (Fn. 27), § 15 III 4 dd) (S. 282–284); *Medicus* (Fn. 16), Rn. 633 f.

**73** OLG Düsseldorf, BB 1975, 201.

**74** BGHZ 99, 101, 106 = NJW 1987, 639, 640 (mit eingehenden Nachweisen zu allen Fallgruppen); BGH, NJW 2002, 1127, 1129. Bei beiderseitigem Sittenverstoß sind Ersatzansprüche ausgeschlossen, Palandt-*Heinrichs*, BGB (67. Aufl. 2008), § 138 BGB Rn. 22.

**75** Palandt-*Heinrichs* (Fn. 74), § 138 BGB Rn. 22.

**76** Zur Einordnung als Fall der Vertrauenshaftung *Canaris,* Die Vertrauenshaftung im deutschen Privatrecht (1971), S. 423; *Singer,* Selbstbestimmung und Verkehrsschutz im Recht der Willenserklärungen (1995), S. 64 f.

**77** So für die c.i.c.-Haftung BGHZ 99, 101, 106 = NJW 1987, 639, 640.

### 3. Unfair Exploitation, Art. II.-7:207

#### *a) Übersicht*

Der Tatbestand der „unfairen Ausbeutung“ in Art. II.-7:207 DCFR ist dem Wuchertatbestand (§ 138 Abs. 2 BGB) vergleichbar. Die Vorschrift übernimmt – mit leichten sprachlichen Anpassungen – die Regelung von Art. 4:109 PECL; eine ähnliche Regelung enthält auch Art. 3.10 PICC über die *gross disparity*. Im Grundtatbestand von Absatz 1 nutzt der Wucherer einen Defekt des Opfers aus, um sich einen übermäßigen Vorteil zu verschaffen. Im Einzelnen:

(1) Auf Seiten des Opfers setzt die Regelung voraus, dass
- dieses vom anderen Teil abhängig oder mit jenem in einer Vertrauensbeziehung war,
- sich in einer ökonomischen Notlage befand oder dringende Bedürfnisse hatte,
- unvorsichtig (*improvident*), unverständig (*ignorant*), unerfahren war oder einen Mangel an Verhandlungsgeschick (*bargaining skill*) hatte.

(2) Auf Seiten des anderen Teils setzt sie voraus, dass dieser
- von dem Defizit des Opfers Kenntnis hatte oder haben musste (*could reasonably be expected to have known*) und,
- wenn man Umstände und Zweck des Vertrags in Betracht zieht, die Situation des Opfers dadurch ausgenutzt hat, dass er sich eine übermäßige Begünstigung (*excessive benefit*) oder einen grob ungerechtfertigten Vorteil (*grossly unfair advantage*) verschafft hat.

#### *b) Der Tatbestand*

Der Tatbestand ist nicht nur ausführlicher formuliert als der des § 138 Abs. 2 BGB, sondern auch in der Sache weiter gefasst. Die ausführlichere Formulierung scheint nicht schädlich, wenn hier z.B. die besondere Nähebeziehung oder Abhängigkeit ausdrücklich genannt ist, die im deutschen Recht für bestimmte Fallkonstellationen als Bewertungskriterium herausgearbeitet wurde[78]. Sehr weitgehend scheinen die Defektmerkmale der dritten Gruppe die Selbstverantwortung des anderen Teils einzuschränken, wenn dort neben der Unerfahrenheit (die auch in § 138 Abs. 2 BGB vorkommt) auch die Unvorsichtigkeit (!), die Unbedarftheit oder der Mangel an Verhandlungsgeschick berücksichtigt werden. Mit Rücksicht auf die offenkundig intendierte Gleichwertigkeit dieser Defekte mit den übrigen Defektzuständen wird man diese Merkmale zwar eng auszulegen haben. Indes besteht nach dem Wortlaut doch die nicht unerhebliche Gefahr, dass der Tatbestand für eine Billigkeitsjurisprudenz missbraucht wird.

Diese Gefahr wird zusätzlich dadurch verstärkt, dass der Tatbestand offenbar nicht allein eingreift, wenn das Äquivalenzverhältnis gestört ist (darauf bezieht sich wohl

---

**78** Vgl. Münchener Kommentar-*Armbrüster* (Fn. 30), § 138 BGB Rn. 86–95 m.w.N. (freilich zum Grundtatbestand von § 138 Abs. 1 BGB).

der Fall eines *excessive benefit*). Vielmehr reicht dafür auch ein grob unangemessener Vorteil, und dieser soll offenbar auch bei ausgeglichenem Austauschverhältnis denkbar sein.

#### *c) Das Witwenbeispiel*

Das illustriert ein Beispiel aus den Kommentaren zu Art. 4:109 PECL, auf dem Art. II.-7:207 DCFR beruht:

> „X, eine Witwe, lebt mit ihren vielen Kindern in einem großen, aber heruntergekommenen Haus, das ihr Nachbar Y seit langem kaufen möchte. X hat sich im Laufe der Zeit immer stärker auf Y's Rat in Geschäftsangelegenheiten verlassen. Y ist sich dessen bewusst und nutzt die Situation zu seinem Vorteil aus: er überzeugt sie, das Haus an ihn zu verkaufen. Er bietet als Kaufpreis den Marktwert an, ohne sie jedoch darauf hinzuweisen, dass es für sie unmöglich sein wird, irgendwo anders in der Nachbarschaft für diesen Betrag eine Bleibe zu finden. X kann den Vertrag anfechten."

Der Fall ist schon wegen seines moralischen Untertons (die „Witwe" mit den „vielen Kindern", die keine „Bleibe finden" kann) ungewöhnlich und wird in seinen Details der prozessualen Wahrheitsfindung sowenig gerecht wie den menschlichen Rationalisierungsbestrebungen (Vermeidung kognitiver Dissonanzen). In der Sache erscheint es höchst bedenklich, eine Nichtigkeit anzunehmen, wenn einen Vertragspartner seine Vertragsentscheidung nachträglich reut, die er aufgrund von Rat eines „falschen Freundes", jedoch frei von Willensmängeln getroffen hat.

> Das Beispiel soll offenbar die Entscheidung des Hoge Raad, NJ 1965, 104 nachbilden. Dort lag der Sachverhalt aber wesentlich anders. Herr van Elmbt hatte Frau Feierabend (soweit erkennbar nicht verwitwet und kinderreich) in einer finanziellen Notlage ein Darlehen gegeben und sich dafür – zusätzlich zu einer hypothekarischen Sicherheit – ein unwiderrufliches Vorkaufsrecht zu einem festen Verkaufspreis einräumen lassen. Frau Feierabend war zu der Zeit depressiv und in einem labilen Zustand. Ihre einzige Sorge bestand darin, ihr Haus zu behalten. Geht man von diesen Tatsachen aus, so gibt es in der Tat verschiedene Anhaltspunkte, um ein Sittenwidrigkeitsurteil zu begründen. Hier ist zum einen die Ausnutzung der Zwangslage zu beachten, zum anderen die Tatsache, dass das Vorkaufsrecht mit dem Darlehen möglicherweise nicht in einem sachlichen Zusammenhang stand und möglicherweise auch wirtschaftlich ungewöhnlich ausgestaltet war (unwiderruflich, fester Verkaufspreis). Zudem aber widersprach das Vorkaufsrecht diametral dem vom van Elmbt erkannten Interesse von Frau Feierabend, die offenbar die wirtschaftliche Bedeutung nicht erkannte, so dass man auch erwägen kann, ob nicht eine arglistige Täuschung vorliegt.

An dieser Stelle kommt es nicht darauf an, ob der Witwenfall nach niederländischem Recht zu demselben Ergebnis führt, wie von den Verfassern der PECL-Kommentare befürwortet. In jedem Fall zeigt das Beispiel, dass der Tatbestand der unangemessenen Ausnutzung in PECL/DCFR außerordentlich weit ausgelegt werden kann. Er begründet damit eine Rechtsunsicherheit, aber auch eine weitreichende richterliche Gestaltungsmacht.

#### d) *Rechtsfolgen*

Rechtsfolge ist anders als bei § 138 Abs. 2 BGB nicht die Nichtigkeit, sondern eine Art Anfechtungsrecht (*may avoid a contract*). Auf Antrag des Bewucherten kann das Gericht den Vertrag auch so anpassen, dass er dem entspricht, was die Parteien mit Rücksicht auf Treu und Glauben redlicherweise vereinbart hätten, Art. II.-7:207 DCFR. Und schließlich kann umgekehrt der Wucherer eine gerichtliche Vertragsanpassung beantragen, wenn er den Bewucherten von diesem Anliegen unverzüglich informiert, nachdem er die Anfechtungserklärung erhalten hat, Art. II.-7:207 Abs. 3 DCFR. Diese Rechtsfolgenanordnung entspricht einem sich abzeichnenden internationalen Standard; sie war ebenso schon in der Vorbildvorschrift in den PECL enthalten, ist aber ebenso auch in Art. 3.10 PICC vorgesehen.

Die alternative Rechtsfolge einer Vertragsanpassung erscheint, wie das Beispiel des Wucherdarlehens zeigt, durchaus bedenkenswert. Die Lösung des deutschen Rechts, wonach der Bewucherte das Darlehen für die vereinbarte Dauer zinslos behalten darf,[79] ist wenig sachgerecht. Vorzugswürdig und unter Art. II.-7:207 DCFR umsetzbar erscheint es, den Zinssatz auf das Marktübliche herabzusetzen. In ähnlicher Weise ist auch in anderen Fällen denkbar, dass das Opfer ein Interesse daran hat, den Vertrag – zu angemessenen – Bedingungen aufrecht zu erhalten, z.B. mit einer herabgesetzten Laufzeit oder Kündigungsfrist.

Umgekehrt ist nicht ohne Weiteres einsichtig, welche anerkennenswerten Interessen der *Wucherer* haben sollte, die Nichtigkeitsfolge zugunsten einer Vertragsanpassung zu vermeiden, so wie das Absatz 3 der Vorschrift vorsieht. Allerdings wird dabei das Vertrauensinteresse des Opfers durch die zusätzlichen Voraussetzungen geschützt, der Täter müsse ihn von der Absicht unverzüglich nach Erhalt der Anfechtungserklärung und bevor er eine Vertrauensdisposition getroffen hat informieren. Zudem hat der Täter kein Recht zur Vertragsänderung, vielmehr entscheidet darüber das Gericht nach Ermessen. Hier kann das Gericht neben den Umständen des Einzelfalles etwa auch die generalpräventive Erwägungen berücksichtigen, dass sich der Wucherer nicht darauf verlassen darf, mit gerichtlicher Hilfe jedenfalls das gerade noch Zulässige zu bekommen. Werden demnach auch die sachlichen Interessen des Opfers bei der Vertragsanpassung im Interesse des Wucherers berücksichtigt, so ist doch fraglich, ob nicht die aus der damit verbundenen Rechtsunsicherheit resultierenden Nachteile gegen die Regelung sprechen.

### 4. Unfair Terms, Art. II.-9:401–410

#### a) *Übersicht*

In Kapitel 9, Abschnitt 4 von Buch II sind die unangemessenen Vertragsklauseln (*unfair terms*) geregelt, also das Herzstück der Inhaltskontrolle.

---

**79** BGH, NJW 1962, 1148; dazu krit. *Flume*, (Fn. 27), § 18, 10 (S. 394 m.w.N.).

Unangemessene Klauseln binden den Verwendungsgegner nicht, aber der Vertrag bleibt, wenn vernünftigerweise möglich, ohne diese Klauseln für die Parteien verbindlich, Art. II.-9:408. Ob eine Klausel unangemessen ist, beurteilt sich mit Rücksicht auf eine Reihe näher bezeichneter Umstände (Art. II.-9:407 DCFR) einschließlich der Transparenz (Art. II.-9:402 DCFR). Dabei ist aber ein unterschiedlicher Maßstab anzulegen, je nachdem ob es sich um

- einen Verbrauchervertrag (b2c),
- einen Vertrag zwischen Nicht-Unternehmern (c2c) oder
- einen Vertrag zwischen Unternehmern (b2b)

handelt.[80] Für eine Liste von Klauseln begründet Art. II.-9:410 DCFR eine Vermutung der Unangemessenheit.

### *b) Anwendungsbereich – Ausnahme gesetzeswiederholender Klauseln und transparenter Klauseln über Hauptgegenstand und Preis*

Der Anwendungsbereich der Angemessenheitskontrolle ist zunächst in einer aus der AGB-Richtlinie bekannten Weise begrenzt. Zum einen sind der Kontrolle solche Klauseln entzogen, die auf Vorschriften des anwendbaren Rechts, internationale Konventionen, denen die Mitgliedstaaten oder die Union angehören, oder die DCFR-Regeln gestützt (*based*) sind. Das entspricht im Grundsatz Art. 1 Abs. 2 AGBRL; die Richtlinie sollte eine Vertragskontrolle begründen, keine (mittelbare) Vertrags*rechts*kontrolle.[81] Wenn der DCFR hier eine Ausnahme für Klauseln „des anwendbaren Rechts" vorsieht, liegt darin freilich eine Einschränkung, da nicht mehr die Vorschriften *aller* mitgliedstaatlichen Rechtsordnungen, die in Klauseln übernommen werden, freigestellt sind. Zudem haben die Verfasser mit der Regelung offenbar Vorsorge dafür getroffen, dass der DCFR selbst gerade nicht als anwendbares Recht verwendet wird; wie in diesem Fall die AGB-Kontrolle nach dem DCFR zum Tragen kommen kann, ist nicht ganz klar. Die vage Formulierung, die Vorschrift müsse auf solche Regeln des nationalen oder internationalen Rechts oder des DCFR „gestützt" sein, ist enger als die Formulierung der AGB-Richtlinie (*reflect, reflètent, beruhen*), dürfte aber teleologisch ebenso dahin zu verstehen sein, dass keine wörtliche Wiederholung, wohl aber eine inhaltliche Entsprechung erforderlich ist.

Praktisch wie theoretisch wichtiger ist die Ausnahme für die Definition des Hauptgegenstandes des Vertrags sowie die Angemessenheit (*adequacy*) des Preises. Auch diese Vorschrift ist aus der AGB-Richtlinie übernommen (Art. 4 Abs. 2 AGBRL). Im deutschen Recht findet sie ihre Entsprechung in § 307 Abs. 3 BGB.[82] Der sachliche

---

**80** Krit. gegenüber dieser Aufspaltung *Eidenmüller* (Fn. 30), S. 73, 95; *ders.*, ERCL 5 (2009), 109, 129 f.; *Pfeiffer,* Non-Negotiated Terms, in: R. Schulze (Hrsg.), Common Frame of Reference and Existing EC Contract Law (2008), S. 177, 179.

**81** *Remien,* AGB-Gesetz und Richtlinie über missbräuchliche Verbrauchervertragsklauseln in ihrem europäischen Umfeld, ZEuP 1994, 34, 45–47; *Riesenhuber* (Fn. 4), Rn. 613.

**82** Vgl. hierzu: Münchener Kommentar-*Kieninger* (Fn. 30), § 307 BGB Rn. 4 f.

Grund für die Ausnahme ist, dass Preis und Leistung vom Markt bestimmt werden und es daher keiner gerichtlichen Inhaltskontrolle bedarf.[83] Gerichte sind keine Preiskommissare – und eine zusätzliche Preiskontrolle ist auch in der Sache überflüssig.

Voraussetzung für die Kontrollausnahme von Hauptgegenstand und Preis ist Transparenz. Das leuchtet ein, da die Marktkontrolle ohne Transparenz nicht funktioniert. Bemerkenswert ist allerdings, dass das Transparenzerfordernis im DCFR anders formuliert ist als in der AGB-Richtlinie. Die AGB-Richtlinie setzt voraus, dass „diese Klauseln", also jene über Hauptgegenstand sowie die Angemessenheit des Preis-Leistungsverhältnisses, transparent sind. Demgegenüber setzt die Ausnahme im DCFR „contract terms which are drafted in plain and intelligible language" voraus. Das klingt so, als sei hier die Transparenz aller Klauseln Voraussetzung dafür, dass Hauptgegenstand und Preis freigestellt werden. Dieser – praktisch bedeutsame – Unterschied zur AGB-Richtlinie könnte zwar ein Redaktionsversehen sein. Und dafür spricht in der Tat, dass der DCFR den *acquis communautaire* übernehmen wollte. Auch teleologisch erscheint die weitere Formulierung nicht gut begründet, wenn man hier nicht ein pönales Element in die Regelung hineintragen will. Allerdings sind die Verfasser der *Acquis Principles*, die in den DCFR eingeflossen sind, auch sonst gelegentlich über das Gemeinschaftsrecht hinausgegangen.[84]

### c) *Das Transparenzgebot*

Nicht im Einzelnen ausgehandelte Klauseln müssen klar und verständlich abgefasst (*drafted*) sein. In einem Verbrauchervertrag (b2c) kann die Verletzung dieses Transparenzgebots für sich die Unangemessenheit der Klausel begründen, Art. 9:402 DCFR. Der erste Satz entspricht Art. 5 S. 1 AGBRL.[85] Offenbar wollten die Verfasser daraus auch die – freilich teleologisch unbegründete – Beschränkung des Transparenzgebots auf schriftlich abgefasste Klauseln übernehmen („*drafted*"). Die Intransparenz als Unwirksamkeitsgrund ist aus § 307 Abs. 1 S. 2 BGB bekannt, sie geht hier auf eine Rechtsprechung des BGH zurück.[86]

Als Schutzinstrument ist das Transparenzgebot freilich keineswegs unumstritten. Der BGH begründet es mit der Erwägung, für den Verwender sollten keine unberechtigten Beurteilungsspielräume entstehen,[87] doch beugt dem – rechtlich – schon die Zweifelsregel von § 305c Abs. 2 BGB vor. Sieht man den Grund für die AGB-Kontrolle in einem Marktversagen, so kann es auch nicht darum gehen, dem Verwendungsgegner eine informierte Vertragsentscheidung zu ermöglichen.[88]

---

**83** *Riesenhuber* (Fn. 4), Rn. 610.
**84** *Jansen/Zimmermann*, Grundregeln des bestehenden Gemeinschaftsprivatrechts?, JZ 2007, 1113, 1117.
**85** Dazu *Riesenhuber* (Fn. 4), Rn. 620. Zu den Umsetzungsgeboten EuGH v. 10.5.2001 – Rs. C-144/99 *Kommission ./. Niederlande*, Slg. 2001, I-3451.
**86** BGH, NJW 1998, 222–225; BGH, NJW 1989, 582–584; BGH, NJW 2004, 1738; BGH, NJW-RR 2005, 1469, 1498; dazu Münchener Kommentar-*Kieninger* (Fn. 30), § 307 BGB Rn. 51 f.
**87** BGH, NJW 2004, 1738; BGH, NJW-RR 2005, 1469, 1498.
**88** So mit Recht Münchener Kommentar-*Kieninger* (Fn. 30), § 307 BGB Rn. 53, 39.

Nur im weiteren Sinne der Inhaltskontrolle zuzurechnen ist die Auslegungsregel *in dubio contra proferentem,* die schon im AGBG enthalten war und die sich heute in § 305c Abs. 2 BGB (Erweiterung für Verbraucherverträge in § 310 Abs. 3 Nr. 2 BGB: auch Einmalklauseln) sowie in Art. 5 S. 2 AGB-Richtlinie findet. Der DCFR hat den Grundsatz ebenfalls übernommen, sie ist bei den allgemeinen Auslegungsregeln in Kapitel 8 Abschnitt 1 loziert. Die Zweifelsregel des Art. II.-8:103 DCFR ist auf nicht im Einzelnen ausgehandelte Klauseln anwendbar, sie bezieht sich auf Verbraucherverträge ebenso wie Verträge zwischen Unternehmen. Das geht insofern über die Lösung des BGB hinaus, als § 305c Abs. 2 BGB zwar auf alle Arten von Verträgen anwendbar ist, aber nur die Auslegung von AGB betrifft, lediglich bei Verbraucherverträgen gilt die Zweifelsregel auch für Einmalklauseln. Sieht man den Kern der Zweifelsregel darin, dass der Verfasser mit den Vorteilen auch die Last der Formulierung tragen soll, so ist die Lösung des DCFR durchaus folgerichtig; freilich wird damit für den Unternehmensverkehr die Selbstverantwortung des Verwendungsgegners erheblich zurückgenommen.

### d) *Nicht im Einzelnen ausgehandelte Klauseln und* standard terms

Stellt (*supply*) eine Partei eine Klausel, so ist diese nicht im Einzelnen ausgehandelt, wenn die andere Partei keine Möglichkeit hatte, auf ihren Inhalt Einfluss zu nehmen, insbesondere weil die Klausel im Vorhinein verfasst wurde, sei es als Teil der AGB (*standard terms*) oder sonst, Art. II.-1:110 Abs. 1 DCFR. Dabei sind AGB (*standard terms*) in Art. I.-1:109 (und im Anhang 1) definiert als im Vorhinein für mehrere Geschäfte (*transactions*) mit verschiedenen Parteien abgefasste, nicht zwischen den Parteien individuell verhandelte Geschäftsbedingungen (*terms*).

Diese Grundregel wird ergänzt durch eine Einzelregel für einen Sonderfall, zwei Beweislastregeln und eine Fiktion. Die Einzelregel betrifft den Fall, dass der Verwender dem anderen Teil mehrere Klauseln zur Auswahl stellt und dieser eine davon auswählt. Das allein begründet noch nicht, dass die gewählte Klausel individuell ausgehandelt wäre, Art. II.-1:110 Abs. 2 DCFR. Das leuchtet zunächst insofern ein, als dem Verwendungsgegner nur die Wahl zwischen zwei jeweils vom Verwender formulierten Klauseln gelassen ist, die ihm gleichermaßen ungünstig sein können. Andererseits ist zu bedenken, dass er hier immerhin eine gewisse Wahl hat. Diesen Aspekt kann man bei der Bewertung berücksichtigen.

Die Beweislast dafür, dass eine AGB-Klausel im Einzelnen ausgehandelt wurde, trägt der Verwender, Art. II.-1:110 Abs. 3 DCFR. In einem Verbrauchervertrag trägt der Unternehmer die Beweislast auch dann, wenn es sich nicht um eine AGB-Klausel handelt (Abs. 4). Und schließlich gilt in einem Verbrauchervertrag die von einem Dritten formulierte Klausel als vom Unternehmer gestellt, wenn sie nicht vom Verbraucher in den Vertrag eingeführt wurde (Abs. 5).

Soweit sich diese Regeln auf Verbraucherverträge beziehen, übernimmt der DCFR im Ansatz die Vorschriften der AGB-Richtlinie (Art. 3 Abs. 2). Für die Bestimmung, ob eine Klausel nicht im Einzelnen ausgehandelt wurde, ist allerdings das Kausalitätsverhältnis umgekehrt. Während in der AGB-Richtlinie der Anknüpfungspunkt ist, dass die Klausel im Vorhinein abgefasst wurde und der Verbraucher *deshalb* keinen Einfluss auf ihren Inhalt nehmen konnte, stellt der DCFR umgekehrt darauf ab, dass der Verwendungsgegner keinen Einfluss nehmen konnte, *insbesondere weil* die Klausel vorformuliert war. Hier erscheint die Fassung des DCFR vorzugswürdig. Das materielle Kriterium für die (jedenfalls: verschärfte) Inhaltskontrolle besteht darin, dass der Gegner auf den Inhalt keinen Einfluss nehmen konnte. Für den Gegner macht es keinen Unterschied, ob die Klausel vom Verwender „im Voraus abgefasst" oder rhetorisch gewandt während der Verhandlungen formuliert wurde.

#### e) *Die Bestimmung der Unangemessenheit*

##### aa) Zu berücksichtigende Faktoren

Für die Beurteilung der Unangemessenheit sind zu berücksichtigen:

- das Transparenzgebot,
- die Art der Güter und Dienstleistungen,
- die bei Vertragsschluss vorherrschenden Umstände,
- die übrigen Klauseln des Vertrags sowie
- die Klauseln eines anderen Vertrags, von dem dieser Vertrag abhängt.

Bei Verbraucherverträgen (b2c) ist im Rahmen der Vertragsschlussumstände auch zu berücksichtigen, inwieweit dem Verbraucher eine „echte Gelegenheit" (*real opportunity*) gegeben wurde, sich mit der Klausel vertraut zu machen.

Gegenüber der AGB-Richtlinie (Art. 4 Abs. 1) ist das Transparenzgebot als Bewertungselement hinzugekommen. Anders als dort, aber wohl ohne die Absicht einer inhaltlichen Veränderung, ist hier nicht ausdrücklich gesagt, dass es für die Bewertung auf den Zeitpunkt des Vertragsschlusses ankommt. Aus der AGB-Richtlinie ist auch die Berücksichtigung der Umstände des Vertragsschlusses übernommen. So wie dort ist das nicht ganz einsichtig, da ja der Vertragsinhalt bewertet werden soll. Deswegen hatte man bei der AGB-Richtlinie angenommen, dieses Kriterium sei versehentlich aus einer früheren Entwurfsfassung übernommen worden.[89] Jetzt hat es sich möglicherweise verselbständigt; möglich ist aber auch, dass die Verfasser sich hier eng an die Vorgaben des *acquis communautaire* gebunden fühlten.

Anders als im deutschen Recht (§ 307 Abs. 2 Nr. 1 BGB) nutzt der DCFR das dispositive Recht nicht als Maßstab der Inhaltskontrolle.[90] Auch die AGB-Richtlinie verweist darauf nicht, freilich wohl auch deshalb, weil es im Gemeinschaftsrecht nur ganz vereinzelt dispositive Vorschriften gibt und die Heranziehung des mitgliedstaatlichen dispositiven Rechts den Harmonisierungseffekt einschränken würde.[91]

---

**89** *Riesenhuber* (Fn. 4), Rn. 662; *Remien*, ZEuP 1994, 34, 54–57.

**90** Dazu noch *Ernst* (Fn. 14), S. 55, 63. Für das deutsche Recht grundlegend *Raiser* (Fn. 31), S. 293–296; aus jüngerer Zeit *Fastrich* (Fn. 21), S. 285–289; aus der Rechtsprechung BGHZ 41, 151, 154 f.; BGHZ 54, 106, 109 f.; BGHZ 89, 206, 211.

**91** *Riesenhuber* (Fn. 4), Rn. 87–91.

Der DCFR enthält durchaus auch dispositive Vorschriften (Art. II.-1:202 Abs. 2) und hätte daher eine Kontrolle an diesem Maßstab ermöglicht. Das wäre durchaus auch wünschenswert erschienen, da die Kontrolle auf diese Weise näher konturiert wird.

bb) Verbraucherverträge

In einem Verbrauchervertrag wird eine Vertragsklausel als unangemessen angesehen, wenn sie vom Unternehmer gestellt wurde und den Verbraucher entgegen den Geboten von Treu und Glauben in erheblichem Maße benachteiligt, Art. II.-9:403 DCFR. Soweit entspricht die Regelung – mit leichten Abweichungen in der Formulierung – den Vorgaben von Art. 3 Abs. 1 AGBRL.

In einem entscheidenden Punkt könnte sie indes künftig ganz erheblich darüber hinausgehen. Denn die Beschränkung der Angemessenheitskontrolle auf Klauseln, die nicht im Einzelnen ausgehandelt wurden, steht im Entwurf noch in eckigen Klammern. Dahinter steht ein unaufgelöster Konflikt zwischen der *Acquis Group*, die die Inhaltskontrolle entsprechend der AGB-Richtlinie in dieser Weise beschränken möchte, und der *Study Group*, die sie darüber hinausgehend auch auf im Einzelnen ausgehandelte Klauseln erstrecken möchte.[92]

Hier geht es um eine Grundsatzfrage, die schon bei Erlass der AGB-Richtlinie zu einer heftigen rechtspolitischen Auseinandersetzung geführt hat.[93] Hatte die AGB-Richtlinie noch auf die Inhaltskontrolle von im Einzelnen ausgehandelten Klauseln in Verbraucherverträgen verzichtet, so erwog die Kommission schon 2000, die AGB-Richtlinie insoweit zu erweitern.[94] Hintergrund ist, dass einzelne Staaten eine solche Kontrolle schon jetzt vorsehen, prominentes Beispiel ist § 36 des schwedischen Vertragsgesetzes von 1976.[95] Die Kommission hat den Eindruck, diese Regelung habe „keine praktischen Probleme" hervorgerufen und hält sie deshalb für sinnvoll.

Die Sachfragen lassen sich auf diese Weise freilich nicht erledigen: Es geht nicht um eine Frage der Praktikabilität, wie die Kommission wohl meint, sondern um prinzi-

---

**92** Näher *Pfeiffer* (Fn. 80), S. 177, 183 f.
**93** *Canaris*, Verfassungs- und europarechtliche Aspekte der Vertragsfreiheit in der Privatrechtsgesellschaft, in: Festschrift für Lerche (1993), S. 873–892; *Brandner/Ulmer*, Die EG-Richtlinie über missbräuchliche Klauseln in Verbraucherverträgen, Kritische Bemerkungen zum Vorschlag der EG-Kommission, BB 1991, 701, 703 f.; *dies.*, The Community Directive on unfair terms in consumer contracts. Some critical remarks on the proposal submitted by the EC Commission, CMLR 1991, 647.
**94** *Kommission*, Bericht über die Anwendung der Richtlinie 93/13/EWG des Rates vom 5.4.1993 über missbräuchliche Klauseln in Verbraucherverträgen, KOM(2000), 248 endg. Eingehende – kritische – Würdigung bei *Ranieri*, Die Privatrechtsgesellschaft und die Angleichung des Europäischen Vertragsrechts. Ein rechtsvergleichender Rückblick und eine rechtspolitische Diagnose, in: Riesenhuber (Hrsg.), Privatrechtsgesellschaft (2007), S. 355, 373–375; s.a. *ders.* (Fn. 32), Kap. 4, 4.
**95** Dazu *Ebersohl*, Vertragsfreiheit und Verbraucherschutz in der schwedischen Gesetzgebung der letzten Jahrzehnte (2003), S. 326; *Denkinger*, Allgemeine Geschäftsbedingungen und ihre rechtliche Bewältigung – Quo vadis, Europa? (2004), S. 44–46; *Schulte-Nölke/Twigg-Flesner/Ebers* (Hrsg.), Consumer Law Compendium – The Consumer Acquis and its Transposition in the Member States (2008), S. 73–75; *Ranieri* (Fn. 32), S. 409, 421–425.

pielle Erwägungen.[96] Ausgangspunkt muss der Grundsatz der Vertragsfreiheit und damit die Frage sein, welche *Legitimation* eine Inhaltskontrolle bei im Einzelnen ausgehandelten Klauseln hat. Ein Marktversagen, wie es die AGB-Kontrolle legitimiert, liegt hier nicht vor.[97] Punktuelle Defizite des Vertragsmechanismus können eine *allgemeine* Kontrolle nicht rechtfertigen; ihnen trägt auch schon etwa der – weitgehende – Schutz vor *unfair exploitation* (oben, 3.) Rechnung. Daher ist für die Inhaltskontrolle von Individualvereinbarungen von vornherein kein Raum. Nur eine ergänzende Überlegung ist es, wenn zudem angeführt wird, dass bereits die Definition der „nicht im Einzelnen ausgehandelten" Klauseln in Art. II.-1:110 DCFR für einen effektiven Verbraucherschutz sorgt,[98] ein weitergehender Eingriff in die Vertragsfreiheit daher unverhältnismäßig wäre. Mit Recht wird daher warnend gesagt, die weitergehende Inhaltskontrolle würde „die Privatautonomie für B2C-Verträge praktisch abschaffen", sie bedeute „tatsächlich das Ende der Vertragsfreiheit".[99]

cc) Verträge zwischen Nicht-Unternehmern

Ist keine der Parteien ein Unternehmen (*business*), so werden nur Klauseln überprüft, die Bestandteil von AGB sind, die eine Partei stellt. Der *Maßstab* für die Unangemessenheit ist derselbe wie bei Verbraucherverträgen. Es kommt darauf an, ob die Klausel die andere Partei entgegen den Geboten von Treu und Glauben in erheblichem Maße benachteiligt.

Praktisch dürfte es im Verhältnis zwischen Nicht-Unternehmern vor allem darum gehen, dass Privatleute beim Verkauf ihres Autos oder der Vermietung einer einzelnen Wohnung oder eines Zimmers ein Vertragsformular verwenden. Sieht man den Sachgrund für die AGB-Kontrolle in einem Marktversagen (oben, II.3. m.w.N.), so ist sie hier nicht weniger geboten als bei Verbraucherverträgen.

dd) Verträge zwischen Unternehmern

Noch weiter zurückgenommen ist die Kontrolle bei Verträgen zwischen Unternehmen. *Gegenstand* einer Kontrolle sind hier – wie bei Verträgen zwischen Nicht-Unternehmern – wiederum nur AGB. Der Kontrollmaßstab ist aber zurückhaltender. Beanstandet werden nur AGB, die erheblich (*grossly*) und in Widerspruch zu Treu und Glauben von der guten Geschäftspraxis abweichen.

Treffend erscheint zunächst, dass damit auch AGB zwischen Unternehmen überhaupt einer AGB-Kontrolle unterliegen. Das entspricht der Rechtslage in Deutschland[100] und ist in der Sache begründet, da auch im Unternehmensverkehr im Regel-

**96** S. die Nw. in Fn. 93. Ferner *Ranieri* (Fn. 94), S. 355–378; *Riesenhuber,* Wandlung oder Erosion der Privatautonomie?, in: ders./Nishitani (Hrsg.), Wandlungen oder Erosion der Privatautonomie? (2008), S. 1, 8 f.

**97** *Eidenmüller* (Fn. 30), S. 73, 94 f.; *ders.* ERCL 5 (2009), 109, 129.

**98** *Pfeiffer* (Fn. 80), S. 177, 183 f.

**99** *Eidenmüller* (Fn. 30), S. 73, 94; *ders.*, ERCL 5 (2009), 109, 129.

**100** Zur Entwicklung Münchener Kommentar-*Basedow* (Fn. 30), § 310 BGB Rn. 3.

fall keine Marktkontrolle von AGB stattfindet (s.o., II.3.).[101] Ebenso erscheint aber auch richtig, hier einen weniger strengen Kontrollmaßstab anzulegen. Das entspricht der höheren Selbstverantwortung, die man vom Unternehmer als einem professionell Tätigen erwartet. Dass dabei der Kontrollmaßstab im Unternehmensverkehr auf die Gepflogenheiten des Geschäftsverkehrs abstellt, entspricht der Rechtslage in Deutschland (§§ 310 Abs. 1 S. 2 Hs. 2 BGB, 346 HGB).[102]

#### ee) Tabellarische Übersicht über die unterschiedlichen Kontrollgegenstände und -maßstäbe

| | **Kontrollgegenstand** | **Kontrollmaßstab** |
|---|---|---|
| **Verbraucherverträge (b2c)** | term [which has not been individually negotiated] | significantly disadvantages the consumer contrary to good faith and fair dealing |
| **Verträge zwischen Nichtunternehmern** | term forming part of standard terms supplied by one party | significantly disadvantages the other party contrary to good faith and fair dealing |
| **Verträge zwischen Unternehmern (b2b)** | term forming part of standard terms supplied by one party | its use grossly deviates from good commercial practice, contrary to good faith and fair dealing |

### 5. Ein allgemeiner Vorbehalt der Inhaltskontrolle? – Art. II.-1:102 Abs. 1 DCFR[103]

Treu und Glauben sowie das zwingende Recht hob in der ersten Entwurfsfassung auch die Grundlagenbestimmung des Art. II.-102 Abs. 1 DCFR 2008 hervor. Dort hieß es, die Parteien hätten die Freiheit, Verträge zu schließen sowie Rechtsgeschäfte vorzunehmen, *vorbehaltlich der Regeln über Treu und Glauben* sowie aller sonstigen zwingenden Bestimmungen. Die systematische Stellung im ersten Kapitel des zweiten Buches deutete freilich an, dass es sich lediglich um eine Art Übersichts- oder Programmnorm handeln sollte.[104]

Indes haben andere darin auch schon einen allgemeinen Kontrolltatbestand gesehen, der sogar „eine umfassende richterliche Preiskontrolle gestatten" würde.[105]

---

**101** Anders kann das freilich sein, wo der Verwendungsgegner wiederholt mit den AGB zu tun hat, da er zum einen Erfahrungen damit sammeln und berücksichtigen kann, zum anderen ein Vergleich für ihn auch wirtschaftlich sinnvoll sein kann.

**102** Münchener Kommentar-*Basedow* (Fn. 30), § 310 BGB Rn. 9–11.

**103** Die Vorschrift übernimmt mit sprachlichen Modifikationen und der eigenen Hervorhebung von Rechtsgeschäften (*juridical acts*) die Regelung von Art. 1:102 Abs. 1 PECL.

**104** So wohl auch *Pfeiffer*, Von den Principles of European Contract Law zum Draft Common Frame of Reference, ZEuP 2008, 679, 689.

**105** *Eidenmüller/Faust/Grigoleit/Jansen/Wagner/Zimmermann*, JZ 2008, 529, 538.

Tatsächlich kann man mit guten Gründen in der rechtspolitischen Diskussion um einen Regelungsentwurf von solcher Bedeutung von einer *maligna interpretatio* ausgehen. Versteht man Art. II.-102 Abs. 1 DCFR als einen generellen Kontrollvorbehalt, so wäre darin eine höchst ungewöhnliche Abkehr von der deutschen, aber wohl sogar der gemeineuropäischen Rechtstradition zu sehen. Der Entwurf 2009 hat diesen Bedenken jetzt Rechnung getragen und stellt die Vertragsfreiheit nicht mehr unter den Generalvorbehalt (Art. II.-1:102 Abs. 1 DCFR).

## IV. Bewertung des Gesamtbestands

### 1. Anzahl der Kontrolltatbestände und Gegenstände der Kontrolle

Sieht man zunächst auf die Gesamtzahl der Kontrolltatbestände und ihre Gegenstände, so finden sich dafür im deutschen Zivilrecht zumeist Entsprechungen. Das gilt zunächst für die weithin gemeinschaftsrechtlich determinierten Regelungen der Diskriminierungsverbote und der Klauselkontrolle. Der Verstoß gegen fundamentale Prinzipien ist der Sittenwidrigkeit vergleichbar, die *Unfair Exploitation* dem Wucher, der Verstoß gegen zwingendes Recht der Regelung von § 134 BGB.

### 2. Formulierung der Tatbestände

Tatbestandlich sind die Vorschriften des DCFR teils eingehender und in Einzelheiten auch weiter formuliert als die des BGB. Detaillierter fällt vor allem der Tatbestand der *Unfair Exploitation* aus. Das führt indes nur teilweise zu einer schärferen Konturierung. Darüber hinaus ist der Tatbestand auch weiter gefasst, wenn er nicht nur bei einem gestörten Äquivalenzverhältnis (*excessive benefit*) eingreift, sondern auch bei einem unangemessenen Vorteil (*unfair advantage*). Für die Beurteilung kommt es wesentlich darauf an, wie die Tatbestandsmerkmale ausgelegt werden. Je nachdem kann z.B. die Aufzählung der Defektzustände zu denselben Ergebnissen führen, die die Rechtsprechung auch mit § 138 Abs. 2 BGB begründet, oder doch erheblich darüber hinausgehen. Das Witwenbeispiel (oben, III.3.c)) weckt die Sorge vor einer uferlosen Weite des Tatbestands.

Eine besonders auffällige Tendenz zur Ausweitung der Inhaltskontrolle findet sich in der Klauselkontrolle, wenn die Verfasser des DCFR dort als ernsthafte Option auch die Kontrolle von individuell ausgehandelten Klauseln in Verbraucherverträgen erwägen. Das ist umso beunruhigender, als sich dafür gerade die *Study Group* stark macht, also die Gruppe, die auf rechtsvergleichender Grundlage die Grundregeln der mitgliedstaatlichen Vertragsrechtsordnung zusammengestellt hat. Der *Acquis* Gruppe ist hoch anzurechnen, dass sie insoweit darauf gedrängt hat, nicht über den *acquis communautaire* hinauszugehen (obwohl sich das mit Rücksicht auf die Mindestharmonisierung – Art. 8 AGBRL – vom Standpunkt des Gemeinschaftsrechts durchaus rechtfertigen ließe).

### 3. Rechtsfolgen

Auf der Rechtsfolgenseite fällt besonders die „Flexibilität" ins Auge. Anstelle einer gesetzlichen Nichtigkeitsanordnung wird eine Rechtsfolgenauswahl in das Ermessen des Gerichts gestellt. Das gilt sogar für den „Sittenwidrigkeitstatbestand" der Verletzung fundamentaler Grundsätze, wo die Nichtigkeit nur eingreift, soweit der verletzte Grundsatz das erfordert. Es gilt ebenso beim „Wuchertatbestand" der *Unfair Exploitation* sowie für den Fall der Verletzung zwingenden Rechts. Für eine solche Lösung lassen sich zwar auch im deutschen Recht Vorbilder finden, soweit hier mit teleologischen Erwägungen Ausnahmen von der Nichtigkeitsfolge begründet werden. Der Unterschied liegt aber im Regel-Ausnahme-Verhältnis. Das hat nicht zuletzt Auswirkungen auch auf den Begründungsbedarf, der sich für die Wahl einer anderen Rechtsfolge ergibt.

Da die Rechtsfolgen zudem in keiner Rangfolge stehen und auch teleologische Erwägungen für die Auswahl nicht vorgegeben sind, hat die Auswahl zum einen eine erhebliche Rechtsunsicherheit zur Folge. Sie wird noch dadurch verstärkt, dass eine gemeineuropäische Rechtskultur, die die Ermessensausübung kanalisieren könnte, weithin fehlt. Auch dem DCFR als Gesamtsystem lassen sich keine klaren Direktiven entnehmen, da ihm, wie gerügt wird,[106] eine einheitliche Wertungsgrundlage fehlt.[107] Die daraus folgende Rechtsunsicherheit lässt sich auch nicht mit der Erwägung gering schätzen, der betroffene Täter (z.B. der Wucherer) sei nicht schutzwürdig, denn sie resultiert auch für das Opfer (z.B. den Bewucherten). Die Unbestimmtheit führt zu einer gewissen Rechtsunsicherheit, das Auswahlermessen begründet eine erhebliche Richtermacht.

### 4. Der DCFR und die Privatrechtsgesellschaft

Dem DCFR ist in den ersten Reaktionen gerade auch entgegengehalten worden, er ebne „einem massiven Abbau der Privatautonomie den Weg".[108] Die Regelungen der Inhaltskontrolle begründen diese Sorge nur in Einzelpunkten. Der Tatbestand der *Unfair Exploitation* erscheint weiter als der ihm entsprechende Wuchertatbestand des nationalen Rechts. Die AGB-Kontrolle droht erheblich ausgeweitet zu werden; das ist noch unentschieden. Und auch die aus der flexiblen Rechtsfolgenanordnung resultierende Richtermacht kann die Privatautonomie empfindlich beschränken, abhängig davon, wie sie in der Praxis gehandhabt wird.

Bedenken im Grundsätzlichen richteten sich vor allem gegen die ursprüngliche Fassung des DCFR von 2008, nämlich gegen die Grundsatzbestimmung von

---

**106** *Eidenmüller/Faust/Grigoleit/Jansen/Wagner/Zimmermann*, JZ 2008, 529, 534 f.
**107** *Eidenmüller* (Fn. 30), S. 73, 82; *ders.*, ERCL 5 (2009), 109, 118.
**108** *Eidenmüller/Faust/Grigoleit/Jansen/Wagner/Zimmermann*, JZ 2008, 529, 549 *et passim;* in dieselbe Richtung *Basedow*, ZEuP 2008, 673, 675; *Eidenmüller* (Fn. 30), S. 73, 80–82; *ders.*, ERCL 5 (2009), 109 116 f.; relativierend *Pfeiffer*, ZEuP 2008, 679, 688 f. S.a. schon *Wagner*, ZEuP 2007, 180, 181, 192 f.

Art. II.-1:102 Abs. 1 DCFR 2008, nach der der Grundsatz der Privatautonomie unter den Generalvorbehalt von Treu und Glauben sowie den Vorbehalt zwingender Gesetzgebung gestellt war. Dreierlei war daran bedenklich. Der Grundsatz der Privatautonomie, „das Prinzip der Selbstgestaltung der Rechtsverhältnisse durch den einzelnen nach seinem Willen“,[109] im BGB vorausgesetzt, wird im DCFR nicht „als ein der Rechtsordnung vorgegebener und in ihr zu verwirklichender Wert durch die Grundrechte anerkannt“,[110] sondern „gesetzt“. Zweitens wurde die Privatautonomie im DCFR 2008 dem Prinzip von Treu und Glauben – das selbstverständlich auch im deutschen Recht herrscht – als *gleichwertig* gegenübergestellt; beide sollten danach nicht im Verhältnis von Regel und Ausnahme stehen.[111] Und drittens wird nach der Formulierung des DCFR das *Prinzip* der Privatautonomie nicht nur einer „wechselseitigen Ergänzung und Beschränkung“[112] durch andere *Prinzipien* unterworfen, sondern zur Disposition des *Regel*setzers („Gesetzgebers“) gestellt: Privatautonomie wird nur *vorbehaltlich* (*subject to*) aller zwingenden Normen „gewährt“.

Dem fundamentalen Charakter der Privatautonomie wird eine Regelung besser gerecht, die, wie Art. 1.1 der *Principles of International Commercial Contracts,* zunächst den Grundsatz uneingeschränkt hervorhebt (und in Art. 1.2, 1.3 näher ausführt) und erst anschließend die Bindung an zwingendes Recht (Art. 1.4 PICC) sowie Treu und Glauben (Art. 1.7 PICC) normiert. Tatsächlich haben die Verfasser des DCFR dem jetzt auch Rechnung getragen. Der Generalvorbehalt von Treu und Glauben ist in der Fassung von 2009 jetzt entfallen. Insoweit hat möglicherweise auch die – teils massive – Kritik aus dem (gerade auch deutschen) Schrifttum in erfreulicher Weise Wirkung gezeigt.

Unverändert ist die Formulierung von Art. II.-1:102 Abs. 1 DCFR insoweit, als danach das Prinzip der Privatautonomie durch jede zwingende Regel eingeschränkt werden kann. Allerdings haben die Verfasser dem Referenzrahmen in der Fassung 2009 einen Prinzipienteil vorangestellt, der Freiheit, Sicherheit, Gerechtigkeit und Effizienz als vier Grundprinzipien hervorhebt und in Unterprinzipien konkretisiert. Damit werden zu Recht Prinzipien- und Regelebene getrennt. Es kommt darin zum Ausdruck, dass der Regelsetzer keineswegs, wie Art. II.-1:102 Abs. 1 DCFR andeuten könnte, das Prinzip der Privatautonomie nach Gutdünken einschränken könnte, sondern nur soweit das zur Verwirklichung eines anderen Prinzips erforderlich ist.

Freilich löst auch dieser Prinzipienteil neuen Diskussionsbedarf aus. Um nur ein Beispiel herauszugreifen: Für das Vertragsrecht postulieren die Verfasser ein Gleichbehandlungsprinzip: „Treating like alike“. Dieses Prinzip soll ganz unterschiedliche Dinge begründen, z.B. (privatrechtliche!) Diskriminierungsverbote ebenso wie die Gleichheit vor dem Gesetz, die Wechselseitigkeit von Pflichten, die Einrede des nicht-

---

**109** *Flume* (Fn. 27), § 1, 1 (S. 1).
**110** *Flume* (Fn. 27), § 1, 1 (S. 1).
**111** *Eidenmüller/Faust/Grigoleit/Jansen/Wagner/Zimmermann,* JZ 2008, 529, 536, 537 f.; *Eidenmüller* (Fn. 30), S. 73, 81; *ders.*, ERCL 5 (2009), 109, 117.
**112** Dazu *Canaris* (Fn. 52), S. 55.

erfüllten Vertrags, das Aufhebungsrecht wegen wesentlicher Vertragsverletzung und die Gleichbehandlung bei Schuldnermehrheiten. – Hier wird nicht nur ganz offenkundig diskriminierungsfrei Ungleiches zusammengewürfelt, der Grundsatz ist zudem auch irreführend bezeichnet.[113] Denn ganz selbstverständlich kann es unter dem Grundsatz der Privatautonomie keine Bindung geben, Gleiches gleich zu behandeln, also etwa gleichmäßig spanisches, italienisches und griechisches Olivenöl zu kaufen.

Zum Schluss zeigt aber die Diskussion um das Verhältnis von Privatautonomie und Treu und Glauben, dass wir erst am Anfang der (Wieder- oder Neu-) Begründung einer gemeineuropäischen Rechtskultur sind. Wenn der Generalvorbehalt von Treu und Glauben in der Fassung 2008 von Art. II.-1:102 des DCFR in der *Study Group* konsensfähig war, so mutmaßlich deswegen, weil die Mehrheit dagegen nicht die später in Deutschland artikulierten Bedenken erhoben hat. In der Tat enthielten schon die *Principles of European Contract Law* eine Art. II.-1:102 DCFR entsprechende Vorschrift und auch der Entwurf der *Academie des Privatistes Européens* sieht in Art. 2 eine solche Regelung vor[114]. Es ist zu vermuten, dass die Regelungstechnik ihren Hintergrund in der bekannten Vorschrift des Art. 1134 *Code civil* findet, die sich von vornherein auf die *conventions légalement formées* bezieht und in Absatz 3 den einschränkenden Hinweis auf die *bonne foi* enthält. – Wir stehen erst am Anfang eines langen Weges, und dieser Weg kann nur über einen europäischen rechtswissenschaftlichen Dialog in die Richtung einer Kodifikation führen.

**113** Zur Unterscheidung verschiedener Aspekte der Gleichbehandlung nur *Basedow*, ZEuP 2008, 230–251; sowie (nach wie vor grundlegend) G. *Hueck*, Der Grundsatz der gleichmäßigen Behandlung im Privatrecht (1958).

**114** *Academie des Privatistes Européens* (Hrsg.), Code Européen des Contrats – Avant-projet – Livre premier (2001).

## Diskussionsbericht zu § 5

Prof. Dr. *Filippo Ranieri* (Saarbrücken) bezeichnete den *Draft Common Frame of Reference* (DCFR[1]) in seiner derzeitigen Fassung als Kunstprodukt. Die *Commentaries* seien noch nicht fertig, die Rechtsvergleichung werde also erst noch nachgereicht. Doch selbst wenn dieses Projekt in nächster Zeit zum Abschluss käme, werde daraus jedenfalls unter der aktuellen Kommission von *José Manuel Barroso* nichts mehr umgesetzt werden. Auch sonst halte er die Aufregung um diesen Text, wie sie etwa in den von *Riesenhuber* angesprochenen Beiträgen von *Horst Eidenmüllller u.a.*[2], aber auch bei anderen zu beobachten wäre, für überzogen. Nach *Ranieris* Einschätzung werde der DCFR ein rein historischer Text, ein verlegerisches Projekt bleiben. Außerdem werde die Frage der Nichtigkeitsfolge von den deutschen Juristen überbewertet. Im Kommen sei ohnehin eine Anfechtungslösung, wie sie das niederländische *Nieuw Burgerlijk Wetboek* vorsehe. Der DCFR gebe hier also nur den Stand einer allgemeinen Tendenz wieder. Weiter führte *Ranieri* aus, die in Deutschland sehr hoch angesehene Privatautonomie habe in anderen Mitgliedstaaten einen weitaus geringeren Stellenwert. So werde das Vertragsrecht z. B. in Schweden als Instrument zur Schaffung von Verteilungsgerechtigkeit und von sozialer Wohlfahrt angesehen. Zum Schluss seiner Ausführungen wies *Ranieri* auf das seiner Ansicht nach zentrale, das demokratietheoretische Problem des DCFR hin: Könne und dürfe man eine Neuordnung des Bürgerlichen Rechts als Gesamtpaket und ohne Beteiligung des Bürgers vornehmen?

*Riesenhuber* dankte *Ranieri* für dessen Hinweise zum aktuellen Stand des DCFR. Es sei natürlich methodisch außerordentlich bedenklich, sollte erst der DCFR formuliert worden sein und nun die Rechtsvergleichung nachgeliefert werden. Auf den sich wohl abzeichnenden, aktuellen internationalen Standard einer Flexibilität der Rechtsfolge bei Gesetzwidrigkeit und Sittenwidrigkeit habe er, *Riesenhuber*, in seinen schriftlichen Ausführungen hingewiesen. Diese Flexibilität finde man auch in den *UNIDROIT Principles of International Commercial Contracts* und im Entwurf eines Europäischen Vertragsgesetzbuchs der *Gandolfi*-Gruppe.

*Krampe* übte Kritik am Begriff der „principles". In der deutschen Übersetzung der sog. *Lando-Principles* sei „Grundregeln" zu lesen. Die Begriffe sollten doch einheitlich definiert und gebraucht werden. Auch beim Begriff „Anfechtung" sei unklar, ob dies im Sinne *Bernhard Windscheids* oder als Nichtigerklärung auf eine Klage hin gemeint sei. Ersteres sei wohl eher nicht der Fall. Weiter wies *Krampe* darauf hin, dass beim Mietwucher in Deutschland neben dem Marktpreis auch als sog. Wesentlichkeitsgrenze die Möglichkeit einer bis zu 20 %-igen Mieterhöhung zu beachten sei. Schließlich erscheine die Nichtigkeitsfolge im deutschen Recht nach *Krampe* international wohl

---

**1** Die Diskussion bezog sich auf die *Interim Outline Edition.*

**2** Siehe etwa *Eidenmüller/Faust/Grigoleit/Jansen/Wagner/Zimmermann*, Der Gemeinsame Referenzrahmen für das Europäische Recht – Wertungsfragen und Kodifikationsprobleme, JZ 2008, 529–550; *Eidenmüller*, Privatautonomie, Verteilungsgerechtigkeit und das Recht des Vertragsschlusses im DCFR, in: Schulze/v. Bar/Schulte-Nölke (Hrsg.), Der akademische Entwurf für einen Gemeinsamen Referenzrahmen (2008), S. 73–96 = Party Autonomy, Distributive Justice and the Conclusion of Contracts in the DCFR, ERCL 5 (2009), 109–131.

auch deshalb so isoliert, weil man meist das Bereicherungsrecht ausblende. Betrachte man aber das Gesamtsystem, wären die Unterschiede im Ergebnis wohl nur gering: Auch im deutschen Recht stehe die Rechterhaltung im Mittelpunkt.

*Riesenhuber* stellte klar, dass die *fundamental principles* nicht definiert seien. Soweit er *principles* mit Prinzipien übersetzt habe, stützte er sich auf einen internationalen Sprachgebrauch und verwies insoweit auf *Ronald Dworkin*, der die Prinzipiendiskussion bekanntlich weltweit mitgeprägt habe. Er könne sich auch nicht vorstellen, dass die Verfasser des DCFR oder der *Lando-Principles* daran vorbei gegangen wären. Soweit es um die Qualifikation als *fundamental principles* gehe, seien freilich nicht die 139 von *Franz Bydlinski* aufgeführten Prinzipien[3] gemeint. Diese habe er vielmehr angeführt um aufzuzeigen, dass es schon erhebliche Schwierigkeiten bereiten könne zu bestimmen, was Prinzipien seien. Auch die Verfasser der *Lando-Principles* hätten, wie von ihm dargelegt, mit dem Begriff *principles* nicht Grundregeln sondern Prinzipien gemeint und diesen Begriff mit einem Hinweis auf die Grundrechte zu konkretisieren versucht.[4] Das führe aber auch nicht weiter, da die Grundrechte mit den sozialen Grundrechten, z.B. in der Grundrechte-Charta, nach *Riesenhubers* Dafürhalten heute zu weit gefasst seien.

Weiter führte *Riesenhuber* aus, beim Begriff „Anfechtung" habe er sich an der deutschen Übersetzung der *Lando-Principles* von *Christian von Bar* und *Reinhard Zimmermann*[5] orientiert. Im Original heiße es freilich *„may avoid"*, wörtlich also „kann den Vertrag vermeiden". Jedenfalls sei in Art. II.-7:201 DCFR wohl ein Anfechtungsrecht ohne gerichtliche Durchsetzung gemeint. Wenn aber bei der *unfair exploitation* der „Täter" nach der Anfechtungserklärung des „Opfers" zum Gericht gehen und von diesem Anpassung des Vertrages verlangen könne, sei das sicherlich etwas anders gedacht als bei der Anfechtung im deutschen Recht.

*Karampatzos* griff das Witwenbeispiel aus dem Vortrag auf und meinte, diesem würde auch ein Moment enttäuschten Vertrauens innewohnen. Er wollte daher wissen, ob man die *unfair exploitation* nicht auch als versteckten Tatbestand des Schutzes enttäuschten Vertrauens begreifen und über die Vorschriften zur Inhaltskontrolle hinaus z.B. auch unter § 311 Abs. 2 Nr. 2 BGB verorten könne. Auch *Armgardt* ging auf das Witwenbeispiel ein und äußerte Zweifel daran, dass dieser Fall unter den Tatbestand des Art. II.-7:207 DCFR (*unfair exploitation*) zu subsumieren sei. Zwar weiche die Formulierung des Art. II.-7:207 Abs. 1 DCFR trotz der ansonsten großen Ähnlichkeit mit § 138 Abs. 2 BGB insoweit von dessen Wortlaut ab, als einerseits ein *„excessive benefit or grossly unfair advantage"*, andererseits aber – etwas enger – „Vermögensvorteile" erforderlich seien, „die in einem auffälligen Missverhältnis zu der Leistung stehen". Doch sei hier abzuwarten, ob die Rechtsprechung die Begriffe *benefit* und *advantage* tatsächlich derart weit auslegen werde, dass das Witwenbeispiel erfasst sei.

---

3 *Bydlinski*, System und Prinzipien des Privatrechts (1996), „Prinzipienliste" S. 773.
4 Kommentar B zu Art. 15:101 der *Lando-Principles*; abgedr. bei *Lando/Prüm/Clive/Zimmerman*, Principles of European Contract Law – Part III (2003), S. 211 f.
5 *v. Bar/Zimmermann*, Grundregeln des Europäischen Vertragsrechts, Teile I und II (2002).

*Riesenhuber* dankte für die Hinweise zum Witwenbeispiel. Er hob hervor, dass das Beispiel den Kommentaren zu Art. 4:109 der *Lando-Principles* entnommen sei und wohl auf eine Entscheidung des Hoge Raad zurückgehe.[6] Die Kommentare enthielten nur den knappen Hinweis, die Witwe könne den Vertrag anfechten. Das Beispiel habe zwar – wie auch in Fällen der Sittenwidrigkeit nicht unüblich – Elemente prozeduraler und materieller Defizite des Vertrags. Doch sei unter dem Strich nicht zu erkennen, wo der entscheidende Fehler liegen solle. Vermögensinteressen müssten danach wohl, worauf *Armgardt* zu Recht hingewiesen habe, nicht betroffen sein. Es solle wohl genügen, wenn das Affektionsinteresse betroffen ist. Schließlich glaubte *Riesenhuber* nicht, dass der Fall, wie von *Karampatzos* vorschlagen, mit den Regeln der *culpa in contrahendo* zu lösen sei. Wenn man in ein Vertragsverhältnis trete, verfolge man üblicherweise gegenläufige Interessen. Aber auch unter dem Gebot von Treu und Glauben könne ein Vertragspartner nicht verpflichtet sein, eigene gleichrangige Interessen hintan zustellen.

An *Krampe* anknüpfend wollte *Muscheler* wissen, was die Rechtsfolge einer durchgeführten Anfechtung sein solle: die Nichtigkeit des Vertrages oder dessen richterliche Anpassung, bei der dann wohl ein hypothetischer Wille ermittelt werden müsse. *Muscheler* selbst hielt eine individuelle Vertragsanpassung, also eine Verhandlungslösung, bei der es auf den realen Willen ankomme, für vorzugswürdig. Nur wenn der reale Wille gewahrt werde, sei das Anfechtungssystem als ein privatrechtliches Instrumentarium besser als ein Nichtigkeitssystem.

Nach *Riesenhuber* dürfte die Anfechtung wohl auch im DCFR als Gestaltungsrecht konzipiert sein. Entgegen *Muscheler* tendiere er dazu, die Nichtigkeitsfolge als vorzugswürdige Normalfolge der Sittenwidrigkeit anzusehen. Erstens entspräche die Nichtigkeitsfolge als Regelfolge bei einem Verstoß gegen *principles*, die *fundamental* sind, der Erwartungshaltung. Zweitens dürfte die Nichtigkeitsfolge für die durch das „Verbotsgesetz" geschützte Partei regelmäßig vorteilhafter sein. Die Parteien würden wieder zurück auf den Markt geworfen. Die geschützte Partei hätte dabei ein im Vergleich zur Vertragsanpassung größeres Verhandlungspotential. Drittens habe die Vertragsanpassungslösung eine geringere Sanktions- und Abschreckungswirkung, wenn der „Täter" hier immerhin noch auf eine Vertragsanpassung hoffen könne.

*Schaub* kam auf die Frage der Bestimmung der *fundamental principles* im Sinne des Art. II.-7:301 lit. a) DCFR zurück und meinte, ausweislich des Wortlauts der Bestimmung könnten hier wohl nur die allgemeinen Prinzipien gemeint sein, welche allen Mitgliedstaaten gemeinsam seien. Damit wäre der Tatbestand erheblich enger. Auch müsse dieser rechtsvergleichende Ansatz vielleicht auf alle anderen Tatbestände der Inhaltskontrolle übertragen werden. Insgesamt würde der Standard für die Inhaltskontrolle dadurch herabgesetzt und der Privatautonomie wieder mehr Raum gelassen. Prof. Dr. *Peter A. Windel* (Bochum) stimmte dem theoretisch zu, meldete aber praktische Bedenken an. Ein Richter oder ein Rechtsanwalt in Coimbra, Bochum-Wiemelhausen oder Thessaloniki werde sich in der täglichen Arbeit häufig zu einem

6 Näher *Riesenhuber*, in diesem Band, S. 49, 67.

derartigen institutionellen Rechtsvergleich außer Stande sehen. Für wahrscheinlicher halte er daher – der von *Riesenhuber* geäußerten Tendenz folgend –, dass infolge der Unbestimmtheit der genannten Rechtsbegriffe die Möglichkeiten einer Inhaltskontrolle eher zunehmen würden.

Ob in Art. II.-7:301 DCFR gemeineuropäische Prinzipien, also gemeineuropäische Sitten gemeint seien, bezeichnete *Riesenhuber* als unklar. Die Kommentare zu Art. 15:101 der *Lando-Principles,* der dem Art. II.-7:301 DCFR wohl als Vorbild gedient habe, deuteten aber in diese Richtung, wenn es dort heiße, rein nationale Vorstellungen würden nicht berücksichtigt. Würde man den DCFR als wählbare Rechtsordnung ansehen, ließe sich das auch kollisionsrechtlich rechtfertigen. Mit dieser Rechtsordnung könnte ein eigener Maßstab fundamentaler Prinzipien einhergehen – ein Sittenmaßstab ergänzt durch das Gemeinschaftsrecht wie den angesprochenen Grundfreiheiten und Gemeinschaftsgrundrechten. Damit würde die Frage auf ein kollisionsrechtliches Problem reduziert, denn nationale Wertvorstellungen könnten hier noch über Art. 7 EVÜ oder Art. 8 Rom I-VO Berücksichtigung finden. Als wichtig hob *Riesenhuber* hervor, dass man diese offenen Fragen, die der DCFR an vielen Stellen hinterlasse, eindeutig benenne und offen diskutiere.

Zum Verhältnis von Art. II.-7:301 DCFR zu Art. II.-7:302 DCFR merkte *Windel* noch an, der Wortlaut des Art. II.-7:302 Abs. 1 DCFR würde einen Nachrang gegenüber Art. II.-7:301 DCFR anordnen. Das könne von den Rechtsfolgen her motiviert sein, da die Rechtsfolge des Art. II.-7:301 DCFR offenbar strenger sei. Hinsichtlich des Tatbestands hielt *Windel* einen solchen Nachrang aber für gefährlich. Denn der Verstoß gegen *fundamental principles* in Art. II.-7:301 DCFR sei der unbestimmtere und damit allgemeinere Tatbestand. Er halte es jedoch für den richtigeren Weg, vom geschriebenen Recht als Konkretem zum Unbestimmten wie den Bereichen von Treu und Glauben und von guten Sitten zu kommen. *Riesenhuber* dankte für den Hinweis. Auch er präferiere den Vorrang des Konkreten vor dem Allgemeinen und werde das gern in seiner schriftlichen Ausarbeitung berücksichtigen.

*Paparseniou* merkte an, bislang und auch nicht erst seit der AGB-Richtlinie sei man davon ausgegangen, die Vertragsaushandlung würde ein Garant der Vertragsgerechtigkeit sein. Auch in der *Acquis Group* habe diese Grundannahme vorgeherrscht. Die *Study Group* dagegen sehe eine Inhaltskontrolle nun auch dann vor, wenn der Vertrag im Einzelnen ausgehandelt worden war. Die Gründe dafür seien ihr allerdings nicht ersichtlich. *Riesenhuber* verwies zunächst auf die eingangs vorgetragenen Ausführungen *Ranieris* und fügte an, auch ihm sei nicht klar, was die *Study Group* hierbei bewegt habe. Vielleicht habe man hier einem Anliegen der Europäischen Kommission Rechnung tragen wollen, die sich 1993 mit ihrem Vorhaben nicht habe durchsetzen können, auch im Einzelnen ausgehandelte Klauseln in Verbraucherverträgen einer Inhaltskontrolle zu unterwerfen.[7]

*Stefan Wichary*

---

7 S. Kommission, Vorschlag für eine Richtlinie des Rates über mißbräuchliche Klauseln in Verbraucherverträgen, ABl. 1990 C 243/2 sowie Kommission, Geänderter Vorschlag für eine Richtlinie des Rates über mißbräuchliche Klauseln in Verbraucherverträgen, ABl. 1992 C 73/7.

# § 6 Die Inhaltskontrolle missbräuchlicher Vertragsklauseln durch eine neue Rechtsfigur: Das einseitige „Insichrechtsgeschäft“ in der Form des abstrakten Schuldanerkenntnisses oder Schuldversprechens

*Ioannis Karakostas*

Allgemeine Geschäftsbedingungen sind aus der heutigen Geschäftspraxis nicht mehr wegzudenken. Der Verbraucher wird tag-täglich mit diesen vorformulierten Standardbedingungen konfrontiert: Die Verwendung von AGB ist inzwischen die Regel in fast allen Geschäften des täglichen Lebens, wie bei Warenkäufen und Dienstleistungen jeglicher Art, bei Bankgeschäften, Versicherungsleistungen, bei der Beförderung mit öffentlichen und privaten Verkehrsmitteln, Reisedienstleistungen und sogar bei Dienstleistungen aus dem Gesundheitsbereich. Da die AGB hauptsächlich vom wirtschaftlich überlegenen Vertragspartner – Unternehmer – gestellt werden, war es für den Gesetzgeber zwingende Notwendigkeit, Schutzvorschriften für den Verbraucher festzulegen, die in der Lage sind, das gestörte vertragliche Gleichgewicht wiederherzustellen. Der in den Mitgliedstaaten der EU hierzu entwickelte Verbraucherschutz ist spätestens seit der AGB-Richtlinie (AGBRL)[1] Bestandteil aller Rechtsordnungen und wird immer weiter verbessert. Wie sich in der Praxis jedoch gezeigt hat, ist der vom Gesetzgeber zur Verfügung gestellte Schutzmechanismus immer noch sehr schwerfällig. So vergehen oft Monate oder auch Jahre, bis die Inhaltskontrolle von AGB den Rechtsweg durchlaufen hat und der Unternehmer gezwungen wird, die missbräuchliche Klausel zu entfernen (und meist sofort wieder durch eine neue missbräuchliche Standardbedingung ersetzt). Eine Lösung wäre hier, dem Unternehmer einen Anreiz zur Selbstbindung zu bieten und einen neuen Haftungsgrund einzuführen, der zur Vereinfachung, Beschleunigung und größeren Transparenz des Geschäftsverkehrs allgemein und insbesondere der Verbrauchergeschäfte beiträgt. Dies könnte durch die Rechtsfigur des einseitigen „Insich*rechts*geschäfts“ in der Form des abstrakten Schuldanerkenntnisses oder Schuldversprechens erreicht werden.

Bekannt ist uns das Insichgeschäft aus dem Vertretungsrecht. So bestimmt auch das griechische Recht, ähnlich wie das deutsche, wegen der Gefahr der Interessenkolli-

**1** Richtlinie 93/13/EWG des Rates vom 5.4.1993 über mißbräuchliche Klauseln in Verbraucherverträgen, ABl. 1993 L 95/29.

sion die grundsätzliche Unzulässigkeit der Selbstkontraktion. Nach Art. 235 grZGB[2] kann der Vertreter im Namen des Vertretenen kein Rechtsgeschäft mit sich selbst oder in seiner Eigenschaft als Vertreter eines Anderen abschließen, es sei denn der Vertretene hat dieses Rechtsgeschäft erlaubt oder es handelt sich um die Erfüllung einer Verbindlichkeit.[3]

Vorliegend stellt sich die Frage, ob über dieses Insichgeschäft, wie es von Art. 235 grZGB verstanden wird, hinaus eine neue Rechtsfigur anerkannt werden kann, in der besonderen Form des abstrakten Schuldanerkenntnisses oder Schuldversprechens, als ein nicht empfangesbedürftiges Rechtsgeschäft:[4] So ist für dieses Rechtsgeschäft eine Annahme der Willenserklärung nicht erforderlich, sondern ein eigenständiger Haftungsgrund wird schon allein durch die Erklärung des Schuldners begründet, mit der Folge, dass ein neuer Schuldgrund entsteht, während die Annahme durch den tatsächlich Berechtigten einfach eine Rechtsbedingung (*conditio juris*) darstellt. Im Gegensatz zur Vorschrift des Art. 235 grZGB, welche hauptsäch-

---

**2** „(1) Der Vertreter kann im Namen des Vertretenen kein Rechtsgeschäft mit sich selbst oder in seiner Eigenschaft als Vertreter eines anderen abschließen, es sei denn, der Vertretene hat dieses Rechtsgeschäft erlaubt oder es handelt sich ausschließlich um die Erfüllung einer Verbindlichkeit. (2) Ein Insichgeschäft, welches nicht in notarieller Form beurkundet wurde, ist nichtig."

**3** Eine Art. 235 grZGB entsprechende Regelung ist in § 181 BGB enthalten: „Ein Vertreter kann, soweit nicht ein anderes ihm gestattet ist, im Namen des Vertretenen mit sich im eigenen Namen oder als Vertreter eines Dritten ein Rechtsgeschäft nicht vornehmen, es sei denn, dass das Rechtsgeschäft ausschließlich in der Erfüllung einer Verbindlichkeit besteht". Das österreichische ABGB und das schweizerische Obligationenrecht regeln das Insichgeschäft dagegen nicht ausdrücklich. Aufgrund der im österreichischen Recht anerkannten Treuepflicht hat der Vertreter aber auch hier Interessenkollisionen zu vermeiden. Besteht bei Insichgeschäften die Gefahr der Interessenkollision, so ist das Geschäft nach herrschender Meinung in der Lehre und Rechtsprechung unzulässig (siehe Schwimann-*Apathy*, ABGB [3. Aufl. 2005] § 1009 ABGB Rn. 6). Auch im Schweizer Recht ist nach dem in der Rechtsprechung entwickelten Grundsatz das Kontrahieren des Vertreters mit sich selbst wegen der Interessenkollision grundsätzlich unzulässig, sofern nicht die Natur des Geschäfts die Gefahr der Benachteiligung des Vertretenen ausschließt oder der Vertretene den Vertreter ausdrücklich zur Vornahme des Geschäfts ermächtigt oder diesen nachträglich genehmigt (siehe BGE 89 II, 321, 326).

**4** Das abstrakte Schuldanerkenntnis und das Schuldversprechen sind in Art. 873–875 grZGB geregelt, die wie folgt lauten: Art. 873: „Ein Vertrag, mit dem ein Schuldversprechen oder ein Schuldanerkenntnis vorgenommen wird, so dass die Schuld unabhängig vom Schuldgrund entsteht, ist wirksam, wenn das Versprechen oder die Anerkenntniserklärung schriftlich erfolgt. Im Fall eines schriftlichen Versprechens oder einer Anerkenntniserklärung, in denen der Schuldgrund nicht erwähnt wird, wird im Zweifel angenommen, dass sie zu diesem Zwecke erfolgt sind." Art. 874: „Die Schriftform des vorangehenden Artikels ist nicht erforderlich, wenn das Versprechen oder das Anerkenntnis die Saldofeststellung eines Kontokorrentkontos betrifft, das geschlossen wurde." Art. 875: „Wenn das Versprechen oder das Anerkenntnis einen Schuldgrund betrifft, für den das Gesetz eine besondere Form erfordert, ist es nichtig, wenn es nicht in dieser Form erfolgt."
Die Regelungen zum Schuldanerkenntnis bzw. Schuldversprechen entsprechen somit im Wesentlichen denjenigen der § 780 ff. BGB. Anders aber im Schweizer Recht, welches das generell abstrakte Schuldanerkenntnis in dieser Form nicht anerkennt (siehe A. *Stadler*, Gestaltungsfreiheit und Verkehrsschutz durch Abstraktion [1996], S. 27). Im österreichischen ABGB ist das Anerkenntnis nicht ausdrücklich geregelt, aber als Unterfall des Vergleichs (nur einseitiges Nachgeben) bekannt. Es bildet einen neuen, selbstständigen Verpflichtungsgrund, der unabhängig davon ist, ob die anerkannte Forderung bestand, oder nicht (siehe *Koziol/Welser*, Grundriss des Bürgerlichen Rechts, Bd. I [13. Auflage 2006], S. 289).

lich den Abschluss eines Vertrages zwischen Vertreter und Vertretenem betrifft, wo zwischen beiden Vertragsteilen Personenidentität vorliegt, handelt es sich bei dem einseitigen Schuldanerkenntnis um ein *einseitiges* „Insich*rechts*geschäft", welches gerade nicht in der Form eines Vertrages geschlossen wird. Allein durch die Vornahme dieses einseitigen Rechtsgeschäfts würden dann dessen Rechtsfolgen eintreten, wobei aber das endgültige Wirksamwerden dieser Rechtsfolgen, d.h. die Einklagbarkeit des entstandenen Anspruches, von der Annahme durch den Gläubiger abhängt, die vorliegend, wie oben schon erwähnt, eine Rechtsbedingung darstellt. Durch diese Form des Rechtsgeschäfts wäre es für jedermann möglich, seine Schuld anzuerkennen, und zwar aus jeder Haftungsform, also auch aus besonderen gesetzlichen Haftungsvorschriften, wie die des Gesetzes über den Verbraucherschutz.[5]

So kann der Unternehmer, der AGB stellt,[6] durch die Vornahme eines solchen einseitigen „Insich*rechts*geschäfts" eine Klausel oder Klauseln, welche Vertragsbestandteil geworden sind, als missbräuchlich und somit unwirksam anerkennen. Der Verbraucher wäre dann nicht mehr auf den langwierigen Rechtsweg in Hinblick auf eine von ihm selbst oder von einem Verbraucherschutzverband eingeleitete Inhaltskontrolle angewiesen. Aber auch der Produzent eines mangelhaften Produktes,[7] dem der Mangel bekannt ist, kann dadurch die Wiederherstellung des Schadens, welcher den Verbrauchern durch das mangelhafte Produkt eventuell entsteht, in der Form eines abstrakten Schuldanerkenntnisses anerkennen. Der Dienstleistungserbringer hätte ebenfalls die Möglichkeit, seine Verpflichtung zum Ersatz des durch die mangelhafte Erbringung der Dienstleistung entstandenen Schadens[8] auf demselben Wege anzuerkennen. Die Möglichkeit der Vornahme eines solchen „Insichrechtsgeschäfts" hätte auch derjenige, welcher Verträge im Fernabsatz[9] oder außerhalb von Geschäftsräumen[10] abschließt, indem er seinen Vertragspartner auf diesem Wege von seinen Verbindlichkeiten befreit oder ihm gegebenenfalls eine angemessene Entschädigung zuerkennt. Nützlich wäre ein solches einseitiges Anerkenntnis insbesondere auch im Rahmen der Garantiegewährung für Verbrauchsgüter des Art. 5 des Verbraucherschutzgesetzes.[11]

**5** Die Vorschriften zum Verbraucherschutz sind hauptsächlich im Gesetz 2251/1994 enthalten.

**6** Siehe Art. 2 des Gesetzes 2251/1994, der die Umsetzung der Richtlinie 93/13/EWG über die missbräuchlichen Vertragsklauseln enthält.

**7** Siehe Art. 6 des Gesetzes 2251/1994, der die Umsetzung der Richtlinie 85/374/EWG über die Haftung für mangelhafte Produkte enthält.

**8** Art. 8 des Gesetzes 2251/1994 regelt die Haftung des Dienstleistungserbringers für Schäden, die dieser (schuldhaft) bei der Erbringung seiner Dienstleistung verursacht hat.

**9** Siehe Art. 4 des Gesetzes 2251/1994, der die Umsetzung der Richtlinie 97/7/EWG über die Fernabsatzverträge enthält.

**10** Siehe Art. 3 des Gesetzes 2251/1994, der die Umsetzung der Richtlinie 85/577/EWG über die außerhalb von Geschäftsräumen geschlossenen Verträge enthält.

**11** Art. 5 des Gesetzes 2251/1994 setzt eine zwingende Garantiegewährung nur für langlebige Verbrauchsgüter fest, deren bestimmungsgemäßer Gebrauch sich über einen längeren Zeitraum erstreckt, wie es naturgemäß z.B. für Autos, Möbel usw. der Fall ist, während die Garantiegewährung für alle übrigen Verbrauchsgüter freiwillig ist. In Art. 5 ist ein Teil der Richtlinie 99/44/EG über den Verbrauchsgüterkauf und Garantien über Verbrauchsgüter umgesetzt worden. Darüber hinaus hat die Richtlinie 99/44/EG zu einer Modifizierung des Kaufrechts im grZGB geführt, insb. der Vorschriften über die Sachmängelhaftung des Verkäufers.

Die Vorschriften der Art. 873 ff. grZGB, mit denen der Anerkenntnisvertrag geregelt wird, sind entsprechend auch auf dieses Insichgeschäft anzuwenden, mit folgenden Abweichungen: Für vorliegendes „Insichrechtsgeschäft" reicht die Schriftform des Art. 873 grZGB grundsätzlich nicht aus, sondern es muss in notariell beurkundeter Form vorgenommen werden, so dass gewährleistet ist, dass der Anerkennende die Entscheidung mit der erforderlichen Umsicht trifft, was auch dem Zweck des Art. 235 grZGB Rechnung trägt. Des Weiteren ist, anders als im typischen Fall des Schuldanerkenntnisses des Art. 873 grZGB, die Annahme des Gläubigers für das Zustandekommen des Rechtsgeschäfts nicht erforderlich. Die Erklärung des Schuldners bildet also kein Angebot zum Abschluss eines Vertrages, sondern das Rechtsgeschäft kommt allein durch die Willenserklärung des Schuldners zustande. Somit entsteht die Verpflichtung des Schuldners ab der Abgabe der Erklärung und durch ihre Manifestation nach außen während die Annahme des Gläubigers eine Bedingung im Rechtssinne darstellt, so dass dieser die Möglichkeit hat seine Rechte auszuüben, d.h. seinen Anspruch aus diesem neuen Schuldverhältnis geltend zu machen. Angemessen wäre es auch hier anzunehmen, dass die Annahme des Gläubigers in Abweichung des Art. 873 grZGB schriftlich zu erfolgen hat. So wird die Gefahr verringert, dass sich der Schuldner durch seine einseitige Anerkennung plötzlich einer Vielzahl falscher Gläubiger gegenübersteht, die mit ihm nicht in einem Vertragsverhältnis stehen.

Da die Einhaltung der Form der notariellen Beurkundung die Vornahme eines solchen „Insichrechtsgeschäfts" in der Praxis zweifelsohne erschweren wird, wäre vorliegend für den Fall der Nichteinhaltung dieser Formvorschrift eine Heilung wie bei der Schenkung beweglicher Sachen nach Art. 498 Abs. 2 grZGB zu erwägen.[12] Danach wird die Schenkung einer beweglichen Sache, die nicht in notariell beurkundeter Form erfolgt ist, wirksam, wenn der Schenker die Sache dem Beschenkten tatsächlich übergibt. So würde die tatsächliche Annahme des Gläubigers vorliegend die Nichteinhaltung der Form der notariellen Beurkundung der Erklärung durch den Schuldner heilen.

Diese neue Form der Anerkennung einer Schuld würde möglicherweise die alte Unterscheidung der Lehre wiederbeleben, nach der das Schuldanerkenntnis eine schon bestehende Schuld betrifft, während das Schuldversprechen ein neues Schuldverhältnis begründet, da das hier behandelte „Insichrechtsgeschäft" des Schuldners eher als Versprechen verstanden werden kann. So könnte der Schuldner mit diesem Rechtsgeschäft seine Schuld anerkennen und dadurch selbst einen neuen Schuldgrund begründen, welcher nicht auf einem schon bestehenden Schuldverhältnis beruhen muss, sondern sich auch aus dem Gesetz ergeben kann, wie die Haftung des

---

**12** Die Schenkung ist in Art. 496 ff. grZGB geregelt. Art. 496 lautet: „Die Leistung eines vermögenswerten Gegenstandes an jemanden stellt eine Schenkung dar, wenn sie nach Vereinbarung der Parteien ohne Gegenleistung erfolgt". Art. 498 lautet: „(1) Für das Zustandekommen der Schenkung ist eine notarielle Beurkundung erforderlich.
(2) Die Schenkung einer beweglichen Sache, die nicht notariell beurkundet wurde, wird wirksam nachdem der Schenker die Sache an den Beschenkten übergeben hat".

Produzenten für mangelhafte Produkte im Rahmen des Verbraucherschutzgesetzes. Ob es sich dabei um ein kausales oder abstraktes Rechtsgeschäft handelt, muss aufgrund der Umstände, auf die sich der Schuldner in seiner Erklärung beruft, in *concreto* festgestellt werden.

Die praktische Bedeutung dieser neuen Rechtsfigur des „Insichrechtsgeschäfts", in der Form eines abstrakten Schuldanerkenntnisses bzw. Schuldversprechens, liegt, wie oben schon erwähnt, in der Vereinfachung, Beschleunigung und größeren Transparenz des Geschäftsverkehrs. Ein solches abstraktes Schuldanerkenntnis trägt darüber hinaus insofern zum Schutz der Verbraucher bei, als dass es im Fall der Haftung des Unternehmers aufgrund einer besonderen gesetzlichen Vorschrift im Grunde alle materiellrechtlichen und beweisrechtlichen Fragen, welche z.B. in Hinblick auf die Anspruchsgrundlage der Schadensersatzverpflichtung entstehen, löst und der Verbraucher seinen Anspruch aus dem neuen einseitigen Schuldversprechen geltend machen kann.

Auch für den Unternehmer besteht durchaus ein Anreiz für die Verwendung dieser Form des Rechtsgeschäfts. Es könnte Werbezwecken dienen – und an dieser Stelle kommt die Dimension der ökonomischen Analyse des Rechts zum tragen –, da der Schuldner, der ein solches „Insichrechtsgeschäft" vornimmt, im Geschäftsverkehr als vertrauenswürdiger und zuverlässiger Geschäftspartner in Erscheinung tritt. Gerade im Fall von AGB, die von großen Unternehmen gestellt werden, denen der Verbraucher heute allgemein mit großem Misstrauen begegnet, könnte eine solche Praxis zur Wiederherstellung des Verbrauchervertrauens in solche vorformulierte Standardverträge beitragen. Aber sie wäre auch ein zusätzliches Motiv in allen Fällen des Vertriebes von Waren und Dienstleistungen sowie bei Verbrauchergeschäften jeglicher Art. Schließlich würde diese Rechtsfigur zu einer „Rationalisierung" des Rechtsverkehrs beitragen, in dem Sinne, dass mit einem solchen „Insichrechtsgeschäft" mehrere rechtliche Handlungen mit einem einzigen Rechtsgeschäft vorgenommen werden könnten. So wäre es möglich mit einem einzigen Rechtsgeschäft z.B. gleichzeitig eine Schenkung nach Art. 496 grZGB, die Gründung einer Stiftung nach Art. 109 grZGB, die Eigentumsübertragung einer beweglichen Sache oder einer Immobilie nach Art. 1033, 1034 grZGB und die Beteiligung an der Gründung einer juristischen Person, z.B. eines Vereins nach Art. 63 grZGB, vorzunehmen. Alle diese Fälle können dann in der Form dieses einseitigen Rechtsgeschäfts, das dem Formerfordernis der notarielle Beurkundung unterliegt, auch in einer einzigen Urkunde zusammengefasst werden.

## Diskussionsbericht zu § 6

*Parparseniou* leitete die Diskussion mit einem Dank an *Karakostas* für seine frischen Ideen ein, die man gerade an ihm so sehr schätze und gab das Wort zunächst an Prof. Dr. *Fillipo Ranieri* (Universität des Saarlandes).

Dieser fragte, ob nicht der Begriff des Insichrechtsgeschäfts, der durch das Stellvertretungsrecht und den Gedanken der Interessenkollision geprägt sei (§ 181 BGB), besser durch „vertragliche Selbstbindung" oder „einseitige vertragliche Selbstbindung" ersetzt werden könnte. Dass der Veräußerer für Äußerungen einzustehen habe, sei zum Beispiel aus dem Bereich der Werbeaussagen bekannt.[1] Gleiches finde sich auch im schwedischen und niederländischen Recht, wo dem Gedanken der Selbstbindung durchaus Vorrang zukomme.[2] Das einseitige Versprechen des schottischen Rechts könne hier ebenfalls als Vorbild dienen, dort sei aber die formale Beurkundung der Erklärung vorgesehen.[3] Nach *Ranieri* schwingt *Karakostas* Ansatz bereits versteckt in der Rechtsprechung der Haftung gegenüber Dritten mit. Die französischen Gerichte begründen nach *Ranieri* die Haftung gegenüber Dritten vertragsrechtlich, da der Haftende ja ein Verkäufer sei. Diesen Ansatz habe der BGH verworfen, weswegen er die Haftung deliktisch ausgestaltet habe.[3a]

Nach *Riesenhuber* könne die Selbstbindung, wie sie in Art. 2 der Verbrauchsgüterkaufrichtlinie zum Ausdruck kommt, als Vorbild dienen. Er wies darauf hin, dass entsprechende Ansätze von *Köndgen* zur Vorverlagerung der Vertragsbindung führe.[4] *Canaris* habe noch gesagt entweder Selbstbindung und dann Vertrag oder eben kein Vertrag – *tertium non datur.*[5] Die Rechtsprechung verlagere den Vertragsschluss zunehmend nach vorne, insbesondere bei Beratungsverträgen, um dort einen frühzeitigen Schutz zu begründen, speziell in Grundstücks- oder Vermögensangelegenheiten. Im Hinblick auf den ökonomischen Anreiz des Unternehmers und auf die verhaltensökonomischen Betrachtungen, auf die *Karakostas* am Ende des Vortrags hingewiesen hatte, wies *Riesenhuber* auf das Modell von *Ayres*[6] hin. In diesem Modell würde zunächst eine Marke entwickelt, wie zum Beispiel die des *equal opportunity employer*. Die Lizenzbedingungen für diese Marke könnten dann die Unterwerfung unter bestimmte Regeln beinhalten, die gerade nicht gesetzlich vorgeschrieben seien, wie zum Beispiel die Gleichbehandlung aufgrund der sexuellen Orientierung. Die Nutzung der Marke könne für den Unternehmer wirtschaftlich

---

**1** Art. 2 Richtlinie 1999/44 EG des Europäischen Parlaments und des Rates vom 25.5.1999 zu bestimmten Aspekten des Verbrauchsgüterkaufs und der Garantien für Verbrauchsgüter, ABl. 1999 L 171/12, in Deutschland umgesetzt durch § 434 Abs. 3 BGB.

**2** Vgl. hierzu: *Ranieri,* Europäisches Obligationenrecht (3. Aufl. 2009), S. 202.

**3** Vgl. *Ranieri* (Fn. 2), S. 91–93.

**3a** Siehe dazu *Ranieri* (Fn. 2), S. 1345 ff.

**4** *Köndgen,* Selbstbindung ohne Vertrag (1981).

**5** *Canaris,* Schutzgesetze – Verkehrspflichten – Schutzpflichten, in: Festschrift für Karl Larenz (1983), S. 27–110.

**6** *Ayres/Brown,* Mark(et)ing Nondiscrimination: Privatizing end with a Certification Mark, Michigan Law Review 104 (2006), 1639–1712.

interessant sein. Zugleich könne auf diese Weise die Etablierung eines entsprechenden Rechtsinstituts vorbereitet werden, ganz ähnlich wie von *Karakostas* im Vortrag ausgeführt, aus dem eigenem ökonomischen Interesse der Marktakteure heraus. Dies wäre als Regelungsmechanismus möglicherweise interessanter als die „harte Rechtssetzung", die der Gesetzgeber momentan verwende.

*Karampatzos* schloss an die Ausführungen *Riesenhubers* zur Selbstbindung an und wies darauf hin, *Karakostas'* Vortrag zeige, dass man altbewährte Rechtsinstitute des BGB und des ZGB unter Umständen reformieren und so nutzbar machen könne, wie zum Beispiel das Institut des Schuldenerlasses (§ 397 BGB; Art. 454 ZGB). In der griechischen Theorie werde vertreten, dass der Schuldenerlass einseitig sein müsse und gerade keinen Vertrag voraussetze. Dies, so *Karampatzos,* könne auch in diesem Fall gelten, was zur Selbstbindung ohne Vertrag führen würde.

*Armgardt* wies auf die Spannung zwischen Verbraucherrecht und AGB im Zusammenhang mit dem Wettbewerbsrecht hin. Die UGP-Richtlinie[7] und nunmehr auch ihre deutsche Umsetzung im UWG enthielten eine Regelung, nach der jeder Verstoß gegen Verbraucherrecht zugleich einen Verstoß gegen Wettbewerbsrecht darstelle.[8] Er kritisierte dies und meinte, der Weg über das Vertragsrecht, den *Karakostas* suche, sei geeigneter als das Lauterkeitsrecht zur Durchsetzung des Verbraucherschutzes zu missbrauchen. In der Praxis, so *Armgardt,* laufe die Lösung des Gesetzgebers auf ein weiteres Geschäftsfeld für „Abmahnanwälte" hinaus. *Armgardt* begrüßte auch den dogmatischen Weg über eine Bedingungskonstruktion, da er gerade dieses Rechtsinstitut für noch nicht ausgeschöpft erachte. Es biete noch viel Raum für eine Weiterentwicklung des Rechts.

*Wank* kam noch einmal auf die ökonomische Betrachtung zurück, zu der es ja auch gehöre zu fragen, wie sich Individuen in der Wirklichkeit verhalten. Wenn man sich zum Beispiel anschaue, wie Politiker auf die Aufdeckung eines Skandals reagierten, zeigten sich Parallelen zu der Reaktion von Unternehmen, die mit einem fehlerhaften Produkt konfrontiert würden. Bei den Politikern heiße es zunächst „ich war das nicht", unter ganz großem Druck würden, soweit erforderlich, Zugeständnisse gemacht, und erst unter noch größerem Druck folge der Rücktritt. Unternehmen, die ein fehlerhaftes Produkt hergestellt haben, verhielten sich vergleichbar. Zunächst handele es sich bloß um Einzelfälle, dann werde ein Vergleich mit den anfänglich Betroffenen geschlossen und wenn sich noch weitere Kunden meldeten, ließe man sich eben verklagen. Wenn der Unternehmer sich nun von vorneherein verpflichten würde, an alle, die das fehlerhafte Produkt gekauft haben, zu zahlen, dann sehe er sich einer Unzahl von Anspruchstellern ausgesetzt. Zahlt er nur an diejenigen, die

7 Richtlinie 2005/29/EG des Europäischen Parlaments und des Rates vom 11.5.2005 über unlautere Geschäftspraktiken im binnenmarktinternen Geschäftsverkehr zwischen Unternehmen und Verbrauchern und zur Änderung der Richtlinie 84/450/EWG des Rates, der Richtlinien 97/7/EG, 98/27/EG und 2002/65/EG des Europäischen Parlaments und des Rates sowie der Verordnung (EG) Nr. 2006/2004 des Europäischen Parlaments und des Rates (Richtlinie über unlautere Geschäftspraktiken), ABl. 2005, L 149/22.

8 Vgl. Art. 6 Abs. 1 lit. g) RL 2005/29/EG, § 5 Abs. 1 Nr. 7 UWG.

tatsächlich klagen, handele es sich nur um wenige Anspruchsteller. Das bedeute nun aber, wie *Karakostas* schon im Vortrag angesprochen habe, dass Anreize für ein solches Unternehmerhandeln geschaffen werden müssten. Anreiz könne ein Werbeeffekt sein, aber einen solchen hielt *Wank* für zu schwach. Möglicherweise stark genug könne nach *Wank* dagegen eine Rechtsfolge sein, die ein solches Verhalten besonders begünstige, die dem Unternehmer mehr Rechte verschaffe, als er hätte, wenn er sich nicht wie gewollt verhält. In Betracht käme zum Beispiel eine Art Amnestie. Hier merkte *Karakostas* an, der Staat könne zum Beispiel steuerliche Anreize schaffen oder mit Subventionen vorgehen, er wolle aber auch nicht ausschließen, dass Unternehmen nicht auch aus „guten Motiven" heraus zur Selbstbindung bereit seien.

*Prof. Dr. Peter A. Windel* (Ruhr-Universität Bochum) sah eine Lösung nicht allein im materiellen Recht und knüpfte hierfür an den Contergan-Fall an.[9] Hier hatte man sich dahingehend geeinigt, dass ein Haftungsfonds geschaffen wurde, aus dem Opfer eine Entschädigung erhielten, die im Vergleich zu einem im Klagewege durchsetzbaren Schadensersatzanspruch relativ gering war. Betrachte man hier den Gesichtspunkt des Anreizes, so wird deutlich, dass durch die Schaffung des Fonds das Unternehmen Kosten gespart habe. Wenn man also dem Unternehmer den ersten Zug überlasse, agiere er unter Anreizgesichtspunkten kostensparend. In Anlehnung an den nach seiner Einschätzung für die Betroffenen negativen Vergleich im Contergan-Fall schlug *Windel* eine prozessuale Lösung vor. *Armgardt* habe schon das Wettbewerbsrecht angesprochen, dort sehe das Recht die einseitige Unterwerfungserklärung vor. Damit bestünde die Möglichkeit einen Rechtsstreit einseitig zu beenden. Dies sei nach *Windel* die angemessenere Regelung, da sie lediglich eine prozessuale Lösung darstelle und sich nur auf den individuellen Rechtsstreit auswirke. In der allgemeinen Prozessrechtsdogmatik sei das Anerkenntnis bekannt.[10] Dies werde in Deutschland überwiegend nicht materiell, sondern rein prozessual gedeutet.[11] Wenn man bei der letzteren Deutungsweise bliebe, gäbe es keine zwingenden materiellen Auswirkungen. Auch in diesem Fall, so *Windel*, sei aber eine kollektive Lösung möglich, sie müsste dann aber zwischen Unternehmen und Verbänden erfolgen.

*Karakostas* dankte für alle Anmerkungen, die für seine „kleine Idee" sehr wichtig seien. Wie er schon zu Beginn des Vortrags angedeutet habe, sei diese nicht als Alternative zu den bestehenden Instrumenten gedacht, sondern als Ergänzung. Im Anschluss an *Ranieris* und *Karampatzos* Gedanken zur einseitigen Bindung ohne Vertrag, meine er, dass für seine „kleine Idee" die vertragliche Bindung von Bedeutung sei.

*Alexander Jüchser*

---

**9** Vgl. zum Sachverhalt BVerfGE 42, 263, 265 f. – Contergan-Entscheidung.
**10** § 307 ZPO.
**11** Stein/Jonas-*Leipold*, Kommentar zur Zivilprozessordnung (22. Aufl. 2008), § 307 ZPO Rn. 17 ff., Vor § 128 ZPO Rn. 322 ff.

# § 7 Die Inhaltskontrolle von Arbeitsverträgen

*Rolf Wank/Martin Maties*

**Übersicht**

## I. Vertragsfreiheit und Inhaltskontrolle im Arbeitsrecht

Arbeitsverträge sind Schuldverträge. Grundsätzlich gilt für schuldrechtliche Verträge in weitem Umfang der Grundsatz der Vertragsfreiheit. Das bezieht sich bereits auf den jeweils gewählten Vertragstyp, auf die Wahl des Vertragspartners und im Übrigen auf die Inhalte des Vertrages[1]. Soweit das Gesetz Vorschriften vorsieht, sind diese größtenteils dispositiv, d.h. nur als Anregungen für die Parteien zu verstehen und dienen im Übrigen nur der Lückenfüllung. Nur wenige Vorschriften sind demgegenüber zwingenden Rechts.

In einigen Bereichen des Schuldrechts ist demgegenüber das Verhältnis von zwingendem Gesetzesrecht zu dispositivem Recht umgekehrt. Es handelt sich um diejenigen Bereiche, in denen von vornherein ein erhöhtes Schutzbedürfnis einer Partei unterstellt wird. Während beispielsweise im Recht der Kaufverträge weder Partei für den Verkäufer noch für den Käufer ergriffen wird, weil dort jeder einmal Käufer oder Verkäufer sein kann, zeichnen sich einige Gebiete durch eine besondere Rollenverteilung aus. Die eine Vertragspartei gilt bei ihnen von vornherein immer als die schwächere. So hat sich ein besonderes Verbraucherschutzrecht entwickelt, weil der Verbraucher immer als der Schwächere gilt; ferner ein besonderes Mieterschutzrecht und eben das Arbeitsrecht.[2] Vorausgesetzt wird eine *gestörte Vertragsparität*, eine, wie es das Bundesverfassungsgericht formuliert, „strukturelle Unterlegenheit“[3]. Die jeweils eine Seite des Vertrages – der Unternehmer, der Vermieter, der Arbeitgeber – bedarf der Kontrolle, damit sie den anderen Vertragsteil nicht übervorteilt.

Ein derart intensiver Schutz ist dann erforderlich, wenn anderenfalls die Gefahr bestünde, dass der schutzwürdige Vertragsteil mit zahlreichen, ihn einseitig belastenden, Vertragsklauseln beschwert wird. Der Bedarf für eine derartige Inhaltskontrolle verringert sich in dem Maße, wie ein inhaltlicher Schutz bereits auf anderem Wege hergestellt wird.

---

1 *Larenz/Wolf*, Allgemeiner Teil des Bürgerlichen Rechts (9. Aufl. 2004), § 34 Rn. 24 ff., 45 ff.
2 S. *Fastrich*, Richterliche Inhaltskontrolle im Privatrecht (1992), insb. S. 195 ff.; *Hönn*, Kompensation gestörter Vertragsparität (1982); *Wank*, Arbeitnehmer und Selbständige (1988), S. 45 ff.
3 BVerfGE 84, 212; BVerfGE 92, 365.

## II. Schutz von Arbeitnehmern

Speziell für das Arbeitsrecht ist daran zu erinnern, dass die deutsche Rechtsordnung gleichzeitig auf mehreren Gleisen den besonderen Schutz der Arbeitnehmer zu verwirklichen sucht.

Das geschieht bereits auf der Ebene der mitbestimmten Unternehmen. Hier sind die Vertreter der Arbeitnehmer nach dem Mitbestimmungsgesetz 1976 zur Hälfte im Aufsichtsrat vertreten. Ihre Repräsentanz im Unternehmen geht teilweise weiter als die der Anteilseigner, da sie kraft Gesetzes eines der Vorstandsmitglieder stellen. Gerade dasjenige Vorstandsmitglied, das die Arbeitgeberinteressen im Unternehmen gegenüber den Arbeitnehmern vertreten soll, ist im mitbestimmten Unternehmen in der Regel ein prominenter Gewerkschafter. So wechselte beispielsweise der Vorsitzende der Eisenbahner-Gewerkschaft Hansen in ein neu geschaffenes Bahnunternehmen als Arbeitsdirektor. Eine andere Form der Arbeitnehmerbeteiligung ergibt sich aus dem Montanmitbestimmungsgesetz, eine weitere, abgeschwächte, aus dem Drittelbeteiligungsgesetz.

### 1. Gesetze

Eine große Anzahl von Gesetzen nimmt auf die besondere Schutzbedürftigkeit des Arbeitnehmers in erhöhtem Maße Bezug. Sie betreffen teils den Berufsschutz (z.B. das Arbeitsschutzgesetz), teils den Existenzschutz der Arbeitnehmer (z.B. das Entgeltfortzahlungsgesetz).[4] Entweder ordnen sie zudem ausdrücklich die Unabdingbarkeit von Vorschriften an, oder im Wege der Auslegung wird diesen Vorschriften meist zwingender Charakter beigelegt.[5]

Sofern die Arbeitnehmer jedoch nicht als einzelne dem Arbeitgeber gegenüberstehen, sondern als Kollektiv, geht der Gesetzgeber in einigen Gesetzen davon aus, dass durch die Organisation der Arbeitnehmer ein Verhandlungsgleichgewicht geschaffen wird, so dass er abweichende Regelungen zulässt. Aufgrund dessen muss nicht nur zwischen dispositivem und zwingendem Recht unterschieden werden, sondern auch innerhalb des dispositiven Rechts zwischen individualvertraglich dispositiv einerseits und tarifvertrags- oder betriebsvereinbarungsdispositiv andererseits.

### 2. Tarifverträge

Tarifverträge in Form der Manteltarifverträge regeln einen Großteil der Arbeitsbedingungen. Sie gelten für tarifgebundene Arbeitgeber und Arbeitnehmer unmittelbar und zwingend, § 4 TVG. Für nicht tarifgebundene Arbeitnehmer gelten Tarif-

---

4 Zu dieser Zweiteilung s. *Wank* (Fn. 2), S. 59 ff., 94 ff.
5 S. *Hönn* (Fn. 2), S. 134 ff.

verträge in der Regel kraft Bezugnahme; d.h. der Arbeitsvertrag enthält die Klausel: „Im Übrigen gilt der Tarifvertrag X".

### 3. Betriebliche Mitbestimmung

Ein weiterer Schutz im Hinblick auf die Ausübung der Arbeit vor Ort wird durch die betriebliche Mitbestimmung nach dem Betriebsverfassungsgesetz gewährleistet. Sie schlägt sich einerseits in Betriebsvereinbarungen nieder (§ 87 BetrVG), andererseits in Mitwirkungsrechten des Betriebsrats bei Einstellung, Versetzung und Kündigung (§§ 99 und 102 BetrVG) sowie nicht zuletzt in der Weise, dass Sozialplanregelungen in Form von Betriebsvereinbarungen verwirklicht werden (§ 112 BetrVG).

### 4. Arbeitsgerichte

Schließlich haben es gerade die Arbeitsgerichte als ihre Aufgabe angesehen, im Wege der Rechtsfortbildung den Schutz von Arbeitnehmern auch über die gesetzliche Regelung hinaus zu erweitern.

### 5. Rest an Vertragsfreiheit

Das Thema Inhaltskontrolle im Arbeitsrecht spielt letzten Endes nur insoweit eine Rolle, als nach alledem für Vertragsfreiheit im Arbeitsrecht überhaupt noch Spielraum verbleibt. Dabei ist je nach der Rechtsgrundlage zu differenzieren; sowohl die Rechtsgrundlage für die Inhaltskontrolle als auch deren Intensität variieren.

## III. Tarifverträge

Wenn das Thema „Inhaltskontrolle von Arbeitsverträgen" heißt, sind damit sowohl kollektivrechtliche als auch individualrechtliche Verträge gemeint. Kollektivrechtlich sind Tarifverträge und Betriebsvereinbarungen zu nennen.

### 1. § 310 Abs. 4 BGB

Tarifverträge unterliegen nach der ausdrücklichen Regelung in § 310 Abs. 4 BGB keiner Inhaltskontrolle nach dem AGB-Recht, also nach den §§ 305 ff. BGB. Man könnte daraus leicht den Schluss ziehen, dass sich der Staat insoweit einer Rechtskontrolle ganz enthält. Das ist jedoch nicht der Fall.

## 2. Grundrechte

Schon immer werden Tarifverträge einer Inhaltskontrolle anhand der Grundrechte unterzogen. Zwar ist bis heute streitig, ob die Grundrechte auf Tarifverträge unmittelbar anwendbar sind,[6] oder ob es sich ebenso wie bei Einzelverträgen hierbei nur um eine Form der mittelbaren Drittwirkung der Grundrechte handelt.[7] Im Ergebnis wirken sich beide Ansätze nicht sehr unterschiedlich aus, da die Wertungen der Grundrechte nach allen Meinungen bei der Auslegung und der Inhaltskontrolle von Tarifverträgen zu berücksichtigen sind.

## 3. Zwingendes Recht

Weniger hervorgehoben wird der allgemein anerkannte Rechtsgrundsatz, dass zwingendes Recht für alle Verträge gilt, und damit auch für Tarifverträge. Da, wie bereits gesagt, arbeitsrechtliche Vorschriften zu einem großen Teil zwingend sind, ist auch für Tarifverträge ein großer Teil der Inhalte zwingendem Recht unterworfen.

Dieser Ansatz scheint aber der durch Art. 9 Abs. 3 GG gewährten Tarifautonomie zu widersprechen. Wenn der Staat seine Gestaltung zurückgenommen hat und sie den Tarifparteien überlässt, so erscheint es widersprüchlich, wenn er ihnen in gleicher Weise wie dem einzelnen Arbeitgeber strenge Vorschriften macht. Aus dieser Erkenntnis heraus wurde das sog. *tarifdispositive Recht* geboren.[8] Es bedeutet in der Variante tarifdispositives Gesetzesrecht, dass die gesetzlichen Vorschriften zwar für Arbeitsverträge zwingend sind, nicht aber für Tarifverträge. Ob Tarifdispositivität vorliegt, wird in dem jeweiligen Gesetz ausdrücklich gesagt. Regelmäßig ist sie nur auf einzelne Paragrafen bezogen und führt nicht zu einer völligen Freistellung, sondern nur zu einer Freistellung in bestimmter Hinsicht. Hier findet sich eine ziemliche Spannweite. Einerseits können z.B. die Kündigungsfristen entgegen § 622 Abs. 1 bis 3 BGB durch Tarifverträge anscheinend beliebig verkürzt werden, s. § 622 Abs. 4 BGB. Andererseits misstraut der Gesetzgeber den Tarifvertragsparteien so sehr, dass er ihnen im Urlaubsrecht nur ein Minimum an Tarifdispositivität einräumt, § 13 Abs. 1 Satz 1 BUrlG.

Soweit Gesetze Tarifdispositivität gewähren, bestimmen sie regelmäßig auch, dass wenn im Arbeitsvertrag *auf einen Tarifvertrag Bezug genommen* wird, die Tarifdispositivität auch in diesem Falle gilt (s. z.B. § 13 Abs. 1 Satz 2 BUrlG). Hier wird also letzt-

---

**6** So z.B. grundlegend BAGE 1, 285.

**7** So z.B. Erfurter Kommentar-*Dieterich*, GG (9. Aufl. 2009), Einl. Rn. 46 ff.; *Wiedemann*, TVG (7. Aufl. 2007), Einl. Rn. 186 ff.; die Senate des BAG sind selbst uneins; pro mittelbare Wirkung 7. Senat: BAGE 88, 118 und BAGE 88, 162; 3. Senat: BAGE 97, 301; 4. Senat: BAGE 95, 277 und zuletzt eingehend 6. Senat: 27.5.2004 AP TVG § 1 Gleichbehandlung Nr. 5; Übersicht bei *Dieterich*, Gleichbehandlungsgrundsätze im Tarifvertragsrecht, RdA 2005, 177 ff.

**8** Dazu *Wiedemann* (Fn. 7), Einl. Rn. 378 ff.; jüngst *Thüsing*, Mindestlohn im Spannungsverhältnis staatlicher und privatautonomer Regelung, ZfA 2008, 590, 594 ff.

lich doch dem Arbeitgeber gegenüber zwingendem Recht Dispositivität eingeräumt. Voraussetzung ist aber eine Bezugnahme nicht im Wege der „Rosinenpickerei", indem er nur die für ihn günstigen Vorschriften eines Tarifvertrages in Bezug nimmt, sondern die Inbezugnahme des Tarifvertrages insgesamt oder zumindest eines in sich zusammenhängenden Regelungskomplexes.[9]

Deutlich wird dieser Mechanismus etwa im Arbeitnehmerüberlassungsrecht. Die gesetzliche Regelung sieht vor, dass Leiharbeitnehmer mit den Stammarbeitnehmern im entliehenen Unternehmen gleich zu behandeln sind (§§ 3 Abs. 1 Nr. 3, 9 Nr. 2 AÜG)[10]. Kein Verleiher will dies. Aber die Vorschrift ist nicht anwendbar, wenn ein eigener Tarifvertrag über Leiharbeit besteht und beide Parteien tarifgebunden sind (§ 9 Nr. 2 AÜG). Soweit Verleiher nicht einem Arbeitgeberverband angehören und die bei ihnen Beschäftigten nicht Gewerkschaftsmitglieder sind, kann dasselbe Ergebnis – keine Gleichstellung mit den Stammarbeitnehmern, sondern Regelung aufgrund eines eigenen Leiharbeitstarifvertrages – durch Bezugnahme auf Arbeitnehmerüberlassungstarifverträge erreicht werden (§ 9 Nr. 2 am Ende AÜG).[11]

Neben dem gesetzesdispositiven Recht gibt es nach diesem Vorbild *tarifdispositives Richterrecht*:[12] In manchen Fällen hat das BAG den Tarifvertragsparteien erlaubt, von strengen Vorschriften des Richterrechts abzuweichen.

## IV. Betriebsvereinbarungen

Was in Bezug auf Tarifverträge ausgeführt wurde, nämlich die Bindung an die Grundrechte und an zwingendes Recht, gilt in ähnlicher Weise für Betriebsvereinbarungen. Eine ausdrückliche Norm im Hinblick auf eine Inhaltskontrolle findet sich in *§ 75 BetrVG*, der teilweise der Grundrechtskontrolle von Tarifverträgen entspricht.[13]

## V. Arbeitsverträge

Im Hinblick auf die Inhaltskontrolle von Arbeitsverträgen muss zunächst ein gravierender Unterschied beachtet werden, nämlich der zwischen Individualarbeitsverträgen und allgemeinen Arbeitsbedingungen.

---

**9** *Däubler*, Die Auswirkungen der Schuldrechtsmodernisierung auf das Arbeitsrecht, NZA 2001, 1329, 1335; *Diehn*, AGB-Kontrolle von arbeitsrechtlichen Verweisungsklauseln, NZA 2004, 129, 130; *Thüsing*, AGB-Kontrolle im Arbeitsrecht (2007), Rn. 189.
**10** Erfurter Kommentar-*Wank* (Fn. 7), § 3 AÜG Rn. 13 ff.
**11** Erfurter Kommentar-*Wank* (Fn. 7), § 3 AÜG Rn. 22 ff.
**12** Dazu *Wiedemann* (Fn. 7), Einl. Rn. 400 ff.
**13** S. dazu *Richardi*, BetrVG (11. Aufl. 2008), § 75 BetrVG Rn. 4 ff., 13 ff.

## 1. Individualarbeitsverträge

Der Anwendungsbereich der Inhaltskontrolle für Individualarbeitsverträge dürfte gering sein.[14] Jedenfalls in mittleren bis großen Unternehmen dürfte eine Regelung durch allgemeine Arbeitsbedingungen vorherrschen.

Soweit allerdings noch Individualverträge bestehen oder Vertragsmuster durch Individualvereinbarungen angereichert werden, fragt sich, wonach hier eine Inhaltskontrolle erfolgen soll. Eine ausdrückliche Vorschrift dazu gibt es nicht. In Rechtsprechung und Literatur wird teilweise auf § 138 Abs. 1 BGB, teilweise auf § 242 BGB zurückgegriffen. Während § 138 ein sittliches Unwerturteil und einen erheblichen Verstoß verlangt, ist man gewohnt, mit § 242 jede Form von Inhaltskontrolle zu begründen. Die heutige Rechtsprechung und die überwiegende Literatur greifen zur Kontrolle von Einzelarbeitsverträgen auf § 242 BGB zurück.[15]

## 2. Allgemeine Arbeitsbedingungen

Bis zur Schuldrechtsreform im Jahre 2003 unterlagen allgemeine Arbeitsbedingungen[16] nach der ausdrücklichen Regelung in § 23 des bis dahin geltenden AGB-Gesetzes keiner Inhaltskontrolle nach dem AGBG. Mit dieser Vorschrift sollte zwar nicht gesagt werden, dass keine Inhaltskontrolle stattfindet; jedoch sollte sie nicht unmittelbar nach diesem Gesetz erfolgen. Mit der Schuldrechtsreform wurden auch Arbeitsverträge den allgemeinen Vorschriften über die Inhaltskontrolle von allgemeinen Geschäftsbedingungen in §§ 305 ff. BGB unterworfen. Dies hat in Rechtsprechung und Literatur zu einem erheblichen Umdenken geführt. Während man bis dahin in vielen Fällen mit einer Inhaltskontrolle, die auf § 242 BGB gestützt war, zurückhaltend war, werden jetzt die §§ 305 ff. BGB stringent auf Arbeitsrecht angewandt, wenn es sich um Vertragsbedingungen handelt, die zum mehrfachen Gebrauch gedacht sind; allein die Verwendung von typischen Erklärungen muss aber nicht zur Annahme von AGB führen.[17]

## 3. Arbeitnehmer als Verbraucher

Wie oben bereits gesagt, wird für drei Lebensbereiche generell eine schwächere Stellung des einen Vertragspartners vermutet, nämlich für Verbraucherrecht, Mietrecht und für Arbeitsrecht. Die Rechtsordnung sieht deshalb ein eigenes Verbraucherschutzrecht, ein eigenes Mietrecht und ein eigenes Arbeitnehmerschutzrecht vor. Da es im Arbeitsrecht um den Bürger in seiner Rolle als Arbeitnehmer geht, kommt

---

**14** Zustimmend *Däubler*, Das Arbeitsrecht, Band 1 (2009), Rn. 172d.
**15** Münchener Kommentar-*Roth*, BGB (5. Aufl. 2007), § 242 BGB Rn. 431 ff.; *Coester*, Allgemeine Geschäftsbedingungen, in: Staudinger (Hrsg.), Eckpfeiler des Zivilrechts (2005), S. 153, 158.
**16** Zu unterscheiden von „typischen Erklärungen“, BAG, DB 2008, 2770.
**17** BAG, DB 2008, 2770.

eigentlich nur Arbeitsrecht zur Anwendung und nicht Verbraucherschutzrecht. Das BAG hat aber, verleitet durch eine missglückte Gesetzesformulierung und vom Gedanken des möglichst umfassenden Arbeitnehmerschutzes, inzwischen entschieden, dass Arbeitnehmer als solche Verbraucher sind;[18] dem hat sich auch das BVerfG angeschlossen.[19] Damit genießen sie doppelten Schutz, nämlich neben dem Schutz des gesamten Arbeitsrechts auch noch den Schutz des Verbraucherschutzrechts. Methodisch ist das fragwürdig, aber es entspricht inzwischen der ständigen Rechtsprechung. Die praktischen Auswirkungen stehen allerdings im umgekehrten Verhältnis zur Intensität des Meinungsstreits.

## VI. AGB-Inhaltskontrolle im Arbeitsrecht – das System

### 1. Vermutung für AGB

AGB sind dadurch gekennzeichnet, dass sie für eine Vielzahl von Fällen Verwendung finden sollen (§ 305 Abs. 1 BGB). Im Arbeitsrecht gibt es die Erleichterung, dass schon ein einmal benutztes Formular die Vermutung mit sich bringt, dass es sich um AGB handelt (wenn man Arbeitnehmer für Verbraucher hält, § 310 Abs. 3 Nr. 1 BGB).

### 2. Einbeziehungsvereinbarung

Die Inhaltskontrolle allgemeiner Arbeitsbedingungen setzt an zwei Stellen an.

Sie beginnt mit der Kontrolle der Einbeziehungsvereinbarung, also der Regelung im Vertrag, die besagt, dass bestimmte allgemeine Arbeitsbedingungen Anwendung finden sollen.

Das Verhältnis der beiden Kontrollstufen zueinander ist nicht ganz eindeutig dem Gesetz zu entnehmen. Zunächst müssen die AGB in den Vertrag einbezogen sein. Hierfür muss auf die AGB gem. § 305 Abs. 2 BGB hingewiesen worden sein. Ferner dürfen die Parteien nicht eine speziellere Regelung getroffen haben (Individualabrede gem. § 305b BGB). Soweit die AGB so in den Vertrag einbezogen sind, macht § 305c Abs. 1 BGB von der grundsätzlichen Einbeziehung der gesamten AGB eine Ausnahme; wenn Klauseln für den Vertragspartner objektiv und subjektiv überraschend sind, dann sind diese doch nicht Vertragsbestandteil geworden.

Zur Einbeziehungskontrolle wird auch § 305c Abs. 2 BGB gezählt. Dieser enthält die Auslegungsregel, dass mehrdeutige Klauseln zu Lasten des Verwenders auszulegen sind. Hier geht es eigentlich schon um den Inhalt, nur wird der Inhalt noch nicht kontrolliert, sondern die Frage beantwortet, welches Klauselverständnis In-

---

**18** BAGE 115, 19.
**19** BVerfG v. 23.11.2006 AP BGB § 307 Nr. 22.

halt des Vertrages wird. Häufig bestehen hier Abgrenzungsprobleme zum sog. Transparenzgebot gem. § 307 Abs. 1 S. 2 BGB, das Teil der Inhaltskontrolle ist. Die Kontrolle nach dem Transparenzgebot greift ein, wenn eine Auslegung der Klausel nicht zu mehreren Inhalten führt und daraufhin die verwenderfeindlichste Auslegung nach § 305c Abs. 2 BGB herangezogen wird; sondern wenn die Klausel selbst nach der versuchten Auslegung im Verständnis noch offen ist oder zumindest die Tragweite der Klausel für den Vertragspartner aufgrund ungewisser Faktoren nicht erkennbar ist. Erst im Anschluss daran findet dann eine Kontrolle nach den §§ 307 ff. BGB daraufhin statt, ob die Klausel mit dem ausgelegten Inhalt gegen die Wertungen des dispositiven Gesetzes verstößt.

#### a) *Hinweis auf AGB, § 305 Abs. 2 BGB*

Damit die andere Partei, hier der Arbeitnehmer, sich mit den allgemeinen Arbeitsbedingungen auseinandersetzen kann, muss der Arbeitgeber den Bewerber um den Arbeitsplatz ausdrücklich auf die Verwendung allgemeiner Arbeitsbedingungen hinweisen, § 305 Abs. 2 Nr. 1 BGB. Zwar soll nach § 310 Abs. 4 Satz 2 Halbsatz 2 BGB die Vorschrift des § 305 Abs. 2 BGB auf Arbeitsverträge nicht anwendbar sein. Im Ergebnis ändert sich jedoch bei Anwendung allgemeiner Regeln über Rechtsgeschäfte nichts.

Verstöße gegen das Nachweisgesetz – nach dem die wesentlichen Arbeitsbedingungen dem Arbeitnehmer schriftlich ausgehändigt werden müssen – haben auf die AGB-Einbeziehung keine Auswirkung.[20]

#### b) *Überraschende Klauseln, § 305c Abs. 1 BGB*

Nicht einbezogen werden in den Individualvertrag Klauseln in allgemeinen Geschäftsbedingungen, die überraschend sind, § 305c Abs. 1 BGB. Das betrifft Klauseln an versteckter Stelle oder in einem Zusammenhang, wo man sie nicht vermutet, so z. B., wenn eine Ausschlussfrist unter der Überschrift „Lohnberechnung und Zahlung" eingeordnet ist.[21] Die Klausel muss objektiv ungewöhnlich und für den Arbeitnehmer subjektiv überraschend sein.[22]

Manche Klauseln sind in Arbeitsverträgen allgemein üblich und gelten daher nicht als überraschend. Das betrifft Regeln über die Altersgrenze im Rahmen eines Regelungskomplexes über eine Versorgungszusage, ferner Ausschlussfristen,[23] Klauseln über die Pflicht zur Vorlage eines ärztlichen Zeugnisses am ersten Tag einer krankheitsbedingten Arbeitsunfähigkeit[24], Versetzungsklauseln oder Bezug-

---

**20** Däubler/Dorndorf/Bonin/Deinert-*Dorndorf/Deinert*, AGB-Kontrolle im Arbeitsrecht (2. Aufl. 2008), § 305 BGB Rn. 38 ff., 44.
**21** BAGE 81, 317; Däubler/Dorndorf/Bonin/Deinert-*Däubler* (Fn. 20), § 305c BGB Rn. 12, 18.
**22** Däubler/Dorndorf/Bonin/Deinert-*Däubler* (Fn. 20), § 305c BGB Rn. 8 ff.
**23** BAGE 96, 208.
**24** S. (vor der Schuldrechtsreform) BAG, NZA 1998, 369.

nahmeklauseln auf einschlägige Tarifverträge[25]; in Aufhebungs- und Abwicklungsverträgen sind zudem Abgeltungsklauseln grds. weder überraschend noch ungewöhnlich[26]. Unwirksam ist zum Beispiel eine Regelung über eine Abrufklausel, bei der für den Arbeitnehmer nicht erkennbar wird, dass sich der Arbeitgeber einer jeden Beschäftigung des Arbeitnehmers dadurch entziehen kann, dass er Arbeitsangebote unterlässt. Auch kann auf Ansprüche aus einer betrieblichen Altersversorgung nur ausdrücklich und unmissverständlich verzichtet werden.[27]

Soll eine Vertragsstrafenabrede auch den Fall erfassen, dass der Arbeitnehmer schuldhaft vorzeitig die Beendigung des Arbeitsverhältnisses durch eine Kündigung des Arbeitgebers herbeiführt, dann muss darüber eine ausdrückliche Vereinbarung zwischen den Parteien getroffen werden.[28]

Als überraschend hat es das BAG angesehen, dass sich in einem Formularvertrag an eine Probezeitbefristung eine weitere Befristung anschloss.[29]

### c) *Mehrdeutige Klauseln, § 305c Abs. 2 BGB*

Ist eine AGB-Klausel mehrdeutig, so gehen Zweifel bei der Auslegung zu Lasten des Verwenders, § 305c Abs. 2 BGB. Dabei wird zunächst eine für den Arbeitnehmer ungünstige Auslegung zugrunde gelegt. Ist die Klausel danach unwirksam, so ist sie es auch dann, wenn der Verwender sie anders verstanden und sich nichts Böses dabei gedacht hatte.

Wenn mehrere Interpretationen möglich sind, dann sind nicht nur die beiden Interpretationen gegeneinander abzuwägen, es muss auch kontrolliert werden, ob nicht eine von beiden Klauseln unwirksam wäre und die so gefundene Unwirksamkeit für den Arbeitnehmer günstiger ist als die andere Klausel.[30] Ist die Klausel nach beiden Auslegungsvarianten wirksam, so gilt die für den Arbeitgeber ungünstigere Auslegung; führt eine von beiden Auslegungsvarianten zur Unwirksamkeit, so ist die wirksame Auslegungsvariante mit dem dispositiven Recht zu vergleichen und die so gesehen günstigere Variante zu wählen. Die Auslegungszweifel gehen somit in allen Konstellationen zu Lasten des Verwenders. Wird z.B. in einer Zielvereinbarung das zu erreichende Ziel unklar formuliert, geht dies zu Lasten des Arbeitgebers.[31]

Bei einer arbeitsvertraglichen Bezugnahmeklausel auf einen Tarifvertrag kann § 305c BGB gegebenenfalls keine Anwendung finden, wenn mehrere Tarifverträge als in Bezug genommen verstanden werden können. Die Anwendbarkeit des § 305c

---

**25** BAG, NZA 2009, 154 ff.; explizit für den BAT BAGE 122, 33.
**26** BAG, NJW 2009, 1019.
**27** BAG, DB 1990, 1870.
**28** BAG, NZA 1992, 215.
**29** BAG, BB 2008, 1736.
**30** BGH, NZA 2006, 551; Däubler/Dorndorf/Bonin/Deinert-*Däubler* (Fn. 20), § 305c BGB Rn. 35.
**31** Däubler/Dorndorf/Bonin/Deinert-*Däubler* (Fn. 20), Anhang zu § 307 BGB Rn. 77 ff.

BGB scheitert in diesen Fällen zwar nicht tatbestandlich, jedoch ist es nach Ansicht des BAG nicht möglich, einen Günstigkeitsvergleich eindeutig vorzunehmen.[32]

#### d) *Vorrang der Individualabrede, § 305b BGB*

Schließlich hat jede Vereinbarung im Individualvertrag Vorrang vor der entsprechenden Regelung in den allgemeinen Arbeitsbedingungen, § 305b BGB. Das ist verständlich: Muss sich doch der Arbeitnehmer auf das verlassen können, was er persönlich mit dem Arbeitgeber vereinbart hat.

Für den Arbeitgeber ergibt sich ein Problem insbesondere dann, wenn eine *betriebliche Übung*[33] dem Inhalt der allgemeinen Arbeitsbedingungen widerspricht. Für die Entstehung einer betrieblichen Übung verlangt das BAG nicht einmal ein Erklärungsbewusstsein des Arbeitgebers[34]; er wird selbst dann gebunden, wenn ihm der Verstoß gegen die Arbeitsbedingungen gar nicht bekannt war, und er hat kein Anfechtungsrecht. Betriebliche Übungen sind nur schwer zu beseitigen. Insbesondere im Hinblick darauf ist verständlich, wenn der Arbeitgeber im Arbeitsvertrag fordert, dass Abweichungen von den AGB ausdrücklich erfolgen müssen (*Schriftformklausel*), um sich damit wenigstens bei Neueinstellungen von betrieblichen Übungen zu befreien.

Aber § 305b BGB gilt auch dann, wenn der Arbeitsvertrag eine Schriftformklausel enthält, wie „Abweichungen gelten nur, wenn sie schriftlich vereinbart werden." Denn in diesem Fall erfolgt nach Ansicht des BAG durch die mündliche Abrede zugleich eine mündliche Aufhebung der Schriftformklausel.[35] Arbeitgeber haben aus diesem Grunde zu einer *doppelten Schriftformklausel* gegriffen, die auch gegen dieses Vorgehen schützen soll. Aber auch hier lässt das BAG inzwischen § 305b BGB (zu Unrecht) eingreifen.[36] Jedoch wird diskutiert, wenigstens für den Ausschluss einer betrieblichen Übung eine qualifizierte Schriftform zuzulassen.[37]

### 3. Inhaltskontrolle

#### a) *§ 307 BGB*

An die Einbeziehungskontrolle schließt sich die Inhaltskontrolle an. Hier sind die §§ 307 ff. BGB zu beachten. Die entscheidende Generalklausel für die Inhaltskontrolle allgemeiner Arbeitsbedingungen ist *§ 307 BGB*. Die Konkretisierung erfolgt in

---

**32** BAG, NZA 2009, 154 ff.
**33** Zur betrieblichen Übung s. *Maties*, Die gegenläufige betriebliche Übung (2003).
**34** Erstmals BAG v. 4.9.1985 AP § 242 BGB betriebliche Übung Nr. 22.
**35** So schon für das Zivilrecht BGH, NJW 1986, 3131; für das Arbeitsrecht s. Fn. 36.
**36** BAG, BB 2008, 2242; ebenso Däubler/Dorndorf/Bonin/Deinert-*Däubler* (Fn. 20), § 305b BGB Rn. 13.
**37** BAG, BB 2008, 2242; *Hromadka*, Schriftformklauseln in Arbeitsverträgen, DB 2004, 1261, 1265.

§ 307 Abs. 2 BGB. Danach ist eine unangemessene Benachteiligung im Zweifel anzunehmen,

> „wenn eine Bestimmung
>
> 1. mit wesentlichen Grundgedanken der gesetzlichen Regelung, von der abgewichen wird, nicht zu vereinbaren ist, oder
> 2. wesentliche Rechte oder Pflichten, die sich aus der Natur des Vertrags ergeben, so einschränkt, dass die Erreichung des Vertragszwecks gefährdet ist.“

Maßstab ist also die gesetzliche Regelung[38], von der vermutet wird, dass sie ausgewogen ist, sowie die Natur des Vertrages, mit anderen Worten die Ausgewogenheit von Leistung und Gegenleistung im Hinblick auf das Vertragsziel.

#### *b) § 310 Abs. 4 S. 2 BGB*

Allerdings gilt für Arbeitsverträge insofern eine Besonderheit, als nach § 310 Abs. 4 Satz 2 BGB bei der Anwendung auf Arbeitsverträge die im Arbeitsrecht geltenden Besonderheiten angemessen zu berücksichtigen sind.

Hier war zunächst unklar, ob damit auch tatsächliche Besonderheiten gemeint sind oder nur rechtliche[39] („die im *Arbeitsrecht* geltenden Besonderheiten“).[40] Inzwischen wird beides berücksichtigt.[41] Es hat aber kaum Fälle gegeben, in denen das BAG zugunsten des Arbeitgebers Besonderheiten berücksichtigt hat,[42] wie z.B. bisherige Üblichkeit einer Klausel, schutzwürdige Interessen des Arbeitgebers (bejaht für Vertragsstrafe[43]) oder Praktikabilität einer Regelung.

### 4. Rechtsfolgen

Die Verwendung unzulässiger Klauseln wäre für den Arbeitgeber gefahrlos, wenn ihm als Schlimmstes drohte, dass im Einzelfall ein Arbeitnehmer aufgrund einer Klage erreicht, dass diese Klausel im Arbeitsvertrag zu streichen ist. Die Rechtsfolge ist deshalb schärfer. Insbesondere gilt *nicht* der Grundsatz der *geltungserhaltenden Reduktion*, d.h., eine Klausel, die unwirksam ist, wird nicht etwa auf ihren noch zulässigen Kern gestutzt mit der Folge, dass dieser zulässige Teil erhalten bleibt. Sie ist vielmehr insgesamt unwirksam, und der Inhalt des Vertrages richtet sich nach den gesetzlichen Vorschriften, § 306 Abs. 2 BGB. Der Vertrag als solcher bleibt mithin stets wirksam, eine Lücke wird durch dispositives Recht geschlossen.

---

**38** Hierzu gehören auch anerkannte Rechtsgrundsätze, BAG, AG 2008, 852.
**39** So das BAG ursprünglich, BAGE 110, 8.
**40** Zu den Literaturstimmen Däubler/Dorndorf/Bonin/Deinert-*Däubler/Deinert* (Fn. 20), § 310 BGB Rn. 60 ff.
**41** BAGE 115, 19; Däubler/Dorndorf/Bonin/Deinert-*Däubler/Deinert* (Fn. 20), § 310 BGB, Rn. 86.
**42** A.A. *Däubler* (Fn. 14), Rn. 171c.
**43** BAGE 110, 8.

Fraglich könnte sein, ob eine unwirksame Klausel gem. § 140 BGB umgedeutet werden kann. Da eine Umdeutung regelmäßig nur von einem Mehr zum Weniger zulässig ist, liefe dies im Ergebnis auf eine geltungserhaltende Reduktion hinaus, die bei AGB nicht zulässig ist.

Durch die Regelung des § 306 Abs. 2 BGB wird im AGB-Recht somit bei der Unzulässigkeit einer Klausel eine Abkehr vom Grundsatz des § 139 BGB vorgenommen. Dieser sieht vor, dass im Fall der Nichtigkeit eines Teils des Vertrages regelmäßig der ganze Vertrag nichtig sein soll, wenn nicht ein entgegenstehender Wille der Parteien anzunehmen ist.

So nachvollziehbar diese Vorschrift im Allgemeinen auch ist, so führt ihre Anwendung im Arbeitsrecht im Augenblick zu etlichen Ungerechtigkeiten. Arbeitgeber haben im Vertrauen auf die Wirksamkeit ihrer Klauseln in der Vergangenheit vielfach Arbeitsverträge geschlossen, die nach neuerer Gesetzeslage und nach neuerer Rechtsprechung gegen die §§ 305 ff. BGB verstoßen. Nach der Rechtsprechung genießen Arbeitgeber insoweit keinen Vertrauensschutz. Derartige Klauseln werden durch die Rechtsprechung gestrichen, es gilt die häufig für Arbeitgeber entschieden ungünstigere gesetzliche Regelung. Ist z. B. eine Klausel, die die Geltendmachung von Ansprüchen des Arbeitnehmers gegen den Arbeitgeber nach zwei Monaten ausschließt (Ausschlussfrist), nach neuerem Richterrecht unwirksam, so gelten anstelle dieser Regelung die allgemeinen Verjährungsvorschriften, was einen erheblichen Sprung bedeutet.

In einigen Fällen hat das BAG[44] jedoch angenommen, dass zwar keine geltungserhaltende Reduktion vorgenommen wird, aber die unwirksame Klausel nicht durch das dispositive Recht ersetzt wird, sondern durch eine *ergänzende Vertragsauslegung.*[45] Die Notwendigkeit hierfür ergibt sich daraus, dass der Gesetzgeber nach der Schuldrechtsreform zwar eine Übergangsregelung von einem Jahr vorgesehen hatte (Art. 229 § 5 EGBGB), der Arbeitgeber aber regelmäßig nicht die rechtliche Möglichkeit hat, den Vertrag (einvernehmlich) zu ändern.[46] Als ein Mittel blieb nur die – praktisch wenig taugliche – (Massen-)Änderungskündigung[47].

---

**44** Dies ist jedoch nur möglich, wenn nicht verschiedene Gestaltungsmöglichkeiten in Betracht kommen, Däubler/Dorndorf/Bonin/Deinert-*Dorndorf/Bonin* (Fn. 20), § 307 BGB Rn. 25a, 199b, 306.
**45** BAG, NZA 2008, 1173; BAG, BB 2007, 109; BAG v. 23.1.2007 AP BGB § 611 Ausbildungsbeihilfe Nr. 38; BAG v. 19.12.2006 AP BGB § 611 Sachbezüge Nr. 21.
**46** Dem entgegen jedoch nun wiederum BAG, DB 2009, 684, das eine ergänzende Vertragsauslegung nicht für erforderlich hält, wenn der Arbeitgeber die einjährige Frist des Art. 229 § 5 S. 2 EGBGB nicht genutzt hat, um eine Anpassung des Vertrages zu erreichen.
**47** Zur Ungeeignetheit der Änderungskündigung *Ballering,* Die einseitige Änderung von Arbeitsbedingungen (2003), S. 31 ff., 89.

## VII. AGB-Inhaltskontrolle im Arbeitsrecht im Einzelnen

### 1. Prüfungsreihenfolge

Wie dargelegt, müssen bei der Inhaltskontrolle von AGB zwei Stufen unterschieden werden:

- Sind die AGB überhaupt Vertragsbestandteil geworden?

  Voraussetzungen:

  - Einbeziehungsvereinbarung
  - keine überraschende Klausel
  - kein Vorrang der Individualabrede.

- Wenn die AGB Vertragsbestandteil geworden sind, sind sie auch wirksam? Die Reihenfolge der Prüfung verläuft dabei, wie schon vorher im AGB-Gesetz, entgegen der Zählung im Gesetz, also:

  - § 309 BGB
  - § 308 BGB
  - § 307 BGB.

  Es schließt sich eine Prüfung an nach:

  - § 310 Abs. 4 Satz 2 BGB
  - § 306 BGB.

### 2. § 309 BGB

§ 309 BGB zählt eine Reihe von Klauseln auf, die ohne Wertungsmöglichkeit für in AGB unwirksam erklärt werden.

#### a) *Arbeitnehmerhaftung*

Die Grundsätze, die das BAG über die Beschränkung der Arbeitnehmerhaftung entwickelt hat (sog. innerbetrieblicher Schadensausgleich) sind zwingend, § 309 Nr. 12 BGB. Sie gelten auch für die Mankohaftung und dürfen nicht durch Vertragsstrafen entwertet werden.[48]

#### b) *Konzernversetzungsklauseln*

Auf Arbeitsverhältnisse ist nach einer Ansicht in der Literatur § 309 Nr. 10 BGB nicht anwendbar.[49] Andererseits wird vorgebracht, der bloße Austausch des Arbeit-

---

**48** Däubler/Dorndorf/Bonin/Deinert-*Däubler* (Fn. 20), Einl. Rn. 106; § 309 Nr. 5 BGB Rn. 7.
**49** Henssler/Willemsen/Kalb-*Gotthardt*, Arbeitsrecht Kommentar (3. Aufl. 2008), § 309 BGB Rn. 13.

gebers durch eine Vertragsklausel (insb. durch eine Konzernversetzungsklausel) werde den Interessen des Arbeitnehmers nicht gerecht.[50]

## 3. § 308 BGB

Bei den Klauseln, die nach § 308 BGB in AGB verboten sind, gibt es anders als bei § 309 BGB Wertungsmöglichkeiten. Unter den dort genannten Klauseln ist im Arbeitsrecht insb. § 308 Nr. 4 BGB von Bedeutung. Die Vorschrift betrifft den Änderungsvorbehalt. Bevor auf die spezifischen Probleme dieser Vorschrift eingegangen werden kann, sind einige allgemeine Überlegungen zur Änderung von Arbeitsbedingungen angebracht.

### a) *Direktionsrecht und Vertragsänderung*

Am besten fährt der Arbeitgeber, der bereits bei Vertragsschluss alle späteren Eventualitäten berücksichtigt und sich für diese Fälle eine Änderung der Arbeitsbedingungen vorbehält.[51]

In dieser Hinsicht sind drei Institute auseinander zu halten, Direktionsrecht, Änderungsvorbehalt und so genanntes erweitertes Direktionsrecht.

Der Unterschied zwischen der Ausübung des *Direktionsrechts* und der *Vertragsänderung* bestimmt sich nach dem Inhalt des Arbeitsvertrages. Alles das, was entweder ausdrücklich oder durch Auslegung als Inhalt des Arbeitsvertrages anzusehen ist, kann vom Arbeitgeber gem. § 106 GewO angeordnet werden. Enthält der Arbeitsvertrag also die Bestimmung, dass ein Bewerber für die Einzelhandelsabteilung eingesetzt wird, so kann der Arbeitgeber ihm alle zumutbaren Arbeiten in diesem Bereich zuweisen. Ist umgekehrt als Arbeitsort Bochum angegeben, so scheidet schon eine Versetzung nach Dortmund oder nach Essen aus.

Sollen demgegenüber die Arbeitsbedingungen abweichend vom Arbeitsvertrag geändert werden, so kann dies durch eine vorwegnehmende Regelung oder durch eine spätere Regelung geschehen.[52]

### b) *Änderungsvorbehalt und Widerrufsvorbehalt*

Als vorwegnehmende Regelung kommen Änderungsvorbehalt und Widerrufsvorbehalt in Betracht.[53] Der Arbeitgeber sieht die Notwendigkeit zu einer Änderung des Arbeitsvertrages in der Zukunft voraus und behält sich bereits jetzt die Möglichkeit zu einer einseitigen späteren Änderung vor. Das Verfahren ist genial. Würde der

---

**50** Däubler/Dorndorf/Bonin/Deinert-*Däubler* (Fn. 20), § 309 Nr. 10 BGB Rn. 2.

**51** *Wank,* Einvernehmliche Änderungen von Arbeitsbedingungen, in: Hromadka (Hrsg.), Änderung von Arbeitsbedingungen (1989), S. 35 ff., 43 f.

**52** *Wank* (Fn. 51), S. 35 ff., 45 f.

**53** S. Däubler/Dorndorf/Bonin/Deinert-*Dorndorf/Bonin* (Fn. 20), § 308 BGB Rn. 18 ff.; *Wank,* Die Änderung von Arbeitsbedingungen – Systematik der Änderungsmöglichkeiten, mit Vergleich zum japanischen Recht, RdA 2005, 271 ff.

Arbeitgeber warten, bis die Situation tatsächlich eintritt, so bliebe ihm nur der Änderungsvertrag oder die Änderungskündigung. Einen Änderungsvertrag zu erreichen, wird schwierig sein, wenn die Änderung zu einem Nachteil für den Arbeitnehmer führt. Die Änderungskündigung schafft Unfrieden und ist wenig praktikabel. Ist die Änderung dagegen bereits im Arbeitsvertrag vorbehalten, so wird sie mit dem Vertragsschluss vom Konsens gedeckt, ohne dass dem Arbeitnehmer bewusst ist, auf was er sich da einlässt. Insofern bedarf gerade der Änderungsvorbehalt einer erheblichen Inhaltskontrolle. Die Rechtsprechung nimmt diese Kontrolle anhand des *§ 308 Nr. 4 BGB* vor. Die Klausel muss also daraufhin überprüft werden, inwieweit sie einerseits den Interessen des Arbeitgebers gerecht wird und andererseits für den Arbeitnehmer zumutbar ist. Das BAG hat hierfür generalisierende Regelungen geschaffen. Es hat beispielsweise im Hinblick auf das Entgelt eine Veränderung, d.h. Verschlechterung, um bis zu 25 % zugelassen, soweit es sich um Sonderzuwendungen handelt. Außerdem hat es – und das ist nicht einfach zu erfüllen – die Anforderung aufgestellt, dass schon der Vertragstext erkennen lassen muss, um welche zukünftigen Fallgestaltungen es sich handelt und welche Art von Veränderungen zu erwarten sind.[54]

Für die Kontrolle der wirksamen Vereinbarung des Widerrufsgrundes hat das BAG (dogmatisch nicht zutreffend) allerdings nicht auf den einschlägigen § 308 Nr. 4 BGB abgestellt, sondern auf das allgemeine Transparenzgebot, § 307 Abs. 1 S. 2 BGB.[55]

### c) *Freiwilligkeitsvorbehalt*

In manchen Fällen hat der Arbeitgeber einen Freiwilligkeitsvorbehalt vereinbart; d. h., er möchte sich gar nicht erst binden, sondern von Fall zu Fall über die Leistung entscheiden.[56] Das BAG hat derartige Freiwilligkeitsvorbehalte inzwischen Änderungsvorbehalten und Widerrufsvorbehalten weitgehend gleichgestellt.[57] Allerdings hat sich der 10. Senat des BAG jüngst entgegengesetzt geäußert.[58] Eine abschließende Äußerung fehlt bisher noch, auch die Meinungen innerhalb der Literatur sind gespalten.[59]

**54** BAGE 113, 140.
**55** Dazu kritisch *Maties*, Freiwilligkeits- und Widerrufsvorbehalte in Arbeitsverträgen und bei der betrieblichen Übung, DB 2005, 2689 ff.
**56** Umfassend zur Entwicklung beim Freiwilligkeitsvorbehalt *Gaul*, Der Abschied vom Freiwilligkeitsvorbehalt, in: Festschrift für Hromadka (2008), S. 99 ff.
**57** BAGE 122, 182 m. Anm. *Maties*, in AP BGB § 308 Nr. 7.
**58** BAG, NZA 2008, 1173 m. Anm. *Wiedemann*, RdA 2009, 186 ff.; BAG v. 21.1.12009 – 10 AZR 221/08 – n.v.; s. auch LAG Düsseldorf, BB 2009, 335, das einen Freiwilligkeitsvorbehalt jedenfalls dann für unwirksam hält, wenn eine Sonderzahlung 25% des sonstigen Entgelts übersteigt.
**59** Überblick bei *Bayreuther*, Widerrufs-, Freiwilligkeits- und Anrechnungsvorbehalte – geklärte und ungeklärte Fragen der Rechtsprechung des BAG zu arbeitsvertraglichen Vorbehalten, ZIP 2007, 2009 ff., 2011 f.; *Kroeschell*, Die AGB-Kontrolle von Widerrufs- und Freiwilligkeitsvorbehalten, NZA 2008, 1393 ff.

#### d) *„Erweitertes Direktionsrecht"*

Ist die Grenzziehung zwischen Direktionsrecht einerseits (innerhalb der Grenzen des Arbeitsvertrages) und Änderungsvorbehalt, Änderungsvertrag und Änderungskündigung andererseits (jenseits der Grenzen des Arbeitsvertrages) scheinbar eindeutig (s. o. unter VII. 3.), so ergibt sich etwas anderes, wenn man das sog. erweiterte Direktionsrecht in die Betrachtung einbezieht. Diese Rechtsfigur, die sich in Tarifverträgen, aber auch in Arbeitsverträgen findet, wird von der Rechtsprechung zugelassen. Es handelt sich um eine geschickte Falschbezeichnung[60]. Mit der Bezeichnung als Direktionsrecht wird suggeriert, dass sich die Änderung innerhalb der Grenzen des Arbeitsvertrages hält. Das ist jedoch nicht der Fall. Das erweiterte Direktionsrecht betrifft Vertragsänderungen; deshalb müsste es denselben Regeln unterliegen wie Vertragsänderungen und als Änderungsvorbehalt der Inhaltskontrolle unterzogen werden. Die Abgrenzung kann nicht von der Formulierung abhängen. Ob der Arbeitgeber den Arbeitnehmer für Bochum einstellt und sich vorbehält, ihn an eine andere Stelle in Deutschland zu versetzen, oder ob er den Arbeitnehmer von vornherein für jede Filiale in Deutschland einstellt, wobei der Arbeitnehmer zunächst in Bochum arbeiten soll, darf im rechtlichen Ergebnis keinen Unterschied ausmachen. Nach meiner Auffassung ist daher die Figur des erweiterten Direktionsrechts aufzugeben, die Fälle sind den Regeln über die Vertragsänderung zu unterziehen[61].

#### e) *Entgeltflexibilität*

Von erheblicher Bedeutung ist es für den Arbeitgeber, wenn es ihm gelingt, die Entgeltregelung flexibel zu gestalten. Hierbei ist zu unterscheiden zwischen Flexibilität beim eigentlichen Einkommen und Flexibilität bei Sonderzuwendungen. Eine Flexibilität bei den Sonderzuwendungen wird durch den oben genannten Änderungsvorbehalt erreicht. Dagegen ist in Bezug auf den Hauptlohn eine Änderung nach der Rechtsprechung kaum möglich.[62]

### 4. § 307 BGB

#### a) *Allgemeines*

Bei der Anwendung des § 307 BGB ist zu beachten, dass nicht jede Regelung in AGB der Inhaltskontrolle unterliegt. Vielmehr muss die Regelung von Rechtsvorschriften abweichen oder diese ergänzen, § 307 Abs. 3 BGB.

---

**60** S. bereits *Wank* (Fn. 51), S. 35 ff., 38 ff.

**61** Krit. auch *Mentzel*, Die Änderung von Arbeitsbedingungen kraft Direktionsrecht oder im Wege vorab konsentierter Änderungsverträge (2003). Einen Sonderfall (Rückführung auf die tarifliche Arbeitszeit) betrifft BAG v. 14.1.2009 AP Nr. 88 zu § 315 BGB.

**62** BAGE 122, 182.

Im Folgenden sollen einige Beispiele für die Anwendung des § 307 BGB genannt werden:

### b) *Bezugnahmeklauseln*

Eine Bezugnahmeklausel ist nichts anderes als eine einzelvertragliche Vereinbarung, die den Tarifvertrag „abschreibt", sie ist nach h.M. sogar durch eine betriebliche Übung möglich.[63] Um nicht den Inhalt eines Tarifvertrages wörtlich abzuschreiben, wird nur auf den Tarifvertrag verwiesen und der Inhalt des Tarifvertrages zum Inhalt der arbeitsvertraglichen Regelung. In der Praxis gibt es zwei Verweisungsformen, zum einen statisches Abschreiben (so genannte *statische Verweisung*) und zum anderen die *dynamische Verweisung*, die auf die jeweils aktuelle geltende Fassung des Tarifvertrages verweist. Auch die dynamische Klausel ist nicht intransparent.[64]

In der Vergangenheit hat das BAG Bezugnahmeklauseln als so genannte *Gleichstellungsabreden* verstanden und damit als so genannte große dynamische Verweisungen. Der Arbeitgeber will nach dieser früheren Rechtsprechung erreichen, dass jederzeit für die tarifgebundenen und für die nichttarifgebundenen Arbeitnehmer die gleichen Arbeitsbedingungen und damit die gleichen Tarifverträge gelten. Wenn sich die Rechtslage änderte – beispielsweise im Falle des Tarifwechsels oder im Falle des Austritts aus dem Arbeitgeberverband –, sollten ebenfalls für alle Arbeitnehmer gleiche Arbeitsbedingungen vorherrschen.

Nunmehr versteht das BAG Bezugnahmeklauseln nur noch dann als Gleichstellungsabreden, wenn dieser Charakter ausdrücklich in der Klausel formuliert wird. Anderenfalls geht das BAG von einer statischen oder von einer kleinen dynamischen Verweisung aus:[65] nur der gegenwärtige Tarifvertrag und eventuell eine spätere Fassung desselben Tarifvertrages soll für alle gelten.[66]

Dagegen wirkt sich der Verbandsaustritt nach der neueren Rechtsprechung für die nichttarifgebundenen Arbeitnehmer nicht aus, die schuldrechtliche Verweisung auf den Tarifvertrag gilt weiter.[67] In diesem Fall ist die Verweisung auch nicht auf Grund einer AGB-Kontrolle als intransparent anzusehen.[68]

Soweit die Verweisungsklausel aber in ihrer Auslegung offen ist, d.h. nicht eindeutig auf den einen oder den anderen Tarifvertrag verwiesen ist, bleibt kein Anwendungsbereich für die Unklarheitenregel des § 305c Abs. 2 BGB, da Tarifverträge nicht miteinander in einen Günstigkeitsvergleich gesetzt werden können.[69] Es han-

---

**63** Nachw. bei *Sutschet*, Bezugnahmeklausel kraft betrieblicher Übung, NZA 2008, 679 ff.
**64** BAG, NZA 2009, 154.
**65** BAG, BB 2009, 1022.
**66** Zur Auslegung von Bezugnahmeklauseln umfassend *Jacobs/Willemsen*, Jahrbuch des Arbeitsrechts (2008), S. 47, 53 ff.
**67** BAGE 122, 74.
**68** BAG, DB 2009, 290.
**69** BAG, NZA 2009, 154 f. = DB 2009, 290 f.

delt sich immer um Gesamtregelungen, und die Frage der Günstigkeit kann nicht vom Einzelfall losgelöst beurteilt werden.[70] Ferner kann eine Kollision zwischen einem vereinbarten und einem normativ geltenden Tarifvertrag nicht nach den Grundsätzen der tarifrechtlichen Spezialität gelöst werden.[71]

Bezugnahmeklauseln sind im Arbeitsrecht üblich und stellen keine überraschenden Klauseln i.S.d. § 305c Abs. 1 BGB dar.[72]

Bei der Bezugnahmeklausel muss man zwischen der Klausel als solcher (sie kann aus einem Satz bestehen, z.B. der Tarifvertrag X findet Anwendung) und der in Bezug genommenen Regelung unterscheiden. Die Bezugnahmeklausel selbst unterliegt der normalen Kontrolle, insbesondere der Einbeziehungskontrolle, aber auch der Inhaltskontrolle. Ob die in Bezug genommene Regelung ihrerseits inhaltlich kontrolliert werden kann, richtet sich danach, ob ein *gesamter Tarifvertrag* (oder eine gesamte Betriebsvereinbarung) Anwendung finden soll oder nur Teile davon. Der Inhalt des verwiesenen Werkes hingegen kann insoweit der Kontrolle entzogen sein.

Da nur die Kontrolle von Tarifverträgen gem. § 310 Abs. 4 S. 3 BGB ausgeschlossen ist und nicht die von Arbeitsverträgen, könnte man überlegen, ob nicht im Falle der Bezugnahme die Regelungen des Tarifvertrages als Inhalt des Arbeitsvertrages einer AGB-Kontrolle unterliegen. Diese Überlegungen sind jedoch zu verwerfen, da ansonsten die Gerichte letztlich doch eine gerichtliche Kontrolle des Tarifvertrages vornehmen würden. Der Tarifvertrag soll aber gerade wegen der Koalitionsfreiheit in Art. 9 Abs. 3 GG grundsätzlich nicht der Beurteilung eines Gerichts unterliegen. Zugunsten eines Tarifvertrages besteht die Vermutung einer so genannten materiellen Richtigkeitsgewähr.[73] Sofern ein Arbeitsvertrag auf einen gesamten Tarifvertrag Bezug nimmt, ist dieser als ausgewogen anzusehen[74].

Etwas anderes kann gelten, wenn die Arbeitsvertragsparteien nicht auf den gesamten Tarifvertrag verweisen, sondern nur auf *einzelne Regelungen*. Soweit diese Regelungen einen abgeschlossenen Gesamtzusammenhang betreffen, sind auch die verwiesenen Regelungen nicht gerichtlich kontrollierbar, da Regelungskomplexe als Paket verhandelt werden. Von der Richtigkeitsvermutung nicht erfasst sind jedoch einzelne Regelungen eines Tarifvertrages, die aus dem Gesamtkonzept herausgerissen werden; dann ist die Inhaltskontrolle eröffnet.[75] Es soll dem Arbeitgeber nicht

---

**70** Auch für den Fall der Kollision von allgemeinverbindlichem Tarifvertrag und arbeitsvertraglicher Bezugnahme auf einen anderen Tarifvertrag, BAG v. 29.8.2007 AP TVG § 1 Bezugnahme auf Tarifvertrag Nr. 61.

**71** BAG, NZA 2009, 151.

**72** Wiedemann-*Oetker* (Fn. 7), § 3 TVG Rn. 303; Däubler/Dorndorf/Bonin/Deinert-*Däubler* (Fn. 20), § 305c BGB Rn. 22.

**73** Statt vieler BAGE 18, 217; BAGE 110, 79; umfangreiche Nachw. bei *Thüsing,* ZfA 2008, 590, 597 in Fn. 32.

**74** BAG, NZA 2009, 154.

**75** So wohl BAGE 122, 174; *Ernst,* Tarifverträge und ihre Transparenzkontrolle bei arbeitsvertraglichen dynamischen Globalverweisungen, NZA 2007, 1405 ff.

ermöglicht werden, einzelne für ihn günstige Klauseln aus dem Tarifvertrag herauszusuchen und der Inhaltskontrolle zu entziehen, wenn er nicht zugleich auch andere zugehörige Normen mit hinzunimmt.

Soweit auf Betriebsvereinbarungen verwiesen wird, gilt das Gesagte entsprechend. Da Betriebsvereinbarungen normativ für den gesamten Betrieb gelten, kommt nur die Verweisung auf die Betriebsvereinbarung eines anderen Betriebs in Betracht. Die Ausnahme von der Inhaltskontrolle ist dann aber nur bei Betrieben des gleichen Konzerns vorzunehmen.[76]

### c) *Rückzahlung von Fortbildungskosten*

Teilweise finanzieren Arbeitgeber ihren Arbeitnehmern Fortbildungskosten, zum Teil einzelne Seminare, zum Teil auch ganze Studiengänge. Sie erwarten, dass dies ihrem Betrieb dadurch zugute kommt, dass der Arbeitnehmer anschließend zumindest längere Zeit im Betrieb bleibt. Rückzahlungsklauseln sind daher mit Bleibebestimmungen verknüpft. Gem. § 307 Abs. 3 S. 1 BGB werden zwar nur vom Gesetz abweichende Regelungen der AGB-Kontrolle unterworfen, und es gibt keine explizite Regelung, wie lange man einen Arbeitnehmer an einen Betrieb mittels einer Rückzahlungsklausel binden kann; jedoch geht das BAG davon aus, dass auch die allgemein anerkannten Rechtsgrundsätze, die Regelungen des Richterrechts oder die auf Grund ergänzender Vertragsauslegung nach den §§ 157, 242 BGB und aus der Natur des jeweiligen Schuldverhältnisses zu entnehmenden Rechte und Pflichten zu den Rechtsvorschriften i.S.d. § 307 Abs. 3 BGB gehören.[77] Folglich verlangt das BAG hier eine Interessenabwägung. Eine Kostenbeteiligung ist dem Arbeitnehmer umso eher zuzumuten, je größer seiner beruflicher Vorteil ist.[78]

Bei einer Lehrgangsdauer von bis zu 1 Monat ohne Verpflichtung zur Arbeitsleistung darf höchstens eine sechsmonatige Bindung,[79] bei einer Lehrgangsdauer von bis zu 2 Monaten eine einjährige Bindung,[80] bei einer Lehrgangsdauer von 3 bis 4 Monaten eine zweijährige Bindungsfrist[81] und bei einer Lehrgangsdauer von 6 Monaten bis zu einem Jahr ohne Arbeitsverpflichtung im Regelfall keine längere Bindung als 3 Jahre[82] vereinbart werden. Bei einer mehr als zweijährigen Dauer der Fortbildungsmaßnahme ohne Arbeitsleistung wird eine Bindungsdauer von fünf Jahren für zulässig gehalten.[83]

---

**76** *Däubler* (Fn. 14), Rn. 172a.

**77** BAG v. 28.5.2008 AP BGB § 307 Nr. 32; BAG, AG 2008, 852.

**78** BAG, NZA 1992, 211; s. auch Däubler/Dorndorf/Bonin/Deinert-*Dorndorf/Deinert* (Fn. 20), § 307 BGB Rn. 101 ff.

**79** BAGE 104, 125.

**80** BAGE 75, 215; LAG Hessen, DB 1995, 1617.

**81** BAG v. 6.9.1995 AP BGB § 611 Ausbildungsbeihilfe Nr. 23.

**82** BAG v. 23.2.1983 AP BGB § 611 Ausbildungsbeihilfe Nr. 6; BAG v. 11.4.1984 AP BGB § 611 Ausbildungsbeihilfe Nr. 8; BAG v. 23.4.1986 AP BGB § 611 Ausbildungsbeihilfe Nr. 10.

**83** BAG v. 19.6.1974 AP BGB § 611 Ausbildungsbeihilfe Nr. 1; BAG v. 12.12.1979 AP BGB § 611 Ausbildungsbeihilfe Nr. 4.

### d) *Vertragsstrafen*

Vertragsstrafen sind in AGB gem. § 309 Nr. 6 BGB nicht zulässig. Jedoch findet § 309 Nr. 6 BGB im Arbeitsrecht grundsätzlich keine Anwendung, denn der Anwendung stehen Besonderheiten des Arbeitsrechts (§ 310 Abs. 4 S. 2 BGB) entgegen.[84] Grundsätzlich kann jedes Verhalten der Arbeitnehmer zum Inhalt einer Vertragsstrafenabrede werden, wobei in AGB nicht auf das Verschuldenserfordernis gem. § 339 BGB verzichtet werden kann.[85] Es können auch mehrere Verhaltensweisen in einer Klausel enthalten sein. Sollten von mehreren Verhaltensweisen einige nicht in AGB ordnungsgemäß vereinbar sein, so stellt sich die Frage, ob damit die ganze Klausel entfällt oder nur die unzulässig sanktionierte Verhaltensweise gestrichen wird. Hier hat sich das BAG entschieden, einen sog. „blue-pencil-test" vorzunehmen. Dazu muss die Trennbarkeit von Klauseln in allgemeinen Geschäftsbedingungen in einen wirksamen und unwirksamen Teil untersucht werden. Trennbarkeit ist anzunehmen, wenn nach Streichung der unwirksamen Teile die verbleibende Klausel verständlich bleibt.[86]

Die häufigste Konstellation der Vereinbarung einer Vertragsstrafe ist die, dass eine Strafe vereinbart wird für den Fall, dass ein Arbeitnehmer seinen Arbeitsvertrag nicht einhält und bereits vor Ablauf der (vertraglich verlängerten) Kündigungsfrist nicht arbeitet. Darin liegt eine Pflichtverletzung des Arbeitnehmers. Regelmäßig wird es dem Arbeitgeber jedoch schwer fallen, in einem Prozess einen materiellen Schaden darzulegen und zu beweisen. Deshalb hat es sich in der Vertragspraxis eingebürgert, dass sich der Arbeitgeber vom Arbeitnehmer für den Fall der vorzeitigen Vertragsbeendigung eine Vertragsstrafe versprechen lässt. Bei der Beurteilung einer Klausel ist jedoch zu differenzieren, ob eine reine Schadenspauschalierung vorliegt, die dann die Vorgaben des § 309 Nr. 5 BGB einhalten muss, oder die strengere Form der Vertragsstrafe. Für die Abgrenzung ist entscheidend, ob auch Druck zur Erfüllung der Verbindlichkeit ausgeübt werden soll.[87]

Unstreitig ist mittlerweile, dass die Vereinbarung einer Vertragsstrafe zwar grundsätzlich zulässig ist, aber nicht unabhängig vom Arbeitnehmerverhalten und von der Höhe der Strafe. Während nach altem Recht eine unverhältnismäßig hohe Vertragsstrafe gem. § 343 Abs. 1 BGB auf Antrag herabgesetzt werden konnte,[88] ist dies heute nicht mehr möglich; eine zu hohe Vertragsstrafe ist gänzlich unwirksam.[89] Das BAG nimmt auch hier eine Interessenabwägung vor, in die die Bindungsdauer und die Höhe der Vertragsstrafe einfließen. Eine Vertragsstrafenklausel ist nur angemessen, wenn ein berechtigtes Interesse des Arbeitgebers an der Sanktionierung von in der Klausel genau benannten Verhaltensweisen des Arbeitnehmers besteht.

---

**84** BAGE 110, 8.
**85** Erfurter Kommentar-*Müller-Glöge* (Fn. 7), § 339 BGB Rn. 10.
**86** BAG v. 21.4.2005 AP BGB § 307 Nr. 3.
**87** BGHZ 49, 84, 89; Palandt-*Heinrichs*, BGB (68. Aufl. 2008), § 276 BGB Rn. 26.
**88** BAGE 46, 50; BAG v. 27.5.1992 EzA § 339 BGB Nr. 8; BAG, NZA 1995, 695.
**89** BAGE 110, 8, 24 ff.; *Lingemann*, Allgemeine Geschäftsbedingungen und Arbeitsvertrag, NZA 2002, 181 ff.

Das BAG betont jedoch stets, dass es keine generelle Höchstgrenze für eine arbeitsvertraglich vereinbarte Vertragsstrafe gibt.[90] Insofern besteht mittlerweile eine umfangreiche Kasuistik. So liegt die Obergrenze regelmäßig bei einem Monatsgehalt.[91] Jüngst hat das BAG entschieden, dass eine Vertragsstrafe von drei Bruttomonatsgehältern jedenfalls dann unwirksam ist, wenn eine Lehrkraft eine Kündigungsfrist von zwei Monaten hat und nur einmal im Jahr kündigen kann[92] oder wenn bei einem Wettbewerbsverbot eine Strafe von durchschnittlich zwei Bruttomonatsgehältern für jeden Fall der Zuwiderhandlung fällig wird[93].

### e) *Betriebsrisiko*

Nach dem Gedanken der Betriebsrisikolehre – genauer nach § 615 BGB – schuldet der Arbeitgeber den Lohn auch dann, wenn aus Gründen in der Arbeitgebersphäre eine Arbeit nicht möglich ist. § 615 BGB ist zwar grundsätzlich dispositiv; die Vorschrift kann aber nicht durch AGB abbedungen werden.[94]

### f) *Nebentätigkeit*

Ein Arbeitnehmer darf eine Nebentätigkeit ausüben, solange sie die Arbeit im Hauptberuf nicht beeinträchtigt. Eine in AGB normierte Genehmigungspflicht ist wegen Verstoßes gegen das Transparenzgebot unwirksam,[95] wenn nicht die Genehmigungskriterien klar herausgestellt sind.

## VIII. Fazit

Der Überblick hat gezeigt, dass im Arbeitsrecht eine ganze Reihe von Schutzmechanismen zu Gunsten der Arbeitnehmer eingreifen, und dass jüngst durch die AGB-Kontrolle eine genauere richterliche Überprüfung eingesetzt hat.

---

**90** Zuletzt BAG, NJW 2009, 1629.
**91** BAGE 110, 8, 21 ff.
**92** BAG, NJW 2009, 1629.
**93** BAG v. 14.8.52007 AP BGB § 307 Nr. 28.
**94** Däubler/Dorndorf/Bonin/Deinert-*Dorndorf/Bonin* (Fn. 20), § 307 BGB Rn. 240 ff.; Einl. Rn. 115.
**95** Däubler/Dorndorf/Bonin/Deinert-*Däubler* (Fn. 20), Anhang zu § 307 BGB Rn. 61a.

## Diskussionsbericht zu § 7

Die Diskussion zu *Wanks* Referat leitete *Riesenhuber* mit dem Kommentar ein, dass die Einordnung des Arbeitnehmers als Verbraucher durch das BAG dogmatisch richtig sei. Insbesondere die historische Auslegung spreche hierfür.[1] Rechtspolitisch könne man dies, wie von *Wank* angedeutet, anders sehen. *Riesenhuber* hob besonders hervor, dass *Wank* sehr deutlich herausgearbeitet habe, um welch' engen Bereich es sich bei der Inhaltskontrolle im Arbeitsrecht handele, wenn man einmal das ganze zwingende Recht dazu im Vergleich betrachte.

*Krampe* merkte zunächst an, dass die einfache Schriftformklausel ein generelles Problem sei, die doppelte Schriftformklausel dagegen ein speziell arbeitsrechtliches. Im Hinblick auf die Einbeziehungskontrolle von AGB sei ein Dreischritt nötig: Erstens könne die Klausel überraschend sein, mit der Folge des § 305c Abs. 1 BGB. Zweitens könne es sich um eine doppel- bzw. mehrdeutige Klausel handeln, mit der Folge des § 305c Abs. 2 BGB. Es gelte die für den Verwender günstigste Auslegung, aber sie gelte nur subsidiär. Eigentlich handele es sich dabei doch um eine Inhaltskontrolle, die in dieser Form überflüssig sei und typischerweise mit anderen Auslegungsregeln zusammenfalle. Drittens könne eine Klausel eindeutig und nicht überraschend, aber intransparent sein und werde daher gem. § 307 Abs. 1 S. 2 BGB nicht beachtet. Im Ergebnis handele es sich aber um sehr verwandte Fragestellungen. *Wank* schloss sich dem insoweit an, als es sich zwar um sehr verwandte Fragen handele, die man aber rechtsdogmatisch auseinander halten könne, da es einen Unterschied darstelle, ob die Bezugnahme oder Einbeziehung oder die AGB inhaltlich kontrolliert werde. Die Frage, ob eine Klausel überraschend sei, sei rein dogmatisch keine Inhaltskontrolle. Unabhängig davon, was Inhalt der Klausel sei, stehe sie im Vertrag am falschen Ort, wo man mit ihr nicht rechnen könne. Handelt es sich inhaltlich jedoch um eine für die Gegenseite günstige Klausel, klage diese nicht. Die Rechtsprechung missbrauchte § 305c Abs. 1 BGB, indem sie inhaltlich besonders nachteilige Klauseln als überraschend bewertet. Ähnliches gelte für das Gebot der Transparenz. Als Beispiel führte *Wank* eine Klausel an, nach der der Arbeitnehmer vollumfänglich haftet. Diese sei nicht überraschend, da sie unter der Überschrift Arbeitnehmerhaftung stehe. Sie sei auch klar und deutlich formuliert. Aber sie wäre nach der Rechtsprechung dennoch intransparent, wenn eine Haftung auf den Arbeitnehmer zukomme, mit der er aufgrund der wenigen Worte nicht rechnen könnte. Rechtsdogmatisch sei dies ein Fall der Inhaltskontrolle. Daran werde deutlich, dass die Unterscheidung zwischen Inhaltskontrolle und Einbeziehungskontrolle in der Rechtsprechung nicht beachtet werde. *Krampe* warf hier ein, dass in der Praxis auch häufig nicht ganz klar sei, welcher der drei Fälle nun einschlägig sei und die Gerichte es aus diesem Grund dahingestellt ließen.

Prof. Dr. *Fillipo Ranieri* (Universität des Saarlandes) äußerte hierzu, dass die Einbeziehungskontrolle schon immer auch Inhaltskontrolle gewesen sei, wie man aus dem

1 *Riesenhuber/v. Vogel*, Sind Arbeitnehmer Verbraucher i.S.v. § 13 BGB? JURA 2006, 81 ff.

AGBG 1976 ersehen könne.[2] Dies sei z.B. noch heute in der Schweiz der Fall. Eine Klausel könne nach der Rechtsprechung nicht nur wegen ihrer Stellung oder ihrer Formatierung, sondern sogar auch wegen ihres Inhalts überraschend sein. *Wank* stimmte *Ranieri* zu, dass die Rechtssprechung dies so sehe. Es sei aber wichtig, die drei Fragen dogmatisch strikt zu trennen. Nur so sei es möglich eine dogmatisch saubere Lösung für alle in Betracht kommenden Fälle zu erreichen.

*Karampatzos* fragte nach der Reichweite des Arbeitnehmerbegriffs im deutschen Arbeitsrecht, weil es letztlich ja darauf ankomme, wer Arbeitnehmer sei. Zum Beispiel interessiere ihn, ob auch ein Profifußballspieler Arbeitnehmer und damit zugleich Verbraucher sei. Für das griechische Recht sei die Verbrauchereigenschaft sehr wichtig, da das griechische AGB-Recht nur auf Verbraucherverträge angewandt werde. Ein Arbeitsvertrag, der AGB enthält, aber nicht mit einem Verbraucher geschlossen wurde, unterfiele daher nicht der AGB-Kontrolle. *Wank* beschränkte sich bei seiner Antwort auf die konkrete Frage.[3] Das BAG in ständiger Rechtsprechung[4] und die h.M. stellten darauf ab, ob jemand Weisungen zu befolgen habe. Da auch ein Profifußballspieler Weisungen seines Trainers bzw. des Vereins hinsichtlich Art, Dauer und Zeit seiner Beschäftigung unterliege, sei dieser auch trotz eines Millionengehaltes Arbeitnehmer. In der Literatur habe es Gegenstimmen gegeben. Insbesondere könne man daran denken, dass ab einer bestimmten Gehaltsgrenze, wie z.B. von *Henssler* und *Preis* in einem Entwurf zum Arbeitsvertragsgesetz vorgeschlagen, bestimmte arbeitsrechtliche Vorschriften nicht gelten. Dies habe in Österreich auch schon *Tomandl* vorgeschlagen, der Gedanke habe sich aber hier wie dort nicht durchgesetzt.

Dr. *Stefan Greiner* (Universität zu Köln) äußerte Bedenken insbesondere zur Zunahme tarifdispositiven Gesetzesrechts. Tarifverträge verlören zunehmend die Vermutung der materiellen Gerechtigkeit. Ihm erscheine die Gefahr des Missbrauchs, den Tarifvertrag zur Unterschreitung der gesetzlichen Regelungen zu nutzen, hoch. Die Ursprungsidee des tarifdispositiven Rechts, so *Wank*, bestand darin, den Tarifparteien nicht die gesamte Regelung des Arbeitsvertragsinhaltes zu überlassen, sondern mittels Einzelermächtigungen in Gesetzen sachnahe Regelungen zu ermöglichen (vgl. § 13 Bundesurlaubsgesetz, § 9 Arbeitnehmerüberlassungsgesetz, § 622 BGB). Nur in ganz bestimmten Punkten durfte vom Tarifvertrag abgewichen werden. Die Ursprungsidee habe also weniger mit Gerechtigkeit zu tun als mit dem Bedürfnis nach sachnahen Regelungen. Das stelle auch kein Problem dar, da zunächst davon ausgegangen werden konnte, dass Tarifparteien ungefähr gleichstarke Verhandlungspartner seien und dass, wenn diese eine sachnahe Lösung entwickeln, viel für deren Rich-

---

**2** Gesetz zur Regelung des Rechts der Allgemeinen Geschäftsbedingungen vom 9.12.1976, BGBl. I 3317.

**3** Zum Arbeitnehmerbegriff: *Wank*, Arbeitnehmer und Selbständige (1988); *ders.*, Der Fremdgeschäftsführer der GmbH als Arbeitnehmer, in: Festschrift für Wiedemann (2002), S. 587 ff.; *ders./Maties*, Arbeitnehmer oder Gesellschaftsorgan oder Vereinsmitglied?, NZA 2007, 353 ff.; *Wank*, Der Arbeitnehmerbegriff des BAG im Vergleich zum englischen und amerikanischen Recht, in: Festschrift für Küttner (2006), S. 5 ff.

**4** Vgl. nur BAGE 78, 343–356.

tigkeit spreche.[5] Wenn Gewerkschaften aber in Zeiten einer Wirtschaftskrise einen schlechten Stand hätten, dann könne dies dazu führen, dass das Modell der gleichstarken Tarifpartner nicht mehr gelte. Dann gelte auch nicht mehr die Annahme, dass Gewerkschaften für den Arbeitnehmer nichts Negatives akzeptieren. Folge seien Tarifverträge, zum Beispiel im Einzelhandel, bei denen Kündigungsfristen von nur noch zwei Wochen als „sachnahe" Lösung vereinbart werden, obwohl das Gesetz Kündigungsfristen von zwei Wochen bis sieben Monate vorsehe. Nach *Wank* ist dies unter Gerechtigkeitsaspekten betrachtet nicht das, was sich der Gesetzgeber vorgestellt habe, da es sich nicht mehr um eine sachgerechte, dem Gesetz ähnliche Lösung handele, sondern eine für Arbeitnehmer ungünstige Lösung darstelle. Dies liege aber nicht am Modell, sondern an der Entwicklung. Beispielhaft führte *Wank* hier noch die Arbeitnehmerüberlassung an, wo sog. „christliche" Gewerkschaften ganz „unchristliche" Tarifverträge schlössen. Gehe man vom Gedanken aus, man dürfe durch Tarifvertrag vom Gesetz abweichen, weil ja der Tarifvertrag für eine gerechte Lösung sorge, führe dies bei solchen Gewerkschaften zu Lösungen, die dem Gesetz widersprächen. Die neue EG-Richtlinie zur Leiharbeit (LARL)[6] sehe dieses Problem. Danach dürfe durch Tarifvertrag von den Regelungen abgewichen werden, jedoch müsse das Gesamtniveau des Arbeitnehmerschutzes adäquat sein (Art. 5 Abs. 3 LARL). Dies erschien *Wank* als das Modell der Zukunft. Ergänzend wies *Riesenhuber* darauf hin, dass der Europäische Gesetzgeber dieses Modell auch schon früher verwendet habe, nämlich in Art. 5 Unterrichtungsrahmenrichtlinie[7]. Das deute darauf, dass er darin ebenfalls einen leistungsfähigen Schutzmechanismus sehe.

*Karakostas* fragte im Anschluss an *Karampatzos* weiter zum Arbeitnehmerbegriff des deutschen Arbeitsrechts und bildete einen Fall, nach dem der Arbeitsvertrag einer großen Firma für leitende Angestellte eine Haftungsklausel im Fall der Insolvenz des Unternehmens enthielt. Gesellschafter seien keine Arbeitnehmer, so *Wank*, Direktoren und andere leitende Angestellte dagegen schon; strittig sei dies indes für Vorstände und Geschäftsführer. Mit wenigen Ausnahmen (§ 14 Kündigungsschutzgesetz, Arbeitszeitgesetz) gelte normales Arbeitsrecht. Nach deutschem Recht existiere kein Sonderarbeitsrecht für Führungskräfte, mit Ausnahme einiger weniger Sondervorschriften. Die Lösung des Falles folge deswegen den gleichen Regeln wie bei jedem anderen Arbeitnehmer auch.

*Alexander Jüchser*

---

**5** Vgl. *Löwisch/Rieble*, Tarifvertragsgesetz (2. Aufl. 2004), § 1 TVG Rn. 333, Grundlagen Rn. 36; Zur Richtigkeitsgewähr des Vertrags grundlegend: *Schmidt-Rimpler*, Grundfragen der Erneuerung des Vertragsrechts, AcP 147 (1941), 130 ff.

**6** Richtlinie 2008/104/EG des Europäischen Parlaments und des Rates vom 19.11.2008 über Leiharbeit, ABl. 2008 L 327/9.

**7** Richtlinie 2002/14/EG des Europäischen Parlaments und des Rates vom 11.3.2002 zur Festlegung eines allgemeinen Rahmens für die Unterrichtung und Anhörung der Arbeitnehmer in der Europäischen Gemeinschaft – Gemeinsame Erklärung des Europäischen Parlaments, des Rates und der Kommission zur Vertretung der Arbeitnehmer, ABl. 2002 L 80/29.

# § 8 Inhaltskontrolle im Erbrecht

*Karlheinz Muscheler*

**Übersicht**

## I. Einführung

Inhaltskontrolle im Erbrecht? Lassen sich hier die üblichen Kriterien für Inhaltskontrolle überhaupt anwenden? Kann es um ein „auffälliges Missverhältnis von Leistung und Gegenleistung“ oder eine „erhebliche Störung des Gleichgewichts der Rechte und Pflichten der Vertragsparteien“ gehen? Das Testament ist einseitiges, nicht empfangsbedürftiges Rechtsgeschäft. Im Erbvertrag trifft in der Regel nur eine der beiden Vertragsparteien Verfügungen von Todes wegen. Selbst wenn beide Vertragsparteien Verfügungen von Todes wegen treffen, stehen diese keineswegs im Gegenseitigkeitsverhältnis. Auch wenn beide Erbvertragsparteien sich gegenseitig bedenken, wird nur der profitieren, der den anderen überlebt. Selbst beim „entgeltlichen“ Erbvertrag, bei dem eine Partei eine Verfügung von Todes wegen trifft, die andere sich zu lebzeitigen Leistungen an den künftigen Erblasser verpflichtet, lassen sich nach zu Recht herrschender Meinung die §§ 320 ff. BGB nicht anwenden. Natürlich gibt es auch im Erbrecht entgeltliche und gegenseitige Verträge, so etwa den Kausalvertrag zum entgeltlichen Erbverzicht, den Erbschaftskauf oder Erbteilskauf nach §§ 2371 ff. BGB, den Erbschaftsvertrag nach § 311b V BGB, den Vertrag, in dem eine Seite sich für eine bestimmte Gegenleistung zur Ausschlagung einer ihr angefallenen Erbschaft verpflichtet. In diesen Fällen lassen sich daher die üblichen Kriterien der Inhaltskontrolle durchaus anwenden.

Wie steht es mit den weiteren üblichen Kriterien der Inhaltskontrolle? Gibt es im Erbrecht „strukturelle Unterlegenheit“? Ist der Erbe oder sonstige Bedachte oder der enterbte gesetzliche Erbe strukturell unterlegen, weil er von der Verfügung von Todes wegen erst nach dem Tod des Verfügenden erfährt? Ist er strukturell unterlegen, weil der Lebende etwas zu erlangen hofft, der Erblasser etwas zu vergeben hat? Ist er strukturell unterlegen, weil er in aller Regel jünger ist als der Erblasser? Wieder zeigt sich, dass auch das Kriterium der strukturellen Unterlegenheit allenfalls bei den entgeltlichen gegenseitigen Verträgen des Erbrechts eine Rolle spielen kann.

Muss vielleicht umgekehrt das Testament als einseitiges Rechtsgeschäft deshalb einer verschärften, jedenfalls spezifischen Inhaltskontrolle unterworfen werden, weil es einseitig formuliert, nicht ausgehandelt, sozusagen wie AGB's „gestellt“ wird? Zumal ja im Testament zwar nicht immer, aber doch in der Regel von der gesetzlichen Erbfolge abgewichen wird. Geht „Intransparenz“ zu Lasten des Erblassers? Geht Unklarheit der Verfügung zu Lasten des Erblassers? (*Maligna interpretatio* ist freilich durch § 2085 BGB ausgeschlossen.) Kann man dem Erblasser in bestimmten Situationen „missbräuchliche Ausnutzung“ seiner Rechtsstellung vorwerfen?

Ein Kriterium der Inhaltskontrolle bleibt für Testament und Erbvertrag einerseits und für die entgeltlichen, gegenseitigen Verträge des Erbrechts andererseits gleichermaßen anwendbar, nämlich das der Abweichung von Prinzipien des Gesetzes. Und damit bleibt gleichzeitig auch ein Maßstab für das Ergebnis von Inhaltskontrolle gegeben: eben „das Gesetz als Leitbild der Gerechtigkeit“.

Wir werden im Folgenden einerseits die Problematik der Inhaltskontrolle bei Testamenten und nicht entgeltlichen Erbverträgen (bei denen nur eine Seite von Todes wegen verfügt) und andererseits beim Erbverzicht als einem typischen Beispiel für entgeltliche und gegenseitige Verträge des Erbrechts behandeln, wobei natürlich zur Klarstellung gesagt werden muss, dass der Erbverzicht nicht zwingend entgeltlich ist. Dabei bleibt im ersten Fall als Besonderheit stets zu beachten, dass bei Testament und Erbvertrag der Erblasser von einem spezifischen Grundrecht Gebrauch macht (Art. 14 I GG), während beim entgeltlichen Vertrag nur die allgemeine Handlungsfreiheit in Rede steht.

## II. Verfügungen von Todes wegen

### 1. Sachverhalt der Entscheidungen zum Fall „Haus Preußen"

Unser Leitfall betraf ein Erbscheinsverfahren, das die Erbfolge nach dem im Jahre 1951 verstorbenen ehemaligen Kronprinzen *Wilhelm von Preußen* (im Folgenden: Erblasser), dem ältesten Sohn des 1941 verstorbenen ehemaligen Kaisers *Wilhelm II.*, zum Gegenstand hatte. Im Jahre 1938 schloss der Erblasser mit seinem zweitältesten Sohn LF unter Beteiligung *Wilhelms II.* einen Erbvertrag, durch den LF zum alleinigen Vorerben eingesetzt wurde. Zum Nachlass gehört unter anderem der wesentliche Teil des in Deutschland gelegenen so genannten Hausvermögens des früheren Preußischen Königshauses. Im Zusammenhang mit dem Erbvertrag verzichtete *Wilhelm II.* auf seine Rechte am Hausvermögen zu Gunsten des Erblassers.

In seinem Testament aus dem Jahre 1950 stellte der Erblasser unter anderem klar, dass „das Vertragswerk von 1938" aufrechterhalten werde, und setzte seinen Sohn LF auch zu seinem „Universalerben" des Vermögens ein, „das nicht zu dem von meinem Herrn Vater auf mich übergegangenen Vermögen" gehört. Der im Jahre 1994 verstorbene LF errichtete 1981 ein Testament, in dem er seinen Enkel GF, den Sohn seines bereits im Jahre 1977 verstorbenen drittältesten Sohns, zum alleinigen Erben seines gesamten Vermögens einsetzte. Diese Erbeinsetzung geschah auch für den Fall, dass LF Vollerbe des früheren Hausvermögens geworden sei.

Bf. ist der älteste Sohn des LF. Nach dessen Tod beantragte er die Erteilung eines Erbscheins als alleiniger Nacherbe des Erblassers. Er hatte zuvor in notarieller Urkunde im Jahre 1961 unter Bezugnahme auf das Hausgesetz von 1920 und auf § 1 des Erbvertrags von 1938 unter anderem erklärt, dass er für den Fall einer Eheschließung, die nicht nach den Grundsätzen der alten Hausverfassung ebenbürtig sei, „auf alle Rechte, die mir als eventuellem Nachfolgeberechtigten zustehen, unwiderruflich verzichte". Diesen Verzicht hatte er in notariellen Urkunden von 1967 und 1976 jeweils aus Anlass der Eingehung von Ehen, die in diesen Urkunden als nicht der Ebenbürtigkeit entsprechend bezeichnet wurden, wiederholt. GF beantragte die Erteilung eines Erbscheins, dass er nach dem Tode des Vorerben alleiniger Erbe des Erblassers geworden sei. Hilfsweise beantragte er die Erteilung eines Erbscheins für LF mit dem Inhalt, dass dieser alleiniger Erbe des Erblassers sei.

Das Nachlassgericht kündigte mit Vorbescheid vom 7. September 1995 an, dass es die Erteilung eines Erbscheins für LF als Alleinerben des Erblassers beabsichtige.

Die Ebenbürtigkeitsklausel in § 1 des Erbvertrags sei nach heutigen Maßstäben wegen Verstoßes gegen die guten Sitten nach § 138 BGB nichtig. Dies führe zur Nichtigkeit der angeordneten Nacherbfolge, nicht jedoch zur Unwirksamkeit der Einsetzung von LF als Alleinerben. Die vom Bf. dagegen eingelegte Beschwerde wurde durch Beschluss des LG Hechingen vom 17. Februar 1997 zurückgewiesen. In Übereinstimmung mit der Auffassung des Nachlassgerichts sah es die Ebenbürtigkeitsklausel wegen Verstoßes gegen § 138 BGB als nichtig an. Im Wege der ergänzenden Auslegung des Erbvertrags kam das Gericht zu dem Ergebnis, dass LF zum alleinigen Vollerben eingesetzt worden sei. Auf die weitere Beschwerde des Bf. legte das OLG Stuttgart mit Beschluss vom 19. August 1997 die Sache dem BGH zur Entscheidung vor (ZEV 1998, 185 = FGPrax 1997, 230). Das OLG hielt die weitere Beschwerde für unbegründet, weil der Berufung auf die Ebenbürtigkeitsklausel jedenfalls der Einwand der unzulässigen Rechtsausübung nach § 242 BGB entgegenstehe. An der Zurückweisung sah sich das OLG jedoch durch den Beschluss des BayObLG (BayObLGZ 1996, 204) gehindert.

Mit Beschluss vom 2. Dezember 1998 hob der BGH den Beschluss des LG auf und verwies die Sache zur anderweitigen Behandlung und neuerlichen Entscheidung an das LG zurück. Er sah die Ebenbürtigkeitsklausel in § 1 des Erbvertrags als wirksam an (BGHZ 140, 118 = NJW 1999, 566).

Wenn im maßgebenden Zeitpunkt keiner der männlichen Abkömmlinge den Anforderungen der Ebenbürtigkeitsklausel genüge, fehle es an der Berufung eines Nacherben, sodass der Vorerbe im Nachhinein Vollerbe geworden sein dürfte. Nach Einholung eines rechtshistorischen Gutachtens zur Frage der Ebenbürtigkeit der Ehefrau des Bf. wies das LG mit Beschluss vom 7. Dezember 2000 dessen Beschwerde zurück. Das Nachlassgericht wurde angewiesen, GF einen Erbschein zu erteilen, der ihn als Nacherben des Erblassers ausweise. Das Gericht kam zu dem Ergebnis, dass der Bf. nicht in einer ebenbürtigen Ehe lebe. Er sei daher von der Erbfolge ausgeschlossen. Die weitere Beschwerde des Bf. wurde mit Beschluss des OLG vom 21. November 2001 zurückgewiesen (FamRZ 2002, 1365). Die angefochtene Entscheidung des LG lasse Rechtsfehler nicht erkennen.

Mit der fristgerecht eingereichten Verfassungsbeschwerde wandte sich der Bf. gegen den Beschluss des BGH und die auf diesen ergangenen Beschlüsse des LG und des OLG. Er rügte unter Anderem eine Verletzung seiner Grundrechte aus Art. 6 I und Art. 3 I und III GG. Das BVerfG gab der Verfassungsbeschwerde statt, hob die angegriffenen Entscheidungen auf und verwies die Sache an das LG zurück. LG und OLG entschieden darauf, wie sie schon vor dem Urteil des BGH entschieden hatten bzw. entscheiden wollten: Die Eheklausel sei sittenwidrig, der Vorerbe sei alleiniger Vollerbe geworden (s. OLG Stuttgart, FGPrax 2005, 221).

## 2. Begründung des BGH und Kritik daran

### *a) Darstellung der Begründung des BGH*

Der BGH hatte in seiner Entscheidung zwei Fragen zu entscheiden: War die Erbunfähigkeitsklausel deswegen sittenwidrig, weil sie in unzulässiger Weise in die *Eheschließungsfreiheit* der Bedachten eingriff? War sie deshalb sittenwidrig, weil sie zu einer gegen Art. 3 III GG verstoßenden *Diskriminierung* nach Abstammung und Herkunft führte?

Was den ersten Punkt angeht, so argumentierte der BGH wie folgt: Er stellte zunächst fest, dass eine letztwillige Verfügung wegen eines Eingriffs in den grundrechtlich geschützten Bereich höchstpersönlicher Entscheidungen sittenwidrig sein *kann*. In einem zweiten Schritt formulierte und prüfte er die dafür erforderlichen Voraussetzungen: Verlangt wird *objektiv* ein *schwerer Eingriff* und *subjektiv*, dass die Verfügung auf die Beeinträchtigung der Entscheidungsfreiheit *abzielt*. Im konkreten Fall verneinte der Senat schon die hinreichende Schwere des Eingriffs. In jedem Fall aber sei die Erbunfähigkeitsklausel deswegen nicht unwirksam, weil der Erblasser gar nicht das Ziel verfolgt habe, Druck auf die Bedachten bei der Auswahl ihrer Ehepartner auszuüben (die Argumentation dazu findet sich erst bei den Ausführungen zur Diskriminierung wegen der Herkunft).

Der BGH erteilt implizit jenen Ansichten eine Absage, die nur auf den Bedachten, auf die Einschränkung seiner Entscheidungsfreiheit, auf das Maß der Einschränkung blicken und die Motive des Erblassers unbeachtet lassen wollen. Der BGH verwirft ferner implizit jene Ansichten, die nur auf den Gegenstandsbereich des gewünschten Verhaltens abstellen, also auf die Sphäre, der das intendierte Verhalten angehört, ohne dass es auf das Maß des Druckes, die Intensität der Einflussnahme ankommen soll (nur auf das Vermögen bezogene Potestativbedingungen sind zulässig, auf die Person des Bedachten bezogene dagegen generell unzulässig)[1].

Bezüglich der Diskriminierung verläuft die Argumentation des BGH so: Eine gegen Art. 3 III GG verstoßende Diskriminierung führt nicht schon als solche zur Sittenwidrigkeit; denn solche Diskriminierungen können durch die ebenfalls grundrechtlich geschützte Testierfreiheit gedeckt sein. Eine Diskriminierung kann aber unter bestimmten engen Voraussetzungen sittenwidrig sein. Sittenwidrigkeit kann ausnahmsweise etwa dann vorliegen, wenn folgende Voraussetzungen erfüllt sind: Die Verfügung muss *objektiv*, v.a. nach Reichweite und Auswirkungen, *geeignet* sein, den Betroffenen *nachhaltig in seiner Würde herabzusetzen*, und der festgestellte Wille des Erblassers muss *subjektiv* auf diese Herabsetzung *gerichtet* gewesen sein. Auch hier verneint der BGH im Ergebnis wohl schon die erforderliche objektive Schwere

---

**1** So *Keuk*, Der Erblasserwille post testamentum – Zur Unzulässigkeit der testamentarischen Potestativbedingung, FamRZ 1972, 9, 15. Die durch Potestativbedingung bewirkte Einflussnahme auf „identitätsbestimmende Merkmale" des Bedachten ist generell unzulässig; so *Schlitt*, Klassische Testamentsklauseln (1991), S. 68 ff.

der Diskriminierung. Auf jeden Fall aber habe der Erblasser nicht das Ziel verfolgt, die Betroffenen zu diffamieren.

Bei beiden Punkten wurde also letztlich entscheidend auf das subjektive Ziel des Erblassers abgestellt. Diesem sei es darum gegangen, „für den mindestens zum Teil aus früheren Generationen stammenden und durch die Familientradition geprägten Nachlaß einen Nachfolger zu finden, der die auf Abstammung bedachte Tradition der Familie repräsentierte und deshalb geeignet erschien, den Nachlaß im Sinne des Erblassers und seiner Vorfahren fortzuführen". Der Zweck der Regelung sei mithin „an der Eigenart des Nachlasses und der in ihr verkörperten Familientradition" orientiert und damit durch die Testierfreiheit gedeckt. Hier knüpft der BGH, ohne es zu sagen, an eine eigene viel kritisierte Entscheidung aus dem Jahre 1956 an,[2] in der er die einer Zuwendung beigefügte aufschiebende Bedingung der Ehescheidung für wirksam gehalten hatte: Der Erblasser hatte den zu Erben bzw. Ersatzerben eingesetzten Söhnen die Scheidung von ihren Ehefrauen auferlegt, weil diese ihnen während ihrer Kriegsgefangenschaft nicht die eheliche Treue gehalten hatten und deswegen vom Erblasser nicht für würdig angesehen wurden, als Bäuerinnen auf seinem Hof zu leben. Der vom Erblasser verfolgte Zweck hänge, so der BGH in jener Entscheidung, „eng und untrennbar mit dem Nachlaß selbst" zusammen. Denn der Ehebruch der Frau werde in ländlichen Kreisen besonders schwer genommen; dieser Gesinnung entspreche es, unwürdige Familienmitglieder von der Nachfolge in den Hof auszuschließen, zumal die Hoferbfolge auf dem Lande eine besondere Rolle spiele. Auch in dieser früheren Entscheidung behauptet also der BGH in der Sache, der Zweck der letztwilligen Regelung sei vorwiegend orientiert gewesen an einer möglichst sachgerechten Regelung des durch (bäuerliche) Anschauungen und Traditionen geprägten Nachlasses, nicht jedoch primär durch den Gedanken, die Ehe der Erben zum Scheitern zu bringen.

*b) Kritik*

Fideikommißartiges „Hausgut", dem Anerbenrecht unterliegender „Hof": Wann dürfen wir mit einer entsprechenden Entscheidung zu im Wege der Singularsukzession vererbten „Gesellschaftsanteilen" rechnen? Wenn man wie der BGH argumentiert und auf die „Tradition" des Nachlasses abstellt, kann man im Grunde nie zur Sittenwidrigkeit einer letztwilligen Verfügung kommen, solange nur die Tradition rein faktisch aufrechterhalten wird. Da im konkreten Fall schon die Bestimmung des Vorerben am Ebenbürtigkeitsprinzip ausgerichtet war, ist die „Tradition" bis zum Eintritt des Nacherbfalles aufrechterhalten worden – und siehe da, der BGH ist sogar einer Antwort auf die Frage enthoben, ob es für die Sittenwidrigkeit auf den Zeitpunkt der Errichtung der Verfügung oder auf den des Eintritts des (Nach-)Erbfalles ankommt. Dass etwas schon immer so gemacht worden ist, kann aber nicht, über den Umweg eines „berechtigten" Motivs bei der Errichtung letztwilliger Verfügungen, dazu führen, dass es auch heute zulässig ist. Die Rechtsprechung des

2 BGH, JZ 1956, 279.

BGH erlaubt gewissermaßen, nachdem der vermögensrechtliche Fideikommiß abgeschafft ist, den *moralischen Fideikommiß*. Darüber hinaus übersieht der BGH, dass es hier, wenn um Tradition, dann nicht um die Tradition einer Vermögensmasse, des Nachlasses, sondern um Tradition der Familie oder des jeweiligen Vermögensträgers geht.

Die Begründung des BGH ist somit fragwürdig. Sein Ergebnis freilich ist, wie sich noch zeigen wird, zu billigen.

### 3. Begründung des BVerfG und Kritik daran

#### *a) Darstellung der Begründung des BVerfG*

Das BVerfG argumentiert wie folgt: Der BGH habe in seiner Entscheidung bei der Würdigung der Ebenbürtigkeitsklausel (die Diskriminierungsklausel thematisiert das BVerfG nicht) den *Bedeutungsgehalt* des Grundrechts von Bf. auf Eheschließungsfreiheit (Art. 6 I GG) *verkannt*. Er habe *nicht alle* in Betracht kommenden *Umstände gewürdigt*, die auf die Freiheit des Bf., die Ehe mit einer selbst gewählten Partnerin einzugehen, einwirken konnten.

Zunächst heißt es wörtlich: „Der durch Art. 14 I 1 GG geschützten Testierfreiheit des Erblassers steht das Grundrecht des Bf. aus Art. 6 I GG gegenüber. Art. 6 I GG gewährleistet die Freiheit, die Ehe mit einem selbst gewählten Partner einzugehen (vgl. *BVerfGE* 31, 58 [67] = NJW 1971, 1509). Die in dem Erbvertrag vom 23.11.1938 enthaltene Ebenbürtigkeitsklausel ist geeignet, die Eheschließungsfreiheit des als Nacherben eingesetzten Abkömmlings des Erblassers mittelbar zu beeinflussen. Dadurch, dass an die Eingehung einer nicht im Sinne der Hausverfassung ebenbürtigen Ehe der vollständige Ausschluss von der Erbfolge geknüpft wird, sieht sich der Abkömmling vor die Alternative gestellt, eine solche Ehe nicht zu schließen oder seine Position als Nacherbe zu verlieren. Der Eingriff dauert auch nach der Schließung einer nicht im Sinne der Hausverfassung ebenbürtigen Ehe fort. Dies liegt darin begründet, dass der Abkömmling möglicherweise noch zum Nacherben berufen wird, wenn er zumindest im Zeitpunkt des Eintritts des Nacherbfalls in einer hausverfassungsmäßigen Ehe lebt. Auf den Bf. wurde damit mittelbar auch nach Eingehung einer im Sinne der Hausverfassung nicht ebenbürtigen Ehe dahin gehend Druck ausgeübt, diese Ehe wieder zu lösen. Da die Ehe durch Art. 6 I GG als grundsätzlich unauflösliche Lebensgemeinschaft geschützt ist (vgl. *BVerfGE* 62, 323 [330] = NJW 1983, 511), liegt in der Ebenbürtigkeitsklausel ein mittelbar wirkender und fortdauernder Eingriff."

Der BGH habe nicht hinreichend geprüft, ob die Ebenbürtigkeitsklausel geeignet war, auf den Bf. einen für diesen unzumutbaren Druck bei der Eingehung einer Ehe zu erzeugen. Der BGH habe im Rahmen seiner Abwägung nicht berücksichtigt, dass der Bf. bereits durch die Abgabe der so genannten Verzichtserklärungen in den Jahren 1961, 1967 und 1976 – ungeachtet ihrer einfachrechtlichen Wirksamkeit – von LF darauf hingewiesen wurde, dass ihm im Falle der Eingehung einer nicht hausverfassungsmäßigen Ehe der Verlust seiner Nacherbenstellung drohe. Durch die Abgabe dieser Erklärungen sei auf den Bf. möglicherweise ein erheblicher Druck dahin gehend ausgeübt worden, die beabsichtigten Eheschließungen zu unterlassen. Auch habe der BGH nicht in Erwägung gezogen, ob der Wert des Nachlasses geeignet war, unter Berücksichtigung der Lebensführung und der sonstigen Vermögensverhältnisse des Bf. dessen Entschließungsfreiheit bei Eingehung der Ehe nachhaltig zu beeinflussen.

Ebenfalls sei im Rahmen der Abwägung nicht erörtert worden, ob der Ebenbürtigkeitsklausel im Gegensatz zu einer Heiratsklausel, wie sie der Entscheidung des *BayObLG* (vgl. FamRZ 2000, 380 = ZEV 2000, 406 L) zu Grunde lag, eine stärker beeinträchtigende Wirkung in Bezug auf die Eheschließungsfreiheit zukam. Dort wurde auf die Eheschließungsfreiheit durch die Verweigerung der Zustimmung zur Eheschließung durch den Chef des Hauses eingewirkt. Es kam also auf die individuelle Entscheidung eines Dritten an, die auf ihre Vereinbarkeit mit den guten Sitten zu überprüfen war. Maßstab für die Entscheidung über die Erteilung der Einwilligung war aber, anders als bei einer Ebenbürtigkeitsklausel, nicht Abstammung und Herkunft der zukünftigen Ehefrau, sondern „Ehre, Ansehen, Ordnung und Wohlfahrt des Fürstlichen Hauses" (vgl. *BayObLG*, FamRZ 2000, 380 [387] = ZEV 2000, 406 L). Entsprechende Ausführungen fanden sich zwar in der Prüfung der Zulässigkeit der Vorlage durch das OLG. Im Rahmen der Abwägung seien jedoch keine entsprechenden Überlegungen angestellt worden. Solche seien aber gerade deshalb angezeigt gewesen, weil der Sachverhalt konkrete Anhaltspunkte dafür bot, dass der Bf., wollte er bei der Eheschließung den Anforderungen der Ebenbürtigkeitsklausel genügen, keine effektiven Auswahlmöglichkeiten im Hinblick auf seine Partnerin hatte. Bereits aus der Richtlinie des Erblassers aus dem Jahre 1943 geht hervor, dass dieser bestrebt war, die zwingende Ebenbürtigkeitsklausel flexibler zu gestalten, um den Erben eine größere Auswahlmöglichkeit bei der Wahl ihrer Ehepartnerin zu geben. Hier liege eine Prüfung nahe, ob es für den Bf. eine hinreichend realistische Möglichkeit gab, durch Eingehung einer hausverfassungsmäßigen Ehe seine Erbenstellung zu behalten.

Gleichfalls vom BGH nicht in Erwägung gezogen worden sei die Frage, ob und inwieweit der Bf., sollte er auf Grund der Ebenbürtigkeitsklausel nicht Nacherbe geworden sein, auf Grund der Klausel in § 3 des Erbvertrags Ansprüche gegen den an seine Stelle tretenden Nacherben hätte. Solche Ansprüche könnten für die Antwort auf die Frage von Bedeutung sein, wie groß im Zeitpunkt der Eheschließung der von der Ebenbürtigkeitsklausel ausgehende wirtschaftliche Druck auf die Entschließungsfreiheit des Bf. war und inwieweit damit gegebenenfalls eine anderweitige Versorgung des Bf. verbunden war.

### *b) Kritik*

Die Begründung des BVerfG fordert Kritik geradezu heraus. Das Gericht behauptet, dass der Abkömmling, der als Nacherbe vorgesehen war, sich durch die Ehefähigkeitsklausel vor die Alternative gestellt sah, eine klauselwidrige Ehe nicht zu schließen (bzw. sie wieder zu lösen) oder seine Position als Nacherbe zu verlieren.

Diese Alternative gab es im konkreten Fall aber nicht. Nach Ansicht aller Instanzgerichte war anzunehmen, dass bei Unwirksamkeit der Ehefähigkeitsklausel der Vorerbe zum definitiven Vollerben werden sollte. Bf. wurde also so oder so nicht Erbe.

Dass der Wert des Nachlasses Abwägungskriterium sein soll, befremdet. Je größer dieser Wert, desto eher ist offenbar Sittenwidrigkeit anzunehmen. Wer nur einen kleinen Nachlass zu vergeben hat, kann sich als Erblasser im Rahmen des Art. 6 I GG mehr leisten. Der Druck auf den unter Bedingung Eingesetzten nimmt bei gleichbleibender Klausel und steigendem Nachlasswert aber nicht durch die Klausel, sondern durch den Wert des Nachlasses zu. Das vom BVerfG genannte Abwägungskriterium des Nachlasswertes führt dazu, dass das Ergebnis einer Abwägung nicht mehr auch nur ungefähr vorauszusehen ist: Wo wird der Nachlass so groß, dass der Druck auf den Betroffenen sittenwidrig wird? Wie müssen die „Lebensführung und die sonstigen Vermögensverhältnisse" des Betroffenen beschaffen sein, damit sie im Zusammenwirken mit anderen Umständen zur Sittenwidrigkeit führen? Ohnehin ist das letztere Kriterium in seiner Bedeutung grundsätzlich zweifelhaft: Führen sehr gute eigene Vermögensverhältnisse tendenziell eher zur Sittenwidrigkeit (weil man ohne den Nachlass den Standard nicht aufrechterhalten kann) oder eher gerade nicht zur Sittenwidrigkeit (weil man ohnehin schon genug besitzt)?

Dass die Ehefähigkeitsklausel im konkreten Fall zur beschränkten Auswahl unter nur wenigen in Frage kommenden Partnerinnen führte, mag sein. Aber erstens ist das den Besonderheiten des Falles geschuldet. Und zweitens hatte der Betroffene eine riesige Auswahl unter denjenigen, die zu heiraten er unterlassen konnte. Die Erbvertragsklausel verlangte ja nicht Verheiratetsein (mit einer den Hausgesetzen entsprechenden Partnerin).

Das BVerfG erwähnt als weiteres Abwägungskriterium den Pflichtteil des Betroffenen. Wenn der Vater des Betroffenen (LF) definitiver Vollerbe wurde, erhöhte sich der Pflichtteil entsprechend unter Berücksichtigung der nun in den Nachlass des Vaters fallenden Vorerbmasse. Und da die Pflichtteilsquote in Deutschland ohnehin besonders hoch ist, nämlich die Hälfte des gesetzlichen Erbteils beträgt, hätte das BVerfG eigentlich naheliegenderweise bei der Abwägung ein völliges Überwiegen der gegen die Sittenwidrigkeit sprechenden Umstände konstatieren müssen. Wo das Pflichtteilsrecht so generös ausgestaltet ist wie in Deutschland, sollte jedenfalls ein Pflichtteilsberechtigter sich nie auf Sittenwidrigkeit einer Potestativbedingung berufen können.[3] Und das gilt dann natürlich für einen nicht Pflichtteilsberechtigten erst recht, weil seine Erwartung, aus dem Nachlass etwas zu bekommen, noch geringer ist (bzw. sein darf) als beim Pflichtteilsberechtigten.

Als Abgrenzungskriterium nicht erwähnt hat das BVerfG das Hauptargument des BGH, nämlich Art, Struktur, Vorprägung und Tradition des Nachlasses. Doch wird

3 Beachte übrigens jetzt, dass nach dem Entwurf zur Reform des Erb- und Verjährungsrechts § 2333 Nr. 5 BGB beseitigt werden soll. Der Pflichtteilsberechtigte darf, wenn der Entwurf Gesetz wird, „einen ehrlosen oder unsittlichen Lebenswandel wider den Willen des Erblassers" führen, an den Erblasser aber werden, wenn er den Pflichtteilsberechtigten bei Zuwendungen an ihn mit Potestativbedingungen behelligt, die allerrigidesten Maßstäbe angelegt.

man daraus wohl nicht schließen dürfen, dass das BVerfG es für unzulässig hält, diesen Punkt in die Abwägung einzubeziehen.

### 4. Grundsätzliche Kritik an BVerfG und herrschender Lehre

Ich meine, wie schon angedeutet, dass der BGH im Ergebnis richtig entschieden hat.[4] Aber aus ganz anderen Gründen, als sie der BGH selber vorgetragen hat. Mir ist der Grundansatz der heute (bis auf Details) ziemlich einhelligen und jetzt durch das BVerfG ermutigten Meinung zu den angeblich sittenwidrigen Bedingungen in Verfügungen von Todes wegen durch und durch suspekt. Was soll nicht alles sittenwidrig sein! In den gängigen Kommentaren zu § 2074 BGB kann man eine wahre Besserungsanstalt für Testatoren besichtigen! Die heute verwendeten Formeln sind schwammig, die aus ihnen abgeleiteten Ergebnisse willkürlich und widersprüchlich, ihre Begründungen ein Hohn auf Logik und Ethik gleichermaßen. Die Grundthese lautet: Es ist unstatthaft, auf ein Verhalten, das nach moralischen Grundsätzen einer freien inneren Überzeugung entspringen soll, durch die Aussicht auf Vermögensvor- und -nachteile Druck auszuüben. Genau das möchte ich bezweifeln. Niemand kann den Erblasser zu seinen Lebzeiten daran hindern, durch finanzielle Verlockungen Druck auf das Verhalten einer Person auszuüben. Warum sollte er das nicht auch in einer Verfügung von Todes wegen tun können? Dass er hier den Preis für den Beeinflussungsversuch nicht mehr selber zahle,[5] stimmt nicht, und wenn es stimmte, hätte es nichts zu bedeuten. Der Erblasser kann mit seinem Vermögen auch letztwillig tun und lassen, was er will. Wendet er jemandem etwas zu, auf das dieser keinen Anspruch hat, dann ist jede Art von Potestativbedingung nur eine Einschränkung dieser freiwilligen Zuwendung, aber keine Einschränkung dessen, was der Bedachte vor der Zuwendung je schon hatte. Niemand hindert den Bedachten nach dem Tod des Erblassers, sich anders als vom Erblasser gewünscht zu verhalten und damit auf die Zuwendung zu verzichten. Aus der Bedingung folgt keine Pflicht zum Handeln, so wie der Bedachte sich dem Erblasser zu dessen Lebzeiten nicht zu einem entsprechenden Verhalten verpflichten konnte. Die moralische „Reinheit" einer personalen Entscheidung wird nicht dadurch befördert, dass man alle „unmoralischen Versuchungen" aus dem Wege räumt. Im Gegenteil: Eine im echten Sinne freie Entscheidung wird dadurch gerade verhindert. Und zudem: Wenn man, wie die Vorinstanzen des vorliegenden Falles, die ganze Nacherbfolge für unwirksam erklärt, wird dadurch die Möglichkeit des Bedachten, sich „kaufen" zu lassen, beseitigt; aber auch diese Möglichkeit ist ein Teil der Freiheit. Sittenwidrig sind nicht letztwillige Verfügungen, die auf den Bedachten finanziellen Druck ausüben sollen. Sittenwidrig sind vielmehr Rechtsansichten, die dem Bedachten nicht zutrauen, diesen Druck auszuhalten, und ihm nicht ermöglichen, dem Druck zu erliegen.

---

4 Vgl. schon meine Anmerkung zur BGH-Entscheidung in ZEV 1999, 151 f. Im Ergebnis wie im Text *Gutmann*, Freiwilligkeit als Rechtsbegriff (2001), S. 149 ff., 206 ff.; *ders.*, Der Erbe und seine Freiheit, NJW 2004, 2347 ff.; *Isensee*, Inhaltskontrolle des Bundesverfassungsgerichts über Verfügungen von Todes wegen – zum „Hohenhollern-Beschluss" des BVerfG –, DNotZ 2004, 754 ff.
5 *Keuk*, FamRZ 1972, 9, 14.

Ich bin also im Ergebnis der Ansicht, dass z.B. durch letztwillige Heiratsklauseln das in Art. 6 I GG verankerte Grundrecht auf Eheschließungsfreiheit der betroffenen Erbprätendenten überhaupt nicht verletzt werden kann. In einer Zeit, in der der deutsche Gesetzgeber, freiwillig noch über die einschlägige EU-Richtlinie hinausgehend und überall Diskriminierung witternd, das Erbrecht ausdrücklich aus dem Antidiskriminierungsgesetz (AGG) herausgenommen hat, kann die Tendenz des BVerfG nur in die Irre führen.

### 5. Ausblick

Womit muss man in Zukunft rechnen? Kann man jemanden zum Erben einsetzen unter der Bedingung, dass er aus der Scientology Church austritt (Art. 4 GG)? Verhält es sich anders, wenn die Klausel den gewünschten Austritt aus der Katholischen Kirche verlangt? Kann man einem rechtsradikalen Verein ein Vermächtnis aussetzen mit der Bedingung, dass er eine fremdenfeindliche Zeitschrift einstellt, oder steht dem die mittelbare Drittwirkung von Art. 5 GG entgegen? Wie steht es um die Wirksamkeit der in Verfügungen von Todes wegen häufig und seit langem verwendeten Wiederverheiratungsklausel (Art. 6 GG)?

Im Grunde kann man die Entscheidung der Gerichte zu solchen Klauseln gegenwärtig nicht vorhersehen. Nicht zuletzt dies spricht gegen die Rechtsprechung des BVerfG.

## III. Inhaltskontrolle beim Erbverzicht

### 1. Einleitung

Der Erbverzicht, im allgemeinen Sinne verstanden, ist ein zwischen dem Erblasser und einem künftigen Erbbeteiligten geschlossener Vertrag, durch den – entsprechend der Stellung des Erbbeteiligten – die Entstehung eines künftigen gesetzlichen oder gewillkürten Erbrechts, die Entstehung eines Pflichtteilsanspruchs oder Vermächtnisanspruchs ganz oder teilweise ausgeschlossen wird.[6] Der Erbverzicht stammt aus dem germanisch-deutschen Rechtskreis:[7] Schon das salische Volksrecht kennt ihn[8], und der Sachsenspiegel setzt den Erbverzicht als zulässig voraus.[9] Der Zweck des Erbverzichts lag in der ungeteilten Erhaltung von Familienbesitz in einer Hand,[10] und diesem Zweck dient der Erbverzicht neben anderen Zwecken

---

6 *Groll/Muscheler*, Praxis-Handbuch Erbrechtsberatung (2. Aufl. 2005), B. XV. Rn. 2; Münchener Kommentar-*Strobel*, BGB (4. Aufl. 2004), § 2346 BGB Rn. 2.

7 *Degenhart*, Erbverzicht und Abfindungsvereinbarung, Rpfleger 1969, 145; *Kipp/Coing*, Erbrecht (14. Aufl. 1990), § 82 I.; *Lange/Kuchinke*, Erbrecht (5. Aufl. 2001), § 7 I. 2.

8 Lex. Sal. 60 § 1, Ausgabe *Eckhardt*, GermR, NF, WestgermR, Bd. II, 1 (1955).

9 Ssp. I, 13 § 2; s. dazu auch *Lange/Kuchinke* (Fn. 7), § 7 I. 2.

10 *Kipp/Coing* (Fn. 7), § 82 I.; *Lange/Kuchinke* (Fn. 7), § 7 I. 2.

noch heute.[11] Dem römischen Recht dagegen war der Erbverzicht unbekannt,[12] doch fand er aufgrund seiner weiten Verbreitung im Mittelalter Aufnahme ins gemeine Recht.[13]

Machen wir einen Zeitsprung in das Jahr 1907: In diesem Jahr hatte sich das RG zum ersten Mal seit Inkrafttreten des BGB mit der inhaltlichen Kontrolle eines Erbverzichtsvertrages, in der damaligen Praxis häufig Erbentsagungsvertrag genannt, zu beschäftigen[14]. Ein Vater als Erblasser und sein kurz vor dem Konkurs stehender Sohn schlossen einen Erbverzichtsvertrag, durch den der Sohn gegen 70.000 Mark in bar und in Wechseln auf sein Erbrecht und seinen Pflichtteilsanspruch verzichtete. Nach dem Tod des Vaters ging der Sohn gegen den Vertrag mit der Begründung vor, sein Vater habe seine Notlage bzw. seine Leichtsinnigkeit und seine Unerfahrenheit ausgenutzt. Der Vertrag sei damit wucherisch, verstoße zumindest gegen die guten Sitten. Die Klage wurde vom RG am 28. Januar 1907 abgewiesen. Der Vater habe nur zum Besten des Sohnes gehandelt, nämlich um ihn vor seinen Gläubigern zu schützen.

Was ist das Aktuelle an dem Thema „Inhaltskontrolle von Erb- und Pflichtteilsverzichtsverträgen"? Und weiter: Was hat sich seit besagter Reichsgerichtsentscheidung vor nunmehr knapp hundert Jahren getan, das dieses Thema hier und heute aufs „Tapet" bringt?

## 2. Die Entscheidungen des BVerfG und des BGH zur Inhaltskontrolle von Eheverträgen als Anknüpfungspunkt zur Inhaltskontrolle von Erb- und Pflichtteilsverzichtsverträgen

Was die Inhaltskontrolle des Erb- und Pflichtteilsverzichts in den Fokus unseres Interesses rückt, ist keine Entwicklung, die dem Erbrecht entsprungen ist, sondern eine *genuin* familienrechtliche. Seine Aktualität bezieht das Thema also nicht aus neuerer Rechtsprechung zum Erb- und Pflichtteilsverzicht, sondern aus dem aufgrund verfassungsgerichtlicher Entscheidungen ergangenen Grundsatzurteil des BGH[15] zur Inhaltskontrolle von Eheverträgen aus dem Jahre 2004 sowie seinen Folgeentscheidungen[16].

Zur Erinnerung: Bereits 2001 hatte das *BVerfG*[17] in Fortschreibung seiner Rechtsprechung zur Inhaltskontrolle von Bürgschaftsverträgen[18] und zum entschädigungs-

**11** *Degenhart*, Rpfleger 1969, 145; *Kipp/Coing* (Fn. 7), § 82 I.
**12** *Degenhart*, Rpfleger 1969, 145; *Kipp/Coing* (Fn. 7), § 82 I.; *Lange/Kuchinke* (Fn. 7), § 7 I. 2.
**13** *Kipp/Coing* (Fn. 7 ), § 82 I.; *Lange/Kuchinke* (Fn. 7), § 7 I. 2.
**14** RG, JW 1907, 167 f.
**15** BGHZ 158, 81.
**16** BGH, FamRZ 2005, 26 f.; BGH, FamRZ 2005, 185 ff.; BGH, FamRZ 2005, 1449 ff.; BGH, MDR 2005, 815 f.
**17** BVerfGE 103, 89; BVerfG, NJW 2001, 2248.
**18** BVerfGE 89, 214 – Bürgschaftsverträge.

losen Wettbewerbsverbot von Handelsvertretern[19] den Zivilgerichten ins Stammbuch geschrieben, ihre bisherige Rechtsprechung zur Sittenwidrigkeit von Eheverträgen im weiteren Sinne sei verfehlt und sie seien verpflichtet, ehevertragliche Abreden in Fällen gestörter Vertragsparität nunmehr einer umfassenden Inhaltskontrolle zu unterziehen und gegebenenfalls zugunsten des benachteiligten Ehepartners korrigierend einzugreifen. Anlass dieser Rechtsprechung waren Fälle, in denen zukünftige Ehemänner die Eheschließung mit ihren schwangeren Partnerinnen vom Abschluss eines Ehevertrages mit weitreichenden Verzichtserklärungen für den Scheidungsfall abhängig gemacht hatten.

War der BGH bis zu diesem Zeitpunkt von einem sehr liberalen Grundansatz ausgegangen, indem er den Ehepartnern in Übereinstimmung mit dem Wortlaut des Gesetzes umfassende Gestaltungsmöglichkeiten in Bezug auf ehevertragliche Vereinbarungen zubilligte,[20] hat er in seiner bereits angesprochenen Grundsatzentscheidung aus dem Jahre 2004 seine Rechtsprechung zur Inhaltskontrolle von Eheverträgen den Vorgaben des BVerfG entsprechend angepasst; man könnte auch sagen, der BGH hat die Vorgaben „übererfüllt“[21]. Zum Inhalt der Entscheidung: Je mehr ein Ehevertrag in den sogenannten „Kernbereich des Scheidungsfolgenrechts“ eingreift, desto eher sollen die entsprechenden Vereinbarungen für den belasteten Ehepartner unzumutbar und eine gerichtliche Überprüfung angezeigt sein. Zur Bestimmung dieses „Kernbereichs“ hat der BGH eine *Rangabstufung* von Scheidungsfolgen gemäß ihrer Bedeutung für den Berechtigten in der jeweiligen Lage aufgestellt. Über diese Rangfolge soll die Disponibilität der Scheidungsfolgen bestimmt werden: Vertraglichen Vereinbarungen am wenigsten zugänglich ist demnach der Kindesbetreuungsunterhalt nach § 1570 BGB, gefolgt vom Alters- (§ 1571 BGB) und Krankheitsunterhalt (§ 1572 BGB), auf der gleichen Stufe stehend mit dem Versorgungsunterhalt (§§ 1587 ff. BGB)[22]. Es schließen sich an – und zwar in dieser Reihenfolge – der Unterhalt wegen Erwerbslosigkeit (§ 1573 I BGB), der Krankenvorsorge- und Altersvorsorgeunterhalt (§ 1578 I, II BGB) sowie der Aufstockungs- (§ 1573 II BGB) und Ausbildungsunterhalt (§ 1575 BGB). Am ehesten abdingbar ist der Zugewinnausgleich (§§ 1378 ff. BGB).

Diese Rangabstufung wiederum nahm der BGH als Ausgangspunkt für die Entwicklung einer zweistufigen Inhaltskontrolle der Scheidungsfolgenvereinbarungen. Nunmehr hat der Richter zuerst eine *Wirksamkeitskontrolle* durchzuführen, bei der im Zuge einer Gesamtwürdigung der Umstände und Verhältnisse zu überprüfen ist, ob die Vereinbarung schon im Zeitpunkt ihres Zustandekommens zu einer derart einseitigen Lastenverteilung für den Scheidungsfall führte, dass ein Verstoß gegen die guten Sitten im Sinne von § 138 I BGB vorliegt (Rechtslage bei Bejahung: Es gilt die gesetzliche Rechtslage). Hält der Vertrag der Wirksamkeitskontrolle

**19** BVerfGE 81, 242 – Handelsvertreter.
**20** So der BGH selbst in seinem Urteil vom 11.2.2004, BGHZ 158, 81, 84 ff.
**21** Ähnlich auch *Mayer*, Zur Inhaltskontrolle von Eheverträgen, FPR 2004, 363 ff.
**22** Wobei der Versorgungsausgleich innerhalb dieser Stufe dem Alters- und Krankheitsunterhalt nachrangig ist, BGHZ 158, 81, 96 ff.

stand, bleibt auf einer zweiten Ebene im Zuge einer sogenannten *Ausübungskontrolle* zu prüfen, ob nicht in der Berufung auf die ehevertraglichen Vereinbarungen seitens des einen Ehegatten rechtmissbräuchliches Verhalten im Sinne des § 242 BGB gesehen werden muss (Rechtslage bei Bejahung: richterliche Anpassung des Vertrags). Hierbei ist entscheidend auf den Zeitpunkt des Scheiterns der Lebensgemeinschaft abzustellen.[23]

In Folge dieser Entscheidungen wurde von einigen Stimmen in der Literatur die für unser Thema zentrale Frage aufgeworfen, ob und inwieweit die Rechtsprechung bezüglich der Inhaltskontrolle von Eheverträgen nunmehr auch auf Erb- und Pflichtteilsverzichtsverträge zu übertragen ist.[24] Das hat zu einigen Verunsicherungen in der rechtsberatenden Praxis darüber geführt, wie kontrollfest die bisherigen Verzichtsverträge sind und ob nunmehr eine veränderte Vertragsgestaltung anzuraten ist.[25]

## 3. Kann die durch den BGH reformierte Inhaltskontrolle von Eheverträgen auf Erb- und Pflichtteilsverzichtsverträge angewandt werden?

Die Frage nach der Anwendbarkeit der reformierten Inhaltskontrolle von Eheverträgen auch auf Erb- und Pflichtteilsverzichtsverträge zu bejahen, scheint auf den ersten Blick reizvoll. Mag man doch bei flüchtiger Betrachtung von Ehevertrag und Erbverzichtsvertrag im weiteren Sinne einige Parallelen und Gemeinsamkeiten entdecken, die eine Übertragung der Rechtsprechung zur Inhaltskontrolle von Eheverträgen auch auf Erb- und Pflichtteilsverzichtsverträge nahe legen. Doch wollen wir unseren Blick schärfen und uns eingehend mit den einzelnen Argumenten für und wider eine Ausweitung der Inhaltskontrolle auf Erb- und Pflichtteilsverzichtsverträge auseinandersetzen. Dazu ist es notwendig, zwischen den verschiedenen Arten des Erbverzichts zu unterscheiden: Gesetzlicher Regelfall ist der sogenannte *Erbverzicht im engeren Sinne*, nämlich der gleichzeitige Verzicht auf das gesetzliche Erbrecht

**23** Ausdrücklich: BGHZ 158, 81, 100.

**24** Namentlich von *Wachter*, Inhaltskontrolle von Pflichtteilsverzichtsverträgen, ZErb 2004, 238 ff., 306 ff.; *ders.*, Neue Grenzen der Ehevertragsfreiheit, ZFE 2004, 132, 142 f., der eine solche Übertragung bei Pflichtteilsverzichtverträgen in Betracht zieht, wenn der Pflichtteil der Sicherung des laufenden Unterhalts oder der Altersvorsorge des Pflichtteilsberechtigten dient, sowie in jüngster Zeit *Wendt*, Unverzichtbares bei erbrechtlichen Verzichten, ZNotP 2006, 2 ff. Sittenwidrigkeit eines Erb- und Pflichtteilsverzichts in einer heute nicht mehr aktuellen Situation bejahend OLG München v. 25.1.2006, ErbR 2007, 154 = ZEV 2006, 313: Wird im Rahmen eines Erb- und Pflichtteilsverzichtsvertrages bei der Bemessung der Gegenleistung diese in Anlehnung an § 1934d II BGB a. F. (vorzeitiger Erbausgleich) berechnet und unzutreffend als zum Zeitpunkt des Verzichts dem Verzichtenden zustehender Erbersatzanspruch (§ 1934a BGB a. F.) dargestellt, kann dies in der Zusammenschau mit weiteren Umständen die Sittenwidrigkeit des Verzichtsvertrages begründen. Vgl. vom Urteil des OLG München ausgehend, aber die Problematik generell beleuchtend *Kapfer*, Gerichtliche Inhaltskontrolle von Erb- und Pflichtteilsverzichtsverträgen? – Zugleich Anmerkung zum Urteil des OLG München vom 25.1.2006, 15 U 4751/04 –, MittBayNot 2006, 385 ff. u. *Scherer/Lehmann*, ZEV-Report Zivilrecht, ZEV 2007, 26, 27.

**25** So auch *Bengel*, Die gerichtliche Kontrolle von Pflichtteilsverzichten, ZEV 2006, 192, 193.

und das Pflichtteilsrecht nach § 2346 I BGB[26]. Als Unterform des Erbverzichts im engeren Sinne besteht daneben noch die Möglichkeit eines *bloßen Erbverzichts*. Dabei wird der nach § 2346 I 2 Hs. 2 BGB grundsätzlich mit dem Erbverzicht einhergehende Pflichtteilsverzicht abbedungen, was entgegen dem Wortlaut der Norm möglich ist,[27] da § 2346 I 2 Hs. 2 BGB kein zwingendes Recht darstellt. Neben dem Erbverzicht im engeren Sinne kennen wir den *isolierten Pflichtteilsverzicht* nach § 2346 II BGB. Bei diesem wird der Verzicht auf den Pflichtteil beschränkt, das gesetzliche Erbrecht bleibt unberührt. Abschließend ist noch der *Zuwendungsverzicht* nach § 2352 BGB zu nennen, durch den die für den Begünstigten in einer Verfügung von Todes wegen vorgesehene Zuwendung wirkungslos wird.[28]

#### *a) Inhaltskontrolle bei bloßem Erbverzicht unter Vorbehalt des Pflichtteils und beim Zuwendungsverzicht*

Betrachten wir zunächst den bloßen Erbverzicht unter Vorbehalt des Pflichtteils. Besteht überhaupt ein Grund, eine gerichtliche Inhaltskontrolle vorzunehmen, wenn ein potentieller Erbe allein auf sein gesetzliches Erbrecht verzichtet, ohne gleichzeitig auf sein Pflichtteilsrecht zu verzichten?

Wohl kaum: Der Verzicht auf das gesetzliche Erbrecht erfolgt zu einer Zeit, in der der Verzichtende weder ein Vollrecht noch ein Anwartschaftsrecht auf die Erbschaft besitzt.[29] Schließlich hat jeder Erblasser, so er nicht testierunfähig, erbvertraglich oder durch gemeinschaftliches Testament gebunden ist, die Möglichkeit, potentielle gesetzliche Erben durch Testament von der Erbfolge auszuschließen, sie zu enterben. Es steht dem Erblasser also frei, wen er zum Erben bestimmt und wen er enterbt, ohne dass es dafür einer Begründung bedürfte. Schließt also der Erblasser mit dem potentiellen gesetzlichen Erben einen reinen Erbverzichtsvertrag, treten Folgen ein, die der Erblasser grundsätzlich auch einfacher, nämlich durch testamentarische Enterbung, hätte erreichen können. Deshalb kann hier schon nicht die Voraussetzung greifen, die das BVerfG seit seiner Entscheidung zu Bürgschaftsverträgen[30] für die Inhaltskontrolle vorsieht: nämlich die sog. „strukturelle Unterlegenheit“. In dem Fall, dass der Erblasser testierunfähig ist, kann er einen Erbverzicht schließen (§ 2347 II BGB: durch seinen gesetzlichen Vertreter), wobei hier der Erbverzicht die einzige Möglichkeit darstellt, einen gesetzlichen Erben von der Erbfolge auszuschließen. Aber das ist ja nun gerade ein Fall, in dem, wenn überhaupt jemand, dann der Erblasser „strukturell unterlegen“ ist.

Denn die Unterlegenheit des potentiellen Erben ist schon gesetzlich, und zwar darin begründet, dass er jederzeit ohne weiteres enterbt werden kann. Eine schwächere Verhandlungsposition ist freilich kaum vorstellbar: Der Erblasser kann

---

26 *Groll/Muscheler* (Fn. 6), B. XV. Rn. 7.
27 H.M.: *Groll/Muscheler* (Fn. 6), B. XV. Rn. 7; Palandt-*Edenhofer*, BGB (65. Aufl. 2006), § 2346 BGB Rn. 1; Staudinger-*Schotten*, BGB (Neubearb. 2004), § 2346 BGB Rn. 34 m.w.N.
28 *Groll/Muscheler* (Fn. 6), B. XV. Rn. 9.
29 *Lange/Kuchinke* (Fn. 7), § 7 IV. 1.
30 BVerfGE 89, 214 – Bürgschaftsverträge.

ihn vor die Wahl stellen, den Verzicht auf das gesetzliche Erbe unter Vorbehalt des Pflichtteils zu erklären und in diesem Fall eventuell noch eine Abfindung zu kassieren oder ohne Abfindung enterbt zu werden. Hier liegt offensichtlich eine gestörte Vertragsparität vor, indem der Erblasser sämtliche Druckmittel, namentlich das der Enterbung, in Händen hält, während dem potentiellen Erben lediglich die vage Hoffnung verbleibt, nicht enterbt zu werden. Die Unterlegenheit des Erben ergibt sich jedoch allein aus der Testierfreiheit des Erblassers, ist damit eine vom Gesetzgeber zugunsten der Testierfreiheit bewusst in Kauf genommene und kann somit im Falle des bloßen Erbverzichts nicht zur Begründung einer Inhaltskontrolle herhalten. Schließlich wäre es widersinnig, dem Erblasser auf der einen Seite die Testierfreiheit zu gewähren und damit das Recht, über seinen Nachlass frei zu entscheiden, auf der anderen Seite aber eine Inhaltskontrolle auf die sich aus der Testierfreiheit ergebende Unterlegenheit des Verzichtenden zu stützen.

Darüber hinaus eröffnet der bloße Erbverzicht dem Verzichtenden lediglich *Chancen*, nämlich hier konkret die Chance – wie bereits erwähnt –, für den Verzicht eine Abfindung zu erlangen, so wie es in der Praxis nicht selten geschieht.[31] Bei bloßer Enterbung bleibt dagegen nur der Verweis auf den Pflichtteil. Der Verzichtende wird durch den Erbverzichtsvertrag demnach keinesfalls schlechter gestellt als bei bloßer Enterbung, im Gegenteil, ihm wird hierbei regelmäßig die Chance auf eine Besserstellung durch eine Abfindung eröffnet.

Nichts anderes gilt im Übrigen für den Zuwendungsverzicht nach § 2352 S. 1 BGB: Derjenige, der durch Testament zum Erben eingesetzt oder mit einem Vermächtnis bedacht ist, kann nicht darauf vertrauen, dass der Erblasser sein Testament nicht noch zu seinen Ungunsten verändert. Auch hier besteht kein schützenswerter Anspruch des Verzichtenden. Problematisch könnte allein der Verzicht des durch Erbvertrag mit einer Zuwendung bedachten Dritten nach § 2352 S. 2 BGB erscheinen. Doch wollen wir darauf nicht genauer eingehen. Zum einen ist diese Art des Zuwendungsverzichts nicht praxisrelevant genug; zum anderen wird die Inhaltskontrolle von Zuwendungsverzichtsverträgen in der Literatur nicht thematisiert und bedarf deshalb auch keiner kritischen Überprüfung.

### b) *Inhaltskontrolle beim Erbverzicht nach § 2346 I BGB und beim isolierten Pflichtteilsverzicht nach § 2346 II BGB*

Kommen wir nun zum *Erbverzicht ohne abbedungenen Pflichtteilsverzicht* nach § 2346 I BGB sowie zum *isolierten Pflichtteilsverzicht* nach § 2346 II BGB. Ist der bloße Erbverzicht, wie wir ihn soeben betrachtet haben, in der Praxis äußerst selten anzutreffen, eben weil der Erblasser denselben Effekt durch die Enterbung einfacher erreichen kann, so ist der Erbverzicht mit gleichzeitigem Pflichtteilsverzicht schon geläufiger und stellt der isolierte Pflichtteilsverzicht nachgerade den praktisch bedeutsamsten

31 *Harder/Kroppenberg*, Grundzüge des Erbrechts (5. Aufl. 2002), Rn. 328; Münchener Kommentar-*Strobel* (Fn. 6), § 2346 BGB Rn. 21.

Fall dar.[32] Denn durch den isolierten Pflichtteilsverzicht erlangt der Erblasser nicht nur insofern eine Ausdehnung seiner Testierfreiheit, als er bezüglich des Pflichtteils des Verzichtenden freie Hand für Vermögensdispositionen erhält, sondern es kommt auch nicht zu einer Erhöhung der Pflichtteilsquoten anderer Pflichtteilsberechtigter nach § 2310 S. 2 BGB, sodass sich durch den Pflichtteilsverzicht die Pflichtteilslast des Erben insgesamt verringert. Dies kann, indem so eine Zersplitterung des Erblasservermögens aufgrund verschiedener Pflichtteilsansprüche verhindert wird, dem Erhalt ebendiesen Vermögens als Ganzes für einen bestimmten Nachfolger dienen.[33]

Was ist aber nun beim Erbverzicht mit Pflichtteilsverzicht und beim isolierten Pflichtteilsverzicht anders als beim bloßen Erbverzicht, sodass eine gesonderte Betrachtung notwendig erscheint und die Argumente, die zu einer Ablehnung einer Inhaltskontrolle bei bloßem Erbverzicht führen, hier nicht vorgebracht werden können? Die Antwort ist so offensichtlich wie einleuchtend: Es ist das Pflichtteilsrecht.

Haben wir eine Inhaltskontrolle eines Verzichtsvertrages, der einen bloßen Erbverzicht zum Inhalt hat, bereits für nicht geboten erachtet, da der Verzichtende auf nichts verzichtet, was ihm nicht auch leichter entzogen werden könnte, schon weil er weder ein Recht noch eine Anwartschaft auf die Erbschaft hat, greift diese Argumentation dann nicht, wenn es um den Verzicht auf den Pflichtteil geht. Anders als das gesetzliche Erbrecht unterliegt der Pflichtteil gerade nicht der Testierfreiheit des Erblassers. Kann man nun auch das Pflichtteilsrecht nicht als Anwartschaftsrecht bezeichnen,[34] so besteht nach herrschender Ansicht[35] doch schon zu Lebzeiten des Erblassers zwischen diesem und dem Pflichtteilsberechtigten ein Rechtsverhältnis, das vor dem Erbfall rechtliche Wirkungen äußert und das Gegenstand des Verzichts ist. Es handelt sich hierbei um eine Rechtsposition der nächsten Angehörigen, die – anders als das gesetzliche Erbrecht – grundsätzlich unentziehbar ist.[36] Bezieht sich der Verzicht mithin (auch) auf den Pflichtteil, scheint eine Inhaltskontrolle einer solchen vertraglichen Vereinbarung anhand der von der Rechtsprechung aufgestellten Kriterien zumindest nicht von vornherein ausgeschlossen. Widmen wir uns nun im Einzelnen den Argumenten für und gegen eine solche gerichtliche Kontrolle.

---

**32** *Bengel,* Grundzüge und ausgewählte Probleme des Pflichtteilrechts, in: Dittmann/Reimann/Bengel (Hrsg.), Testament und Erbvertrag (5. Aufl. 2004), D. Rn. 25, 87; *Groll/Muscheler* (Fn. 6), B. XV. Rn. 8.

**33** *Groll/Muscheler* (Fn. 6), B. XV. Rn. 71; *Kipp/Coing* (Fn. 7), § 82 I.; *Schlüter,* Erbrecht (15. Aufl. 2004), Rn. 391.

**34** Staudinger-*Haas,* BGB (13. Bearb. 1998), Vorb. zu §§ 2303 ff. BGB Rn. 30.

**35** *Lange/Kuchinke* (Fn. 7), § 37 III. 1.a.; Münchener Kommentar-*Lange* (Fn. 6), § 2303 BGB Rn. 9; Palandt-*Edenhofer* (Fn. 27), Überbl. v. § 2303 BGB Rn. 3.

**36** Staudinger-*Haas* (Fn. 34), Vorb. zu §§ 2303 ff. BGB Rn. 30.

aa) Der Pflichtteil als Kernbereich des Erbrechts

Das Pflichtteilsrecht unterliegt nach verbreiteter, jetzt auch vom BVerfG bestätigter Ansicht verfassungsrechtlichem Schutz.[37] Ohne weiteres kann der Pflichtteil gegen den Willen des Pflichtteilsberechtigten diesem nicht entzogen werden. Daraus schließt *Wachter*, dass das Pflichtteilsrecht dem Kernbereich des Erbrechts zuzuordnen ist und es sich daher anbietet, die Kernbereichslehre des BGH in Bezug auf Scheidungsfolgenvereinbarungen auf das Erbrecht auszudehnen und die Disponibilität des Pflichtteils an seiner *Rangstufe* festzumachen.[38] Je mehr das Pflichtteilsrecht dem Kernbereich des Erbrechts zuzuordnen ist, desto eher wäre es damit vertraglichen Vereinbarungen entzogen.

Diese Argumentation weckt jedoch an einigen Stellen Bedenken. Zunächst wird hier ein Vergleich auf falscher systematischer Ebene gezogen. Scheidungsfolgenrecht und Erbrecht liegen nicht auf derselben Ebene; das Pendant zum Erbrecht ist vielmehr das Familienrecht. Neben der weiten und an sich schon fragwürdigen Terminologie des „Kernbereichs" muss zudem bereits bezweifelt werden, dass das Pflichtteilsrecht überhaupt dem Kernbereich des Erbrechts zugeordnet werden kann. Das Pflichtteilsrecht ist nie endgültig aus der Diskussion geraten.[39]

Schon auf dem 14. Deutschen Juristentag im Jahre 1878 wurde – allerdings erfolglos – gegen die Aufnahme des Pflichtteils in die geplante Zivilrechtskodifikation plädiert.[40] Seit Inkrafttreten des BGB hat es weitere zahlreiche Reformdiskussionen[41] und Verbesserungsvorschläge[42] gegeben. Insbesondere die rechtspolitische Legitimation des Pflichtteilsrechts wird in Zweifel gezogen.[43] Zwar bejaht die herr-

---

**37** BVerfGE 112, 332 – Pflichtteilsentziehung; *Haas*, Ist das Pflichtteilsrecht verfassungswidrig?, ZEV 2000, 249, 250 ff.; Palandt-*Edenhofer* (Fn. 27), Überbl. v. § 2303 BGB Rn. 4.

**38** *Wachter*, ZErb 2004, 238, 243 f.

**39** S. dazu *Otte*, Das Pflichtteilsrecht – Verfassungsrechtsprechung und Rechtspolitik, AcP 202 (2002), 317 ff.

**40** *Bruns*, Gutachten über die Frage: Ob und in wie weit die Testierfreiheit mit Rücksicht auf eine Pflichtteilsberechtigung eingeschränkt werden soll?, in: Verhandlungen des 14. Deutschen Juristentages (1878), Bd. I, Heft 1, S. 72 ff.; *Meyersburg*, Gutachten über die Frage: Ob und in wie weit die Testierfreiheit mit Rücksicht auf eine Pflichtteilsberechtigung eingeschränkt werden soll?, in: Verhandlungen des 14. Deutschen Juristentages (1878), Bd. I, Heft 1, S. 50 ff.; heutzutage in Frage gestellt von *Petri*, Die Pflicht zum Pflichtteil, ZRP 1993, 205, 206.

**41** *Coing*, Empfiehlt es sich, das gesetzliche Erbrecht und Pflichtteilsrecht neu zu regeln?, in: 49. Deutscher Juristentag (1972), Bd. I, A 11 ff.; *Martiny*, Empfiehlt es sich, die rechtliche Ordnung finanzieller Solidarität zu Verwandten in den Bereichen des Unterhaltsrechts, des Pflichtteilsrechts, des Sozialhilferechts und des Sozialversicherungsrechts neu zu gestalten?, in: 64. Deutscher Juristentag (2002), Bd. I, A 1, 61 ff., 118 ff.; Reformvorhaben zuletzt vor allem bzgl. der §§ 2333 ff. BGB.

**42** *Klingelhöffer*, Empfiehlt es sich, die rechtliche Ordnung finanzieller Solidarität zwischen Verwandten im Bereich des Pflichtteilsrechts neu zu gestalten?, ZEV 2002, 293 ff.; *Leisner*, Pflichtteilsentziehungsgründe nach §§ 2332 ff. BGB verfassungswidrig?, NJW 2001, 126 f.; *Lipp*, Finanzielle Solidarität zwischen Verwandten im Privat- und Sozialrecht, NJW 2002, 2201, 2205 ff.; *Schlüter*, Die Änderung der Rolle des Pflichtteilsrechts im sozialen Kontext, in: 50 Jahre Bundesgerichtshof (2000), Bd. 1, S. 1047 ff.

**43** Staudinger-*Haas* (Fn. 34), Vorb. zu §§ 2303 BGB Rn. 17 ff.

schende Meinung[44] die Frage, ob der Pflichtteil von der Erbrechtsgarantie des Art. 14 GG umfasst wird, aber die Ansicht hat sich nie ganz verdrängen lassen, ob sie sich nicht eher aus Art. 6 I GG ergibt.[45] Dies alles mutet für ein Institut, das doch so offensichtlich zum Kernbereich des Erbrechts gehören soll, etwas seltsam an. Allzu offensichtlich bzw. eindeutig scheint der Pflichtteil einem etwaigen „Kernbereich“ des Erbrechts dann doch nicht zuzuordnen zu sein, zumal die Funktion des Pflichtteils heutzutage generell in Frage zu stellen ist.[46] Zum Nutzen und Unnutzen des Pflichtteils sei an dieser Stelle nur soviel gesagt: Bereits *Max Weber* hat erkannt, dass im Aufstreben befindliche Gesellschaften ein Höchstmaß an Testierfreiheit garantieren; mit dem Ende der Expansion und mit dem gesellschaftlichen Abschwung endet dann auch die Testierfreiheit, oftmals mit der Einführung einer Pflichtteilsquote.[47]

Scheidungsfolgenrecht ist Schutzrecht, die Rede vom „Kernbereich“ meint Zentren des Schutzrechts. Todesfolgenrecht ist kein Schutzrecht, man braucht auch den Pflichtteil nicht zum Überleben. „Kernbereich“ des Todesfolgenrechts ist das, was auch systematisch zuerst, d.h. vor dem Pflichtteilsrecht, geregelt ist: Gesetzliche und gewillkürte Erbfolge, Schenkung von Todes wegen. Übrigens, dies nur am Rande, gehört das Pflichtteilsrecht nach den juristischen Prüfungsordnungen nicht mehr zu den „Grundzügen“ des Erbrechts.

#### bb) Vertragsschluss oftmals in Verbindung mit ehevertraglichen Regelungen

Als Argument für eine Inhaltskontrolle auch von Pflichtteilsverzichtsverträgen wird weiter ins Feld geführt, dass Erb- und Pflichtteilsverzichtsverträge in der Praxis oftmals in zeitlichem und sachlichem Zusammenhang mit ehevertraglichen Regelungen abgeschlossen werden.[48] Dabei werde nicht immer deutlich, ob diese eine Einheit bilden. Davon sei aber auszugehen, wenn die erb- und ehevertraglichen Vereinbarungen in einer Urkunde niedergelegt sind. Ebenso habe die gerichtliche Kontrolle von Eheverträgen nach der Maßgabe der Rechtsprechung in einer *Gesamtschau* zu erfolgen, in der dann auch der Verzichtsvertrag mit einbezogen werden müsse. Demnach seien alle getroffenen Vereinbarungen zu überprüfen. Das bedeute, die Prüfung der Angemessenheit sei auch auf erbrechtliche Regelungen zu erstrecken, mithin eine richterliche Kontrolle des Erb- und Pflichtteilsverzichts vorzunehmen, wenn dieser zusammen mit ehevertraglichen Regelungen abgeschlos-

---

**44** BVerfGE 112, 332 – Pflichtteilsentziehung (zum Pflichtteilsrecht von Abkömmlingen; das BVerfG sagt ausdrücklich, dass die gegenwärtige Quote nicht unumstößlich ist und weitere Entziehungsgründe als die gegenwärtig geltenden möglich sind); BGHZ 109, 306; *Otte*, AcP 202 (2002), 317 ff.; Münchener Kommentar-*Lange* (Fn. 6), § 2303 BGB Rn. 4.

**45** Für Letzteres eintretend z.B. *Hetmaier*, Grundlagen der Privaterbfolge in der Bundesrepublik Deutschland und der DDR (1990), S. 80 ff.; Soergel-*Stein*, BGB (13. Aufl. 2002), Einl. zu §§ 1922 ff. BGB Rn. 5, 7 f.

**46** Dazu noch im Folgenden.

**47** *Max Weber*, Wirtschaft und Gesellschaft, S. 530. *Weber* verdeutlicht diese These z.B. anhand des Rechts im republikanischen Rom.

**48** Argumente und Schlussfolgerungen von *Wachter*, ZErb 2004, 238, 244.

sen worden ist. Eine richterliche Kontrolle lasse sich aufgrund der Gesamtschau auch nicht vermeiden, indem man in einem einheitlichen Vertragswerk den Ehevertrag und den Erbverzichtsvertrag rein äußerlich und dokumentarisch separiere. Ja, man könnte den hier referierten Gedankengang noch weiterführen, indem man sagt: Mag auch der Erb- und Pflichtteilsverzicht für sich schließlich und endlich wirksam sein und bleiben, so könnte doch schon seine bloße Existenz ein zusätzliches Argument dafür sein, dass die „Gesamtbetrachtung" des Ehevertrags zu dessen Totalnichtigkeit führt.

Richtig ist zwar, dass Eheverträge in der Praxis häufig im Zusammenhang mit einem Erbverzicht geschlossen werden und auch in einem einheitlichen Urkundspapier. Doch daraus zu schließen, dass die Vereinbarungen dadurch eine rechtliche Einheit bilden, geht an der Lebenswirklichkeit vorbei. Vielmehr wird man in der Praxis die ehe- und erbrechtlichen Vereinbarungen schon aus *Kostengründen* in einem Notartermin abhandeln und dementsprechend auch in einer Urkunde zusammenfassen.[49] Auch wird man im Zuge eines Ehevertrages regelmäßig seine erbrechtlichen Angelegenheiten erledigt wissen wollen. Nehmen die ehe- und erbrechtlichen Vereinbarungen nicht direkt aufeinander Bezug, kann gerade nicht davon ausgegangen werden, dass sie zusammenhängend zu prüfen sind. Schließlich kann ein Ehevertrag nach der Rechtsprechung unabhängig von einem Erbvertrag wirksam sein, selbst wenn sie in einer Urkunde zusammengefasst sind.[50] Dasselbe muss dann auch für das Verhältnis Ehevertrag und Erbverzicht gelten. Dass Ehevertrag und Erbverzicht eine rechtliche Einheit bilden, kann also nicht einmal dann zweifelsfrei bejaht werden, wenn sie in engem zeitlichen und räumlichen Zusammenhang geschlossen wurden.

Sollte trotzdem einmal der seltene Fall eintreten, dass die ehe- und erbrechtlichen Regelungen eine rechtliche Einheit bilden, dann trifft es zu, dass nach den Vorgaben des BGH im Zuge der Inhaltskontrolle von Eheverträgen eine Gesamtschau durchzuführen ist, bei der alle im Zusammenhang stehenden Vereinbarungen Berücksichtigung zu finden haben. Allerdings tangiert der Erb- und auch der Pflichtteilsverzicht nicht den Kernbereich des Scheidungsfolgenrechts,[51] denn schon das Gesetz sieht für den Fall der Scheidung (ja nach § 1933 BGB schon zuvor) den Verlust von gesetzlichem Ehegattenerbrecht und Ehegattenpflichtteil vor. Problematisch können von vornherein nur die Fälle sein, in denen der Verzicht generell, also ohne Rücksicht auf eine Scheidung, oder in denen der Verzicht speziell für die Ehekrise, aber, weitergehend als § 1933 BGB, schon für den Beginn einer Trennung der Ehegatten erklärt wird. Im Zuge der Gesamtbetrachtung anlässlich einer Kontrolle der *ehevertraglichen* Regelungen mag dann auch der Erb- und Pflichtteilsverzicht berücksichtigt werden, er selbst unterliegt aber einer eigenen richterlichen Kon-

---

**49** *Gageik*, Wirksamkeits- und Ausübungskontrolle von Eheverträgen unter Berücksichtigung der aktuellen Rechtsprechung seit der Entscheidung des BGH vom 11.2.2004, FPR 2005, 122, 129.
**50** OLG Frankfurt, ZEV 2004, 207: Rücktritt vom Erbvertrag nicht automatisch auch Rücktritt vom Ehevertrag, selbst wenn beide in gleicher Urkunde niedergelegt wurden.
**51** *Bengel*, ZEV 2006, 192, 196.

trolle und zwar lediglich der Wirksamkeitskontrolle nach § 138 I BGB. Auch wenn Ehevertrag und Verzicht in Verbindung stehen, ist also eine isolierte Prüfung der Wirksamkeit der Verzichtsvereinbarungen vorzunehmen und zwar so, als bestünden Ehevertrag und Verzichtsvertrag völlig unabhängig voneinander.[52] Ein Problem drängt sich in diesem Zusammenhang allerdings auf: Wie steht es um die Wirksamkeit des Verzichtsvertrages, wenn der ehevertragliche Bestandteil eines rechtlich einheitlichen Vertragswerks für sittenwidrig erklärt wird? Diesem Problem der Teilnichtigkeit nach § 139 BGB wollen wir uns allerdings erst zum Schluss des Vortrags widmen.

Wir sehen aber: Aus der Tatsache, dass Ehevertrag und Erbverzicht in der Praxis zusammen abgeschlossen werden, und aus der vom BGH vorgesehenen Gesamtschau der Vereinbarungen bei Inhaltskontrollen kann man die Ausdehnung der Rechtsprechung zur Inhaltskontrolle von Eheverträgen auf Erb- und Pflichtteilsverzichtsverträge unter Ehegatten nicht begründen. Andernfalls würde sich die Frage anschließen, wie es denn um die Verzichtsverträge *anderer Pflichtteilsberechtigter* steht. Gilt für Verzichtsverträge zwischen Ehegatten etwas anderes als für solche zwischen Erblasser und anderen Pflichtteilsberechtigten? Nur, weil zwischen letzteren nicht auch ein Ehevertrag geschlossen werden kann, unterliegen deren Verzichtsverträge nicht demselben richterlichen Kontrollmaßstab? Bei Bejahung dieser Fragen erschiene ein Verstoß gegen das Gleichheitsgebot nach Art. 3 I GG nicht fernliegend.

#### cc) Pflichtteilsrecht als Existenzsicherung

Ein weiteres Argument für die Inhaltskontrolle greift die Unterhalts- und Versorgungsfunktion des Pflichtteils auf.[53] Es sei der auf sein Pflichtteilsrecht Verzichtende in einer ähnlich schutzbedürftigen Position wie der unterhaltsberechtigte Ehegatte. Zumindest sei das der Fall, wenn die Vertragsparteien untereinander unterhaltspflichtig bzw. -berechtigt sind.

Richtig mag sein, dass dem Pflichtteil zur Zeit des Inkrafttretens des BGB auch eine Unterhalts- und Versorgungsfunktion durch den Gesetzgeber zugedacht war[54]. Heutzutage jedenfalls hat der noch zum Ende des 19. und zum Beginn des 20. Jahrhunderts im Vordergrund stehende innerfamiliäre Versorgungsgedanke[55] durch das *Sozial- und Sozialversicherungsrecht* an Bedeutung verloren,[56] im Bereich der Sicherung von Hinterbliebenen speziell mit Einführung der Hinterbliebenenrente im Jahre 1911 und deren Ausweitungen sowie Einführung weiterer Versorgungs-

---

**52** *Bengel*, ZEV 2006, 192, 196.

**53** *Wachter*, ZErb 2004, 238, 244 f.

**54** Münchener Kommentar-*Lange* (Fn. 6), § 2303 BGB Rn. 5; Staudinger-*Haas* (Fn. 34), Vorb. zu §§ 2303 ff. BGB Rn. 18; a. A. *Lipp*, NJW 2002, 2201, 2205, der davon ausgeht, dass dem Pflichtteilsrecht von Anfang an nicht diese Aufgabe zukommen sollte.

**55** *Werkmüller*, Rechtspolitische und rechtsvergleichende Aspekte des geltenden Pflichtteilsrechts (2002), S. 67.

**56** *Bauer*, Soziologie und Erbrechtsreform (2003), S. 183.

ansprüche in späteren Jahren.[57] Allerdings ist der innerfamiliäre Unterhalts- und Versorgungsgedanke nicht gänzlich verschwunden, ihm wird in Zukunft sogar noch dadurch größere Bedeutung zuwachsen, dass staatliche Leistungen immer mehr als nachrangig angesehen werden[58] und so die Existenzsicherung wieder vermehrt zur Familienangelegenheit wird. Doch die innerfamiliäre Existenzsicherung wird heutzutage in der Hauptsache durch die familienrechtlichen *Unterhaltstatbestände* gewährleistet,[59] nicht durch das Pflichtteilsrecht. Dass das Pflichtteilsrecht rechtstatsächlich keinen wichtigen Baustein in der Existenzsicherung von Hinterbliebenen mehr darstellt, hat sicherlich verschiedene Ursachen; wir wollen uns auf die Darstellung zweier Gründe beschränken: Eine Ursache dafür liegt in der *wachsenden Lebenserwartung* der Menschen[60]. Bevor die Elterngeneration stirbt, sind deren Kinder in der Regel selbst Eltern, stehen zumindest aber in Lohn und Brot. Eine etwaige Existenzsicherungsfunktion des Pflichtteilsrechts verliert aber dann an Bedeutung, wenn die Abkömmlinge bereits eine eigene Existenz aufgebaut haben. Auch bezüglich der Altersvorsorge des Ehegatten nimmt das Pflichtteilsrecht der Krise des Sozialstaats zum Trotz keine existenzsichernde Funktion mehr ein: *Private Altersvorsorge* ist allemal effektiver als das Pflichtteilsrecht, um Mängel der künftigen gesetzlichen Altersversorgung zu beheben.[61]

Aber auch in dogmatischer Hinsicht erscheint die Einordnung des Pflichtteilsrechts unter die Fälle des Unterhalts verfehlt.[62] Unter Unterhalt ist ein Beitrag zu verstehen, den ein Dritter leistet, solange und soweit der betroffene Mensch nicht in der Lage ist, sich selbst zu unterhalten.[63] Unterhaltsberechtigung setzt also Bedürftigkeit voraus.[64] Nach der *Bedürftigkeit* wird im Pflichtteilsrecht jedoch gerade nicht gefragt. Der Pflichtteilsanspruch steht dem Millionär genauso zu wie dem Mittellosen. Auch die Höhe des Pflichtteils bemisst sich nicht am konkreten Bedarf. Ein zentrales Element des Unterhaltsrechts kennt das Pflichtteilsrecht demnach nicht. Wir halten fest: Dem Pflichtteil kommt sowohl unter rechtstatsächlicher als auch unter dogmatischer Betrachtungsweise keine Unterhalts- oder Versorgungsfunktion zu. Somit geht auch das Argument fehl, der auf seinen Pflichtteil Verzichtende sei aufgrund der Unterhalts- und Versorgungsfunktion des Pflichtteils genauso schützenswert wie ein Unterhaltsberechtigter.

---

**57** Beispiele bei *Werkmüller* (Fn. 55), S. 67: beamtenrechtliche Versorgungsansprüche, Rentenansprüche aus der Sozialversicherung.
**58** S. nur § 2 und § 94 SGB XII.
**59** Staudinger-*Haas* (Fn. 34), Vorb. zu §§ 2303 ff. BGB Rn. 19.
**60** So schon *Coing* (Fn. 41), A 11, 15; *Leipold*, Wandlungen in den Grundlagen des Erbrechts?, AcP 180 (1980), 160, 182 ff.
**61** *Bauer* (Fn. 56), S. 183.
**62** Ähnlich auch Münchener Kommentar-*Lange* (Fn. 6), § 2303 BGB Rn. 5; Staudinger-*Haas* (Fn. 34), Vorb. zu §§ 2303 ff. BGB Rn. 19.
**63** Vgl. nur Münchener Kommentar-*Engler*, BGB (Neubearb. 2000), Vor § 1601 BGB Rn. 1.
**64** S. §§ 1577, 1602 BGB.

### dd) Beteiligung an Vermögenssubstanz weitestgehend disponibel

Aber was ist denn nun die Funktion des Pflichtteils? Der Pflichtteil kann nach unseren Feststellungen – so man dem Pflichtteilsrecht überhaupt noch eine Funktion zusprechen will –[65] lediglich der Teilhabe der nächsten Angehörigen am Familienvermögen dienen.[66] Hieran schließt sich das nächste Argument gegen die Inhaltskontrolle an: Es handelt sich beim Verzicht auf den Pflichtteil um einen Verzicht auf die Beteiligung an Vermögenssubstanz. Ein solcher Verzicht erscheint jedoch der Disposition der Vertragsparteien weitaus zugänglicher als ein Verzicht auf laufende Unterhalts- und Versorgungsansprüche.[67] Dafür spricht auch, dass der BGH den Zugewinnausgleich, der schließlich auch Vermögensbeteiligung ist, auf die niedrigste Rangstufe seiner Kernbereichslehre stellt[68] und dass dieser damit einem weitaus weniger strengen Schutz unterliegt als Unterhaltsansprüche und Altersversorgung.

### ee) Umsetzbarkeit des zweistufigen Prüfungsmodells

Weitere Bedenken bestehen bezüglich der Umsetzbarkeit des zweistufigen Prüfungsmodells, insbesondere der Ausübungskontrolle, auf Erb- und Pflichtteilsverzichtsverträge. Nach dem BGH ist im Rahmen der Ausübungskontrolle bei Eheverträgen eine Anpassung des Vertragsinhalts vorzunehmen, falls die Berufung eines Ehegatten auf den vertraglichen Ausschluss der Scheidungsfolgen der richterlichen Kontrolle nicht standhält.[69] Entscheidend sei, ob es zu einer evident einseitigen Lastenverteilung für eine Vertragspartei komme, die unter Berücksichtigung aller Umstände und Belange der belasteten Partei nicht zugemutet werden könne. Dies sei „insbesondere dann der Fall, wenn die tatsächliche einvernehmliche Gestaltung der ehelichen Lebensverhältnisse von der ursprünglichen, dem Vertrag zu Grunde liegenden Lebensplanung grundlegend abweicht"[70].

Diese Ausführungen erinnern stark an Fälle der Störung der Geschäftsgrundlage im Sinne des § 313 BGB. Doch stützt der BGH seine Ausübungskontrolle auf § 242 BGB. Dies hat seine Gründe: Maßgeblicher Zeitpunkt soll nicht wie bei § 313 BGB der Zeitpunkt des Vertragsschlusses sein, sondern bei der Ausübungskontrolle soll es darauf ankommen, ob im Zeitpunkt des Scheiterns der Lebensgemeinschaft eine einseitige Lastenverteilung besteht. Das erlaubt es dem Richter, den Vertrag an die nunmehr vorliegenden Verhältnisse anzupassen. Auch verbietet sich die Anwendung des § 313 BGB, wenn die Vertragsparteien die Veränderungen zwar in ihre Überlegungen aufgenommen, diese aber keinen Niederschlag im Vertragswerk ge-

65 Zum Funktionsverlust des Pflichtteilsrechts Staudinger-*Haas* (Fn. 34), Vorb. zu §§ 2303 ff. BGB Rn. 25.

66 Eine Verteilungsfunktion des Pflichtteils, um einer Konzentration von Vermögen vorzubeugen, ist abzulehnen.

67 Zutreffend *Wachter*, ZErb 2004, 238, 245. Im Ergebnis wie im Text (Ausschluss des Zugewinnausgleichs und Pflichtteilsverzicht – obiter – auf eine Stufe stellend) BGH, NJW 2006, 3142, 3143 und (als Vorinstanz im selben Fall) OLG Koblenz, FamRZ 2004, 805, 806.

68 BGHZ 158, 81, 96.

69 BGHZ 158, 81, 100 f.

70 BGHZ 158, 81, 101.

funden haben.[71] Dagegen ist bei der vom BGH formulierten Ausübungskontrolle nach § 242 BGB eine Anpassung des Vertrages nicht dadurch ausgeschlossen, dass eine Vertragspartei ein bewusstes Risiko eingegangen ist. Aus diesen Gründen hat sich der BGH entschieden, die Ausübungskontrolle auf § 242 BGB und nicht auf § 313 BGB zu stützen.[72] Weitergehende inhaltliche Unterschiede zwischen der Vertragsanpassung nach § 313 BGB und der Ausübungskontrolle nach § 242 BGB sind nicht zu erkennen. Bis jetzt hat die Rechtsprechung die so verstandene Ausübungskontrolle nur auf Eheverträge angewandt. Dabei sollte es auch bleiben. Klären wir, warum, und wenden wir uns dazu zunächst der Frage nach der grundsätzlichen Anwendbarkeit zu.[73]

#### (1) Eingeschränkte Anwendbarkeit auf den abstrakten Erbverzicht nach § 2346 BGB

Um aber die Frage nach der grundsätzlichen Anwendbarkeit der Ausübungskontrolle zu beantworten, ist – und das haben wir bisher vernachlässigt – zwischen dem Erbverzicht nach § 2346 BGB und dem isolierten Pflichtteilsverzicht einerseits und andererseits dem Erb- und Pflichtteilsverzicht als Verfügungsgeschäft sowie den ihnen zugrunde liegenden Kausalgeschäften, die beim entgeltlichen Verzicht Vereinbarungen über die Abfindung enthalten, zu unterscheiden. Betrachten wir also zunächst die Anwendbarkeit auf den abstrakten Erbverzicht.

Grundsätzlich ist eine Anpassung erbrechtlicher Verfügungsgeschäfte – und um ein solches handelt es sich hierbei – nach den Grundsätzen zur Störung der Geschäftsgrundlage auch nach dem Erbfall nicht ausgeschlossen.[74] Dies gilt jedoch nicht für den abstrakten Erbverzicht. Dieser entfaltet dingliche Wirkung gegenüber jedermann und ist daher nach herrschender Meinung aus Gründen der Rechtssicherheit nach dem Erbfall keiner Korrektur mehr zugänglich, da mit dem Tod des Erblassers die Erbfolge feststehen muss.[75] Dann ist auch der abstrakte Erbverzicht ab dem Erbfall keiner Anpassung im Rahmen der Ausübungskontrolle nach § 242 BGB mehr zugänglich.[76] Schließlich macht es keinen Unterschied, ob das Verfügungsgeschäft nach den Grundsätzen über den Wegfall der Geschäftsgrundlage oder aufgrund von § 242 BGB angepasst wird; jedenfalls steht einer Anpassung der Grundsatz entgegen, dass die Erbfolge mit dem Tod des Erblassers feststehen muss. Demnach steht einer Anpassung des abstrakten Erbverzichts nach dem Erbfall der Gedanke der Rechtssicherheit entgegen; eine Anpassung vor dem Erbfall wird dadurch nicht ausgeschlossen.

Anders verhält es sich beim dem abstrakten Erbverzicht zugrunde liegenden Kausalgeschäft sowie dem abstrakten Pflichtteilsverzicht und dessen Kausalgeschäft.

---

**71** *Bengel*, ZEV 2006, 192, 195; *Wachter*, ZFE 2004, 132, 141.

**72** BGHZ 158, 81, 93.

**73** Dazu ausführlich *Bengel*, ZEV 2006, 192, 193 ff.

**74** *Bengel*, ZEV 2006, 192, 195; *Wendt*, ZNotP 2006, 2, 6 f.

**75** BGH, ZEV 1999, 62, 63; BayObLG, ZEV 2006, 209, 210; OLG Nürnberg, FamRZ 2003, 634, 636.

**76** So auch (allerdings ohne weitergehende Begründung) *Bengel*, ZEV 2006, 192, 193, 195.

Bei diesen ist sowohl vor als auch nach dem Erbfall eine gerichtliche Korrektur grundsätzlich möglich. Die Kausalgeschäfte, und zwar sowohl dasjenige des abstrakten Erbverzichts als auch das des Pflichtteilsverzichts, sind schuldrechtliche Rechtsgeschäfte, wirken also nur *inter partes* und nicht gegenüber jedermann. Eine Anpassung auch nach dem Erbfall würde an der Erbfolge selbst nichts weiter ändern. Nichts anderes gilt bezüglich des abstrakten Pflichtteilsverzichts. Der Pflichtteilsanspruch ist ein schuldrechtlicher; der Pflichtteilsverzicht wirkt mithin primär nur zwischen Verzichtendem und den Erben. Eine dingliche Wirkung gegenüber jedermann besteht nur in engen Grenzen. Folglich kann der Rechtssicherheitsgedanke nicht angeführt werden, um eine Anpassung des Vertrages zumindest nach dem Erbfall auszuschließen. Wir halten zunächst fest: Die grundsätzliche Anwendbarkeit der Ausübungskontrolle ist in Erbverzichtsfällen nicht gänzlich, wohl aber zumindest bezüglich einer Anpassung des abstrakten Erbverzichts nach dem Erbfall ausgeschlossen.

(2) Anpassung des Verfügungsgeschäfts oder des Kausalgeschäfts

Anschließend stellt sich nunmehr die Frage, ob eine Korrektur über die Anpassung des schuldrechtlichen Kausalgeschäfts oder des Verfügungsgeschäfts zu erfolgen hat, falls die richterliche Kontrolle im Fall eines entgeltlichen Erbverzichts zu dem Ergebnis gelangen würde, die Abfindung sei nicht angemessen.[77] Bezüglich des Pflichtteilsverzichts zumindest macht es, wie *Bengel*[78] richtig feststellt, wirtschaftlich keinen Unterschied, ob man durch eine Anpassung des Abfindungsvertrages den Verzichtenden im Ergebnis so stellt, als habe er nicht verzichtet, oder ob man den Pflichtteilsverzicht selbst anpasst, ob also die Abfindung erhöht oder ein Teil des Pflichtteils zugesprochen wird. Beim Erbverzicht nach § 2346 I BGB stellt sich die Sache freilich nicht so einfach dar. Doch ist die Frage, ob bei einer etwaigen Korrektur nun eine Anpassung des Kausalgeschäfts oder des Verfügungsgeschäfts zu erfolgen hat, in der Praxis längst entschieden. Die Rechtsprechung zum Erbverzicht hat in den letzten Jahren in den seltenen Fällen, in denen sie eine Störung der Geschäftsgrundlage bejahte, stets eine Korrektur über eine Anpassung des Kausalgeschäfts vorgenommen;[79] das abstrakte Verfügungsgeschäft selbst blieb dagegen bestehen. Ein Abrücken von dieser Rechtsprechung bei einer auf § 242 BGB gestützten Vertragskorrektur ist nicht zu erwarten.

(3) Konkrete Umsetzbarkeit der BGH-Vorgaben

(a) Einseitige Lastenverteilung

Wie wir bereits festgestellt haben, steht einer Anpassung des abstrakten Erb- und Pflichtteilsverzichts sowie von deren Kausalgeschäften *vor dem Erbfall* zumindest in dogmatischer Hinsicht nichts entgegen. Allerdings begegnen uns hier ganz prak-

---

**77** Dazu schon *Mayer*, ZEV-Report Zivilrecht, ZEV 2004, 436, 440.
**78** *Bengel*, ZEV 2006, 192, 195.
**79** BGH, ZEV 1997, 69, 70; OLG Hamm, ZEV 2000, 507.

tische Probleme. Zum einen wird der Erbverzicht in der Regel erst nach dem Erbfall angegriffen. Zum anderen stellt der BGH bei der Ausübungskontrolle von Eheverträgen maßgeblich auf den Zeitpunkt des Scheiterns der ehelichen Lebensgemeinschaft ab. Das Äquivalent dazu wäre bei der Ausübungskontrolle von Erbverzichtsverträgen der Zeitpunkt des Erbfalls; entsprechend wäre also bei der Ausübungskontrolle bezüglich des Erbverzichts auf den Erbfall abzustellen. Eine zeitlich vorgelagerte Prüfung könnte schließlich nicht abschließend klären, ob tatsächlich eine ungleiche Lastenverteilung vorliegt, wie sie der BGH zur Voraussetzung der Ausübungskontrolle macht, da vor dem Erbfall zumindest die genaue Höhe bzw. der Umfang des Nachlasses noch nicht sicher feststeht. Dies stellt die Praktikabilität einer Ausübungskontrolle vor dem Erbfall doch zumindest in Frage.

(b) Erbverzicht als Risikogeschäft

Schließlich und endlich ist zu bedenken, dass es sich beim Erb- und Pflichtteilsverzicht um Risikogeschäfte, sog. aleatorische Geschäfte, handelt.[80] Die Entwicklung des Nachlassvermögens lässt sich grundsätzlich nicht vorhersehen. Der Erblasser kann sein Vermögen verkleinern, er kann es aber auch potenzieren. Der Verzichtende hat darauf in der Regel keinen Einfluss. Vielmehr ist dem Erbverzicht immanent, dass der Verzichtende gerade keine Interessen mehr an der Entwicklung des Nachlasses hat.

Würde nunmehr der Abfindungsvertrag im Zuge der Ausübungskontrolle durch Anpassung korrigiert, hieße das, den aleatorischen Charakter des Verzichts *ad absurdum* zu führen. Denn wo bleibt das Risiko, wenn der Verzichtende darauf vertrauen darf, dass sich im Zuge der Ausübungskontrolle ein – wie sich herausstellt – schlechtes Geschäft in ein (für ihn) ausgewogenes Geschäft verwandelt?

Es wäre auch grob unbillig zuzulassen, dass jemand, der sehenden Auges ein Risiko eingeht, nunmehr anführt, ebendieses Risiko habe sich verwirklicht. Das hieße Rosinenpickerei zuzulassen, und würde dem Prinzip des Risikogeschäfts widersprechen. Dagegen kann nicht angeführt werden, der BGH habe in seinen Entscheidungen zur Inhaltskontrolle von Eheverträgen dadurch, dass er die Ausübungskontrolle auf § 242 BGB und nicht auf § 313 BGB stützt, auch solche Verträge der nachträglichen Korrektur unterziehen wollen, bei denen ein Ehepartner bewusst ein Risiko eingegangen sei,[81] und damit sei auch der Erbverzicht einer gerichtlichen Korrektur zugänglich. Es ist zwar richtig, dass auch ein Ehevertrag Risiken bergen kann. Doch trägt fast jeder Vertrag Chancen und Risiken in sich; der Erbverzicht aber trägt ein strukturell gesteigertes Risiko in sich.[82] Anders als der Ehevertrag ist er per se ein Wagnisgeschäft. Will man das Risiko, das man mit dem Abschluss eines Erb- und Pflichtteilsverzichts eingeht, möglichst gering halten, muss man eben

**80** Ganz h.M.: BGHZ 134, 60, 64 f.; *Degenhart*, Rpfleger 1969, 145, 147; *Lange/Kuchinke* (Fn. 7), § 7 I. 4., § 7 V. 1.; Staudinger-*Schotten* (Fn. 27), Einl. zu §§ 2346 ff. BGB Rn. 24 ff.

**81** *Münch*, Inhaltskontrolle von Eheverträgen – Zurück auf festerem Boden – Zur neuesten Rechtsprechung des BGH, DNotZ 2005, 819, 824; *Wachter*, ZFE 2004, 132, 141.

**82** *Kuchinke*, Anm. zu OLG Hamm v. 3.8.1999, ZEV 2000, 510, 511.

Klauseln in den Abfindungsvertrag aufnehmen, die die Abfindungssumme bei einem gegenüber dem bei Vertragsschluss vorliegenden Vermögen des Erblassers wertmäßig gestiegenen Nachlass entsprechend aufstocken.[83]

Nicht außer Acht gelassen werden darf ferner, dass es sich beim Erb- und Pflichtteilsverzicht um ein Risikogeschäft für beide Vertragsparteien, also auch für den Erblasser, handelt.[84] So kann dieser nicht ausschließen, dass der Verzichtende nach Zahlung der Abfindung, aber noch vor ihm selbst stirbt. Weiterhin besteht das Risiko, eine zu hohe Abfindung geleistet zu haben, wenn der Erblasser später in Vermögensverfall gerät.[85]

Der aleatorische Charakter des Erb- und Pflichtteilsverzichts steht also der Annahme einer einseitig belastenden Gestaltung des Vertrages entgegen. Dabei gilt es auch zu beachten, dass in die Erwägungen im Rahmen der Ausübungskontrolle auch die Belange des Vertragspartners Berücksichtigung finden müssen[86] und damit auch, dass dem Erblasser ein gewisses Maß an Planungssicherheit zuteil werden muss.[87] Das Instrumentarium der Ausübungskontrolle scheint somit nicht geeignet, um eine Korrektur von Erb- und Pflichtteilsverzichtsverträgen vorzunehmen.

#### ff) Sonderproblem § 1586b BGB

Ein besonders gelagertes Problem stellt sich bei § 1586b BGB. Nach § 1586b I 1 BGB (vgl. auch §§ 1933 S. 3, 1318 II BGB und § 16 I LPartG) geht der Anspruch auf Scheidungsunterhalt mit dem Tod des Verpflichteten auf den Erben als Nachlassverbindlichkeit über. Dies spricht das Gesetz nur deshalb eigens aus (vgl. an sich schon §§ 1922 I, 1967 I BGB), weil Unterhaltsschulden im Allgemeinen personengebunden sind und daher im Regelfall nicht auf die Erben übergehen (vgl. für den Tod des Gläubigers: §§ 1586 I, 1615 I, 1360a III, 1361 IV 4 BGB; für den Tod des Schuldners: §§ 1615 I, 1360a III, 1361 IV 4 BGB). Nach § 1586b I 3 BGB haftet der Erbe für den Scheidungsunterhalt nicht über einen Betrag hinaus, der dem Pflichtteil entspricht, welcher dem Berechtigten zustünde, wenn die Ehe nicht geschieden worden wäre.

Bei § 1586b BGB ist seit langem strittig, ob ein vom Unterhaltsgläubiger mit dem Unterhaltsschuldner vereinbarter Erbverzicht oder ein mit ihm vereinbarter isolierter Pflichtteilsverzicht den Übergang der Unterhaltsschuld auf den Erben des Unterhaltsschuldners verhindert. Die eine Meinung, früher wohl herrschend, bejaht die Frage.[88] Sie trägt fünf Argumente vor. Zum einen stützt sie sich auf den

---

83 *Bengel*, ZEV 2006, 192, 196.

84 *Gierse*, Die Abschlussmöglichkeiten des Erb- und Pflichtteilsverzichts nach dem Tode des Erblassers (2004), S. 115 f.; *Lange/Kuchinke* (Fn. 7), § 7 I. 4.

85 *Lange/Kuchinke* (Fn. 7), § 7 I. 4.

86 BGHZ 158, 81, 100 f.

87 *Bengel*, ZEV 2006, 192, 196.

88 *Dieckmann*, Zur Auswirkung eines Erb- oder Pflichtteilsverzichts auf die nachehelichen Unterhaltsansprüche eines (früheren) Ehegatten, NJW 1980, 2777 ff.; *ders.*, Pflichtteilsverzicht und nachehelicher Unterhalt, FamRZ 1992, 633 ff.; *ders.*, Kein nachehelicher Unterhaltsanspruch gegen den Erben nach Erb- oder Pflichtteilsverzicht – Eine Erwiderung, FamRZ 1999, 1029 ff.;

Wortlaut des § 1586b I 3 BGB, nach dem ja der Erbe des Unterhaltsschuldners nicht über den Betrag des fiktiven Pflichtteils hinaus haftet. Gibt es den Pflichtteil schon aus anderen Gründen als dem der Scheidung nicht, kann die Verbindlichkeit von vornherein nicht auf den Erben übergehen. Zweites Argument: In den Gesetzesmaterialien zu § 1586b BGB heißt es, der in den Nachlass verlängerte Unterhalt werde „gleichsam als Ersatz“ für die mit oder anlässlich der Ehescheidung eingebüßte Nachlassteilhabe,[89] bzw. zum Ausgleich für den Verlust des Erbrechts,[90] gewährt. Wo es aber nichts zu Ersetzendes gibt, gebe es auch keinen Ersatz. Und drittens könne der Unterhaltsgläubiger nach der Scheidung nicht besser stehen, als er ohne die Scheidung stünde; in letzterem Fall habe er beim Tod des (ehelichen) Unterhaltsschuldners ja auch weder Pflichtteil (wegen des Verzichts) noch Unterhaltsanspruch (wegen der Nichtvererblichkeit des Anspruchs aus §§ 1360, 1360a BGB)[91]. Viertens: Habe der Ehegatte freiwillig auf sein Erbrecht (Pflichtteilsrecht) verzichtet, so manifestiere sich darin sein Entschluss, dass er kraft Gesetzes beim Erbfall vom Erben nichts erhalte.[92] Schließlich vermöge, fünftes Argument, die Gegenansicht nicht zu erklären, warum ohne Scheidung ein auf die Erbschaft verzichtender Ehegatte nur deshalb besser gestellt sein soll, weil er noch einem berechtigten Scheidungsverlangen seines Partners ausgesetzt war (dann §§ 1933 S. 3, 1586b I 1 BGB), während der Ehegatte, von dem der Erblasser keine Scheidung mehr wollte, beim Tod des Erblassers weder einen Unterhaltsanspruch noch eine Teilhabe am Nachlass habe.[93]

Die mittlerweile wohl schon herrschende Gegenansicht[94] schreibt dem Verzicht keine todesfallbedingte Ausschlusswirkung für den Scheidungsunterhalt zu. Sie

---

Staudinger-*Werner*, BGB (Bearb. 2000), § 1933 BGB Rn. 14; Münchener Kommentar-*Leipold*, BGB (4. Aufl. 2004), § 1933 BGB Rn. 22; *Michalski*, Erbrecht (3. Aufl. 2006), Rn. 482; Palandt-*Brudermüller*, BGB (67. Aufl. 2008), § 1586b BGB Rn. 8 (ebenso Palandt-*Edenhofer*, ebd., § 1933 BGB Rn. 9); Bamberger/Roth-*Bergmann*, BGB (2003), § 1586b BGB Rn. 5; Prütting/Wegen/Weinrich-*Kleffmann/Rehme*, BGB (2006), § 1586b BGB Rn. 3; Erman-*Graba*, BGB (12. Aufl. 2008), § 1586b BGB Rn. 11; Soergel-*Stein* (Fn. 45), § 1933 BGB Rn. 13. – Dieser Meinung sich anschließend und daraus die Sittenwidrigkeit eines Ehevertrages (mit Gütertrennung und Unterhaltsverzicht) und eines damit verbundenen Erb- und Pflichtteilsverzichts (wegen der angeblichen unterhaltsrechtlichen Folgen) annehmend LG Ravensburg, ZEV 2008, 598!

**89** So die amtliche Begründung zu § 1586b BGB, BT-Drs. 7/650, S. 151.

**90** So die amtliche Begründung zu § 1933 BGB, BT-Drs. 7/4361, S. 52.

**91** Vgl. etwa OLG Düsseldorf, FamRZ 2003, 42; Palandt-*Brudermüller* (Fn. 88), § 1586b BGB Rn. 8.

**92** Palandt-*Brudermüller* (Fn. 88), § 1586b BGB Rn. 8.

**93** Palandt-*Brudermüller* (Fn. 88), § 1586b BGB Rn. 8.

**94** *Grziwotz*, Pflichtteilsverzicht und nachehelicher Unterhalt, FamRZ 1991, 1258 f.; *Reul*, Erbverzicht, Pflichtteilsverzicht, Zuwendungsverzicht, MittRhNotK 1997, 373, 376; *Pentz*, Nachehelicher Unterhalt trotz Pflichtteilsverzichts, FamRZ 1998, 1344 ff.; *ders.*, Erwiderung zu dem Aufsatz von Dipl.-Rechtspfleger HORST BESTELMEYER in FamRZ 1998, 1152 ff., FamRZ 1999, 488 f.; Bamberger/Roth-*Mayer* (Fn. 88), § 2346 BGB Rn. 21; *Reimann*, Zur Kongruenz von ehevertraglicher Regelung und erbrechtlicher Gestaltung, in: Festschrift für Schippel (1996), S. 301, 307; *Klingelhöffer*, Das Testament des geschiedenen, unterhaltspflichtigen Ehegatten – Praktische Überlegungen zu § 1586b BGB, ZEV 1999, 13 f.; *Schmitz*, Kein nachehelicher Unterhaltsanspruch gegen den Erben nach Erb- oder Pflichtteilsverzicht – Anmerkung zu dem Beitrag von BRUDERMÜLLER, FamRZ 1999, 129 f. –, FamRZ 1999, 1569; *Büttner/Niepmann*, Die Entwicklung des Unterhaltsrechts seit Mitte 1999, NJW 2000, 2547, 2552; *Bergschneider*, Der Tod des Unterhaltsverpflichgeht zu Recht davon aus, dass der Tod des Schuldners nichts am Charakter der Unterhaltsschuld als einer familienrechtlichen Verpflichtung ändert. Der fiktive Pflichtteil bildet nicht die Grundlage für den Leistungsanspruch, sondern nur die Bemessungsgrenze für den Haftungsrahmen. Auch hätte die Möglichkeit bestanden, auf den Anspruch nach § 1586b BGB zu verzichten.[95] Aus den Gesetzesmaterialien lässt sich gegen diese Auffassung nichts herleiten. Die aus ihnen zitierte Aussage wird durch das Wort „gleichsam" relativiert und macht sogar deutlich, dass überhaupt kein Recht existiert, das durch den Unterhaltsanspruch ersetzt werden soll und kann. Zudem steht die Gegenansicht im Widerspruch zu den regelmäßig vorhandenen Vorstellungen der Parteien des Verzichtsvertrages. Dies gilt sowohl dann, wenn der Verzicht im Zusammenhang mit der Scheidung, wie auch dann, wenn er lange vor der Scheidung vereinbart wurde. Nach alledem dürfte ein Unterhaltsanspruch des verzichtenden Ehegatten gemäß § 1586b BGB fortbestehen. Die vorgebrachten Argumente lassen sich freilich nur teilweise für den aus § 1933 S. 3 BGB hergeleiteten Unterhaltsanspruch anführen, der nach dem Willen des Gesetzgebers, und diesmal im eigentlichen Sinne, den Ausgleich des Erbrechtsverlustes bewirken soll.[96] Obgleich dieser Verlust unmittelbar auf dem Verzichtsvertrag – und nicht auf dem Tod des Ehegatten während eines anhängigen Scheidungsverfahrens – beruhen würde, sollte (auch) der in § 1933 S. 3 BGB nur mittelbar auf § 1586b BGB gestützte Unterhaltsanspruch bei einem Erbverzicht (Pflichtteilsverzicht) des Ehegatten nicht entfallen, sondern genauso behandelt werden wie der unmittelbare Unterhaltsanspruch des § 1586b BGB,[97] weil die Verweisung auf 1586b BGB den Zweck verfolgt, den überlebenden Ehegatten genauso zu stellen, wie er stehen würde, wenn es – den Tod des Erblassers als späteres Ereignis gedacht – zu einer rechtskräftigen Scheidung gekommen wäre.[98]

Folgt man nach alledem der richtigen zweiten Auffassung, kann ein Erb- bzw. Pflichtteilsverzicht nicht mit der Begründung für sittenwidrig erklärt werden, er verkürze den Anspruch auf Scheidungsunterhalt auf die Lebenszeit des ehemaligen Ehegatten. Denn diese Begründung wäre nicht zutreffend. Angesichts der Tatsache, dass die Streitfrage höchstrichterlich noch nicht geklärt ist, sollte im Verzichtsvertrag die für den (eventuellen) Scheidungsunterhalt gewollte Wirkung des Erbfalls ausdrücklich klargestellt werden.

---

teten – Praktische Anmerkungen zu § 1586b BGB –, FamRZ 2003, 1049, 1056 f.; *Frenz*, Zum Verhältnis von Pflichtteils- und Unterhaltsrecht bei Ehescheidung, MittRhNotK 1995, 227, 228; *Groll/Muscheler* (Fn. 6), B XV. Rn. 51; Staudinger-*Schotten* (Fn. 27), § 2346 BGB Rn. 66; AnwKomm-*Schnitzler*, BGB (2005), § 1586b BGB Rn. 10; Johannsen/Henrich-*Büttner*, Eherecht (4. Aufl. 2003), § 1586b BGB Rn. 9; *Schwab/Borth*, Handbuch des Scheidungsrechts (5. Aufl. 2004), IV Rn. 1250.

**95** Johannsen/Henrich-*Büttner* (Fn. 94), § 1586b BGB Rn. 9; *Schwab/Borth* (Fn. 94), IV Rn. 1250.

**96** BT-Drs. 7/4361, S. 52.

**97** *Reimann*, FS Schippel (1996), 301, 307; *Reul*, MittRhNotK 1997, 373, 376; Staudinger-*Schotten* (Fn. 27), § 2346 BGB Rn. 66.

**98** *Bock*, Die Änderung erbrechtlicher Vorschriften durch das 1. EheRG und ihre Auswirkungen auf die Rechtsstellung des überlebenden Ehegatten, MittRhNotK 1977, 205, 209.

Folgt man dagegen der ersten Ansicht (oder wird im Verzichtsvertrag ausdrücklich der Scheidungsunterhalt zeitlich auf den Tod des Schuldners begrenzt), müssen zwei Fragen auseinandergehalten werden. Erstens: Ist die (implizite oder ausdrückliche) zeitliche Begrenzung des Scheidungsunterhalts für sich betrachtet sittenwidrig, und ist sie dies generell oder nur deshalb, weil der Unterhaltsschuldner relativ früh verstarb? Und zweitens: Infiziert die gegebenenfalls zu konstatierende Sittenwidrigkeit der Unterhaltsbegrenzung auch den Verzichtsvertrag? Bezieht die geschiedene Ehefrau Betreuungsunterhalt nach § 1570 BGB, weil sie z.B. drei kleine Kinder aus der Ehe zu versorgen hat, ist ihr Unterhaltsanspruch ohne Gegenleistung auf die Lebenszeit des Unterhaltsschuldners begrenzt und stirbt der Schuldner ein Jahr nach der Scheidung, dann wird man wohl nicht viel wagen, wenn man die Vermutung ausspricht, der BGB werde in einem solchen Fall Sittenwidrigkeit der Unterhaltsbefristung annehmen. Ergibt sich die unterhaltsbefristende Wirkung des Verzichts aus dem Gesetz (genauer: der Interpretation des § 1586b I BGB), kommt man nicht darum herum, den Verzicht für sittenwidrig zu erklären. Ist der Erb- bzw. Pflichtteilsverzicht, wie oft, gegen Zahlung einer Abfindung erklärt worden, dann dürfte es entscheidend darauf ankommen, ob die Abfindung (und wenn ja, in welcher Höhe) auch für die zeitliche Begrenzung eines eventuellen Scheidungsunterhalts vereinbart wurde. Obwohl bei einer Scheidung der Pflichtteilsanspruch qua lege erlischt, darf gleichwohl nicht angenommen werden, hier sei die gesamte Abfindung nur und ausschließlich für die zeitliche Begrenzung des Unterhalts gezahlt (und damit deren Sittenwidrigkeit in der Regel zu verneinen). Dies gilt jedenfalls dann, wenn die Regelungen sich nicht in einer aus Anlass des Scheidungsverfahrens getroffenen Scheidungsfolgenvereinbarung befinden. Denn es bestand ja bei Verzichtsabschluss sehr wohl die Möglichkeit, dass es nicht zur Scheidung kommt und dann der Verzicht konstitutive erbrechtliche Wirkung entfaltet; und auch diese Chance muss bezahlt werden.

#### c) *Zwischenergebnis*

Wir sehen, es bestehen erhebliche Bedenken, die an sich schon höchst fragwürdige Rechtsprechung zur Inhaltskontrolle von Eheverträgen auch auf Erb- und Pflichtteilsverzichtsverträge anzuwenden. Wollen wir hoffen, dass die Rechtsprechung diese Bedenken teilt.[99] Die inhaltliche Kontrolle von Erb- und Pflichtteilsverzichtsverträgen sollte sich somit weiterhin auf die Wirksamkeitskontrolle nach § 138 I BGB beschränken.

### 4. Ausblick: Auswirkungen auf die Praxis der Kautelarjuristen?

Beschäftigen wir uns abschließend mit den Auswirkungen, die unser Ergebnis für die kautelarjuristische Praxis haben dürfte. Wie wir festgestellt haben, kann die

---

**99** So in der Tat, obiter und jedenfalls im Zusammenhang mit dem Schutz eines Familienunternehmens, BGH, NJW 2006, 3142, 3143 und (als Vorinstanz) OLG Koblenz, FamRZ 2004, 805, 806.

Rechtsprechung zur Inhaltskontrolle von Eheverträgen keine Auswirkung auf die Wirksamkeit und den Bestand von Erb- und Pflichtteilsverzichtsverträgen haben. Außen vor gelassen hatten wir bisher jedoch die Fallkonstellation, dass Ehevertrag und Verzichtsvertrag tatsächlich einmal eine Einheit bilden und der Ehevertrag für sittenwidrig erklärt wird. Dann wäre das gesamte Rechtsgeschäft nach § 139 BGB nichtig, wenn nach dem Willen der Parteien der Bestand des einen Teils von dem des anderen abhängen soll. Das wird zwar regelmäßig nicht der Fall sein,[100] ist aber nicht auszuschließen.

Fehlt es an salvatorischer Klausel und Alternativvereinbarungen, stellt sich das Problem des § 139 BGB in voller Schärfe.[101] Wir müssen folgende Situationen auseinanderhalten:

*a) Erbverzicht unabhängig von Ehekrise*

Der Verzichtsvertrag soll generell und unabhängig von einer Ehekrise gelten. Dann ist klar anzunehmen, dass der Verzicht auch ohne den nichtigen Ehevertrag vorgenommen worden wäre. Eine Nichtigkeit nach § 139 BGB kommt nicht in Betracht. Zu berücksichtigen bleibt aber die eben jetzt noch einmal prononcierter formulierte Rechtsprechung des BGH, wonach dann, wenn die Sittenwidrigkeit des Ehevertrages sich „bereits" aus einer „Gesamtwürdigung" eines Ehevertrages ergibt, die Nichtigkeitsfolge notwendig den gesamten Vertrag erfasst und für die Annahme einer bloßen Teilnichtigkeit kein Raum bleibt.[102] Ist mit einem solchen Ehevertrag ein Erb- oder Pflichtteilsverzicht verbunden, könnte man versucht sein, ein „Weiterfressen" der Nichtigkeit in Richtung Erb- bzw. Pflichtteilsverzicht anzunehmen. Doch wird man ein solches „Weiterfressen" wohl im Regelfall verneinen müssen: Scheidungsfolgenvereinbarung und Erb- bzw. Pflichtteilsverzicht stehen funktional auf unterschiedlichen Ebenen.[103] Der Erb- und Pflichtteilsverzicht zielt auf einen Ausschluss unabhängig von einer Ehekrise. Hinzu kommt, dass der BGH in seinen neuesten Urteilen zum Ehevertrag[104] immer mehr zum Hauptkriterium für die Annahme von Sittenwidrigkeit macht, ob selbst der Ausgleich „ehebedingter Nachteile" in erheblichem Maße ausgeschlossen wird. Gesetzliches Erbrecht und Pflichtteilsrecht wollen aber nicht ehebedingte Nachteile ausgleichen. Der Verzicht auf sie führt damit auch nicht zur einseitigen Aufbürdung ehebedingter Nachteile.

---

**100** *Gageik*, FPR 2005, 122, 129; *Langenfeld*, Die Ehevertragsgestaltung auf dem Prüfstand der richterlichen Kontrolle, ZEV 2004, 311, 314.

**101** An § 139 BGB offenbar überhaupt nicht denkend BGH, NJW 2006, 3142, 3143 und OLG Koblenz, FamRZ 2004, 805, 806, wobei allerdings im konkreten Fall wegen § 1933 BGB der Pflichtteilsverzicht keine konstitutive Wirkung mehr entfalten konnte. Vgl. auch *Brambring*, Teil- oder Gesamtnichtigkeit beim Ehevertrag, NJW 2007, 865 ff.

**102** BGH, NJW 2006, 2331 – Brasilianerin: (Ausgeschlossen waren Versorgungsausgleich, Zugewinnausgleich, jede Form von Scheidungsunterhalt trotz bestehenden Kinderwunsches).

**103** Es ist daher sachfremd (wenn auch zu ähnlichen Ergebnissen wie im Text führend) zu sagen, der (Erb- und) Pflichtteilsverzicht gehöre nicht zum Kernbereich des Scheidungsfolgenrechts; so aber *Bergschneider*, Anm. zu OLG Koblenz, FamRZ 2004, 805, 807. Der Erb- und Pflichtteilsverzicht regelt keine Scheidungsfolge, da es nach der Scheidung kein gesetzliches Erb- und Pflichtteilsrecht mehr gibt.

**104** Vgl. zuletzt BGH, NJW 2006, 3142, 3145 Fn. 29 und BGH, NJW 2006, 2331, 2333 Fn. 14.

b) *Erbverzicht unter einer Bedingung*

Der Verzichtsvertrag wird unter einer (nach herrschender Meinung[105] als solcher zulässigen) Bedingung geschlossen:

aa) Erbverzicht bedingt durch Rechtskraft der Scheidung

Der durch Rechtskraft der Scheidung bedingte Erbverzicht erweist sich als ebenso formaliter wirksam wie inhaltlich gegenstandslos, denn ein geschiedener Ehegatte hat von Gesetzes wegen kein Erbrecht.

bb) Erbverzicht bedingt durch Rechtshängigkeit des Scheidungsantrags

Für den durch Rechtshängigkeit des Scheidungsantrags bedingten Erbverzicht gilt wegen § 1933 BGB dasselbe. Zu beachten ist, dass bei Nichtigkeit des Ehevertrages der Anspruch auf Unterhalt nach §§ 1933 S. 3, 1569 ff. BGB dem überlebenden Ehegatten erhalten bleibt.

cc) Erbverzicht bedingt durch bloße Trennung

Ist der Erbverzicht bedingt durch die Trennung der Ehegatten, so müssen wir weiter differenzieren: Stirbt hier ein Ehegatte bei bis zuletzt intakter Ehe, dann ist die Bedingung des Verzichtsvertrages gar nicht erst eingetreten. Stirbt aber ein Ehegatte zwischen Trennung und Rechtshängigkeit des Scheidungsantrags, dann greift § 1933 BGB nicht ein, das gesetzliche Erbrecht bliebe an sich erhalten, aber jetzt ist die Bedingung des Erbverzichts eingetreten, und es stellt sich die Frage nach § 139 BGB. Man könnte hier die Ansicht vertreten, die Anwendung von § 139 BGB verbiete sich schon deshalb, weil der Ehevertrag, mag er nichtig oder wirksam sein, in unserer Konstellation die von ihm beabsichtigte Rechtswirkung wegen der Ehelösung durch Tod nicht mehr herbeiführen kann (Ausnahme: Ausschluss des Zugewinnausgleichsanspruchs aus § 1371 II BGB, der als solcher unproblematisch sein dürfte; die Hinterbliebenenrente bleibt erhalten, da die Ehe bis zum Tod bestand). Außerdem ließe sich für diese Ansicht ein aktuelles Urteil des OLG Frankfurt[106] anführen, wonach eine isolierte Klage auf Feststellung der Nichtigkeit eines Ehevertrages vor Stellung des Scheidungsantrags praktisch nicht in Frage kommt. Würde nun der Nachlassrichter im Erbscheinsverfahren wegen § 139 BGB als Vorfrage die Wirksamkeit des Ehevertrages prüfen, würde er etwas prüfen, was keine genuinen Wirkungen mehr haben und isoliert nicht festgestellt werden kann.

Demgegenüber wird man aber Folgendes vorbringen können: Im Ehevertrag wird auf etwas verzichtet, nämlich z.B. auf nachehelichen Unterhalt, was bei schon rechtshängigem Scheidungsantrag wegen der Rechtsprechung zu § 138 BGB bezüglich des Ehevertrags bei deren Eingreifen nicht verzichtbar wäre. Soll der Überlebende schlechter stehen, wenn die Ehe ebenfalls schon in der Krise (Trennung)

**105** Staudinger-*Schotten* (Fn. 27), § 2346 BGB Rn. 54 m.w.N.
**106** OLG Frankfurt, FamRZ 2005, 457.

sich befand, aber noch kein Scheidungsantrag gestellt war? Es wäre dann der Verzicht auf etwas (gesetzliches Erbrecht nämlich) wirksam, was § 1933 S. 3 BGB offenbar als Plus gegenüber dem bloßen nachehelichen Unterhalt betrachtet, auf den man bei Eingreifen der Rechtsprechungsgrundsätze zum sittenwidrigen Ehevertrag nicht ohne weiteres verzichten kann. Es würde nachgerade ein Anreiz zur Stellung des Scheidungsantrags und damit zur endgültigen Zerstörung der Ehe gesetzt. Daher spricht hier viel für die Bejahung von § 139 BGB (jedenfalls im Umfang des fiktiven Unterhaltsanspruchs aus § 1933 S. 3 BGB).

Grundsätzlich bietet sich daher die Aufnahme einer salvatorischen Klausel in den Vertrag an. Doch kann auch das der Konsequenz der Gesamtnichtigkeit nur mit ungenügender Sicherheit begegnen. Zum einen neigt die Rechtsprechung vermehrt dazu, Verträge trotz Vorliegens einer salvatorischen Klausel insgesamt für nichtig zu erklären.[107] Zum anderen ist eine salvatorische Klausel selbst keine Auslegungshilfe in Bezug auf den Parteiwillen und kann eine Überprüfung nach § 139 BGB nicht verhindern,[108] so dass es sich empfiehlt, Alternativvereinbarungen für bestimmte Situationen vorzusehen und Klauseln einzufügen, die sich speziell auf den Bereich der Verbindung von Ehevertrag und Verzichtsvertrag beziehen.[109]

**107** BGH, NJW 2006, 2331 ff.– Brasilianerin.
**108** BGH, NJW 2003, 347.
**109** *Bengel*, ZEV 2006, 192, 197.

## Diskussionsbericht zu § 8

*Riesenhuber* eröffnete die Diskussion mit der Frage, ob die Bindung eines Erben durch einen Erbvertrag mit einer Obliegenheit zu vergleichen sei. Den Erben treffe nicht die Pflicht sich in bestimmter Weise zu verhalten, aber sofern er den Vorteil erlangen möchte, obliege es ihm, sich so wie vom Erblasser gewünscht zu verhalten. *Muscheler* merkte hierzu an, Obliegenheit bedeute Gebotenheit eines Handelns, um einen Nachteil zu vermeiden. Für den Erben sei es anders, da es eben nicht um Rechtsnachteile gehe, sondern um Rechtsvorteile, auf die kein gesetzlicher oder vertraglicher Anspruch bestehe.

*Karakostas* dankte zunächst für den Vortrag und richtete sodann die Frage an *Muscheler,* wie ein von ihm gebildeter Beispielsfall zu behandeln sei: X übereignet ein Haus an seine Partnerin, mit der er eine rein erotische Beziehung führt. Der Vertrag enthält eine Klausel, wonach die Partnerin das Haus bei Heirat eines anderen Mannes zurückgeben müsse. *Muscheler* unterstellte zunächst, dass es sich in dem Beispielsfall um einen formwirksam geschlossenen Schenkungsvertrag unter einer auflösenden Bedingung handele. Dann sei über § 138 BGB eine mittelbare Drittwirkung von Grundrechten möglich. Die Beschenkte könne in ihrem Grundrecht auf freie Partnerwahl aus Art. 2 Abs. 1 i.V.m. Art. 1 GG und in der Eheschließungsfreiheit nach Art. 6 GG beeinträchtigt sein. Der Schenker könne sich demgegenüber nicht auf die Testierfreiheit und das Grundrecht auf Eheschließungsfreiheit berufen, sondern nur auf das schwächere Grundrecht der Eigentumsfreiheit gemäß Art. 14 GG. Nach der Auffassung des BVerfG in der Entscheidung *Haus Preußen*[1] sei die Klausel wohl als nichtig anzusehen. Demgegenüber meinte *Muscheler*, es sei falsch, die „moralische Reinheit" von Entscheidungen rechtlich zu erzwingen. Problematisch sei vor allem die Rechtsfolge für den Schenkungsvertrag, sofern die auflösende Bedingung sittenwidrig und nichtig sei. Das habe dann die Gesamtnichtigkeit der Schenkung zur Folge, § 139 BGB.

*Krampe* merkte an, im Römischen Recht sei die aufschiebende Bedingung, die Begünstigte werde nicht wieder heiraten, in eine auflösende umgedeutet worden. Zudem sah er die Argumentation in der Rechtsprechung als überhöht an. Dem Lösungsvorschlag des BVerfG im Fall *Haus Preußen* stimmte *Krampe* aber im Ergebnis zu. Der Grundgedanke des Erbrechts sei zwar, dass der Erblasser bei der Bestimmung des Erben frei sei, doch dem Erben könne der Erblasser die zukünftige Lebensführung nicht vorschreiben. Im Ergebnis tendierte *Krampe* nicht zur Annahme von Gesamtnichtigkeit des Schenkungsvertrages, sondern sprach sich für die Notwendigkeit der Streichung der Auflage aus.

*Muscheler* ergänzte, nach dem aktuellen Entwurf zur Reform des Erb- und Verjährungsrechts solle § 2333 Nr. 5 BGB, der die Entziehung des Pflichtteils bei unsittlichem Lebenswandel des Pflichtteilsberechtigten ermöglicht, gestrichen werden. Demzufolge dürfe der Erbe sich sittenwidrig verhalten, aber der Erblasser dürfe sich

1 BVerfG, NJW 2004, 2008.

nach Meinung des BVerfG keinerlei Sittenwidrigkeit erlauben. Dieser Wertungswiderspruch ist schwer aufzulösen.

*Karampatzos* nahm erneut Bezug auf den von *Karakostas* gebildeten Beispielsfall und fragte sich, wie die Abwandlung zu behandeln sei, in der die Freundin nach einem Jahr sterben würde oder der Schenker nach einem Jahr zu Tode käme. Insgesamt sei keine pauschale, sondern stets eine konkrete Betrachtung des Einzelfalls geboten. Zu beachten sei, dass die Rechtsposition des Bedachten zunächst immer schwächer sei. *Muscheler* wandte diesbezüglich ein, dass das BVerfG die Intensität des faktischen Drucks des Erben in die Abwägung eingestellt habe. Im Fall *Haus Preußen* sei das erlangte Ergebnis, nach *Muschelers* Ansicht, jedoch fragwürdig. Bei einem Nachlass von rund zwei Milliarden Euro sei die Klausel laut dem BVerfG unzulässig. *Muscheler* fragte sich aber, ob der Druck bei 10.000 Euro für den betroffenen Erben tatsächlich viel geringer wäre. Er hielt die Erfüllbarkeit der Auflage bei zumindest fünf tauglichen Heiratskandidatinnen für möglich. Außerdem bestand zumindest die Möglichkeit des Erben nicht zu heiraten.

*Armgardt* stimmte mit *Muschelers* Argumentation zur Entscheidung im Fall *Haus Preußen* überein, dass dem Erben zumindest die Wahl verbliebe, die Auflage zu erfüllen oder nicht. Eine Bestätigung fände sich auch in der Philosophie von *Thomas von Aquin* und *Gottfried Wilhelm Leibniz*. Ein Kerngedanke der Philosophie von *Leibniz* bestehe darin, dass es nicht notwendig sei, alle Hindernisse aus dem Weg zu räumen, um moralische Freiheit zu erlangen. Vielmehr bestehe moralische Freiheit gerade darin, die Möglichkeiten „des Bösen" zu haben, diesen aber zu widerstehen.

Im Anschluss daran richtete *Ranieri* die Aufmerksamkeit auf die europaweiten Änderungen in der Rechtsprechung für den Adel, wie zum Beispiel in Spanien, wo die Sonderegeln für den Adel abgeschafft worden seien. Die Freiheit des Erblassers hänge nun von den Wertungen der gesamten Rechtsordnung ab und die Familienrechtsordnungen des Adels könnten nicht durch die Hintertür des Privatrechts wieder eingeführt werden. *Muscheler* stimmte in dem Punkt zu, dass nicht durch das Privatrecht die Fürstenherrlichkeit und die alten staatsrechtlichen Zustände wiederbelebt oder mittelbar wiederhergestellt werden könnten. Der Fall *Haus Preußen* solle nur als Beispielsfall dienen. *Muscheler* lenkte den Blick auf weitere Praxisfälle wie ein *Scientology-Urteil*, welches die Testamentseinsetzung einer Erblasserin betraf, welche ihre Tochter nur unter der Bedingung des Austritts aus der Scientology-Kirche zur Erbin machen wollte. Vor einigen Jahren hielt das OLG Düsseldorf diese Klausel für wirksam.[2] Dagegen wird eine Klausel, nach der jemand Erbe werde, wenn er aus der katholischen Kirche austräte, nach der Literatur für unwirksam gehalten.[3] Nach *Muscheler* zeige sich anhand dieser Beispiele eine besondere Schwierigkeit der Rechtsprechung. Die Richter seien diejenigen, die mit ihren Vorurteilen

---

**2** OLG Düsseldorf, NJW 1988, 2615. Dazu kritisch *Smid*, Rechtliche Schranken der Testierfreiheit aus § 138 BGB, NJW 1990, 409.

**3** Münchener Kommentar-*Leipold*, BGB (4. Aufl. 2004), § 2074 BGB Rn. 18, 24, Staudinger-*Otte*, BGB (Neubearb. 2003), § 2074 BGB Rn. 49.

über die Reichweite von Grundrechten entschieden. In der Unternehmensnachfolge sei bislang eine Klausel, die vom Erben verlange, in einer zukünftigen Ehe Gütertrennung zu vereinbaren, gängige und sinnvolle Praxis,[4] so dass das Unternehmen aus den Auseinandersetzungen während einer Scheidung herausgehalten werde. Eine Prognose, welche Klauseln zukünftig als wirksam anzusehen seien, sei nun aber nicht mehr möglich. Zudem enthalte der Fall *Haus Preußen* neben der Diskriminierung durch die Anforderung einer hausverfassungsgerechten Ehe weitere Diskriminierungen, indem nur der Sohn bedacht wurde und auch nur der älteste Sohn.

*Maties* stellte dem Referenten die Frage, ob die auflösende Bedingung und die Auflage nicht faktisch die gleiche Wirkung hätten. Er sähe im praktischen Ergebnis keinen Unterschied darin, ob eine Handlung aufgrund einer auflösenden Bedingung unterlassen werde oder eine Auflage das gewünschte Verhalten erzwinge. *Muscheler* betonte die Bedeutung der Erzwingbarkeit einer Auflage. In der Unternehmensnachfolge sei es etwa bislang zulässig, dem Erben durch eine Auflage aufzugeben, einem Testamentsvollstrecker eine Verwaltungsvollmacht für das Unternehmen zu erteilen. Der Erbe könne andererseits aber nicht gezwungen werden, den Testamentsvollstrecker persönlich zum Unternehmensleiter zu machen. Entscheidend sei bei einer Bedingung, dass der Erbe die Möglichkeit der Entscheidung habe. *Maties* sah den Unterschied in der zeitlichen Komponente aufgrund der unterschiedlichen Ausschlagungsfristen für den Erben. *Krampe* wies darauf hin, dass der Begünstigte im Fall der aufschiebenden Bedingung von dieser Freiheit womöglich gar nichts habe. So sei bei der aufschiebenden Negativbedingung, z.B. dem Ausschluss einer Wiederheirat, deren Eintritt erst bei Tod des Betroffenen feststellbar. Bis dahin aber sei die Verfügung nicht wirksam, der Begünstigte gehe also so oder so leer aus. *Muscheler* stimmte zu, dass eine solche aufschiebende Negativbedingung zulässig sei. Auch waren sich *Krampe* und der Referent einig, dass hier im Rahmen der Auslegung zu prüfen sei, ob ein so weitgehender Eingriff tatsächlich gewollt sei.

*Sarah Rohde*

4 Vgl. z.B. Beck'sches Formularbuch Familienrecht (2. Aufl. 2008).

# § 9 Das Transparenzgebot bei nicht im Einzelnen ausgehandelten Vertragsbedingungen griechischer Verbraucherverträge*

*Paraskevi Paparseniou*

**Übersicht**



## I. Anwendungsbereich des Artikels 2 des Gesetzes 2251/1994

### 1. Persönlicher Anwendungsbereich – Das Begriffspaar Lieferer-Verbraucher

Die Richtlinie 93/13/EWG wurde durch Art. 2 des Gesetzes 2251/1994 über den Verbraucherschutz in das griechische Recht umgesetzt,[1] so dass der subjektive Anwendungsbereich des Art. 2 in Art. 1 desselben Gesetzes zu finden ist. So ist Lieferer nach Art. 1 Abs. 4 lit. b) des Gesetzes 2251/1994 jede natürliche oder juristische Person, die in Ausübung ihrer beruflichen oder gewerblichen Tätigkeit dem Verbraucher Produkte oder Dienstleistungen anbietet. Auch geht aus Art. 1 Abs. 3 des Gesetzes 2251/1994, der sich näher auf die Person des Lieferers bezieht, hervor, dass Lieferer auch jegliche Art von Unternehmen der öffentlichen Hand und der kom-

* Dieser Beitrag gibt grundsätzlich die Thesen wieder, die auch in meinem Buch mit dem Titel „Griechisches Verbrauchervertragsrecht – Eine Untersuchung vor dem Hintergrund des Gemeinschaftsprivatrechts" (2008) zu finden sind.

**1** Nach einer mit Gründen versehenen Stellungnahme der Europäischen Kommission, nach der Griechenland die Richtlinie 93/13/EWG nicht vollständig und in richtiger Art und Weise umgesetzt hat, wurde Art. 2 des Gesetzes 2251/1994 (Amtsblatt 191 A / 16.11.1994) durch Art. 10 Abs. 24 des Gesetzes 2741/1999 (Amtsblatt 199 A / 28.9.1999) geändert. Art. 2 des Gesetzes 2251/1994 wurde erneut durch Art. 2 des Gesetzes 3587/2007 geändert.

munalen Gebietskörperschaften sind.[2] Somit befindet sich der Liefererbegriff des Art. 1 des Gesetzes 2251/1994 völlig im Einklang mit dem Begriff des Gewerbetreibenden des Art. 2 lit. c) der Richtlinie 93/13/EWG, da als Lieferer, der seinem Vertragspartner einseitig Vertragsbedingungen auferlegt, ohne dass diese vorher individuell ausgehandelt worden sind, jede natürliche oder juristische Person des privaten oder des öffentlichen Rechts angesehen wird, die im Rahmen ihrer beruflichen Tätigkeit handelt, auch wenn es sich bei dieser um eine berufliche Tätigkeit des öffentlich-rechtlichen Bereichs handelt (dies folgt aus den entsprechenden Erwägungsgründen 14 und 16 in der Präambel der Richtlinie).

Nach Art. 1 Abs. 4 lit. a) des Gesetzes 2251/1994 ist *Verbraucher* jede *natürliche oder juristische Person oder Personenvereinigung ohne Rechtspersönlichkeit,* an welche die auf dem Markt angebotenen Produkte oder Dienstleistungen gerichtet sind und die solche Produkte oder Dienstleistungen verwendet, wenn sie den *Endempfänger* der Dienstleistungen bzw. den *Endverbraucher* dieser Produkte darstellt. Trotz der Einführung des engen Verbraucherbegriffes in Art. 2 lit. b) der Richtlinie 93/13/EWG, nach dem als Verbraucher nur eine natürliche Person angesehen wird, die zu einem Zweck handelt, der nicht ihrer gewerblichen oder beruflichen Tätigkeit zugerechnet werden kann, besteht der neuere griechische Gesetzgeber des Gesetzes 3587/2007 im Bereich der missbräuchlichen Vertragsklauseln auf dem weiten Verbraucherbegriff. Als schutzwürdig vor missbräuchlichen Klauseln in Verträgen über Waren und Dienstleistungen gilt somit – in Abweichung von der Richtlinie 93/13/EWG – als Verbraucher, jede natürliche oder juristische Person oder Personenvereinigung ohne Rechtspersönlichkeit,[3] die solche Geschäfte abschließt, falls sie den Endverbraucher des Produktes oder der Dienstleistung darstellt.

Geht man davon aus, dass der Wortlaut der hier auszulegenden Vorschrift nicht eindeutig ist, sondern mehrere Auslegungsergebnisse zulässt, die jedenfalls innerhalb

---

**2** Art. 1 Abs. 3 des Gesetzes 2251/1994 lautet: „Die Vorschriften des vorliegenden Gesetzes sind auf jeden Lieferer, der als natürliche oder juristische Person in jeglicher Rechtsform des öffentlichen und des privaten Rechts auftritt, anwendbar". Die Abschaffung der ausdrücklichen Erwähnung der kommunalen Gebietskörperschaften in Art. 1 Abs. 3 des Gesetzes 2251/1994 durch Art. 1 Abs. 4 des Gesetzes 3587/2007 hat keine einschränkende Wirkung und ist aus Gründen der Vereinfachung der gesetzestechnischen Formulierung des Begriffs des Lieferers erfolgt. Vgl. dazu auch *Karakostas,* Verbraucherschutzrecht (2008), Rn. 37. An dieser Stelle ist anzumerken, dass der griechische Gesetzgeber in seinem Begründungsbericht zu dem ursprünglich eingeführten Gesetz 2251/1994, unter Artikel 1, als Begründung für die ausdrückliche Gleichstellung der Unternehmen aus dem Bereich des Privatrechts mit denen des öffentlichen Rechts und der kommunalen Gebietskörperschaften einerseits die Notwendigkeit eines weiten Verbraucherschutzes und andererseits die Notwendigkeit der Sicherstellung gleicher Wettbewerbsbedingungen zwischen den privaten und den öffentichen Unternehmen angibt.

**3** Die Bereicherung des persönlichen Anwendungsbereichs des Gesetzes 2251/1994 durch den Zusatz der Personenvereinigung ohne Rechtspersönlichkeit wurde erstmals durch Art. 1 Abs. 5 des Gesetzes 3587/2007 vorgenommen und ist in der griechischen Lehre generell auf Beifall gestoßen; vgl. dazu *Karakostas* (Fn. 2), Rn. 12; *Dellios,* Individual- und Kollektivverbraucherschutz bei fehlender tatsächlicher Aushandlung der Vertragsbedingungen (auf Griechisch, 2008), Rn. 75.

des nach dem Wortlaut möglichen Sinngehalts der Vorschrift liegen,[4] muss meiner Ansicht nach einerseits der gemeinschaftsrechtlichen Herkunft des Gesetzes 2251/1994 und andererseits den teleologisch-systematischen Kriterien der Auslegung besondere Bedeutung beigemessen werden. Entscheidend ist vorliegend, dass es sich bei dem Gesetz 2251/1994 um ein nationales Umsetzungsgesetzeswerk schlechthin handelt, das mehrere, oftmals unterschiedliche Richtlinien in die griechische Rechtsordnung einbringt,[5] die auf den Schutz des Verbrauchers vor verschiedenartigen Situationen abstellen, und die sich ihrerseits jedenfalls nicht durch inhaltliche Homogenität bzw. Kohärenz auszeichnen. Zur Ermittlung des Sinngehalts des „Endempfängers der Produkte oder Dienstleistungen" ist seine teleologische Bezugsetzung zur *ratio* jeder einzelnen Regelung des Gesetzes 2251/1994 entscheidend und in diesem Maße zur *ratio* des Art. 2 des Gesetzes 2251/1994.

Um vorliegend zum Schutzzweck des Art. 2 des Gesetzes 2251/1994 zu kommen, der kein anderer ist, als der Schutz desjenigen Vertragsteils, der nicht die Möglichkeit hat, den Inhalt des Vertrages auszuhandeln und mitzubestimmen, stellen wir fest, dass der Wortlaut des Art. 1 Abs. 4 lit. a), indem er das dehnbarere Kriterium des „Endempfängers der Produkte oder Dienstleistungen" festlegt, den Situationen, für die Art. 2 Schutz gewähren soll, besser gerecht wird. Soweit die Aushandlung den Hauptgaranten der Vertragsgerechtigkeit ausmacht, weist jeder Vertrag, der unter Einbeziehung von AGB geschlossen wird, sowie jeder nicht im Einzelnen ausgehan-

---

4 Zur doppelten Funktion des Wortlauts des Gesetzes als Ausgangspunkt, aber zugleich auch als äußerste Grenze eines jeden Auslegungsversuches s. statt anderer *Papanikolaou*, Methodenlehre des Privatrechts und Auslegung der Rechtsgeschäfte (2000), S. 131–140.

5 Es handelt sich um folgende Richtlinien, die hier in chronologischer Reihenfolge angeführt werden: Richtlinie 84/450/EWG des Rates vom 10.9.1984 zur Angleichung der Rechts- und Verwaltungsvorschriften der Mitgliedstaaten über irreführende Werbung, ABl. 1984 L 250/17; Richtlinie 85/374/EWG des Rates vom 25.7.1985 zur Angleichung der Rechts- und Verwaltungsvorschriften der Mitgliedstaaten über die Haftung für fehlerhafte Produkte, ABl. 1985 L 210/29; Richtlinie 85/577/EWG des Rates vom 20.12.1985 betreffend den Verbraucherschutz im Falle von außerhalb von Geschäftsräumen geschlossenen Verträgen, ABl. 1985 L 372/31; Richtlinie 92/59/EWG des Rates vom 29.6.1992 über die allgemeine Produktsicherheit, ABl. 1992 L 228/24; Richtlinie 93/13/EWG des Rates vom 5.4.1993 über mißbräuchliche Klauseln in Verbraucherverträgen, ABl. 1993 L 95/29; Richtlinie 97/7/EG des Europäischen Parlaments und des Rates vom 20.5.1997 über den Verbraucherschutz bei Vertragsabschlüssen im Fernabsatz – Erklärung des Rates und des Parlaments zu Artikel 6 Absatz 1 – Erklärung der Kommission zu Artikel 3 Absatz 1 erster Gedankenstrich, ABl. 1997 L 144/19; Richtlinie 98/27/EG des Europäischen Parlaments und des Rates vom 19.5.1998 über Unterlassungsklagen zum Schutz der Verbraucherinteressen, ABl. 1998 L 166/51; Richtlinie 1999/44/EG des Europäischen Parlaments und des Rates vom 25.5.1999 zu bestimmten Aspekten des Verbrauchsgüterkaufs und der Garantien für Verbrauchsgüter, ABl. 1999 L 171/12; Richtlinie 2002/65/EG des Europäischen Parlaments und des Rates vom 23.9.2002 über den Fernabsatz von Finanzdienstleistungen an Verbraucher und zur Änderung der Richtlinie 90/619/EWG des Rates und der Richtlinien 97/7/EG und 98/27/EG, ABl. 2002 L 271/16; Richtlinie 2005/29/EG des Europäischen Parlaments und des Rates vom 11.5.2005 über unlautere Geschäftspraktiken im binnenmarktinternen Geschäftsverkehr zwischen Unternehmen und Verbrauchern und zur Änderung der Richtlinie 84/450/EWG des Rates, der Richtlinien 97/7/EG, 98/27/EG und 2002/65/EG des Europäischen Parlaments und des Rates sowie der Verordnung (EG) Nr. 2006/2004 des Europäischen Parlaments und des Rates (Richtlinie über unlautere Geschäftspraktiken), ABl. 2005 L 149/22.

delte Vertrag, eine Ungeeignetheit struktureller Natur auf, um als Mechanismus dienen zu können, der die Bestimmung des richtigen Regelungsgehalts erlaubt.[6] Diese Ungeeignetheit struktureller Natur der nicht ausgehandelten vertraglichen Regelung ist grundsätzlich unabhängig von der Eigenschaft der Person – Gewerbetreibender oder nicht – des Vertragspartners, der sich dieser Regelung unterordnet.[7] Die Bedeutung, die der griechische Gesetzgeber der Verhandlungsmöglichkeit als grundsätzliche Voraussetzung des reibungslosen Funktionierens des Vertragsmechanismus beimisst, leitet uns, in Verbindung mit der Tatsache, dass auch der Gewerbetreibende oder der Händler, der ein Vertragsverhältnis mit dem Verwender der AGB eingeht, den typischen Gefahren, die durch die Verwendung von AGB entstehen, ausgesetzt ist,[8] zu dem Ergebnis, dass in den Schutzbereich der Vorschrift des Art. 2 in Verbindung mit dem Wortlaut des Art. 1 Abs. 4 lit. a) direkt jeder Endempfänger von Produkten oder Dienstleistungen fällt, der schützenswert ist, unabhängig von seiner Eigenschaft als Gewerbetreibender oder nicht.[9]

### 2. Sachlicher Anwendungsbereich

Was den sachlichen Anwendungsbereich des Art. 2 betrifft, so beinhaltet dieser heute sowohl die AGB, d.h. die vorformulierten Bedingungen, die für eine Vielzahl von Verträgen bestimmt werden (Art. 2 Abs. 1) als auch die vorformulierten Individualklauseln und die einfachen (nicht vorformulierten) Individualklauseln, die für einen konkreten Vertrag vorgesehen sind, wenn beide nicht im Einzelnen ausgehandelt wurden (Art. 2 Abs. 10).

## II. Bedeutung des Transparenzgebots

Das Transparenzgebot in Hinblick auf die Vertragsbedingungen, die nicht Gegenstand einer individuellen Verhandlung waren, wird allgemein in dem 20. Erwä-

---

6 *Papanikolaou,* Über die Grenzen des Schutzeingriffs des Richters in den Vertrag (1991), S. 191–192.

7 *Papanikolaou* (Fn. 6), dazu auch *Doris,* NoB 2004, 730, 738 ff. Vgl. auch *Dellios* (Fn. 3), Rn. 77, der ebenso anerkennt, dass sowohl der Gewerbetreibende als auch der zu privaten Zwecken handelnde Verbraucher bei fehlender tatsächlicher Aushandlung der Vertragsbedingungen wertungsgemäß denselben Gefahren ausgesetzt sind, aber auch darauf hinweist, dass die wertungsgemäße Einschätzung dieser Gefahren beim Gewerbetreibenden quantitativ abfallend erscheint. Durch diese quantitative Differenzierung soll hervorgehoben werden, dass bei dem Gewerbetreibenden diese Gefahren weniger häufig oder nicht so akut eintreten werden, da er diese zumeist eher einschätzen können wird.

8 Siehe eine detaillierte Auflistung dieser Gefahren bei *Doris,* NoB 2004, 730, 739.

9 Dafür auch *Doris,* NoB 2004, 730, 740–741; *Roussos,* Die Fortbildung des griechischen Vertragsrechts unter dem Einfluss der EU-Richtlinien, ZEuP 2005, 322, 323 ff. Im Gegensatz dazu plädiert *Mentis,* Allgemeine Geschäftsbedingungen in Verbraucher- und Händlerverträgen (auf Griechisch, 2000), S. 13 für eine analoge Anwendung des Artikels 2 auch bei Handelsverträgen, wenn keine Verhandlungsfreiheit und Gleichheit vorliegt.

gungsgrund der Präambel der Richtlinie verkündet[10] und ist in Art. 4 Abs. 2 letzter Satz und insbesondere in Art. 5 Satz 1 der Richtlinie festgelegt, ohne dass aber darin die Rechtsfolgen im Fall eines Verstoßes vorgesehen werden. Das Transparenzgebot erfordert insbesondere, dass der Inhalt der allgemeinen Bedingungen es dem Verbraucher ermöglichen muss, die Reichweite (je nach Art und Weise, Dauer und Ausmaß) seiner vertraglichen Bindung im Voraus zu erkennen. Das Transparenzgebot gilt sowohl in Hinblick auf die Formulierung der Klauseln, als auch in Hinblick auf deren Inhalt, wobei es sowohl die Bestimmung von Leistung und Gegenleistung (Preis- und Leistungsklarheit), als auch die Beschreibung der rechtlichen Position des Verbrauchers (Rechtsklarheit) erfasst.[11] So wird von der griechischen Lehre und Rechtsprechung anerkannt, dass das Transparenzgebot, das auch das Verhältnis zwischen Leistung und Gegenleistung betrifft, in drei Richtungen wirkt: Nach dem Transparenzgebot müssen die allgemeinen Bedingungen klar und verständlich abgefasst sein (Verständlichkeitsgebot), einen bestimmten oder bestimmbaren Inhalt aufweisen (Bestimmtheitsgebot) und voraussehbar sein, was – negativ formuliert – dem Verbot der überraschenden Klauseln gleichsteht (Täuschungs- oder Irreführungsverbot).[12]

## III. Das Transparenzgebot als Parameter bei der Einbeziehung der nicht im Einzelnen ausgehandelten Vertragsbedingungen in den Vertrag

Nach Art. 2 Abs. 1 „binden Bedingungen, die im Voraus für zukünftige Verträge formuliert worden sind (Allgemeine Geschäftsbedingungen), den Verbraucher nicht, wenn er über diese bei Vertragsschluss nicht schuldhaft in Unkenntnis war, wie, wenn insbesondere der Lieferer ihn nicht auf deren Existenz hingewiesen hat oder ihm die Möglichkeit vorenthalten hat, tatsächliche Kenntnis von ihrem Inhalt zu erlangen". Mit dieser Vorschrift wird zum einen die gesetzliche Definition der AGB festgelegt und zum anderen werden die Voraussetzungen für deren Einbeziehung in den Vertrag bestimmt.

Darunter ist die Voraussetzung der Sicherstellung der Möglichkeit der tatsächlichen Kenntnisnahme des Inhalts der AGB durch den Verbraucher besonders hervorzuheben, da diese eng mit dem Transparenzgebot verknüpft ist. Was diese Voraussetzung anbelangt, so ist diese näher – und nach der letzten Änderung noch umfassender – in Art. 2 Abs. 2 des Gesetzes 2251/1994 konkretisiert, der wie folgt lautet: *„Die allgemeinen Bedingungen von Verträgen und Nebenabreden, die in Griechenland geschlossen werden, werden schriftlich in griechischer Sprache in einer klaren, bestimmten und verständ-*

**10** Der 20. Erwägungsgrund der Präambel der Richtlinie 93/13/EWG lautet wie folgt: „Die Verträge müssen in klarer und verständlicher Sprache abgefasst sein. Der Verbraucher muss tatsächlich die Möglichkeit haben, von allen Vertragsklauseln Kenntnis zu nehmen. Im Zweifelsfall ist die für den Verbraucher günstigste Auslegung anzuwenden".

**11** *Mentis* (Fn. 9), S. 66; *ders.*, Allgemeine Bedingungen der Bankverträge mit Verbrauchern, ChrID 2001, 561; *Dellios*, Verbraucherschutz und Privatrechtssystem Band II, Die gerichtliche Inhaltskontrolle der Verbraucherverträge und ihre Schranken, (2001), S. 377.

**12** So *Dellios* (Fn. 11), S. 377–378; *ders.* (Fn. 3), Rn. 146; Areopag 430/2005, EllDni 2005, 801.

*lichen Art und Weise abgefasst, so dass der Verbraucher in der Lage ist, ihren Sinn vollständig zu verstehen und werden in gut lesbaren Schriftzeichen auf einem sichtbaren Teil des Vertragsdokuments abgedruckt. Die allgemeinen Bedingungen internationaler Geschäfte, die auf dem griechischen Markt angewendet werden, sind zwingend auch in griechischer Sprache abzufassen".*

So sind zunächst die Verpflichtungen zur schriftlichen Abbildung und zur Abfassung in der griechischen Sprache jeder nicht im Einzelnen ausgehandelten Bedingung als besondere Ausprägungen des Transparenzgebots bei der Einbeziehungskontrolle anzusehen. Außerdem wird nunmehr ausdrücklich vom Verfasser bzw. Verwender jeder Klausel – AGB, vorformulierter oder einfachen Individualklausel – Klarheit, Bestimmtheit und Verständlichkeit bei deren Formulierung erwartet. Rechtsfolge der Nichterfüllung dieser Verpflichtung, wie z. B. im Fall von sprachlich schwer verständlichen oder unklaren Klauseln, ist die Nichteinbeziehung dieser Klauseln in den Vertrag. Schließlich muss an dieser Stelle darauf hingewiesen werden, dass Art. 2 Abs. 10 ausdrücklich – unter anderem – auch auf Art. 2 Abs. 1 und 2 verweist, so dass es hingenommen werden muss, dass das Transparenzgebot im Stadium der Einbeziehungskontrolle der allgemeinen Bedingungen in den Vertrag nicht nur die AGB durchdringt, sondern jede Klausel, die nicht Gegenstand einer individuellen Verhandlung war, d.h. jede individuelle Klausel – vorformulierte oder einfache (nicht vorformulierte) Klausel – die zur Verwendung in nur einem Vertrag vorgesehen ist.

Es muss jedoch angemerkt werden, dass die Rechtsprechung trotz ihrer Treue zum Transparenzgebot es nicht immer schafft, einerseits festzustellen, ob die fehlende Transparenz die Formulierung der Klausel selbst betrifft oder deren materiellen Inhalt, und andererseits, insbesondere bei deren Einbeziehungskontrolle in den Vertrag, eine richtige Charakterisierung der Klauseln als intransparent vorzunehmen. Ein entsprechendes charakteristisches Beispiel einer in Hinblick auf die Formulierung intransparenten Klausel bildet die Klausel, die den Verzicht des Bürgen auf die Einrede der Vorausklage vorschreibt, welche allerdings von der Rechtsprechung – zumindest bis zu diesem Zeitpunkt nur der Gerichte der Tatsacheninstanzen – als vollkommen transparent anerkannt wird. Diese Klausel, die im Bereich der Bürgschaftsverträge, welche die Banken als Darlehensgeber abschließen, besonders weit verbreitet ist, wurde wiederholt als in den Vertrag einbezogen und somit für den Bürgen bindend angesehen, mit der Begründung, dass sie klar und verständlich abgefasst ist, da „die Bank keine Verpflichtung hat, eine spezielle Aufklärung und Auslegung des Begriffs der ‚Einrede der Vorausklage' vorzunehmen, der eindeutig einen Rechtsbegriff darstellt, wobei jeder Bürge die Möglichkeit hat, sich über seine Bedeutung und seinen genauen Inhalt und somit auch über die vertraglichen Verpflichtungen, die er mit der oben genannten Klausel eingeht, bei seinem Rechtsberater zu informieren".[13] Schon allein die Annahme eines Bedürfnisses nach Rechtsberatung zur Aufklärung des Begriffs der „Einrede der Vorausklage" weist je-

**13** So wörtlich Oberlandesgericht Athen 6924/2007, EpiskED 2007, 1267, welches sich der Argumentation des Landgerichts Athen 1119/2002, DEE 2003, 422, 434–435 und des Oberlandesgerichts Athen 5253/2003, DEE 2004, 797, 800 angeschlossen hat.

doch auf die Intransparenz der Klausel hin, die einen Begriff enthält, der anerkanntermaßen nur für Juristen verständlich ist.[14] Mit diesem Gedankengang verstrickt sich die Rechtsprechung in den Widerspruch einerseits das Kenntnisdefizit des Verbrauchers zu diagnostizieren, andererseits aber ihm den notwendigen Rechtsschutz vorzuenthalten, da sie im vorliegenden Fall die Rechtsfolge aus der Intransparenz der Klausel nicht herleitet, die in der Nichteinbeziehung der strittigen Klausel in den Vertrag gemäß Art. 2 Abs. 1 und 2 des Gesetzes 2251/1994 besteht.

## IV. Das Transparenzgebot als Parameter bei der Auslegung der nicht im Einzelnen ausgehandelten Vertragsbedingungen

In einem zweiten Stadium, dem der Auslegung, findet das Transparenzgebot seinen Ausdruck in der Auslegungsregel des Art. 2 Abs. 5, nach der die AGB im Zweifelsfall zu Gunsten des Verbrauchers ausgelegt werden. So werden allgemeine Bedingungen, die zweideutig bzw. vieldeutig sind, also mehrere Auslegungsergebnisse zulassen und somit intransparent sind, immer zu Gunsten des Verbrauchers ausgelegt.[15] Um nur ein sehr interessantes Beispiel einer mehrdeutigen Klausel aus der jüngsten Rechtsprechung zu nennen,[16] die vom Gericht zu Gunsten des Verbrauchers ausgelegt worden ist, ist auf folgende Haftungsausschlussklausel in einem Versicherungsvertrag hinzuweisen: Der Versicherer hat sich aufgrund einer AGB von der Erbringung seiner Versicherungsleistung im Falle des Eintritts des Versicherungsrisikos, nämlich des Autodiebstahls, freigezeichnet, falls innerhalb eines Zeitraums von 90 Tagen ab dem Diebstahl das gestohlene Auto wieder gefunden wird. Unter Berufung einerseits auf den Zweck des Versicherungsvertrages für Diebstahl und anderseits auf Treu und Glauben legte das Gericht diese mehrere Auslegungsvarianten zulassende Klausel zu Gunsten des Versicherten-Verbrauchers aus in einer Weise, nach der als Wiederfinden nicht nur das örtliche Auffinden des Fahrzeuges gemeint ist, sondern die Wiedererlangung der Möglichkeit des Versicherten und Eigentümers des Fahrzeuges, die Herrschaftsgewalt, wie diese aus seinem Eigentumsrecht hervorgeht, daran auszuüben. So hat die Auffindung eines vollkommen zerstörten Fahrzeuges oder dessen Auffindung unter neuen Eigentümerverhältnissen nicht die Befreiung des Versicherers von seiner Verpflichtung zur Auszahlung des Versicherungsbetrages zur Folge, da dem Versicherten auch in diesen Fällen letztendlich die Möglichkeit vorenthalten wird, Nutzen aus seinem Eigentum am Fahrzeug zu ziehen. Diese Auslegung, zu der das Gericht gelangte, ist darüber hinaus auch deswegen zu befürworten, weil der Versicherte-Verbraucher dadurch vor

---

**14** So auch *Mentis,* Die Grenzen der Haftung des Bürgen bei Bankverträgen mit Verbrauchern, ChrID 2004, 188.

**15** Zur Auslegung nicht im Einzelnen ausgehandelter Klauseln s. *Mentis* (Fn. 9), S. 51–59; *Karakostas* (Fn. 2), Rn. 75–82; *Georgiades,* Allgemeiner Teil des Bürgerlichen Rechts (2002), § 33 Rn. 24–25; *Dellios* (Fn. 3), Rn. 177 ff.; *Doris,* Die Konkretisierung von Treu und Glauben in Artikel 2 des Gesetzes 2251/1994 über den Schutz der Verbraucher und dessen Bedeutung im allgemeinen Zivilrecht, NoB 2000, 746–747.

**16** Es geht um die Entscheidung 1231/2007 des Landgerichts Athen, Arm 2008, 91 ff. mit Anmerkung von *Bechlivanis,* 95.

der Intransparenz der strittigen Klausel geschützt wird und zwar in höchst wirksamer Weise, da dadurch die mit dem Vertragszweck in Einklang stehende Erbringung der Versicherungsleistung an ihn sichergestellt wird.

## V. Vertragstransparenz und Missbräuchlichkeitskontrolle

Mit Art. 2 Abs. 6 und 7 des Gesetzes 2251/1994 legt der griechische Gesetzgeber ein ausreichendes Inhaltskontrollsystem der Bedingungen, die nicht Gegenstand einer individuellen Verhandlung waren, fest. Dem Vorbild der Richtlinie folgend stellt er in Art. 2 Abs. 6 eine Generalklausel des Verbots von missbräuchlichen Klauseln voran, während er in Art. 2 Abs. 7 eine indikative Liste von per se missbräuchlichen Klauseln anführt, von denen einige mit den Klauseln, die im Anhang der Richtlinie zu finden sind, identisch sind.

Nach Art. 2 Abs. 6 *„sind allgemeine Geschäftsbedingungen, welche die erhebliche Störung des Gleichgewichts der Rechte und Pflichten der Vertragsparteien zu Lasten des Verbrauchers zum Ergebnis haben, verboten und nichtig“*. Die griechische Lehre und Rechtsprechung sehen das Transparenzgebot einerseits in Art. 2 Abs. 6 verankert und andererseits als in bestimmten Fällen der indikativen Liste des Art. 2 Abs. 7 konkretisiert an, vor allem in den Fällen 5, 7, 8, 10, 11,[17] wo Klauseln beschrieben werden, die dem Verbraucher keine eindeutige Einschätzung entscheidender Elemente des Vertrages oder der Größenordnung der Leistung oder Gegenleistung erlauben.[18] Intransparent und deshalb missbräuchlich sind die Bedingungen, deren sprachliche Formulierung zwar verständlich ist, bei denen der Verbraucher aber nicht in der Lage ist, die darin beschriebenen Rechtsfolgen seiner vertraglichen Bindung, insbesondere was die Dauer der Bindung und die Größenordnung der Leistung des Lieferers oder der Gegenleistung des Verbrauchers betrifft, abzuschätzen.

Die griechische Rechtsprechung haben insbesondere intransparente Klauseln beschäftigt, mit denen sich der Lieferer das Recht der einseitigen Bestimmung oder

---

**17** Es handelt sich um folgende Fälle der schwarzen Verbotsliste des Abs. 7: Klauseln, die „dem Lieferer das Recht einseitiger Vertragsänderung bzw. Vertragsauflösung vorbehalten, ohne dass im Vertrag ein bestimmter, spezieller und wichtiger Grund erwähnt wird (Fall 5), „dem Lieferer das uneingeschränkte Recht vorbehalten, einseitig zu entscheiden, ob seine Leistung dem Vertrag entspricht“ (Fall 7), „dem Lieferer das uneingeschränkte Recht vorbehalten, einseitig den Zeitpunkt der Erfüllung seiner Leistung festzulegen“ (Fall 8), „dem Lieferer erlauben seine Verpflichtungen, ohne dass ein wichtiger Grund vorliegt, nicht zu erfüllen“ (Fall 10), und „die ohne wichtigen Grund den Preis unbestimmt lassen und die dessen Bestimmung durch speziell im Vertrag festgelegte und für den Verbraucher angemessene Kriterien nicht zulassen“ (Fall 11). Im Fall 5 sind Ziff. 1 lit. g und j der Klauselliste des Anhangs der Richtlinie verschmolzen worden, Fall 7 entspricht Ziff. 1 lit. m der Klauselliste des Anhangs der Richtlinie, während die Fälle 8, 10 und 11 keine absolute Kongruenz mit einer in der Klauselliste des Anhangs enthaltenen Vorschrift aufweisen.

**18** *Mentis* (Fn. 9), S. 67–68; *ders.*, ChrID 2001, 561; *Dellios* (Fn. 11), S. 378–379; *ders.* (Fn. 3), Rn. 151; Areopag 430/2005, EllDni 2005, 800.

Änderung sowohl der Gegenleistung des Verbrauchers als auch anderer finanzieller Bedingungen des Vertrages vorbehält (z. B. Gebühren/Kosten für die Kontoführung, Bearbeitungsgebühren im Fall der Verwendung von Kreditkarten im Ausland).[19]

Fasst man die Standpunkte der griechischen Rechtsprechung zusammen, so ergeben sich folgende Wirksamkeitsvoraussetzungen für diese Klauseln:

(1) Es muss ein *wichtiger Grund* vorliegen, der die anfängliche vertragliche Unbestimmtheit oder die Möglichkeit der einseitigen Änderung des Vertrages rechtfertigt,[20]

(2) falls die anfängliche oder spätere Unbestimmtheit die *Gegenleistung* des Verbrauchers betrifft, i) müssen von Anfang an im Vertrag selbst *konkrete und einleuchtende Kriterien* für die Aufhebung der Unbestimmtheit festgelegt sein, die dem Verbraucher die Möglichkeit ihrer Verifizierung geben – und in diesem Maße auch die Möglichkeit der Überprüfung deren Anwendung vom Lieferer in der Praxis – und ii) muss der Lieferer dem Verbraucher zusätzlich das Recht zugestehen, sich von dem Vertrag lösen zu können, wenn die Erhöhung seiner Gegenleistung für ihn übermäßig ist.[21]

Trotz der Tatsache, dass der Areopag die Fälle der Verbotsliste des Abs. 7 des Art. 2 nicht immer mit der erforderlichen Genauigkeit anwendet, da die Intransparenz der von ihm zu überprüfenden Klauseln oft zur Folge hat, dass nicht immer leicht ersichtlich ist, ob die Klauseln sich auf die Gegenleistung des Verbrauchers selbst beziehen oder auf andere finanzielle Belastungen, die aber keine Gegenleistung für die Leistung des Lieferers darstellen, muss bemerkt werden, dass seine Entscheidungen in den meisten Fällen im Ergebnis richtig sind und zu einem wirksamen Schutz des Verbrauchers vor intransparenten und gerade aus diesem Grunde auch als missbräuchlich eingestuften Klauseln beitragen. So hat der Areopag entschieden, dass eine Klausel über die einseitige Preisanpassung für die Dienstleistungen eines Mobilfunkunternehmens aufgrund ihrer Intransparenz missbräuchlich ist, da sie *ohne besonderen und wichtigen Grund* den Preis unbestimmt lässt und auch dessen Bestimmung anhand von *speziell im Vertrag festgelegten Kriterien, die für den Verbraucher*

---

**19** Es handelt sich um folgende Entscheidungen: Areopag 296/2001, DEE 2001, 1112 ff.; Areopag 1030/2001, EllDni 2001, 1599 ff.; Areopag 1219/2001, EllDni 2001, 1603 ff.; Areopag 430/2005, EllDni 2005, 793 ff.; Oberlandesgericht Athen 1407/2002, EllDni2004, 877 ff. Einige von diesen Urteilen werden von *Dellios* in seinem Aufsatz über die missbräuchlichen Klauseln in Bankkreditverträgen in EpiskED 2005, 3 ff. kritisch dargestellt.

**20** Die Notwendigkeit dieses Kriteriums wird in Bezug auf die Preisanpassungsklauseln von *Roussos*, ZEuP 2005, 322, 331 bezweifelt. Nach ihm mag „der *wichtige Grund* im Falle der Vertragsauflösung eine Rolle spielen ... Demgegenüber ist die Berechtigung der Preisanpassung ohne weiteres schon in der langen Laufzeit eines Vertrags und der damit verbundenen Änderungen der Markt- und der Wirtschaftsverhältnisse begründet; danach kommt es nur noch auf das Wie der Ausübung des Preisanpassungsrechts an" (Hervorhebungen vom Verfasser).

**21** Die unter lit. ii) aufgeführte Voraussetzung wird von Art. 2 Abs. 7 Fall 18 des Gesetzes 2251/1994 ausdrücklich festgelegt, der bestimmt: „In jedem Fall missbräuchlich sind insbesondere Bedingungen, die: (18) den Verbraucher daran hindern, vom Vertrag zurückzutreten, wenn die Preiserhöhung gemäß den Vertragsbedingungen für ihn übermäßig hoch ist". Vgl. dazu auch *Mentis*, ChrID 2001, 561, 562, der jedoch keine Differenzierung zwischen den Preisbestimmungsklauseln bzw. -anpassungsklauseln und sonstigen Vertragsklauseln vornimmt.

*einleuchtend sind,* nicht erlaubt, so dass der Verbraucher nicht in der Lage ist, das Ausmaß der von ihm eingegangenen finanziellen Verpflichtungen zu überblicken.[22] Eine entsprechende Klausel, die dem Versicherer das Recht der einseitigen Anpassung der Versicherungsprämie zu jedem Zeitpunkt der Erneuerung des Versicherungsvertrages gibt, ist aufgrund ihrer Intransparenz missbräuchlich, da sie dem Versicherten nicht erlaubt, *schon bei Vertragsschluss die Voraussetzungen für die Erhöhung und deren Ausmaß* zu erkennen, so dass er im Fall einer Erhöhung nicht in der Lage ist festzustellen, ob die Erhöhung mit der entsprechenden Klausel, die diese vorsieht, vereinbar ist.[23] Schließlich wurde eine Klausel als intransparent und somit als nichtig eingeordnet, die eine einseitige Anpassung des vertraglichen Zinssatzes durch eine Bank in einem Kreditkartenvertrag vorsah, da die Klausel unbestimmt ist, weil sie der Bank erlaubt, zu jedem Zeitpunkt den vertraglichen Zinssatz festzulegen, ohne dass die *besonderen und einleuchtenden Kriterien* für den Verbraucher-Kunden *im Voraus* ersichtlich sind, was die Enttäuschung der berechtigten Erwartungen des Kunden in Hinblick auf die Entwicklung seiner Geschäftsbeziehung zu der Bank zur Folge hat.[24]

Aber auch die vom Lieferer einseitige (Neu-)Bestimmung anderer Vertragselemente, die eine finanzielle Belastung für den Käufer nach sich ziehen, wird in Bezug auf ihre Intransparenz und ihre Nichtigkeit überprüft. Im Rahmen einer Verbandsklage führt die abstrakte Gefahr, die eine solche intransparente Klausel für die rechtsgeschäftliche Selbstbestimmung eines jeden potentiellen Verbrauchers in sich birgt, sogar zur Erklärung der Nichtigkeit der entsprechenden Klausel, auch wenn ggf. eine angemessene Art und Weise ihrer Anwendung durch den Lieferer in der Praxis ihren gefährlichen Charakter beseitigen würde.[25] Konkret wurde entschieden, dass eine Klausel in einem Bankvertrag, die der Bank jederzeit das Recht der Auferlegung von Kontoführungskosten erlaubt, in dem Fall, dass das Konto keine höheren als die jeweils von der Bank angegebenen Mindestbeträge aufweist, missbräuchlich und nichtig ist, da sie der Bank ohne Vorliegen eines *besonderen und wichtigen Grundes* das Recht der einseitigen und willkürlichen Änderung des Vertrages zu Lasten des Verbrauchers gibt, während sie darüber hinaus die Gegenleistung des Verbrauchers unbestimmt lässt, ohne dass deren Bestimmung anhand von *speziell im*

---

**22** Areopag 296/2001, DEE 2001, 1113.

**23** Areopag 1030/2001, EllDni 2001, 1601. So auch das Oberlandesgericht Athen 1407/2002, EllDni 2004, 878, 880, wo auch „die jährliche Inflation der Krankenhausbetreuungskosten" als ein unklares Kriterium für die Erhöhung der Versicherungsprämien eingeschätzt wurde.

**24** Areopag 1219/2001, EllDni 2001, 1614–1615.

**25** So wörtlich Areopag 1219/2001, EllDni 2001, 1606. Vgl. auch dazu *Dellios* (Fn. 11), S. 381–383, der vertritt, dass während im Fall einer Individualklage die gesetzliche Vermutung der Missbräuchlichkeit intransparenter Klauseln widerlegbar ist, so dass der Lieferer nicht daran gehindert ist, zu beweisen, dass er dem Verbraucher mündlich alle notwendigen Klarstellungen zur Aufhebung des intransparenten Charakters der Klausel beigebracht hat, im Fall der Verbandsklage die gesetzliche Vermutung der Missbräuchlichkeit intransparenter Klauseln dagegen nicht widerlegbar ist, da die Hoffnung, dass der Lieferer bei der Anwendung der Klausel die erforderliche Selbstbeherrschung zeigt, nicht ausreicht, um den angestrebten Zweck zu erreichen, d.h. die Aufhebung des missbräuchlichen Charakters.

*Vertrag festgelegten Kriterien,* die für den Verbraucher *einleuchtend sind*, möglich wäre.[26] Im vorliegenden Fall nahm der Areopag eine kombinierte Anwendung der Fälle 5 und 11 der Verbotsliste des Abs. 7 vor, die sich auf intransparente Klauseln beziehen, ohne aber die erforderliche Unterscheidung in Hinblick darauf zu treffen, ob die *Kontoführungskosten* tatsächlich *Kosten/Ausgaben* der Bank darstellen, so dass im Vertrag auch die Quellen dieser Kosten aufgeführt sein müssten, oder ob sie eine *Gegenleistung* für die Leistung der Bank darstellen, d.h. die Gegenleistung des Verbrauchers in einem unregelmäßigen Verwahrungsvertrag. Die Klarstellung der Rechtsnatur der Kosten, außer der Tatsache, dass sie *in concreto* die Anwendung eines anderen Falls des Abs. 7 nach sich zieht,[27] ist selbst auch auf ihre Intransparenz hin zu prüfen, da der Verbraucher keine Kenntnis davon hat, aus welchem Grund er zahlt, welches also der Rechtsgrund für seine Leistung ist.

Nach einer kürzlich ergangenen Entscheidung des Areopags im Fall einer Verbandsklage eines Verbraucherverbandes gegen eine Bank, wurden Klauseln als intransparent beurteilt, die die tatsächliche, rechtliche und wirtschaftliche Situation verdecken, wodurch die Gefahr entsteht, dass der Verbraucher entweder von der Ausübung seiner Rechte abgehalten wird, oder sich Rechten des Lieferers unterordnet, die dieser nur dem Schein nach hat.[28] Die oben genannte Entscheidung forderte ausdrücklich, dass sich die Transparenz und die Klarheit einer Klausel sowohl auf den Rechtsgrund der Leistung des Verbrauchers (causa), als auch auf deren Inhalt erstrecken muss. Weiter entschied sie, dass die Klausel über die frühzeitige Rückzahlung eines Immobilienkredits mit schwankendem Zinssatz, die dem Verbraucher die Zahlung eines Betrages in Höhe von 2,5 % des vorzeitig zurückgezahlten Kapitals auferlegt, nicht transparent und damit missbräuchlich ist, da sie nicht festlegt, ob dieser Betrag den Ersatz des der Bank entstandenen Schadens betrifft oder die Vergütung der Bank für von ihr geleistete Dienste.

Schließlich hat sich der Areopag kürzlich im Rahmen einer Individualklage mit der Gültigkeit einer ähnlichen Klausel in einem hypothekarisch abgesicherten Kreditvertrag für Immobilienfinanzierung mit festem Zinssatz auseinandergesetzt, die den Darlehensnehmer im Fall der vorzeitigen Abzahlung des Darlehens vor Fälligkeit zur Zahlung einer pauschalen Entschädigung verpflichtete, die dem Zinssatz für sechs Monate auf die vorzeitig zurückgezahlte Darlehenssumme entsprach.[29] Der Areopag schenkte hierbei der Problematik, ob die strittige Klausel ausreichend bestimmt und somit transparent in Hinblick auf den Rechtsgrund der Leistung des Darlehensnehmers ist, keine Aufmerksamkeit. Er befasste sich nämlich nicht mit der Problematik, ob die Leistung in der Entschädigungsverpflichtung der Bank ge-

---

**26** Areopag 1219/2001, EllDni 2001, 1608–1609. Eingehend dazu *Mentis,* ChrID 2001, 561, 564–565.
**27** Fall 5 bezieht sich auf das Recht des Unternehmers auf einseitige Änderung jeder Vertragsklausel, während Fall 11 sich insbesondere auf die Preisbestimmungs-/-anpassungsklauseln bezieht.
**28** Areopag 430/2005, EllDni 2005, 800–801.
**29** Plenum des Areopags 15/2007, EpiskED 2007, 1098 ff.

genüber aufgrund der vorzeitigen Rückzahlung der Darlehenssumme vor Fälligkeit (Vorfälligkeitsentschädigung) liegt, oder ob diese im Gegenteil die Gegenleistung des Darlehensnehmers im Fall der im Voraus vereinbarten und diesem alternativ gewährten Möglichkeit der vorzeitigen Lösung von dem Vertrag (Vorfälligkeitsentgelt) darstellt.[30] Darüber hinaus befand der Areopag die strittige Klausel bei ihrer Überprüfung in Hinblick auf die Transparenz ihres Inhalts für „vollkommen eindeutig und bestimmt und innerhalb der Grenzen liegend, die Treu und Glauben, die Verkehrssitte und der soziale und wirtschaftliche Zweck des Rechts der kreditgebenden Bank auf Entschädigung für ihre entgangene Gegenleistung, d.h. die Zinsen aufgrund der vorzeitigen Rückzahlung seitens der Darlehensnehmer, festsetzen".[31]

Selbst aber nach dem vom Areopag vertretenen Standpunkt, wonach der Rechtsgrund für die Leistung in der Verpflichtung des Darlehensnehmers liegt, die Bank für die vorzeitige Rückzahlung der Darlehenssumme zu entschädigen, müsste die strittige Klausel wiederum für intransparent und somit für missbräuchlich aufgrund des Art. 2 Abs. 6 befunden werden, da sie die Kriterien für die Bestimmung des Schadens nicht klarstellt. Dies hat zur Folge, dass der Darlehensnehmer-Verbraucher zu einer Entschädigungsleistung gezwungen wird, ohne in der Lage zu sein, vom tatsächlichen Vorliegen[32] oder von der tatsächlichen Höhe des der Bank durch die vorzeitige Rückzahlung entstandenen Schadens Kenntnis zu erlangen

**30** Siehe aber auch den Standpunkt der Mindermeinung bei der Entscheidung des Plenums des Areopags 15/2007, EpiskED 2007, 1089, 1103–1104, nach der die streitige Klausel „das Transparenzgebot verletzt, da sie dem Darlehensnehmer nicht in einer eindeutigen und verständlichen Weise erlaubt zu erkennen, welches der Grund für seine Belastung ist und insb., ob diese Belastung tatsächlich den Schaden der Bank betrifft und aufgrund welcher Kriterien dieser berechnet wird oder ob sie eine Art Reuegeld darstellt, also eine Art Vertragsstrafe, die sogar nicht auf das geeignete Maß gemindert werden kann, für den Fall, dass der Darlehensnehmer sein Recht auf vorzeitige Erfüllung der Rückzahlung der Darlehenssumme ausübt". Der Rechtsgrund für diese zusätzliche Belastung des Darlehensnehmers insb. im Fall der vorzeitigen *vollständigen* Rückzahlung der Darlehenssumme, bleibt ein umstrittenes Thema in der Lehre, wobei die wohl herrschende Meinung davon ausgeht, dass diese Belastung vorrangig Wiederherstellungscharakter hat, da der Schuldner gemäß Art. 324 grZGB das Recht hat, die Leistung *vor* dem im Vertrag bestimmten Zeitpunkt zu erfüllen, unter der Voraussetzung aber, dass diese vorzeitige Erfüllung dem Gläubiger keinen Schaden verursacht; s. eingehend dazu, Georgiades/Stathopoulos-*Georgiadou*, Kommentar zum grZGB II (1979), unter Art. 323–324 grZGB Rn. 21 ff.; *Stathopoulos*, Allgemeines Schuldrecht (2004), § 17 Rn. 21 ff.; und insb. bezüglich der Vorfälligkeitsentschädigung bei Bankdarlehensverträgen *Dellios* (Fn. 3), Rn. 351, 354–355; *Marinos/Wenieris*, Die Strafe für die vorzeitige Rückzahlung eines Immobilienkredits – Ihre Natur, ihre Berechnung und ihre Kontrolle im Lichte des Gesetzes 2251/1994, ChrID 2005, 459 ff.; *Wenieris*, Anmerkung zur Entscheidung des Plenums des Areopags 15/2007, EEmpD 2007, 668 f.

**31** So Plenum des Areopags 15/2007, EpiskED 2007, 1098, 1101.

**32** Es kann nicht von vornherein ausgeschlossen werden, dass die Bank gar keinen Schaden wegen der vorzeitigen Rückzahlung der Darlehensumme erleiden wird, wie z.B. im Fall, dass die Verzinsung der von der Bank gewährten Darlehen mit festem Zinssatz zum Zeitpunkt der vorzeitigen Rückzahlung des Darlehensnehmers im Vergleich zu der Verzinsung zum Zeitpunkt des konkreten Darlehensvertragsabschlusses mit ihm wesentlich höher liegt. In diese Richtung auch die Mindermeinung bei der Entscheidung des Plenums des Areopags 15/2007, EpiskED 2007, 1098, 1104; ebenso *Dellios* (Fn. 3), Rn. 355, der jedoch keine Einwände gegen die Entscheidung des Plenums des Areopags erhebt.

oder beides zu verifizieren.[33] Anmerkenswert ist hier Folgendes: Einerseits setzte der Areopag die Kriterien für die Bestimmung des der Bank durch die vorzeitige Rückzahlung entstandenen Schadens richtig fest und legte anschließend auch diese Kriterien der *ad hoc* Kontrolle der Missbräuchlichkeit der strittigen Klausel zugrunde. Andererseits aber unterließ er es, die Notwendigkeit der Einbeziehung der Kriterien in die Klausel selbst zu betonen, so dass er im Ergebnis eine Klausel als transparent anerkannte, die eine pauschale Entschädigung festsetzt, ohne dass die geschädigte Bank sich auf das Vorliegen eines Schadens berufen oder diesen beweisen muss.[34]

## VI. Schlusswort

Die Transparenz der Klauseln stellt, sowohl als entscheidendes Kriterium bei deren Einbeziehungskontrolle in den Vertrag, als auch bei deren Auslegung zu Gunsten des Verbrauchers, hauptsächlich das Interesse des Verbrauchers an einer informierten Vertragsentscheidung sicher. Unter diesem Aspekt scheint das Transparenzgebot eher dem Schutz der vertraglichen Selbstbestimmung als der materiellen Vertragsgerechtigkeit zu dienen.[35] Das Transparenzgebot hat jedoch grundsätzlich seine Schutzwirkung zu Gunsten des Verbrauchers insbesondere im Bereich der Missbräuchlichkeitskontrolle entwickelt. Dieser Bereich hat sich allmählich durch die Rechtsprechung als der Bereich *par excellence* für die Wiederherstellung des gestörten vertraglichen Gleichgewichts ausgebildet und somit hat das Transparenzgebot einen erwähnenswerten Beitrag auch zum Schutz der materiellen Vertragsgerechtigkeit geleistet.

---

**33** Kritisch gegen diese Entscheidung des Plenums des Areopags *Bechlivanis*, Anmerkung zur Entscheidung des Plenums des Areopags 15/2007, EpiskED 2007, 1097 f.; *Wenieris*, EEmpD 2007, 668 f.; befürwortend *Dellios* (Fn. 3), Rn. 345, 355.

**34** Von *Wenieris*, EEmpD 2007, 668, ist richtigerweise angemerkt worden, dass die Entscheidung des Plenums des Areopags gegen den später durch Art. 2 Abs. 3 des Gesetzes 3587/2007 zur Verbotsliste des Abs. 7 des Art. 2 hinzugefügten Fall 32 verstößt, nach dem jede Klausel als per se missbräuchlich gilt, die „die Zahlung einer Entschädigung an den Lieferer vorsieht, ohne dass dieser sich auf den ihm entstandenen Schaden berufen muss oder diesen beweisen muss". Dieser in die Verbotsliste des Abs. 7 neu eingefügte Fall bildet ein weiteres Beispiel der Annahme der Missbräuchlichkeit einer Klausel wegen ihrer Intransparenz, da dadurch dem Lieferer nicht nur auferlegt wird, sich auf einen konkret entstandenen Schaden zu berufen und diesen auch zu beweisen – eine Verpflichtung, die aus dem allgemeinen Schadensersatzrecht hervorgeht –, sondern vor allem, dass er in die Klausel selbst die Kriterien für die Bestimmung seines Schadens einbezieht, so dass der Verbraucher einerseits von Anfang an erkennen kann, was auf ihn zukommt und andererseits in der Lage ist zu überprüfen, inwiefern die vom Lieferer vorgenommene Art der Berechnung der Entschädigung den im Voraus bestimmten Kriterien entspricht. Zum Fall 32 des Art. 2 Abs. 7 s. auch *Wenieris*, Synigoros (2007), S. 84 f.; *Dellios* (Fn. 3), Rn. 272.

**35** Ebenso für die Auslegung von Vertragsklauseln *Riesenhuber*, Europäisches Vertragsrecht (2. Aufl. 2006), § 22 Rn. 622.

## Diskussionsbericht zu § 9

*Riesenhuber* bedankte sich für den Vortrag und betonte, dass hierin insbesondere auch wichtige Grundfragen zum Transparenzgebot angesprochen wurden. Er leitete die von ihm moderierte Diskussion mit dem Hinweis ein, dass sich bei dem Transparenzgebot nach wie vor die Frage stelle, worin eigentlich seine inhaltliche Rechtfertigung liege. Der BGH beziehe sich darauf, dass der Verwender sonst einen ungerechtfertigten Spielraum erlange. Allerdings gäbe es hierzu bereits die Unklarheitenregel, wobei nicht klar sei, in welchem Verhältnis diese zu dem Transparenzgebot stehe. Insbesondere vor dem Hintergrund, dass eine inzwischen wohl überwiegende Meinung davon ausgehe, dass die Inhaltskontrolle von Allgemeinen Geschäftsbedingungen dem Ausgleich von Marktversagen diene, stelle sich die Frage nach dem Zweck des Transparenzgebots.

Prof. Dr. *Fillipo Ranieri* (Universität des Saarlandes) merkte an, dass es sich bei der von *Paparseniou* besprochenen Klausel zu den Vorfälligkeitszinsen wohl um eine pauschalierte Schadensersatzberechnung gehandelt habe, die zum Ersatz des entgangenen Gewinns der Bank bei vorzeitiger Kündigung seitens des Darlehensnehmers eingefügt worden sei; gegen ihre Wirksamkeit habe er daher keine Bedenken.

*Paparseniou* bestätigte das, betonte jedoch, dass die Klausel im Rahmen von AGB in den Vertrag eingebracht worden war, so dass die Bank als Verwenderin verpflichtet sei, dem Verbraucher gegenüber Rechtsklarheit zu schaffen. Insbesondere müsse sie dem Verbraucher verdeutlichen, worin ihr Schaden bestehe. Sie sehe die Bank also in der Pflicht, einen eventuellen Schaden auch darzulegen, anstatt ihn pauschal festzusetzen. Als Beispiel führte sie an, dass die Bank in dem besprochenen Fall eben keinen Schaden durch die vorzeitige Kündigung erlitten habe; im Gegenteil habe sie durch die Zinssteigerung seit Abschluss des Vertrags sogar einen Gewinn gemacht.

Auf Nachfrage *Ranieries* stellte *Paparseniou* klar, dass auch Unternehmer im griechischen Recht als Verbraucher gelten, sofern sie Endempfänger der Leistung sind.

*Ranieri* sah darin einen „offenen Widerspruch zu der Rechtsprechung des EuGH".

*Paparseniou* stimmt dem zu, merkte jedoch an, das dies momentan auf Grund der Mindestschutzregel des Art. 8 der Klauselrichtlinie[1] noch kein Problem darstelle. Sollte jedoch der neue Richtlinienvorschlag[2] realisiert werden, der eine Vollharmonisierung anstrebe, könne sich das ändern.

*Ranieri* sprach dann die Gesetzgebungsgeschichte des Art. 2 Abs. 6 des Gesetzes 2251/1994[3] an, der im Laufe der Zeit häufig geändert wurde. Er merkte an, dass

---

**1** Richtlinie 93/13/EWG des Rates vom 5. 4. 1993 über missbräuchliche Klauseln in Verbraucherverträgen, ABl. 1993 L 95/29.

**2** Vorschlag für eine Richtlinie des Europäischen Parlaments und des Rates über Rechte der Verbraucher, KOM(2008) 614.

**3** Art. 2 Abs. 6: Allgemeine Geschäftsbedingungen, welche die erhebliche Störung des Gleichgewichts der Rechte und Pflichten der Vertragsparteien zu Lasten des Verbrauchers zum Ergebnis haben, sind verboten und nichtig.

diese Norm faktisch doch zu einer Inhaltskontrolle der Angemessenheit der Gegenleistung führe, obwohl dies bei den Verhandlungen zu Art. 4 der Klauselrichtlinie 1993 gerade ausgeschlossen worden sei.

*Karakostas* bestätigte, dass Art. 2 Abs. 6 des Gesetzes 2251/1994 häufig geändert wurde. In der letzten Änderung sei das Erfordernis der Erheblichkeit der Störung des Gleichgewichts der Rechte und Pflichten eingefügt worden. Die Verfasser seien der Ansicht, die Norm sei jedenfalls seit dieser Änderung richtlinienkonform.

*Paparseniou* betonte, das Transparenzgebot nach Art. 4 Abs. 2 der Klauselrichtlinie gelte grundsätzlich auch für Klauseln über die Gegenleistung. Diese unterlägen nur dann nicht der Angemessenheitskontrolle, wenn sie transparent seien. Da Art. 2 des griechischen Verbraucherschutzgesetzes diese Beschränkung gerade nicht aufweise, also keine klare Umsetzungsvorschrift der Richtlinie bestehe, werde jedenfalls von einer griechischen Mindermeinung vertreten, dass in Griechenland sogar die Angemessenheit der Gegenleistung geprüft werden könne. Allerdings folge die Rechtsprechung dieser Meinung grundsätzlich nicht.

*Armgardt* zitierte frei nach *Bertrand Russell*: „Entweder man kann sich allgemeinverständlich ausdrücken, oder exakt. Beides geht nicht." Obwohl *Russell* dies im Hinblick auf die Mathematik gesagt habe, könne man dieses Zitat wohl auch auf das Transparenzgebot übertragen. Der Verwender stehe vor der fast unlösbaren Aufgabe, ungeheuer komplexe Regelungen nun auch noch allgemeinverständlich darzustellen. Der Verbraucherschutz schieße insofern immer wieder über sein Ziel hinaus. Es stelle sich nunmehr die Frage, ob der Verbraucher nicht langsam Schutz vor dem Verbraucherschützer bedürfe.

Auch *Riesenhuber* kritisierte die Ausmaße des Transparenzgebots, insbesondere im Zusammenspiel mit Informationspflichten. Der Unternehmer müsse seinen Informationspflichten nachkommen und zugleich aufpassen, nicht durch die Fülle der vermittelten Information wiederum intransparente Klauseln zu schaffen. Zu dem von *Paparseniou* erläuterten Beispiel der Intransparenz einer Klausel, die die Einrede der Vorausklage ausschloss, führte er an, dass zumindest gesetzlich bestimmte Begriffe wohl ohne nähere Erläuterung verwendet werden dürften. Es könne nicht Aufgabe des Vertragspartners sein, Rechtsrat zu geben. Die andere Partei müsse sich bei einem Rechtskundigen informieren. Wenn der Staat es für nötig halte, könne er mit der Rechtsbelehrung nicht Private belasten, sondern müsse diese Aufgabe dann selbst wahrnehmen. Tatsächlich sähen auch einige Richtlinien entsprechende Aufklärungspflichten der Mitgliedstaaten vor.[4] Bei dem Vertragspartner könne diese Pflicht jedenfalls nicht liegen.

*Wank* pflichtete der Kritik *Armgardts* und *Riesenhubers* bei und führte als weiteres Beispiel die Informationspflichten des Arbeitgebers beim Betriebsübergang an, der die

**4** *Riesenhuber*, Europäisches Vertragsrecht (2. Aufl. 2006), Rn. 296–298.

Arbeitnehmer ebenfalls umfassend rechtlich aufklären müsse. In das Transparenzgebot werde zu viel hineingelesen und es sei zum Teil schlicht nicht erfüllbar. Er machte deutlich, dass es derartige Aufklärungspflichten auch im sonstigen Rechtssystem, zum Beispiel im Verhältnis von Vermieter und Mieter oder Verkäufer und Käufer, nicht gebe – wenn es so weitergehe, müsse bald jeder Vertrag eine Rechtsmittelbelehrung enthalten. Es solle weniger über das Transparenzgebot und mehr über die allgemeine Inhaltskontrolle gelöst werden. Bei Gesetzen werde dies doch auch so gehandhabt: Sie seien so knapp wie möglich formuliert; zusätzliche Informationen müsse sich der Rechtsanwender eben aus Kommentaren oder Ähnlichem beschaffen. Er stellte die Frage, warum es nicht einfach einen Kommentar zu AGB (z.B.: Kommentar zu den AGB des Automobilhandels) geben solle, in dem sich der Vertragspartner über die Auslegungsmöglichkeiten von AGB informieren könne.

*Paparseniou* erwiderte zu *Riesenhuber*, dass jedenfalls der griechische Staat keine derartige Pflicht habe und dass der Vertragspartner zumindest ein Minimum an Transparenz schaffen müsse. Wenn man sich vor Augen führe, wie kompliziert die Einrede der Vorausklage selbst für Studenten der Rechtswissenschaft sei, so könne man nicht erwarten, dass ein Verbraucher dies auf Anhieb verstehe. Der Verwender solcher AGB müsse jedenfalls mit einem Satz erklären, was damit gemeint sei. Daher teile sie die Auffassung *Riesenhubers*, dass der Vertragspartner sich Rechtsrat einholen müsse nicht; dies sei zwar für das Berufsfeld der Anwälte gut, es könne jedoch nicht das Ziel sein, dass zu jedem einfachen Vertragsschluss mit einer Bank ein Rechtsanwalt hinzuzogen werden müsse.

*Krampe* verdeutlichte, dass es, wenn man unterstellt, dass die Wiederholung gesetzlicher Formulierungen zu Intransparenz führen kann, ein tiefer liegendes Problem mit der Transparenz des Gesetzes gebe. Bei der Frage, ob der Verbraucher die Klauseln auch richtig verstanden habe, sei auf den allgemeinen Grundsatz der Unbeachtlichkeit von Rechtsfolgenirrtümern Rücksicht zu nehmen. Hierbei handele es sich nicht nur um eine verbraucherspezifische Frage, sondern um eine allgemeine.

*Ranieri* wies darauf hin, dass es zur Frage des Ausschlusses der Einrede der Vorausklage auch Rechtsprechung des BGH gebe; diese bewege sich allerdings auf der Ebene der Angemessenheitskontrolle, nicht auf der des Transparenzgebots.

*Karakostas* führte sodann folgendes Beispiel an, um die Problematik des griechischen Verbraucherbegriffs weiter zu vertiefen: Ein libanesischer Staatsbürger hatte zahlreiche Verträge mit einer griechischen Bank geschlossen, wobei es sich um Investitionen in Millionenhöhe handelte. Die Verträge wurden immer individuell geschlossen, der Libanese wurde stets von mehreren Rechtsanwälten beraten. Vor Gericht führte er an, dass er als Endempfänger Verbraucher sei und die verbraucherschützenden Vorschriften somit zu seinen Gunsten wirkten. Das griechische Landgericht entschied, dass er zwar grundsätzlich dem Verbraucherbegriff unterfiele, die Ausübung seiner verbraucherschützenden Rechte jedoch in diesem konkreten Fall missbräuchlich i.S.d Art. 281 ZGB sei. Diese Entscheidung wurde vom Appelationsgericht bestätigt und wird aktuell vor dem Areopag verhandelt. *Karakostas* zog das Fazit, dass es demnach immer noch die Möglichkeit gebe, ggf. zu weite Gesetze auf diesem Wege einzuschränken.

*Riesenhuber* gab zu bedenken, ob der Fall mit dem Rechtsgedanken, dass sich ein Verbraucher wie ein Unternehmer behandeln lassen muss, wenn er sich wie ein solcher geriert, gelöst werden könne.

*Julia Jacobs*

# § 10 Haftungsfreizeichnungsklauseln im griechischen und deutschen Kaufrecht sowie im DCFR – Die Dichotomie zwischen Individual- und Verbrauchsgüterkauf

*Antonios Karampatzos*

**Übersicht**



## I. Die Kaufrechtsreform in Griechenland[1]

### 1. Einleitung

Die EG-Richtlinie 1999/44/EG „zu bestimmten Aspekten des Verbrauchsgüterkaufs und der Garantien für Verbrauchsgüter" (im Folgenden: *Kaufrichtlinie*) hat ihren Niederschlag auch in der griechischen Rechtsordnung gefunden.[2] In kurzer Zeit nach

---

**1** Zum neuen griechischen Kaufrecht s. *Kerameus*/H.P. *Westermann*, Die Schuldrechtsreform in Griechenland und Deutschland als Beitrag zur Rechtsvereinheitlichung, in: Festschrift für Heldrich (2005), S. 741 ff.; *Roussos*, Die Fortbildung des griechischen Vertragsrechts unter dem Einfluss der EU-Richtlininen, ZEuP 2005, 322, 331 ff.; *Karampatzos*, Das neue griechische Kaufrecht, RIW 2004, 676 ff.; *Paparseniou*, Griechisches Verbrauchervertragsrecht (2008), S. 229 ff., insb. 248 ff.; *Stringari*, Die Haftung des Verkäufers für mangelbedingte Schäden (2007), S. 147 ff.; aus der griechischen Literatur s. u.a. das umfangreiche Werk von *Papanikolaou/Roussos/Christodoulou/Karampatzos*, Das neue Recht der Verkäuferhaftung (2003).

**2** Zu der Systematik und dem Inhalt der Richtlinie s. u.a. Münchener Kommentar-S. *Lorenz*, BGB (5. Aufl. 2008), Vorb. § 474 BGB Rn. 1 ff., 6 ff.

ihrem Erlass entstand in der Rechtswissenschaft eine Diskussion um ihre Bedeutung und weiter um die geeignete Form ihrer Umsetzung ins griechische Recht. Nach der grundsätzlichen Entscheidung für die sog. „kleine Lösung" kam es nunmehr lediglich darauf an, durch welche besondere Form sie verwirklicht werden sollte. In Betracht kamen dabei zwei gesetzgeberische Möglichkeiten, nämlich die Einfügung der Neuregelung entweder ins Kaufrecht des griechischen Zivilgesetzbuchs (im Folgenden: *ZGB*) oder in einen besonderen, außerhalb des Zivilgesetzbuchs liegenden Gesetzestext bzw. ins schon bestehende *Verbraucherschutzgesetz*[3]. Da das Hauptziel des griechischen Reformgesetzgebers *die Modernisierung des gesamten Kaufrechts* war, wurde zugunsten der ersten oben genannten Möglichkeit entschieden. Der Reformgesetzgeber sah eigentlich die Kaufrichtlinie als Anlass dafür an, das gesamte griechische Kaufrecht zu modernisieren, d.h. es von der seit langem veralteten römisch-rechtlichen Tradition zu befreien und den derzeitigen Verkehrsverhältnissen sowie gesetzlichen Vorbildern, vor allem dem UN-Kaufrecht, anzugleichen.[4] Infolgedessen sind die neuen, meist auf die Richtlinie bezogenen kaufrechtlichen Vorschriften des ZGB (Art. 534–561) auf *jeden Kaufvertrag – d.h. über jede Sache, bewegliche oder unbewegliche, zwischen beliebigen Vertragsparteien – anwendbar*, und nicht nur auf die Fälle, die in den subjektiven und objektiven Anwendungsbereich der Richtlinie fallen.[5] Im Gegensatz zur deutschen Rechtsordnung wurde keine Spaltung zwischen „normalem Kaufrecht" und „Verbrauchsgüterkaufrecht" im Rahmen des ZGB-Kaufrechts vorgenommen.[6] Ferner bezieht sich die Neuregelung der Art. 534–561 ZGB nur auf die Sachmängel und das Fehlen zugesicherter Eigenschaften; am Rechtsmängelrecht hat sich dagegen nichts geändert.

Die wichtigsten Punkte der Neuregelung können kurz wie folgt skizziert werden:

## 2. Der Haftungstatbestand[7]

a) Zuallererst wird durch die Neuregelung der frühere wissenschaftliche Streit zwischen Nichterfüllungstheorie und Gewährleistungstheorie, an dem sich die Geister zweifelsohne schieden, ausdrücklich zugunsten der ersteren entschieden: Nach Art. 534 ZGB *ist der Verkäufer verpflichtet, die Sache mit den zugesicherten Eigenschaften und frei von Sachmängeln zu liefern*.

b) In Anlehnung an Art. 2 der Kaufrichtlinie ist nunmehr in Art. 535 ZGB eine eingehende Definition des Fehlerbegriffs enthalten, d.h. es wird darin ausführlich er-

---

3 Gesetz Nr. 2251/1994, das kürzlich durch das Gesetz Nr. 3587/2007 grundlegend modifiziert wurde.

4 Das neue Kaufrecht (Art. 534–561 ZGB) ist mit dem Gesetz Nr. 3043/2002 am 21.8.2002 in Kraft getreten. Die Umsetzung der Kaufrichtlinie wurde durch die Modifizierung auch des Art. 5 des Verbraucherschutzgesetzes fast vervollständigt; dazu weiter im Text.

5 Vgl. auch *Paparseniou* (Fn. 1), S. 236 ff.; *Roussos*, ZEuP 2005, 322, 332; weiter *Kerameus*/H.P. *Westermann*, FS Heldrich (2005), S. 741 ff.

6 Zu dieser Spaltung vgl. statt vieler H.P. *Westermann*, Das neue Kaufrecht, NJW 2002, 241 ff., insb. 251.

7 S. *Karampatzos*, RIW 2004, 676, 677 f.

klärt, wann die Kaufsache als mangel- bzw. fehlerhaft zu bezeichnen ist. Der Vorrang wird hier dem Parteiwillen, also dem Inhalt des (konkreten) Kaufvertrags, zuerkannt; danach folgen aber auch objektive Kriterien.

### 3. Die Rechtsfolgen[8]

a) Liefert der Verkäufer eine mangelhafte Sache, dann liegt eine Vertragsverletzung vor, der zufolge der Käufer zuerst die Annahme der Verkäuferleistung – also der mangelhaften Sache – verweigern kann, indem er die *exceptio non rite adimpleti contractus* erhebt. Dieses erste Verteidigungsmittel räumt dem Käufer ein *spatium deliberandi* ein, bevor er sich (endgültig) für einen der ihm im Kaufrecht verliehenen Rechtsbehelfe entscheidet.

b) Unabhängig davon, ob der Käufer die oben genannte *exceptio* ausübt oder nicht, bieten ihm die kaufrechtlichen Vorschriften der Art. 540 und 543 ZGB die folgenden Möglichkeiten an: a) *Nacherfüllung*, in Form entweder der Nachbesserung oder der Ersatzlieferung – unter Umständen auch beim Stückkauf[9] –, zu verlangen, es sei denn, dass dies unmöglich oder mit unverhältnismäßigen Kosten (für den Verkäufer) verbunden ist; b) den Kaufpreis herabzusetzen (*Minderungsrecht*); c) vom Vertrag zurückzutreten (*Rücktrittsrecht*), es sei denn, dass es sich um einen unerheblichen Sachmangel handelt; und d) sofern die fehlende Vertragsmäßigkeit der Sache auf ein Verschulden des Verkäufers zurückzuführen ist, *Schadensersatz* zu verlangen, selbst *kumulativ neben den anderen Rechten*. Im Fall des Fehlens einer zugesicherten Eigenschaft kann Schadensersatz unabhängig vom Verschulden des Verkäufers verlangt werden; dabei ist die Haftung des Verkäufers deswegen verschuldens*un*abhängig, weil die zugesicherte Eigenschaft im Grunde genommen als ein „Garantieversprechen" bzw. eine haftungsverschärfende Willenserklärung wirkt.[10]

## II. Die Haftungsfreizeichnungsklauseln im griechischen Kaufrecht

### 1. Einführung in die Problematik

Im Prinzip sind die Vertragsparteien frei, selbst zu bestimmen, welche Haftungsfolgen in welchen von ihnen festgelegten Fällen eingreifen sollen; es handelt sich dabei um den Vorrang der *privatautonomen Risikoverteilung*[11]. Schaffen sich also die Parteien ihre eigene vertragliche Haftungsordnung – vor allem durch Haftungsfreizeichnungsklauseln –, bleibt für das dispositive – gesetzliche – Haftungsmodell von

8 S. *Karampatzos*, RIW 2004, 676, 678 ff.

9 Zu dieser heiklen Frage vgl. eingehend *Tröger*, Nacherfüllung beim Stückkauf – Ineffiziente Systemwidrigkeit oder adäquate gesetzgeberische Nachahmung privatautonomer Vertragslösungen?, ZVglRWiss 107 (2008), 383 ff., der dabei besonderen Wert auf Effizienzerwägungen legt.

10 Vgl. *Stringari*, Die Haftung des Verkäufers für mangelbedingte Schäden (2007), S. 177, 225 f.

11 *Blaurock*, Haftungsfreizeichnung zugunsten Dritter, ZHR 146 (1982), 238, 243.

vornherein kein Raum.[12] Allerdings findet die Selbstbestimmung der Parteien ihre Grenze an den *zwingenden* Haftungsregelungen, die bei Individualvereinbarungen einen relativ weiten Spielraum lassen, dagegen bei durch Allgemeine Geschäftsbedingungen aufgestellten Haftungsordnungen bzw. bei Verbrauchergeschäften einen deutlich engeren Rahmen bilden.[13]

Bei einer Haftungsfreizeichnungsklausel im Kaufrecht ist grundsätzlich diejenige vertragliche Klausel gemeint, welche die Verkäuferhaftung für Sachmängel oder Fehlen von zugesicherten Eigenschaften einschränkt oder ganz ausschließt. Als Haftungs*einschränkung* ist hierbei nicht nur die Verminderung des Sorgfaltsmaßstabs (Vorsatz, grobe oder leichte Fahrlässigkeit, usw.) anzusehen, sondern auch quantitative oder zeitliche Einschränkungen (Haftungshöchstsummen, Ausschlussfristen, usw.)[14]. Eine solche Freizeichnungsklausel erfasst aber nicht die Haftung für die sog. „Mangelfolgenschäden" oder für Schäden, die aus der Verletzung von vertraglichen Nebenpflichten folgen, es sei denn, dass die Parteien es in der Klausel ausdrücklich anders vorgesehen haben.[15] Die Beweislast für das Vorhandensein einer Freizeichnungsklausel trägt jedenfalls der Verkäufer, der sich darauf berufen will.

## 2. Kauf unter Privaten – Der Rechtsrahmen des ZGB

Im Grundsatz sind die kaufrechtlichen Vorschriften des ZGB (Art. 513–573) *dispositives* Recht. Das ist auch der Fall bei den neuen Vorschriften über die Verkäuferhaftung für Sachmängel und das Fehlen zugesicherter Eigenschaften (Art. 534–561 ZGB). Die Vertragsparteien – Käufer und Verkäufer – haben also die Möglichkeit, durch eine entsprechende Vereinbarung bzw. Vertragsklausel die Haftung zu erweitern, einzuschränken oder ganz auszuschließen, explizit oder implizit.[16] Dies gilt aber nur im Prinzip. Denn die Kaufrechtsreform von 2002 ging mit einer allgemeinen Einschränkung der Vertragsfreiheit im Bereich der Freizeichnungsklauseln einher. Die Änderungen betreffen jede vertragliche Vereinbarung, also auch *jeden* Kaufvertrag, d.h. sowohl den „normalen" Kauf unter Privaten als auch den Verbrauchsgüterkauf.

---

**12** *Blaurock*, ZHR 146 (1982), 238.

**13** Vgl. *Blaurock*, ZHR 146 (1982), 238.

**14** Vgl. Münchener Kommentar-S. *Lorenz* (Fn. 2), § 475 Rn. 14; näher dazu *Blaurock*, ZHR 146 (1982), 238, 240 ff.

**15** S. Georgiades/Stathopoulos-*Doris*, Kommentar zum ZGB (auf Griechisch, 1980), Art. 538 grZGB Rn. 6, 12. Vgl. dazu auch Münchener Kommentar-H.P. *Westermann* (Fn. 2), § 444 BGB Rn. 10: „Die Parteien können auch einschränkende Vereinbarungen über etwaige Ansprüche aus *Nebenpflichtverletzung* oder wegen des Eintretens von *Mangelfolgeschäden* treffen. Dafür bedarf es allerdings deutlicher Anhaltspunkte im Vertrag, ein ganz allgemein formulierter Haftungsausschluss wird dafür nicht ohne weiteres genügen".

**16** Vgl. Berufungsgericht Athen 7684/1987, EllDni 1989, 327; näher dazu Georgiades/Stathopoulos-*Doris* (Fn. 15), Art. 538 grZGB Rn. 1 ff.

Zuerst ist *die zum Allgemeinen Teil des Schuldrechts gehörende Vorschrift des Art.* 332 ZGB zu erwähnen, welche sich auf die Wirksamkeit von „Vereinbarungen über Haftungsausschluss für Verschulden" bezieht und nunmehr – d.h. nach der Reform – Folgendes vorsieht:

> „(1) Unwirksam ist jede im voraus getroffene Vereinbarung, nach der die Haftung für Vorsatz oder grobe Fahrlässigkeit ausgeschlossen oder beschränkt wird [vgl. § 276 Abs. 3 und § 444 BGB].
>
> (2) Unwirksam ist auch die im voraus getroffene Vereinbarung, dass der Schuldner auch für leichte Fahrlässigkeit nicht haften wird, wenn der Gläubiger sich im Dienste des Schuldners befindet oder wenn die Haftung aus dem Gewerbebetrieb hervorgeht, für den eine behördliche Genehmigung erlassen wurde. Dasselbe gilt auch, wenn die Freizeichnungsklausel in einer Vertragsbedingung enthalten ist, die nicht Gegenstand individueller Verhandlungen war, oder wenn der Schuldner durch die Klausel von der Haftung wegen Verletzung von Gütern, die Persönlichkeitsbezug haben, zumal des Lebens, der Gesundheit, der Freiheit oder der Ehre, befreit wird."

Neu bei dieser Vorschrift sind eigentlich die zwei letzteren Unterfälle. Besondere praktische Bedeutung kommt zweifelsohne dem ersteren von ihnen zu, der die dort geregelten Freizeichnungsklauseln vor allem bei Verbrauchergeschäften weitgehend unmöglich macht – freilich gilt er auch für Handelsverträge (B2B-Contracts)[17]. Parallel und im Einklang zu der Modifizierung des Art. 332 ZGB wurden auch die speziellen Art. 518, 532 und 582 ZGB abgeschafft, welche die Freizeichnungen für Rechts- und Sachmängel nur dann verboten, wenn dem Verkäufer oder dem Vermieter *Vorsatz* zur Last fiel; denn auch bei der Verkäufer- oder Vermieterhaftung gilt nunmehr der strengere generelle Haftungsmaßstab des Art. 332 ZGB.

Art. 332 Abs. 1 ZGB kommt z.B. dann zur Anwendung, wenn in einem Gebrauchtwagenkaufvertrag der Schadensersatzanspruch des Käufers ausgeschlossen ist, im Falle dass der Verkäufer beim Auftreten des Mangels grob fahrlässig war; diese Freizeichnungsklausel ist also nichtig[18]. Im Gegensatz dazu würde eine solche Klausel, welche die Verkäuferhaftung für leichte bzw. einfache Fahrlässigkeit ausschließen würde, im Prinzip wirksam sein. Dies aber gilt nur unter dem praktisch sehr bedeutsamen Vorbehalt des Art. 332 *Abs. 2* ZGB. Danach ist eine Freizeichnungsklausel, welche den *Verkäufer* für leichte bzw. einfache Fahrlässigkeit befreit, in den folgenden Fällen nichtig[19]: a) wenn der Käufer sich im Dienste des Verkäufers befindet; b) wenn die Haftung aus dem Gewerbebetrieb hervorgeht, für den eine behördliche Genehmigung an den Verkäufer erlassen wurde; c) wenn die Freizeichnungsklausel

---

**17** Vgl. *Dellios*, Arm 2003, 310 ff., der u.a. seine angebrachten Bedenken gegen die Neuregelung zum Ausdruck bringt, indem er treffend konstatiert, dass sie die Selbstverantwortung der Wirtschaftsakteure übermäßig beschränke; auch *Georgiades*, Schuldrecht BT-I (auf Griechisch, 2004), § 9 Rn. 2.

**18** Vgl. Areopag 499/1972, NoB 1972, 1308; Areopag 1139/2006, ChrID 2006, 889; auch Areopag (Plenarsitzung) 6/2000, NoB 2000, 1239; Areopag 512/2008, ChrID 2008, 892.

**19** S. auch *Georgiades* (Fn. 17), § 9 Rn. 64.

in einer Bedingung des Kaufvertrags enthalten ist, *die nicht Gegenstand individueller Verhandlungen war*, was eigentlich bedeutet, dass der Käufer dem Kaufvertrag beigetreten sein soll, ohne an jener Bedingung mitgewirkt zu haben – hier ist es wichtig zu betonen, dass es sich nur um *eine nicht individuell ausgehandelte Vertragsbedingung* handeln muss, und nicht um eine Allgemeine Geschäftsbedingung, die durch zusätzliche notwendige Merkmale gekennzeichnet ist[20]; und d) wenn der Verkäufer durch die Freizeichnungsklausel von der Haftung wegen Verletzung von Gütern, die Persönlichkeitsbezug aufweisen, und zumal des Lebens, der Gesundheit, der Freiheit oder der Ehre, befreit wird. In all diesen Fällen ist die Freizeichnungsklausel nichtig; demzufolge haftet der Verkäufer für Sachmängel oder Fehlen von zugesicherten Eigenschaften, selbst wenn deren Auftreten auf seiner leichten bzw. einfachen Fahrlässigkeit beruht.

Die Neuregelung über die Freizeichnungsklauseln wurde dadurch vervollständigt, dass auch der zweite Absatz des Art. 334 ZGB, der sich auf das Einstehen des Geschäftsherrn für das Verschulden seiner Erfüllungsgehilfen bezieht (vgl. § 278 BGB), modifiziert wurde; der ganze Artikel lautet also jetzt wie folgt:

> „(1) Der Schuldner hat das Verschulden der Personen, deren er sich zur Leistungserfüllung bedient, in gleichem Umfang zu vertreten wie eigenes Verschulden.
>
> (2) Diese Haftung kann im Voraus eingeschränkt oder ausgeschlossen werden, es sei denn, dass einer der Fälle des Artikels 332 vorliegt".

Mit anderen Worten hat der Schuldner-Geschäftsherr den Vorsatz oder die grobe Fahrlässigkeit des Erfüllungsgehilfen in jedem Fall zu vertreten; des Weiteren hat er nunmehr auch seine leichte Fahrlässigkeit zu vertreten, wenn einer der Fälle des Art. 332 Abs. 2 ZGB vorliegt. Gegenteilige Freizeichnungsklauseln sind demgemäß unwirksam.

Aus den vorausgegangenen Ausführungen ist zu folgern, dass, soweit Art. 332 und 334 Abs. 2 ZGB nicht tangiert werden, es in einem Kaufvertrag unter Privaten grundsätzlich möglich ist, die Gewährleistungsrechte pauschal abzubedingen – wie es bei Kauf bebauter Grundstücke der Fall sein kann –, freilich auch einzelne Behelfe des Käufers auszuschließen, die Nacherfüllung auf Nachbesserung zu beschränken, hinsichtlich der Nachbesserung auf bestimmte Handwerksbetriebe, etwa Vertragshändler des Verkäufers, zu verweisen, die Ansprüche auf Minderung zu beschränken, im Weiteren bestimmte Umstände der Kaufsache von der Qualifikation als Mangel auszunehmen, usw.[21]

---

**20** Zu einer in Griechenland wohl anerkannten Definition der AGB s. *Paparseniou* (Fn. 1), S. 5: „Die AGB sind Standardvertragsbedingungen, die dazu bestimmt sind, den Vertragsinhalt für eine Vielzahl von gleichförmigen Verträgen zu bilden, wobei es sich oft um vorformulierte Standardverträge handelt, die vor Vertragsschluss, im Regelfall von der wirtschaftlich, sozial und was die Verhandlungsfähigkeit betrifft überlegenenen Vertragspartei verfasst worden sind".

**21** Vgl. Münchener Kommentar-H. P. *Westermann* (Fn. 2), § 437 BGB Rn. 5, § 444 BGB Rn. 4, wo weiter erläutert wird: „Es kann auch eine *Vereinbarung zur Qualität* als solcher getroffen, etwa eine geringere als die Durchschnittsqualität zugesagt werden, was aber häufig schon eine Vereinbarung über die vertragsmäßige Beschaffenheit darstellt".

Darüber hinaus muss man mit der herrschenden Meinung annehmen, dass die Freizeichnung von der vertraglichen *objektiven*, d.h. verschuldens*un*abhängigen, Haftung doch wohl im Prinzip möglich bleibt.[22] Dies hat in unserer Thematik besondere Bedeutung angesichts der Tatsache, dass die Verkäuferhaftung grundsätzlich *objektiv* ist:[23] Nach Art. 537 Abs. 1 ZGB haftet nämlich der Verkäufer *„unabhängig von seinem Verschulden*, wenn die Sache zu der Zeit, in der die Gefahr auf den Käufer übergeht, Sachmängel aufweist oder ihr die zugesicherten Eigenschaften fehlen …“[24]. Sollte die objektive Haftung durch eine Freizeichnungsklausel ausgeschlossen sein, so haftet der Verkäufer in der Regel weiter für Vorsatz und Fahrlässigkeit – es sei denn, dass auch die Haftung für leichte Fahrlässigkeit ausgeschlossen ist, freilich in den Grenzen des Art. 332 Abs. 2 ZGB.

Zur Abrundung des Bildes sei hier noch erwähnt, dass auch die Generalklauseln des ZGB den Freizeichnungsklauseln Grenzen setzen. Es handelt sich nämlich dabei in erster Linie um Art. 178 (Sittenwidrigkeit; vgl. § 138 Abs. 1 BGB), Art. 179 (Wuchergeschäft; vgl. § 138 Abs. 2 BGB), Art. 281 (Rechtsmissbrauch; vgl. § 242 BGB) und Art. 371 (Leistungsbestimmung durch eine Partei oden einen Dritten; vgl. § 315 ff. BGB). Beachtenswert ist in diesem Zusammenhang auch Art. 275 ZGB zur Unzulässigkeit von Vereinbarungen über die Verjährung, wo vorgesehen wird, dass ein Rechtsgeschäft, das die Verjährung ausschließt oder die gesetzliche Verjährungsfrist abkürzt oder verlängert oder generell die Verjährungsbedingungen erschwert oder erleichtert, nichtig ist (vgl. die weniger strikte Vorschrift des § 202 BGB). Angesichts dieser allgemeinen Vorschrift ist jede vertragliche Abkürzung oder Erschwerung der Verjährungsfrist der Gewährleistungsrechte unwirksam.

### 3. Verbrauchsgüterkauf – Der Rechtsrahmen des Verbraucherschutzgesetzes

Der oben in Umrissen skizzierte Rechtsrahmen ist, wie schon erwähnt, *auf jeden Kaufvertrag* anwendbar. Handelt es sich aber um einen *Verbrauchsgüterkauf*, d.h. um einen Kauf zwischen einem *Lieferanten* und einem *Verbraucher* (B2C-Contract) gemäß dem Verbraucherschutzgesetz (im Folgenden: *VSG*), dann werden die Haftungsmaßstäbe für den Verkäufer deutlich strenger als diejenigen, die im ZGB vorgesehen sind.[25] Dabei wird nämlich bestimmt, dass *der Verzicht des Käufer-Verbrauchers auf den*

---

**22** Dazu *Papanikolaou/Christodoulou* (Fn. 1), Rn. 927, 973.
**23** Dazu *Paparseniou* (Fn. 1), S. 269 ff.
**24** Eine Ausnahme von der objektiven Haftung stellt nur der Schadensersatzanspruch bei Sachmängeln dar, der, wie schon unterstrichen (oben unter I 3 b)), verschuldensabhängig ist (Art. 543 ZGB).
**25** Nach Art. 1 Abs. 4 lit. a) VSG ist Verbraucher jede natürliche oder juristische Person oder Personenvereinigung ohne Rechtspersönlichkeit, an welche die auf dem Markt angebotenen Produkte oder Dienstleistungen gerichtet sind und die solche Produkte oder Dienstleistungen verwendet, soweit sie den *Endempfänger* der Dienstleistungen bzw. den *Endverbraucher* dieser Produkte darstellt. Andererseits ist Anbieter [auch: Warenlieferant], nach Art. 1 Abs. 4 lit. b) VSG, jede natürliche oder juristische Person, die in Ausübung ihrer beruflichen oder gewerblichen Tätigkeit dem

*Schutz, den ihm die Bestimmungen des ZGB zur Haftung des Verkäufers für Sachmängel oder das Fehlen zugesicherter Eigenschaften gewährleisten, vor dem Auftreten des Mangels oder des Fehlens der Eigenschaft unwirksam ist* (Art. 5 Abs. 6 S. 2 VSG)[26]. Demgemäß sind die oben genannten Vorschriften des ZGB zur Verkäuferhaftung beim Verbrauchsgüterkauf *zwingendes* Recht „zugunsten" des Käufer-Verbrauchers; sie setzen also ein Mindestmaß an Verbraucherschutz, das durch eine Parteivereinbarung nicht verletzt bzw. unterminiert werden darf.[27] Es führt kein Weg an der Einsicht vorbei, dass an diesem Punkt der griechische Gesetzgeber der Unabdingbarkeitsregel des Art. 7 Abs. 1 der Kaufrichtlinie folgt, welche das Kaufgewährleistungsrecht als einseitig zwingend „zugunsten" des Käufer-Verbrauchers statuiert.

Angesichts der oben genannten Vorschrift des VSG ist ohne Weiteres unwirksam z. B. die Vereinbarung über einen Ausschluss des Nachbesserungs- oder Ersatzlieferungsrechts des Käufers oder ferner die Vereinbarung über eine Abkürzung der Verjährung der Verkäuferhaftung für mangelhafte bewegliche Sachen von zwei Jahren auf ein Jahr, usw. Letztere Klausel ist aber, wie schon oben festgestellt wurde (unter II 2), *bei jedem Kaufvertrag* unwirksam angesichts der allgemeinen Bestimmung des Art. 275 ZGB. Zudem muss diesbezüglich auch erwähnt werden, dass der griechische Gesetzgeber keinen Gebrauch von der Regelungsoption des Art. 7 Abs. 1 S. 2 der Richtlinie gemacht hat, nach der die Parteien bei Gebrauchtwaren eine kürzere Gewährleistungsfrist vereinbaren können (allerdings nicht unter einem Jahr). Im griechischen Recht ist somit eine vertragliche Abkürzung der Verjährungsfrist unterhalb der Schwelle von zwei Jahren sowohl bei Gebrauchtwaren als auch bei Neuwaren unzulässig, und zwar unabhängig davon, ob sie formularmäßig oder individuell erfolgt.[28] Unwirksam sind ferner gemäß Art. 5 Abs. 6 S. 2 VSG die Klauseln, welche die Käuferrechte in *mittelbarer* Weise einschränken, wie z. B. eine enge vertragliche Mängeldefinition, nach der bestimmte Umstände der Kaufsache von der Qualifikation als Mangel ausgenommen werden.[29] Letzteres ergibt sich aus einer *richtlinienkonformen* Auslegung der nationalen Vorschrift, denn die Unabdingbarkeitsregel der Kaufrichtlinie bezieht sich nicht nur auf unmittelbare Einschränkungen, sondern auch auf *mittelbare Umgehungen* (vgl. § 475 Abs. 1 BGB).[30]

Im Weiteren kommt hier auch Art. 2 VSG über die – in Verbraucherverträgen enthaltenen – *Allgemeinen Geschäftsbedingungen* in Betracht; in der Praxis kommt namentlich Abs. 6–7 dieses Artikels eine entscheidende Rolle zu, weil sie die sog. *Inhalts- bzw. Missbräuchlichkeitskontrolle* regeln (vgl. Richtlinie 93/13/EWG). Nichtig als *„miss-*

---

Verbraucher Produkte oder Dienstleistungen anbietet. Eingehend zu beiden Begriffen *Paparseniou* (Fn. 1), S. 12 ff., 242 ff.; insb. zum Verbraucherbegriff *Roussos*, ZEuP 2005, 322, 323 f.

**26** Dazu *Kastrissios*, ChrID 2003, 690, 692, 701; *Karakostas*, Verbraucherschutzrecht (2. Aufl. 2008), Rn. 391 ff.; *Bechlivanis*, in: El. Alexandridou (Hrsg.), Verbraucherschutzrecht (auf Griechisch, 2008), Art. 5 Rn. 50 f.

**27** Vgl. auch *Paparseniou* (Fn. 1), S. 243 f.

**28** So auch *Paparseniou* (Fn. 1), S. 320.

**29** Vgl. Münchener Kommentar-H. P. *Westermann* (Fn. 2), § 444 BGB Rn. 4.

**30** Dazu u.a. *Riesenhuber*, Europäisches Vertragsrecht (2. Aufl. 2006), § 26 Rn. 752 ff. und Münchener Kommentar-S. *Lorenz* (Fn. 2), Vor § 474 BGB Rn. 26, § 475 BGB Rn. 2 und 26 ff.

*bräuchlich*" sind demnach z. B. die Allgemeinen Geschäftsbedingungen, welche die Haftung des Verkäufer-Lieferanten für verdeckte Sachmängel einschränken, seine Haftung generell übermäßig einschränken oder ganz ausschließen (Art. 2 Abs. 7 lit. ib' und ic' VSG).

Wohl zu beachten ist ferner, dass nach Art. 2 *Abs. 10* VSG der Anwendungsbereich des Art. 2 und damit die darin bestehende Missbräuchlichkeitskontrolle *sich auf jede Vertragsbedingung erstreckt, die nicht Gegenstand einer individuellen Verhandlung war.* Dabei wird weiter Folgendes geklärt:

> „Dass eine Bedingung nicht Gegenstand individueller Verhandlung geworden ist, wird dann angenommen, wenn der Verbraucher auf ihren Inhalt keinen Einfluss nehmen konnte. Die Tatsache, dass für bestimmte Bestandteile einer Bedingung oder für eine vereinzelte Bedingung eine individuelle Verhandlung stattgefunden hat, schließt die Anwendbarkeit des vorliegenden Artikels auf den übrigen Vertrag nicht aus, wenn aus den gesamten Umständen hervorgeht, dass es sich um einen vorformulierten Standardvertrag handelt. Die Beweislast dafür, dass eine individuelle Verhandlung stattgefunden hat, trägt der Anbieter" (vgl. § 310 Abs. 3 Nr. 2 BGB).

Infolgedessen werden nunmehr nur die Vertragsklauseln, die Gegenstand einer individuellen Verhandlung waren, vom Anwendungsbereich des Art. 2 ausgeschlossen, d.h. nur in diesem Fall bleibt eigentlich Anwendungsraum für die allgemeinen Kontrollvorschriften des ZGB.[31] Immerhin gilt die oben genannte – höchst problematische – Erweiterung des Anwendungsfelds der Missbräuchlichkeitskontrolle nach Art. 2 *nur, soweit der eine Vertragsteil Verbraucher ist*; aber angesichts der *Ausdehnung des Verbraucherbegriffs*[32] ist die praktische Relevanz dieser Begrenzung gemindert. Der letztere Punkt ist für die Betrachtung der hier erörterten Problematik durchgehend im Auge zu behalten.

Zulässig sind allerdings die Vereinbarungen, welche den Schutz des Käufers – unabhängig davon, ob er Verbraucher ist oder nicht – *erweitern* bzw. *verstärken.*[33] Wichtige Ausnahme ist hier indessen die Vereinbarung über eine Verlängerung der Verjährungsfrist der Käuferrechte, die gemäß dem oben genannten Art. 275 ZGB unwirksam ist, es sei denn, dass sie als *Garantiefristvereinbarung im Sinne von Art. 556 ZGB* ausgelegt werden kann: Nach der Auslegungsregel des Art. 556 ZGB bedeutet nämlich die Vereinbarung einer Garantiefrist in Bezug auf die Verkäuferhaftung für Sachmängel im Zweifelsfall die Verlegung des Beginnzeitpunkts der Verjährungsfrist für die Käuferrechte, d.h. seine Verlegung vom Lieferzeitpunkt der Sache auf den Zeitpunkt des Auftretens des Mangels.[34]

---

**31** Dazu *Paparseniou* (Fn. 1), S. 29.
**32** S. oben Fn. 25.
**33** Vgl. Münchener Kommentar-S. *Lorenz* (Fn. 2), § 475 BGB Rn. 10; PEL/*Hondius/Heutger/Jeloschek/Sivesand/Wiewiorowska*, Sales (2008), Chapter 1, Article 1:203, Comments B (S. 155).
**34** Vgl. *Paparseniou* (Fn. 1), S. 298.

### 4. Rechtsfolgen einer unzulässigen Freizeichnungsklausel

#### a) *Kauf unter Privaten*

Handelt es sich einerseits um einen Individualkaufvertrag und wird die Nichtigkeit der Freizeichnungsklausel durch eine der oben genannten Bestimmungen des ZGB (Art. 332, 178, 179, usw.) angeordnet, dann findet die allgemeine Regelung des Art. 181 ZGB Anwendung, nach der die Teilnichtigkeit zur Nichtigkeit des ganzen Rechtsgeschäfts nur dann führt, wenn anzunehmen ist, dass es ohne den nichtigen Teil nicht vorgenommen sein würde (vgl. § 139 BGB). Im Prinzip führt also die Nichtigkeit der Klausel nicht zur Nichtigkeit des gesamten Kaufvertrags.

#### b) *Verbrauchsgüterkauf*

Liegt andererseits ein Verbrauchsgüterkauf vor und verstößt die Freizeichnungsklausel gegen Art. 5 Abs. 6 S. 2 VSG (siehe oben unter II 3), dann ist ohne weiteres nur die Klausel unwirksam; im Übrigen bleibt der Vertrag wirksam.[35] Dies ergibt sich vor allem aus einer grammatischen sowie teleologischen Auslegung des Art. 5 Abs. 6 S. 2, insbesondere im Lichte des Wortlauts und der Zwecksetzung der Kaufrichtlinie.

Dasselbe (Teilnichtigkeit) gilt umso mehr auch für den Fall, dass die unzulässige Vereinbarung durch eine Allgemeine Geschäftsbedingung zum Vertragsinhalt geworden ist. Aus dem VSG und zumal aus Art. 2 Abs. 6 S. 1[36] in Verbindung mit Abs. 8[37] lässt sich nämlich generell ableiten, dass Rechtsfolge der Missbräuchlichkeit einer Allgemeinen Geschäftsbedingung die Nichtigkeit der *konkreten* Bedingung ist, und nicht diejenige des gesamten Vertrags (vgl. § 306 Abs. 1 BGB).[38] Im Regelfall bedeutet dies in der hier behandelten Problematik schlicht und einfach *die Ausschaltung der unwirksamen Freizeichnungsklausel* und zugleich das Fortbestehen des übrigen Kaufvertrags.[39] An die Stelle der unwirksamen Klausel tritt freilich das dispositive Gesetzesrecht (vgl. § 306 Abs. 2 BGB), d.h. hier das *Gewährleistungsrecht*, und zwar in vollem Umfang (es versteht sich von selbst, dass dies auch für die oben er-

---

**35** Vgl. auch Münchener Kommentar-S. *Lorenz* (Fn. 2), § 475 Rn. 12.

**36** „Allgemeine Geschäftsbedingungen, welche die erhebliche Störung des Gleichgewichts der Rechte und Pflichten der Vertragsparteien zu Lasten des Verbrauchers zum Ergebnis haben, sind verboten und nichtig" (Art. 2 Abs. 6 S. 1, *Generalklausel der Missbräuchlichkeitskontrolle*; vgl. § 307 insb. Abs. 2 Nr. 2 BGB). Zu dieser Generalklausel s. u.a. *Roussos*, ZEuP 2005, 322, 326 f.; *Dellios*, Individual- und Kollektivverbraucherschutz bei fehlender tatsächlicher Aushandlung der Vertragsbedingungen (auf Griechisch, 2008), Rn. 193 ff.

**37** „Der Anbieter kann sich nicht auf die Nichtigkeit des gesamten Vertrags berufen, mit der Begründung, dass eine oder mehrere Allgemeine Geschäftsbedingungen wegen Missbräuchlichkeit nichtig sind" (Art. 2 Abs. 8).

**38** Dazu u.a. *Karakostas* (Fn. 26), Rn. 107 ff.; vgl. auch *Papanikolaou*, Über die Grenzen des Schutzeingriffs des Richters in den Vertrag – Zu einer allgemeinen Theorie über den Missbrauch der Vertragsfreiheit (auf Griechisch, 1991), S. 317 ff., 391 ff. Vgl. ferner BGH, NJW 1998, 671, 673.

**39** Vgl. auch *Papanikolaou* (Fn. 38).

wähnten Fälle der Teilnichtigkeit im Prinzip gilt)[40]. Die Teilnichtigkeit wirkt nach Art. 2 Abs. 8 VSG deutlich zugunsten des Verbrauchers, der in der Regel ein klares Interesse am Fortbestehen des Vertrags hat. Infolgedessen hat nur letzterer die Möglichkeit, sich auf Art. 181 ZGB zu berufen und dadurch die Unwirksamkeit des gesamten Vertrags herbeizuführen; dieser Weg bleibt aber dem Anbieter ausdrücklich versperrt.[41] Darüber hinaus lehnt die herrschende Meinung die Möglichkeit einer „Erhaltung" der nichtigen Bedingung ab, wenn diese einen wirksamen Mindestkern aufweist, entweder durch *Umdeutung* gemäß Art. 182 ZGB (vgl. § 140 BGB) oder durch *geltungserhaltende Reduktion*[42]. Die herrschende Meinung nimmt des Weiteren auch an – und zwar im Einklang mit der einschlägigen tonangebenden EuGH-Rechtsprechung –, dass die Unwirksamkeit der Bedingung *ipso jure* wirkt, d.h. sie ist von Amts wegen zu beachten, ohne dass es einer irgendwie gearteten Geltendmachung durch den Verbraucher bedürfte.[43]

## III. Rechtsvergleichende Aspekte

### 1. Das deutsche Recht – Eine kurze Skizze

Das deutsche Recht ist in manchen Punkten weniger strikt als das griechische. Zuallererst ist § 437 BGB *abdingbares* Recht, so dass es in einem Kaufvertrag unter Privaten grundsätzlich möglich ist, sowohl die Gewährleistungsrechte pauschal abzubedingen, als auch einzelne Behelfe des Käufers auszuschließen – was auch im griechischen Recht der Fall sein kann –, oder weiter *die Schadensersatzhaftung für Fahrlässigkeitshandlungen des Verkäufers ganz auszuschließen* (siehe auch § 276 Abs. 3 BGB) –[44] letzteres ist im griechischen Recht dagegen weitgehend unmöglich (vgl. oben unter II 2). Die Abdingbarkeit des § 437 BGB wird zweifellos durch § 444 BGB verstärkt: Letzterer geht nämlich davon aus, dass Gewährleistungsrechte prinzipiell beschränkt oder ausgeschlossen werden können; die unmittelbare Aussage, die § 444 BGB trifft, bezieht sich auf die Einschränkungen dieser Dispositivität, die nur dann

---

**40** Vgl. *Dellios* (Fn. 36), Rn. 274; *Mentis*, Allgemeine Geschäftsbedingungen in Verbraucher- und Händlerverträgen (auf Griechisch, 2000), S. 175; ferner PEL/*Hondius/Heutger/Jeloschek/Sivesand/Wiewiorowska*, Sales (2008), Chapter 1, Article 1:203, Comments D (S. 156).

**41** Dazu auch *Paparseniou* (Fn. 1), S. 49. Anders ist es im deutschen Recht, wobei auch der „Verwender" sich auf die Regelung des § 306 Abs. 3 BGB berufen und somit die Unwirksamkeit des gesamten Vertrags herbeiführen kann, wenn das Festhalten am Vertrag für ihn unzumutbar ist; dazu u.a. *Richter*, Inhaltskontrolle im deutschen und europäischen Vertragsrecht, in: Riesenhuber/Nishitani (Hrsg.), Wandlungen oder Erosion der Privatautonomie? (2007), S. 201, 212.

**42** S. *Paparseniou* (Fn. 1), S. 48; *Mentis* (Fn. 40), S. 173 f. Eine geltungserhaltende Reduktion unzulässiger Haftungsausschlüsse bzw. -begrenzungen wird auch in Deutschland grundsätzlich zurückgewiesen; vgl. Münchener Kommentar-S. *Lorenz* (Fn. 2), § 475 BGB Rn. 23 ff. und *Richter* (Fn. 41), S. 201, 212.

**43** S. *Karakostas* (Fn. 26), Rn. 108; *Paparseniou* (Fn. 1), S. 49 ff.; *Mentis* (Fn. 40), S. 175; vgl. Münchener Kommentar-S. *Lorenz* (Fn. 2), § 475 BGB Rn. 12.

**44** Münchener Kommentar-H.P. *Westermann* (Fn. 2), § 437 BGB Rn. 5, § 444 BGB Rn. 4; s. auch *Tettinger*, Zu den Freizeichnungsmöglichkeiten des Verkäufers einer mangelhaften Sache, AcP 205 (2005), 1, 5 f.

eingreifen, wenn der Verkäufer einen Mangel arglistig verschwiegen oder eine Garantie für die Beschaffenheit der Kaufsache übernommen hat.[45]

Im Verhältnis aber zu einem Käufer, der *Verbraucher* ist, läuft das deutsche Recht dem griechischen gleich, denn derartige Vereinbarungen (Beschränkung oder Ausschluss der Gewährleistungsrechte, usw.) scheitern an § 475 Abs. 1 S. 1 BGB, der sich gerade auch auf § 437 BGB bezieht. Nach § 475 BGB sind praktisch fast alle Regeln des Kaufrechts zwingend „zugunsten" des Käufer-Verbrauchers, so dass § 444 BGB hauptsächlich nur beim Kauf unter Privaten (auch: Verbrauchern untereinander) gilt.[46] Die Regelung des § 475 BGB stellt in der Tat eine sehr weitgehende Einschränkung der Privatautonomie dar, die schwerwiegende verfassungsrechtliche Bedenken begründet.[47] Man wird wohl gespannt sein dürfen, wie die von *Canaris* heftig beklagte Fehlentwicklung im Fall des Kfz-Mechanikers[48] nunmehr gelöst werden soll:[49] Dieser wollte bei einem Händler einen Gebrauchtwagen zur privaten Nutzung kaufen und bot *von sich aus* den Ausschluss der Gewährleistung an, *um dafür einen billigeren Preis zu erhalten*; wie dabei treffend bemerkt wird, hätte es früher genügt, zu sagen „gekauft wie besichtigt", was aber könnte man jetzt angesichts § 475 BGB sagen?[50] Die gesetzesgetreue Antwort ist wohl eindeutig: Im Bereich des Verbrauchsgüterkaufs ist die Klausel *„gekauft wie besichtigt, unter Ausschluss jeglicher Gewährleistung"* unwirksam, soweit sie den Anspruch auf Nacherfüllung, Rücktritt und Minderung ausschließt; denn in dieser Form verstößt sie zweifelsfrei gegen zwingendes Recht (§ 475 Abs. 1 S. 1 BGB).[51] Immerhin ist die Vereinbarung der obigen

---

**45** Münchener Kommentar-H.P. *Westermann* (Fn. 2), § 444 BGB Rn. 1. Insb. zu § 444 Alt. 2 BGB eingehend *Emmert*, Vereinbarte Beschaffenheit der Kaufsache und Haftungsausschluss des Verkäufers, NJW 2006, 1765 ff.

**46** Münchener Kommentar-H.P. *Westermann* (Fn. 2), § 437 BGB Rn. 5, § 444 BGB Rn. 1. Insb. zu § 475 Abs. 1 S. 2 BGB – sog. *Umgehungstatbestand* – eingehend *Müller*, Die Umgehung des Rechts des Verbrauchsgüterkaufs im Gebrauchtwagenhandel, NJW 2003, 1975 ff.

**47** S. Münchener Kommentar-S. *Lorenz* (Fn. 2), § 475 BGB Rn. 1, 13; *Canaris*, Schuldrechtsmodernisierung (2002), S. XXIX–XXX, wo u.a. Folgendes bemerkt wird: „[...]stellt die Unabdingbarkeit einen Fremdkörper in der deutschen Rechtskultur dar, weil sie mit dem Prinzip der Dispositivität schuldrechtlicher Vorschriften unvereinbar ist"; *ders.*, Wandlungen des Schuldvertragsrechts – Tendenzen zu einer „Materialisierung", AcP 200 (2000), 273, 362 ff.; *Adomeit*, Das Günstigkeitsprinzip – jetzt auch beim Kaufvertrag – oder – der Kfz-Mechaniker von Canaris, JZ 2003, 1053 f., wo u.a.: „Das Gesetz rückt den Verbraucher pauschal in die Nähe des rechtlich Betreuten i.S.v. § 1896, der seine Angelegenheiten (ganz oder teilweise) nicht zu besorgen vermag" (1054); kritisch auch *Tettinger*, AcP 205 (2005), 1 ff.

**48** *Canaris*, AcP 200 (2000), 273, 362.

**49** Vgl. *Adomeit*, JZ 2003, 1053 f.

**50** *Adomeit*, JZ 2003, 1053 f., wo er weiter zu Recht feststellt: „Wenn er [der Kfz-Mechaniker] die auf sein Bestreben hin abbedungene Gewährleistung fordert und dem Händler die Berufung auf den geschlossenen Vertrag versagen will, müsste man ihm ein klares „venire contra factum proprium" vorwerfen". Anhand des oben genannten Beispiels vertrat *Canaris* AcP 200 (2000), 273, 363 seinerseits im Jahre 2000 die Meinung, dass die Umsetzung der Unabdingbarkeitsregel von Art. 7 Abs. 1 der Kaufrichtilinie in das deutsche Recht „zu einer verfassungswidrigen, weil ganz und gar unverhältnismäßigen Verletzung der Vertragsfreiheit" führen würde; er behauptete sogar, „dass die Vorschrift auch gegen das primäre Europarecht verstößt, weil dieses ebenfalls die Vertragsfreiheit gewährleistet und das Verhältnismäßigkeitsprinzip kennt".

**51** Statt anderer *Tiedtke/Burgmann*, Gewährleistungs- und Haftungsausschluss beim Verkauf gebrauchter Sachen an und zwischen Verbrauchern, NJW 2005, 1153, 1154, die generell zu dem Er-

Klausel bei Kaufverträgen unter Privaten individualvertraglich möglich; der Verkäufer kann sich also in diesem Fall grundsätzlich von der Haftung der in § 437 BGB bezeichneten Käuferrechte freizeichnen, freilich in den allgemeinen Grenzen der §§ 138, 276 Abs. 3 sowie 444 BGB.[52] Auf jeden Fall sind nach § 475 Abs. 3 BGB die Schadensersatzansprüche des Käufer-Verbrauchers in den allgemeinen Grenzen der §§ 138, 276 Abs. 3 sowie 305 ff. BGB grundsätzlich parteidispositiv, was darauf zurückzuführen ist, dass diese Ansprüche von der Kaufrichtlinie nicht erfasst sind.[53]

Das deutsche Recht nähert sich im Rahmen des Verbrauchsgüterkaufs dem griechischen auch bei der Behandlung der Verjährungsvereinbarungen: § 475 Abs. 2 BGB verbietet, abweichend von den allgemeinen Regeln (§§ 202, 309 Nr. 8b ff. BGB), in Bezug auf die in § 437 BGB bezeichneten Ansprüche jede vorweggenommene vertragliche Erleichterung der Verjährung zugunsten des Unternehmers, wenn diese zu einer Verjährungsfrist von weniger als zwei Jahren bzw. bei gebrauchten Sachen von weniger als einem Jahr ab dem gesetzlichen Verjährungsbeginn führt (vgl. Art. 7 Abs. 1 S. 2–3 der Kaufrichtlinie). Dieses Verbot bezieht sich nicht nur auf evidente Abkürzungen der Verjährungsfrist, sondern auch auf sonstige Vereinbarungen, die im Ergebnis zu einer Verkürzung der Verjährungsfrist führen, wie z. B. eine vertragliche Vorverlegung des Fristbeginns.[54]

Im sonstigen Privatrechtsverkehr sind für Regelungen durch Allgemeine Geschäftsbedingungen besonders die Beschränkungen in § 309 Nr. 8 BGB zu beachten, für die Haftungsfreizeichnung in Bezug auf Schadensersatzpflichten vor allem § 309 Nr. 7 BGB.[55] Gemäß der letzteren Vorschrift haftet der Verkäufer für die Verletzung des Lebens, des Körpers oder der Gesundheit stets und für sonstige Schäden des Käufers nur, soweit er sie vorsätzlich oder grob fahrlässig herbeigeführt hat; ein Haftungsausschluss kommt also lediglich für einfache Fahrlässigkeit in Betracht, sofern nicht das Leben, der Körper oder die Gesundheit betroffen sind.[56] An diesem Punkt ist der griechische Gesetzgeber deutlich strikter, indem er das letztere Verbot auch für Individualvereinbarungen unter Privaten vorsieht und damit nicht nur auf die Allgemeinen Geschäftsbedingungen bzw. Verbraucherverträge beschränkt (siehe Art. 332 Abs. 2 S. 2 ZGB, oben unter II 2).

---

gebnis gelangen, dass es für den Unternehmer keine Möglichkeit mehr gibt, die Haftung für Mängel der Kaufsache in vollem Umfang auszuschließen; die nach altem Recht beim Kauf gebrauchter Sachen übliche Klausel „gekauft wie besichtigt" kann somit nach der Schuldrechtsmodernisierung nur beschränkt zulässig sein (s. weiter im Text). Dazu vgl. ferner PEL/*Hondius/Heutger/Jeloschek/Sivesand/Wiewiorowska*, Sales (2008), Chapter 2, Article 2:209, Comments B (S. 225).

**52** S. *Tiedtke/Burgmann*, NJW 2005, 1153, 1156.

**53** Eingehend Münchener Kommentar-S. *Lorenz* (Fn. 2), § 475 BGB Rn. 13 ff., auch Vorb. § 474 BGB Rn. 26; *Tiedtke/Burgmann*, NJW 2005, 1153, 1154 ff.

**54** Münchener Kommentar-S. *Lorenz* (Fn. 2), § 475 BGB Rn. 17; RegBegr, abgedr. in: *Canaris* (Fn. 47), S. 870.

**55** Münchener Kommentar-H.P. *Westermann* (Fn. 2), § 437 BGB Rn. 5; näher dazu Münchener Kommentar-S. *Lorenz* (Fn. 2), § 475 BGB Rn. 15 und *Tettinger*, AcP 205 (2005), 1, 6 ff. Generell zu den wesentlichen Grundzügen des deutschen AGB-Rechts (§§ 305–310 BGB) s. u.a. *Richter* (Fn. 41), S. 201, 208 ff.

**56** *Tiedtke/Burgmann*, NJW 2005, 1153, 1154 ff.

## 2. Die einschlägigen Modellregeln des Draft Common Frame of Reference

Der Draft Common Frame of Reference (im Folgenden: *Entwurf*) geht im Prinzip von der Abdingbarkeit der im Teil A seines Vierten (IV) Buches enthaltenen kaufrechtlichen Modellregeln aus – die damit im Prinzip als *„default rules“* bezeichnet werden können.[57] In Art. IV.A.-1:301 wird namentlich Folgendes bestimmt:

> “*Rules not mandatory unless otherwise stated*: The parties may exclude the application of any of the rules in this Part of Book IV [dieser Teil betrifft den Kaufvertrag] or derogate from or vary their effects, except as otherwise provided in this Part”.

Es bestehen aber zugleich allgemeine Regeln, die einen ähnlichen Inhalt im Vergleich zum griechischen ZGB und VSG aufweisen und der Privatautonomie sehr enge Grenzen ziehen.[58] Zunächst kommt hier die Generalklausel des Art. III.-3:105 in Betracht[59], der einerseits in Abs. 1 dem Inhalt des Art. 332 Abs. 1 ZGB im Wesentlichen entspricht und andererseits in Abs. 2 unter Rückgriff auf *einen allgemeinen Kontrollvorbehalt aufgrund des Prinzips von Treu und Glauben* weit darüber hinausgeht:

> “*Term excluding or restricting remedies*: (1) A term of a contract or other juridical act which purports to exclude or restrict liability to pay damages for personal injury (including fatal injury) caused *intentionally* or *by gross negligence* is void. (2) A term excluding or restricting a remedy for non-performance of an obligation, even if valid and otherwise effective, having regard in particular to the rules on unfair contract terms in Book II, Chapter 9, Section 4, may nevertheless not be invoked *if it would be contrary to good faith and fair dealing to do so*.”[60]

Art. III.-3:105 Abs. 2 findet sogar Anwendung nicht nur im Privatverkehr und im Verkehr von Unternehmen untereinander, sondern auch bei Bestimmungen, die in Allgemeinen Geschäftsbedingungen enthalten sind.[61] Was letztere anbelangt, muss man freilich auch die Regeln des Entwurfs über die „Unfair (contract) terms“ (Art. II.-9:401–411) berücksichtigen, in denen die Richtlinie 93/13/EWG über missbräuchliche Klauseln in Verbraucherverträgen integriert wird.

Im *Kaufrecht* des Entwurfs sind aber auch spezielle Regeln über die Unzulässigkeit von Freizeichnungsklauseln beim *Verbrauchsgüterkauf* vorhanden, welche die Regeln über die Rechte des Käufers-Verbrauchers *durch und durch zum zwingenden „Recht“ machen*. Art. IV.A.-2:309 bestimmt nämlich Folgendes:

---

**57** Vgl. PEL/*Hondius/Heutger/Jeloschek/Sivesand/Wiewiorowska*, Sales (2008), Chapter 1, Article 1:203, Comments (S. 154 ff.) and Notes 1 (S. 157).

**58** Vgl. auch *Huber*, Modellregeln für ein europäisches Kaufrecht, ZEuP 2008, 708, 710 f.

**59** Das Dritte (III) Buch des Entwurfs regelt den Allgemeinen Teil des Schuldrechts.

**60** Vgl. auch Art. II.-1:102 Abs. 1: „Parties are free to make a contract or other juridical act and to determine its contents, *subject to the rules on good faith and fair dealing* and any other applicable mandatory rules“.

**61** *Huber*, ZEuP 2008, 708, 711, wo auch hinzugefügt wird: „Die Kontrolle bezieht sich also nicht nur auf den Inhalt von individualvertraglich vereinbarten Klauseln, sondern auch darauf, ob im Einzelfall die Berufung auf eine inhaltlich an sich zulässige individualvertragliche oder formularmäßige Klausel statthaft sein soll“.

> "*Limits on derogation from conformity rights in a consumer contract for sale*: In a consumer contract for sale, any contractual term or agreement concluded with the seller before a lack of conformity is brought to the seller's attention which directly or indirectly waives or restricts the rights resulting from the seller's obligation to ensure that the goods conform to the contract is not binding on the consumer."[62]

Und Art. IV.A.-4:102 setzt dieselbe Idee fort:

> "*Limits on derogation from remedies for non-conformity in a consumer contract for sale*: In a consumer contract for sale, any contractual term or agreement concluded with the seller before a lack of conformity is brought to the seller's attention which directly or indirectly waives or restricts the remedies of the buyer provided in Book III, Chapter 3 (Remedies for Non-performance), as modified in this Chapter, in respect of the lack of conformity is not binding on the consumer."[63]

Nach diesem kurzen Überblick ist m.E. nicht zu leugnen, dass der sehr strikte – weil zwingende – „Rechtsrahmen" des Entwurfs durchaus berechtigte Bedenken hinsichtlich einer übermäßigen Begrenzung der Privatautonomie hervorruft, und zwar angesichts der Tatsache, dass dieser Rahmen an manchen Stellen sogar das bisherige Schutzniveau des europäischen Verbraucherrechts übersteigt.[64] Außerdem ist es nicht weniger evident, dass die oben genannten Regeln die Funktion des Entwurfs als „optionales Instrument" bzw. „Werkzeugkasten" unterminieren.[65] Obwohl die generelle Zielsetzung der Redakteure des Entwurfs, den Weg für ein europäisches Zivilgesetzbuch vorzubereiten, auf jeden Fall lobenswert ist,[66] kann man sich wirklich kaum vorstellen, wie es möglich sein kann, dass die Parteien eines Kaufvertrags ihren Vertrag freiwillig im Weg der Rechtswahl einer Rechtsordnung unterstellen (es geht hier um die sog. „Opt-in-Funktion" des Entwurfs),

---

**62** Ein „consumer contract for sale" ist nach dem Entwurf „a contract for sale in which the seller is a business and the buyer is a consumer" (Art. IV.A.-1:204).

**63** Zwingendes „Recht" beim *Verbrauchsgüterkauf* ist weiter in Art. IV.A.-5:103 (*Passing of risk in a consumer contract for sale*) und IV.A.-6:101 ff. (*Consumer goods guarantees*) zu finden. Zu all diesen zwingenden Regeln vgl. PEL/*Hondius/Heutger/Jeloschek/Sivesand/Wiewiorowska*, Sales (2008), Chapter 1, Article 1:203, Comments-Notes (S. 155 ff.), Chapter 2, Article 2:209, Comments-Notes (S. 224 ff.), Chapter 4, Article 4:103, Comments-Notes (S. 259 ff.).

**64** Ebenso *Huber*, ZEuP 2008, 708, 711 f.; *Eidenmüller/Faust/Grigoleit/Jansen/Wagner/Zimmermann*, Der gemeinsame Referenzrahmen für das Europäische Privatrecht, JZ 2008, 529, 534 ff., insb. 537 ff.; vgl. auch *Ernst*, Der „Common Frame of Reference" aus juristischer Sicht, AcP 208 (2008), 248, 251 ff.; *Honsell*, Die Erosion des Privatrechts durch das Europarecht, ZIP 2008, 621, 629 f.

**65** Zu dieser Funktion des Entwurfs s. u.a. *v. Bar/Clive/Schulte-Nölke et al.*, Principles, Definitions and Model Rules of European Private Law – Draft Common Frame of Reference (DCFR) – Interim Outline Edition (2008), S. 6 ff.; *Pfeiffer*, Methodik der Privatrechtsangleichung in der EU, AcP 208 (2008), 227, 235, 242 f., 244; *Ernst*, AcP 208 (2008), 248, 257 f.; *Hirsch*, Erwartungen der gerichtlichen Praxis an einen Gemeinsamen Referenzrahmen für ein Europäisches Vertragsrecht, ZIP 2007, 937, 939 ff.; *Blaurock*, Lex mercatoria und common Frame of Reference, ZEuP 2007, 118, 121, 128; *Schulze*, Gemeinsamer Referenzrahmen und acquis communautaire, ZEuP 2007, 130, 136; *Martiny*, Common Frame of Reference und Internationales Vertragsrecht, ZEuP 2007, 212. Im Allgemeinen zu den „Optionsmodellen" im Privatrecht, mit denen der Gesetzgeber Regelmuster zur Verfügung stellt, in welche Private bei der Gestaltung ihrer Rechtsbeziehungen hinein oder aus denen sie heraus optieren können, s. die hervorragende Darstellung von *Bachmann*, Optionsmodelle im Privatrecht, JZ 2008, 11 ff., insb. 13 ff.

**66** Für eine prinzipiell positive Aufnahme des Entwurfs in der griechischen Literatur s. *Karampatzos*, EfAD 2008, 855 ff.

> „die ihren individuellen Vereinbarungen nicht eindeutigen Vorrang einräumt, sondern sie durch einen allgemeinen Kontrollvorbehalt [siehe vor allem Art. III.-3:105 Abs. 2] bevormundet und Rechtsstreitigkeiten auch dort provoziert, wo eine Frage im Vertrag eindeutig und zweifelsfrei geregelt ist".[67]

Im Rahmen des vorliegenden Beitrags kann aber auf diese Grundaporie nicht näher eingegangen werden.

## IV. Abschließende Gedanken: Privatautonomie vs. Rechtspaternalismus

Die vorstehenden Ausführungen haben gezeigt, dass die Grenzen, welche das griechische Recht den in Rede stehenden Freizeichnungsklauseln setzt, sowohl in den relevanten Vorschriften des ZGB (allen voran Art. 332 und 334 Abs. 2) als auch in VSG (Art. 2 Abs. 6–7 und 5 Abs. 6 S. 2), sehr eng sind. Angesichts dessen sind die neuen Vorschriften über die Verkäuferhaftung für Sachmängel oder Fehlen zugesicherter Eigenschaften in großem Maße *zwingendes* Recht. Dies gilt insbesondere für den Schutz des Käufer-*Verbrauchers*, wobei die Unabdingbarkeitsregel des Art. 5 Abs. 6 S. 2 VSG eine zentrale Rolle einnimmt und unter anderem die vertragliche Entlastung des Verkäufers auch beim Fehlen eines Verschuldens nicht zulässt, wie dies im Gegenteil beim Kaufvertrag des ZGB (unter Privaten) im Prinzip möglich ist. Um es ein bisschen zu illustrieren: Die Klausel *„gekauft wie besichtigt"* ist auch beim griechischen Verbrauchsgüterkauf grundsätzlich unzulässig, beim Kauf unter Privaten dagegen beschränkt zulässig. Selbstverständlich betreffen die oben genannten Grenzen nur den Zeitpunkt des Vertragsschlusses, und somit sind die Parteien nach Auftreten des Mangels frei, sich über die Gewährleistungsrechte anders zu einigen.[68]

Unter einem erweiterten Blickwinkel ergibt sich weiter aus dem Gesagten, dass das *Crescendo des zwingenden Rechts* beim Kauf, sowohl im griechischen und deutschen Recht als auch im Entwurf, sich wie folgt zuspitzt: Beim *Kauf unter Privaten*, wo im Prinzip „reines" ZGB- bzw. BGB-Recht angewandt wird, sind die hier behandelten Freizeichnungsklauseln weitgehend zulässig, es sei denn, es geht um die Befreiung des Verkäufers von seiner Haftung für Vorsatz oder grobe Fahrlässigkeit (siehe aber auch Art. 332 Abs. 2 insb. S. 2 sowie Art. 275 ZGB); beim *Verbrauchsgüterkauf* aber ändert sich die Lage drastisch, denn dabei sind die Freizeichnungsklauseln grundsätzlich unzulässig; ähnlich verhält es sich mit den *Allgemeinen Geschäftsbedingungen*, mit dem einzigen Unterschied, dass es sich in Griechenland zur Anwendung des in VSG enthaltenen AGB-Rechts um einen *Verbrauchervertrag* handeln muss, was aber in Deutschland nicht nötig ist, da dort das AGB-Recht nicht nur auf Verbrauchsgüterkäufe anwendbar ist. Dieser Unterschied ist jedoch letzten Endes nicht so bedeut-

---

**67** So treffend *Huber*, ZEuP 2008, 708, 711.

**68** Näher dazu *Riesenhuber* (Fn. 30), § 26 Rn. 753 ff.; vgl. auch PEL/*Hondius/Heutger/Jeloschek/Sivesand/Wiewiorowska*, Sales (2008), Chapter 1, Article 1:203, Comments A (S. 155), Chapter 2, Article 2:209, Comments B (S. 224), Chapter 4, Article 4:103, Comments B (S. 260).

sam, weil der griechische Gesetzgeber den Verbraucherbegriff vor kurzem erheblich ausgedehnt hat, so dass das griechische AGB-Recht öfter in der Praxis zur Anwendung kommen kann als dies in der Vergangenheit der Fall war.[69] Mit all dem hängt auch ein weiterer, grundsätzlicher Aspekt zusammen: Das AGB-Recht findet nunmehr Anwendung auch auf *Vertragsbedingungen, die schlicht nicht Gegenstand einer individuellen Verhandlung waren, soweit der Verbraucher auf ihren Inhalt keinen Einfluss nehmen konnte* (Art. 2 Abs. 10 VSG), oder, nach der Formulierung des deutschen Gesetzgebers, auf *vorformulierte Vertragsbedingungen, wenn diese nur zur einmaligen Verwendung bestimmt sind, und soweit der Verbraucher aufgrund der Vorformulierung auf ihren Inhalt keinen Einfluss nehmen konnte* (§ 310 Abs. 3 Nr. 2 BGB). Das *Crescendo* des zwingenden Rechts, das eigentlich die Privatautonomie auf ein Prokrustesbett *zwingt*, endet etwa an diesem Punkt. Beifall? Das juristische Publikum ist eher gespalten. Der Verfasser des vorliegenden Beitrags gehört zu dem skeptischen Teil des Publikums, und zwar aufgrund der folgenden – hier nur kurz anzuführenden – Überlegungen.

Jede Reform in Kernbereichen des Zivilrechts wirft die Frage auf, ob die Neuerungen eine wohlfahrtsmindernde Verschlechterung gegenüber dem Status quo bewirken, ob sie letzten Endes zu ineffizienten Lösungen führen (sog. *Effizienzkriterium*)[70]. Im Rahmen einer *institutionsökonomischen* Vertragstheorie[71] stellt das Effizienzkriterium im Allgemeinen einen denkbaren sowie wertvollen Bewertungsmaßstab für die Auswahl zwischen verschiedenen Regelungsalternativen dar.[72] In unserer besonderen Thematik muss man sich in erster Linie danach fragen, ob die Erhöhung des Schutzniveaus des Käufers-Verbrauchers ihm letzten Endes tatsächlich zugute kommt, soweit man sich die grundlegende Erkenntnis vor Augen führt, dass *für jedes Privileg, das dem Verbraucher durch zwingendes Privatrecht zugeschoben wird, er ein entsprechendes Entgelt in Gestalt eines erhöhten Preises zahlt.*[73] Im Anschluss daran leuchtet es

---

**69** Nochmals hier: Nach Art. 1. Abs. 4 lit. a) VSG ist Verbraucher jede natürliche oder juristische Person oder Personenvereinigung ohne Rechtspersönlichkeit, an welche die auf dem Markt angebotenen Produkte oder Dienstleistungen gerichtet sind und die solche Produkte oder Dienstleistungen verwendet, soweit sie den *Endempfänger* der Dienstleistungen bzw. den *Endverbraucher* dieser Produkte darstellt.

**70** So treffend *Tröger*, ZVglRWiss 107 (2008), 383, 384 und 416 f.

**71** Eingehend zur konstitutionellen Ökonomik *Vanberg*, Privatrechtsgesellschaft und Ökonomische Theorie, in: Riesenhuber (Hrsg.), Privatrechtsgesellschaft (2007), S. 131, 132 ff.

**72** *Tröger*, ZVglRWiss 107 (2008), 383, 416 f., wo weiter erläutert wird: „Pragmatisch ausgedrückt, „[s]ince buying and selling […] are quintessentially economic activities, it would seem that economics should have something useful to say to students of contract law" [*Kronman/Posner*, The Economics of Contract Law (1979), S. 1]. Im Hinblick auf die Entwicklung eines gemeineuropäischen Privatrechts ist dabei der Kreis der „Studenten" denkbar weit zu verstehen und umfasst gerade auch die beteiligten Wissenschaftler, die an ökonomischen Erkenntnissen nicht vorbeigehen sollten"; ähnlich auch *Vogenauer*, Eine gemeineuropäische Methodenlehre des Rechts – Plädoyer und Programm, ZEuP 2005, 234, 252.

**73** *Wagner*, Die soziale Frage und der Gemeinsame Referenzrahmen, ZEuP 2007, 180, 210. Näher dazu *Huber*, ZEuP 2008, 708, 712: „Eine wissenschaftlich verantwortliche Beschäftigung mit dem rechtspolitischen Gesamtkonzept des europäischen Verbraucherschutzrechts müsste […] die Frage stellen, ob es bei dem angestrebten hohen Niveau des Verbraucherschutzes, *das als Ziel hier gar nicht in Frage gestellt werden soll*, eigentlich um *Optimierung* oder um *Maximierung* des Verbraucherschutzes gehen sollte. […] Der Verbraucher wird durch den Verbraucherschutz sozusagen gegen Enttäuschung versichert, z.B. dagegen, dass die verkaufte Sache mangelhaft und der dafür beein, dass der Konflikt, um den es hier geht, sich eigentlich in den Köpfen der Verbraucher selbst abspielt; deswegen sollte man sie selbst fragen, *ob sie lieber einen niedrigeren Preis oder eine bessere Rechtsposition im Fall von Leistungsstörungen haben wollen: „Wenn das letztere der Fall ist und der Markt diese Präferenz nicht abbildet, ist eine Änderung des rechtlichen Arrangements im Sinne des Verbraucherschutzes effizient, andernfalls nicht“*[74]. Das rechtsökonomische Argument spricht also wohl deutlich gegen eine unbedachte bzw. übermäßige Benutzung von zwingenden Rechtsvorschriften zum Verbraucherschutz. Aus ökonomischer Sicht sind zwingende Rechtsvorschriften grundsätzlich mindestens suspekt, denn sie beschränken den Raum für privatautonome Gestaltungen und somit in vielen Fällen auch die Möglichkeit effizienzfördernden Austauschs.[75] Die sich hieraus ergebenden, den Wirtschaftsverkehr lähmenden Folgen sind auch kaum zu unterschätzen.

Andererseits wäre es indessen übertrieben zu behaupten, dass das neue *Sonderprivatrecht*[76], d.h. dieses neue Konglomerat von zwingenden Vorschriften, der Vertragsfreiheit das Sterbeglöckchen läutet, denn am Prüfstein der Privatrechtsdogmatik hat sich gezeigt, dass die Vertragsfreiheit auch mit zwingenden Gewährleistungsrechten vereinbar sein kann.[77] Die Prinzipien der Vertragsfreiheit und damit der Privatautonomie setzen im Kern voraus, dass die *faktische Entscheidungsfreiheit* beider Parteien bzw. die Freiwilligkeit des Vertragsschlusses gesichert ist;[78] ist das nicht der Fall, liegt also im Grunde genommen eine *schwerwiegende Beeinträchtigung der Entscheidungsfreiheit* vor, so ist der Gesetzgeber berechtigt, schützend einzugreifen.[79] Und

---

zahlte Kaufpreis verloren ist. Die „Versicherungsprämie“ steckt notwendigerweise im Kaufpreis, der natürlich höher sein muss, wenn man mit als wenn man ohne Garantie kauft. Da Verbraucherschutzrecht [...] zwingend sein muss, wird die Versicherung dem Verbraucher zwangsweise auferlegt, ob er will oder nicht. *Dieser Mechanismus gilt für alle Wohltaten, die der Gesetzgeber dem Verbraucher erweist [...]*“ (Hervorhebung des Verfassers); hierzu vgl. auch *Riesenhuber*, Privatrechtsgesellschaft: Leistungsfähigkeit und Wirkkraft im deutschen und Europäischen Recht, in: ders. (Hrsg.), Privatrechtsgesellschaft (2007), S. 1, 9 f. Aus den USA und dem Bereich der ökonomischen Analyse des Rechts s. *Wittman*, Economic Foundations of Law and Organization (2006), S. 234 ff., insb. 236, 242 ff., auch 249, der dieses erhebliche rechtsökonomische Argument weiter erläutert bzw. illustriert.

**74** *Schäfer/Ott*, Lehrbuch der ökonomischen Analyse des Rechts (4. Aufl. 2005), S. 8, auch 138 und 345.

**75** Näher dazu *Eidenmüller*, Der homo oeconomicus und das Schuldrecht: Herausforderungen durch Behavioral Law and Economics, JZ 2005, 216, 222 f.; auch *Wittman* (Fn. 73), S. 232 ff., insb. 240.

**76** Vgl. *Canaris*, AcP 200 (2000), 273, 361.

**77** S. *Riesenhuber* (Fn. 30), § 26 Rn. 755.

**78** Vgl. *Canaris*, Die Bedeutung der iustitia distributiva im deutschen Vertragsrecht (1997), S. 46 ff.; insb. zum Kriterium der *faktischen Entscheidungsfreiheit* ausführlich *Zöllner*, Regelungsspielräume im Vertragsrecht, AcP 196 (1996), 1, 28 ff.

**79** Vgl. *Larenz/Wolf*, Allgemeiner Teil des Bürgerlichen Rechts (9. Aufl. 2004), § 32 Rn. 3: „Der vertragliche Einigungsprozeß bringt [...] keine Richtigkeitsgewähr [*Schmidt-Rimpler*], sondern lediglich die mehr oder minder große Richtigkeitschance [M. *Wolf*] mit sich, daß sich beide Parteien auf einen gerechten Ausgleich einigen können. Verfehlen sie den vollkommen gerechten Ausgleich, so sind sie aufgrund der grundsätzlich gegebenen Verantwortlichkeit für ihre Entscheidungen dennoch an den vereinbarten Vertragsinhalt gebunden. Lediglich bei *schwerwiegender Beeinträchtigung der Entscheidungsfreiheit* wird eine Inhaltskontrolle ermöglicht [...]“ (Hervorhebung des Verfassers); näher dazu *Canaris* (Fn. 78), S. 44 ff.

letzteres ist hauptsächlich in denjenigen Fällen geboten, in denen eine ungleiche Verhandlungsstärke vorliegt, welche auf die wirtschaftliche Übermacht einer Partei oder auf eine *Informationsasymmetrie* (*asymmetric information*) zwischen den Parteien zurückzuführen ist.[80] Die Rede ist hier in erster Linie von den Allgemeinen Geschäftsbedingungen, wobei die Gefahr einer Präferenzenverzerrung und somit eines Marktversagens klar vor der Tür lauert.

Vom letzteren Punkt aber abgesehen, ist hier daran festzuhalten, dass das „soziale Öl" – um hier den berühmten Satz *Otto von Gierkes* in Erinnerung zu rufen – in den letzten Jahren überreichlich dem Privatrecht hinzugegossen worden ist.[81] Eine Überregulierung auf dem Gebiet des Verbraucherschutzes ist heute m.E. eine besorgniserregende Realität, die aus den oben genannten Gründen den tatsächlichen Interessen der Verbraucher kaum gerecht wird[82] – mit der Ausnahme des AGB-Rechts, wie oben betont wurde. Das – selbstverständlich ideologisch gefärbte – Tauziehen zwischen *formaler* und *materialer* Vertragsfreiheit stellt sicher ein Problemfeld von solcher Fundamentalität dar, dass man im Rahmen des vorliegenden Beitrags darauf nicht eingehen darf.[83] Es sei hier aber lediglich darauf hingewiesen, dass im Allgemeinen die Freiheit in der modernen Zivilgesellschaft als ein unverzichtbares, hohes Gut anzusehen ist; im klaren Gegensatz zu einem *harten Paternalismus*, der auf

---

**80** Vgl. *Larenz/Wolf* (Fn. 79). Insb. zur Relevanz der Informationsasymmetrie bei der Setzung zwingender Rechtsnormen s. *Wittman* (Fn. 73), S. 232 ff., insb. 239 ff. sowie den Nobelpreisträger (2001) *Akerlof*, The Market for "Lemons": Quality Uncertainty and the Market Mechanism, Q. J. Econ. 84 (1970), 488 ff. Ferner zu unserer *eingeschränkten – weil auf Rationalitätsdefizite zurückzuführenden – Fähigkeit zur Informationsaufnahme und -verarbeitung*, die in den letzten Jahrzehnten bahnbrechende Forschungen der Kognitionspsychologie und der experimentellen Ökonomik aufgezeigt haben, um das *rational choice*-Modell in Frage zu stellen und somit für ein eingeschränkt rationales Verhalten (*bounded rationality*) zu plädieren, s. *Eidenmüller*, JZ 2005, 216, 218; zur *bounded rationality*-Lehre s. bezeichnend *Thaler/Sunstein*, Nudge – Improving Decisions About Health, Wealth and Happiness (2008), *et passim* insb. S. 6 ff., 17 ff., die u.a. Folgendes hervorheben: „[...] people make good choices in contexts in which they have experience, good information, and prompt feedback [...]. They do less well in contexts in which they are inexperienced and poorly informed" (S. 9).

**81** Vgl. die sehr kritischen Stimmen von *Isensee*, Vertragsfreiheit im Griff der Grundrechte – Inhaltskontrolle von Verträgen am Maßstab der Verfassung, in: Festschrift für Großfeld (1999), S. 485, 505 und *Bungeroth*, Schutz vor dem Verbraucherschutz? – Merkwürdigkeiten im Verbraucherkreditgesetz, in: Festschrift für Schimansky (1999), S. 279, 280 f., der sogar besonders pointiert von einer „Ölverschmutzung des Privatrechts" spricht; hierzu auch H. P. *Westermann*, Sonderprivatrechtliche Sozialmodelle und das allgemeine Privatrecht, AcP 178 (1978), 150, 178. Zu der ganzen Debatte um die sog. „Materialisierung" des Privatrechts eingehend *Canaris*, AcP 200 (2000), 273, 276 ff.

**82** Vgl. auch *Picker*, Die Privatrechtsgesellschaft und ihr Privatrecht, in: Riesenhuber (Hrsg.), Privatrechtsgesellschaft (2007), S. 207, 215 f.; *Ranieri*, Die Privatrechtsgesellschaft und die Angleichung des Europäischen Vertragsrechts, Ein rechtsvergleichender Rückblick und eine rechtspolitische Diagnose, in: Riesenhuber (Hrsg.), Privatrechtsgesellschaft (2007), S. 355, 377 f.; *Richter* (Fn. 41), S. 201, 216; näher dazu *Martinek*, Unsystematische Überregulierung und kontraintentionale Effekte im Europäischen Verbraucherschutzrech oder: Weniger wäre mehr, in: Grundmann (Hrsg.), Systembildung und Systemlücken in Kerngebieten des Europäischen Privatrechts (2000), S. 511, 551 ff.

**83** Dazu statt anderer *Canaris*, AcP 200 (2000), 273 ff.

die Veränderung von individuellen Präferenzen abzielt,[84] ermöglicht sie, wie es *Friedrich v. Hayek* einst formuliert hat, das Zusammenleben der Menschen in einer pluralistischen bzw. toleranten Gesellschaft, ohne Zwang zur Einigung auf gemeinsame Ziele[85]. Dieser axiomatische Satz stellt einen der Grundpfeiler einer liberalen Rechtsordnung dar und ist auch mit dem „Ordoliberalismus" der Freiburger Schule bzw. mit der „Sozialen Marktwirtschaft" *Müller-Armacks* durchaus vereinbar.[86]

Der moderne – nationale sowie europäische – Gesetzgeber muss m. E. unter anderem auch dem letzteren axiomatischen Satz sowie den obigen Feststellungen Rechnung tragen, wenn er zwingende Vorschriften zur Erreichung von grundsätzlich durchaus begrüßenswerten Zielen (Stichwort: Verbraucherschutz) statuiert. Um es aber mit *Canaris* noch schärfer zu formulieren:[87]

> „... eine Vorschrift, die dem Verbraucher auch bei uneingeschränkter tatsächlicher Entscheidungsfreiheit ohne jeden materialen Gerechtigkeitsgrund einen bestimmten Vertragsinhalt aufzwingt, ist ebenso illiberal wie unsozial, ja geradezu als Auswuchs eines spießbürgerlichen Paternalismus zu kritisieren, von dem man nur hoffen kann, dass er nicht die Zukunft des europäischen Vertragsrechts prägen wird."

Nach alledem kann man sich schwerlich der Einsicht verschließen, dass eine Neubesinnung auf dem Gebiet des Verbraucherschutzes dringend von Nöten ist, und zwar im Hinblick auf eine neue, sich noch auf dem Weg befindende, umfassende Verbraucherschutzrichtlinie sowie auch im Hinblick auf ein künftiges, auf der Basis der Modellregeln des Entwurfs aufzustellendes Europäisches Zivilgesetzbuch. Im Rahmen dieser Neubesinnung darf man nicht verzichten auf die Hilfe von interdisziplinären Instrumenten, wie vor allem der wertvollen Erkenntnisse der modernen Kognitionspsychologie und der experimentellen Ökonomik, welche zum effizienten Verbraucherschutz etwas – Wichtiges – zu sagen haben.

---

**84** Dazu *Eidenmüller*, JZ 2005, 216, 222 f., der dieser Art von Paternalimus den *weichen* Paternalimus entgegensetzt, dem es darum geht, den Marktteilnehmern zu helfen, präferenzkonforme Entscheidungen zu treffen; in diesem Fall kann ein Schutz durch zwingende Rechtsnormen gerechtfertigt sein (s. z. B. § 309 Nr. 5 und 6 BGB).

**85** Dazu *Honsell*, ZIP 2008, 621, 630; vgl. auch *Picker* (Fn. 82), S. 209 ff., 251 ff.; zur Freiheitsidee s. ferner das klassische, aber noch unübertreffliche Werk von *John Stuart Mill* „On Liberty", in: On Liberty and Other Essays (Oxfords World's Classics, 1998), S. 5 ff.

**86** Vgl. R. *Hank*, „Märkte lernen besser als Staaten", in: FAZ v. 10.01.04, S. 13; näher zur Freiburger Schule *Vanberg* (Fn. 71), S. 131 ff. und *Ranieri* (Fn. 82), 357 ff. Durchaus vereinbar ist weiter das oben genannte Freiheitsideal mit dem neueren Konzept des „libertarian paternalism"; dazu *Thaler/Sunstein* (Fn. 79), *passim* insb. S. 4 ff.

**87** *Canaris*, AcP 200 (2000), 273, 364.

## Diskussionsbericht zu § 10

*Armgardt* stimmte dem Ansatz der ökonomischen Institutionsanalyse und dem Effizienzkriterium grundsätzlich zu. Doch warf er die Frage auf, ob die häufig behauptete Preisrelevanz der verbraucherschützenden Bestimmungen tatsächlich bewiesen sei. *Karampatzos* bejahte dies und verwies auf Untersuchungen von Kognitionspsychologen und experimentellen Ökonomen, vor allem in den USA. Wenn ein Kfz-Händler ein Auto nicht mit der Klausel „gekauft wie besichtigt" verkaufen könne, werde er den Preis erhöhen, um das Risiko eines Gewährleistungsfalles zu berücksichtigen. Allgemein rief *Karampatzos* dazu auf, die Stimmen der anderen Disziplinen zu hören und nicht in ein „Zunftdenken" zu verfallen.

*Paparseniou* wies auf die besondere Bedeutung der vertraglichen Abrede für den Mangelbegriff hin. Danach könnten die Parteien z.B. einen Kaufvertrag über ein Auto ohne Motor schließen. Das Fehlen des Motors stelle dann keinen Sachmangel dar. Wenn man die Privatautonomie und ihre Einschränkungen in den Mittelpunkt stelle, dürfe man nicht nur die Rechtsbehelfe im Blick haben. Weiter wollte *Paparseniou* wissen, ob bei einem zwischen Unternehmern unter Verzicht auf alle Gewährleistungsrechte mit Ausnahme des Anspruchs auf Nachbesserung geschlossenen Kaufvertrag die übrigen verschuldensunabhängigen Gewährleistungsrechte wieder auflebten, wenn der Mangel vom Verkäufer grob fahrlässig verursacht worden sei.

*Karampatzos* stimmte *Paparseniou* darin zu, dass man bei der Bestimmung eines Sachmangels auf die vertragliche Abrede abstellen müsse. Er wies allerdings darauf hin, dass die vereinbarte Herabstufung der Qualität der Kaufsache nicht in der Absicht genutzt werden dürfe, die verbraucherschützenden Vorschriften zu umgehen. Art. 7 Abs. 1 der Verbrauchsgüterkaufrichtlinie und § 475 Abs. 1 S. 2 BGB würden auch solche mittelbaren oder verdeckten Umgehungsversuche verbieten. In Griechenland fehle eine mit § 475 Abs. 1 S. 2 BGB vergleichbare Regelung zwar. Das gleiche Ergebnis lasse sich dort aber im Wege der richtlinienkonformen Auslegung bestehender Regelungen erreichen. Für den von *Paparseniou* geschilderten Fall des Verzichts auf alle Gewährleistungsrechte mit Ausnahme des Anspruchs auf Nachbesserung sprach sich *Karampatzos* gegen ein Wiederaufleben des Anspruchs auf Nachlieferung, des Rücktritt- oder des Minderungsrechts aus, sollte der Verkäufer den Mangel grob fahrlässig verursacht haben.

*Muscheler* rückte die Frage nach den Wirkungen eines übermäßigen Verbraucherschutzes ins Blickfeld und wies auf eine Untersuchung amerikanischer Psychologen hin. Danach wären Käufer, denen ein vertragliches Widerrufsrecht eingeräumt wurde, mit dem gekauften Produkt signifikant unzufriedener gewesen als Käufer des gleichen Produktes, denen ein solches Recht nicht eingeräumt worden war. Offenbar wirke die menschliche Wahrnehmung nach einer einmal getroffenen Entscheidung nur noch selektiv. Man nehme nur noch Umstände wahr, welche die einmal getroffene Entscheidung zu rechtfertigen im Stande seien. Habe man ein Widerrufsrecht eingeräumt bekommen, wirke dieser Rechtsfertigungsmechanismus in die entgegengesetzte Richtung; der Käufer nehme auch die negativen Umstände wahr. Zum Zweiten seien die vertraglich eingeräumten Widerrufsrechte nur in zehn Prozent der Fälle ausgeübt worden. Im Ergebnis würde also die Masse der Käufer über den Preis ein Schutzrecht bezahlen, das nur wenige Käufer in Anspruch nähmen.

*Karampatzos* sah sich durch die Ausführungen *Muschelers* bestätigt. Die bestehenden Verbraucherschutzregeln gingen zu weit. Die Politiker würden sich anmaßen zu beurteilen, welchen Schutz der Verbraucher benötige. Sie verstünden sich häufig sogar als Stimme der Verbraucher. Die Stimme der Verbraucher höre man aber nur auf dem Markt.

*Stefan Wichary*

# § 11 Inhaltskontrolle im Internationalen Privatrecht

*Renate Schaub*

**Übersicht**



## I. Einleitung

Das Thema „Inhaltskontrolle im Internationalen Privatrecht" mag im Kontext der anderen hier angesprochenen Rechtsgebiete, in denen die Inhaltskontrolle häufig gängige Praxis ist, auf den ersten Blick erstaunen: Schließlich wird das Internationale Privatrecht gemeinhin nicht gerade als Domäne der Vertragsfreiheit angesehen, sondern häufig als eher „technische" Materie, in der materiellrechtliche Wertungen eine vergleichsweise untergeordnete Rolle spielen. Nur wo von der Privatautonomie Gebrauch gemacht wird, kann es aber zu einer Inhaltskontrolle kommen. Daher wird die Inhaltskontrolle im Internationalen Privatrecht in dem Maße wichtiger, in dem sich die Rechtswahlfreiheit entwickelt.[1] Und diese Ausprägung der Privatautonomie – im Internationalen Privatrecht wird meist zurückhaltender

1 Siehe zur Entwicklung insb. die Nachweise bei *v. Bar/Mankowski*, Internationales Privatrecht Band I, Allgemeine Lehren (2. Aufl. 2003), § 7 6. a) Rn. 68 f.; *Leible*, Privatautonomie im IPR – Allgemeines Anknüpfungsprinzip oder Verlegenheitslösung?, in: Festschrift für Jayme (2004), S. 485 ff.

von Parteiautonomie gesprochen –[2] gewinnt im deutschen und noch stärker im europäischen Internationalen Privatrecht zunehmend an Bedeutung: Begegnete die Rechtswahl noch Ende des 19. Jahrhunderts starken Bedenken, ist sie heute in etlichen Bereichen fest etabliert.[3] So ist sie aus grenzüberschreitenden Verträgen zwischen Unternehmen inzwischen nicht mehr wegzudenken, und auch in Verbraucherverträgen mit internationalem Bezug – etwa bei „Kaffeefahrten" ins Ausland – finden sich vermehrt Rechtswahlklauseln. Zunehmend greift die Rechtswahl aber auch auf Rechtsgebiete über, die früher nicht als der Parteiautonomie zugänglich betrachtet wurden, wie etwa auf das Recht der außervertraglichen Schuldverhältnisse oder das Familienrecht. Mitunter wird die Rechtswahl sogar schon als allgemeines Anknüpfungsprinzip bezeichnet.[4]

Weil aber die Zulassung der Rechtswahl durch den Gesetzgeber gleichzeitig einen teilweisen Verzicht auf die Verwirklichung bestimmter Regelungsinteressen bedeutet, ist die Parteiautonomie auch im Internationalen Privatrecht gewissen Einschränkungen zur Wahrung gesetzgeberischer Grundprämissen unterworfen.[5] Das ist notwendig, zumal die Rechtswahlmöglichkeit auch missbraucht werden kann, z.B. wenn für einen internationalen Liefervertrag das Recht eines Drittstaates gewählt wird, um Ein- oder Ausfuhrbeschränkungen zu umgehen, oder wenn die im Rahmen einer „Kaffeefahrt" ins Ausland getätigten Kaufverträge dem Recht eines Staates unterstellt werden, der weder Ausgangs- noch Zielstaat der Fahrt ist, aber dafür besonders niedrige Standards im Verbraucherschutz hat. Und weil das Internationale Privatrecht ja bekanntlich seine eigenen Regeln hat, gibt es auch spezifisch kollisionsrechtliche Formen der Inhaltskontrolle. Diese besonderen Mechanismen einer Inhaltskontrolle – im weiten Sinne – sind teilweise wesentlich älter als

---

**2** Dazu insb. *v. Bar*, Internationales Privatrecht Band II, Besonderer Teil (1991), Rn. 416; *v. Bar/Mankowski* (Fn. 1), § 7 6. a) Rn. 67; *Kropholler*, Internationales Privatrecht (6. Aufl. 2006), § 40 I; *Leible*, FS Jayme (2004), S. 485.

**3** Siehe nur *v. Bar* (Fn. 2), Rn. 412 ff. m.w.N.; *Kegel/Schurig*, Internationales Privatrecht (9. Aufl. 2004), § 18 I c; *Einsele*, Rechtswahlfreiheit im Internationalen Privatrecht, RabelsZ 60 (1996), 417 ff.; *Kühne*, Die Parteiautonomie zwischen kollisionsrechtlicher und materiellrechtlicher Gerechtigkeit, in: Liber amicorum Gerhard Kegel (2002), S. 65, 66 ff.; G. *Rühl*, Die Kosten der Rechtswahlfreiheit: Zur Anwendung ausländischen Rechts durch deutsche Gerichte, RabelsZ 71 (2007), 559, 561 ff.; *Flessner*, Privatautonomie und Interessen im internationalen Privatrecht am Beispiel der Forderungsabtretung, in: Festschrift für Canaris (2007), S. 545 ff. Zur inneren Rechtfertigung der Parteiautonomie insb. *Schmeding*, Zur Bedeutung der Rechtswahl im Kollisionsrecht, RabelsZ 41 (1977), 299, 305 ff. m.w.N.; *Schack*, Das IPR – ein Buch mit sieben Siegeln, reif für das moderne Antiquariat?, in: Liber amicorum Gerhard Kegel (2002), S. 179, 195 f.; *v. Bar/Mankowski* (Fn. 1), § 7 6. d) Rn. 78.

**4** So insb. *Leible*, FS Jayme (2004), S. 485, 503; *ders.*, Rechtswahl im IPR der außervertraglichen Schuldverhältnisse nach der Rom II-Verordnung, RIW 2008, 257, 263 f.; tendenziell auch *Kropholler* (Fn. 2), § 40 III 2; G. *Rühl*, Rechtswahlfreiheit im europäischen Kollisionsrecht, in: Festschrift für Kropholler (2008), S. 187, 188 f. Ähnlich für das internationale Vertragsrecht auch C. *Rühl*, Rechtswahlfreiheit und Rechtswahlklauseln in Allgemeinen Geschäftsbedingungen (1999), S. 43 sowie jetzt Erwägungsgrund 11 zur Rom I-VO: „einer der Ecksteine des Systems der Kollisionsnormen im Bereich der vertraglichen Schuldverhältnisse".

**5** Dazu z.B. *Schmeding*, RabelsZ 41 (1977), 299 ff.; *Kropholler* (Fn. 2), § 40 IV; *v. Bar/Mankowski* (Fn. 1), § 7 6. a) Rn. 71 f.

die Anerkennung der Parteiautonomie im Internationalen Privatrecht. Das liegt daran, dass diese Instrumente nicht nur in Bezug auf Rechtswahlklauseln greifen, sondern auch auf anderen Gebieten zu Modifikationen des anwendbaren Rechts führen können. Ob *daneben* noch eine Klauselkontrolle zum Zuge kommt, ist Gegenstand heftiger Kontroversen. Die Frage hat eminent praktische Bedeutung, da Rechtswahlvereinbarungen häufig in vorformulierten Vertragsbestimmungen enthalten sind.[6] Es finden sich beispielsweise Klauseln wie „Auf diesen Vertrag ist das Recht des Landes anzuwenden, in dem der Vertrag geschlossen wurde“[7] oder – in einem Frachtvertrag – „Im Falle einer Gesetzeskollision genießen Schiff und Verfrachter den Schutz des ihnen günstigsten Gesetzes“[8]. Hier liegt ein Kontrollbedarf geradezu auf der Hand, nicht jedoch die Maßstäbe und Kriterien einer Inhaltskontrolle.

Deshalb werde ich im Folgenden den unterschiedlichen Mechanismen der Inhaltskontrolle im Internationalen Privatrecht und ihrem Zusammenspiel nachgehen. Neben der „eigentlichen“ Inhaltskontrolle wird auch die eng mit ihr verbundene Einbeziehungskontrolle – als der Inhaltskontrolle vorgeschaltete, ebenfalls die Privatautonomie einschränkende Kontrolle – berücksichtigt. Ausgangspunkt soll die Sichtweise deutscher Gerichte sein, die in erster Linie deutsches Internationales Privatrecht anwenden. Ausgeklammert bleibt das internationale Zivilverfahrensrecht, in dem die Parteiautonomie vor allem in Gerichtsstandsvereinbarungen Ausdruck findet,[9] die ihrerseits wiederum das anwendbare Recht präjudizieren können.

Um die verschiedenen Formen der Inhaltskontrolle zu erörtern, muss zunächst ein kurzer Blick auf den zu kontrollierenden Bereich, d.h. auf die Möglichkeiten der Rechtswahl im Internationalen Privatrecht, geworfen werden (II.). Danach wird die Inhaltskontrolle im Internationalen Privatrecht selbst erörtert (III.). Dabei ist zu berücksichtigen, dass hier inhaltliche Vorgaben des Gesetzgebers und richterliche Inhaltskontrolle nicht immer klar zu trennen sind, sondern mitunter ineinander übergehen. So lassen gesetzliche Beschränkungen der Rechtswahl dem Richter häufig einen Auslegungs- und damit letztlich einen Kontrollspielraum. Daher wird der Begriff der Inhaltskontrolle hier sehr weit verstanden: Zunächst sollen die gesetzlichen Einschränkungen der Rechtswahl (also eine Art „Vorab-Kontrolle“, III.1.) und danach die Modifikationen der Anwendung des gewählten Rechts (also die „klassische“, nachträgliche Kontrolle, III.2.) erörtert werden. Danach wird auf die Möglichkeiten einer spezifischen Klauselkontrolle eingegangen (IV.1.: Einbeziehungskontrolle, IV.2.: Inhaltskontrolle) und abschließend werden die Ergebnisse zusammengefasst und bewertet (V.).

---

**6** Siehe z.B. BGHZ 123, 380, 383; OLG Frankfurt, IPRspr. 2005, Nr. 19, 55.
**7** OLG Frankfurt, IPRax 1990, 236 ff.
**8** Zitiert bei *Kropholler* (Fn. 2), § 40 IV 1 Fn. 18.
**9** Zur Missbrauchskontrolle von Gerichtsstandsvereinbarungen siehe z.B. *Leible/Röder*, Missbrauchskontrolle von Gerichtsstandsvereinbarungen im Europäischen Zivilprozessrecht, RIW 2007, 481 ff. m.w.N.

## II. Rechtswahl im Internationalen Privatrecht

Eine Rechtswahl kann im Internationalen Privatrecht[10] in unterschiedlichen Ausgestaltungen vorkommen: Neben der „klassischen" Form der Rechtswahlvereinbarung ist es vor allem denkbar, dass die Beteiligten durch die Modifikation anknüpfungserheblicher Faktoren gleichsam „indirekt" eine bestimmte Rechtsordnung wählen. Hier ist eine nachträgliche Kontrolle anhand allgemeiner internationalprivatrechtlicher Instrumente möglich. Weiterhin ist eine gewisse „Vorauswahl" des anwendbaren Rechts durch die Wahl eines bestimmten Gerichtsstands und damit des zunächst anwendbaren Kollisionsrechts vorstellbar; dieser Aspekt betrifft aber das hier ausgeklammerte internationale Zivilprozessrecht. Nicht eingegangen wird auch auf die früher teilweise vertretene Theorie vom fakultativen Kollisionsrecht[11], nach der Kollisionsnormen nicht von Amts wegen zu beachten sind, sondern nur, wenn sich eine der Parteien auf die Anwendung fremden Rechts beruft (was im Ergebnis auf eine nachträgliche Wahl der lex fori hinausliefe)[12]. Im Mittelpunkt der Betrachtung steht die unmittelbare Rechtswahl kraft ausdrücklicher Vereinbarung. Daneben wird die „mittelbare" Rechtswahl durch Beeinflussung von Anknüpfungspunkten berücksichtigt, für die teilweise entsprechende Kontrollgrundsätze gelten.

## III. Inhaltskontrolle im Internationalen Privatrecht

### 1. Gesetzliche Einschränkungen der Rechtswahl

Da die Rechtswahl im Internationalen Privatrecht bislang nicht allgemein als grundlegendes Prinzip anerkannt ist, bedarf sie stets der ausdrücklichen Zulassung durch den Gesetzgeber. Die Ausgangslage ist also im Vergleich zu den klassischen „Domänen" der Privatautonomie im materiellen Recht gerade entgegengesetzt. Die gesetzlichen Regelungen, welche eine Rechtswahl zulassen, sind häufig zugleich mit Einschränkungen der Parteiautonomie, also mit inhaltlichen Vorgaben des Gesetzgebers für die Rechtswahl, verbunden. Hier sollen einige repräsentative Beispiele herausgegriffen werden.

---

**10** Sofern nichts anderes angegeben ist, wird hier unter Rechtswahl die so genannte kollisionsrechtliche Rechtswahl verstanden, bei der eine Rechtsordnung insgesamt als anwendbares Recht gewählt wird, nicht die materiellrechtliche Rechtswahl, bei der innerhalb einer anwendbaren Rechtsordnung lediglich dispositive Vorschriften durch Parteivereinbarung „abgewählt" und durch solche einer anderen Rechtsordnung ersetzt werden (siehe zu dieser Differenzierung hier nur *Kropholler* (Fn. 2), § 40 I; Münchener Kommentar-*Martiny*, BGB (4. Aufl. 2006), Art. 27 EGBGB Rn. 14 f. m.w.N.).

**11** Dazu insb. *Flessner*, Fakultatives Kollisionsrecht, RabelsZ 34 (1970), 547 ff.; *Sturm*, Fakultatives Kollisionsrecht: Notwendigkeit und Grenzen, in: Festschrift für Zweigert (1981), S. 329, 330 ff.; *Zweigert*, Zur Armut des Internationalen Privatrechts an sozialen Werten, RabelsZ 37 (1973), 435, 445 f.

**12** Zur Ablehnung dieser Theorie in der h.L. siehe hier nur *Schurig*, Interessenjurisprudenz contra Interessenjurisprudenz im IPR, RabelsZ 59 (1995), 229, 243; *Einsele*, RabelsZ 60 (1996), 417, 419 ff. m.w.N.

Zwei allgemeine Schranken der Rechtswahl enthält Art. 4 II EGBGB: Nach dieser Vorschrift können die Parteien nur das Sachrecht, nicht aber das Kollisionsrecht einer anderen Rechtsordnung wählen. Zudem bezieht sich Art. 4 II EGBGB auf das Recht „eines Staates", schließt also die Wahl nichtstaatlichen Rechts jedenfalls im Anwendungsbereich des EGBGB aus.[13]

Im internationalen Vertragsrecht herrscht die am weitesten reichende Rechtswahlfreiheit.[14] Nach Art. 27 EGBGB ebenso wie nach dem ab 17. Dezember 2009 geltenden Art. 3 Rom I-VO ist die Rechtswahl die Grundanknüpfung; andere, objektive Anknüpfungen sind nachrangig. Gewählt werden kann jedes staatliche Recht;[15] einen Bezug zum konkreten Fall muss die gewählte Rechtsordnung nicht aufweisen. Allerdings darf eine Änderung der Bestimmung des anzuwendenden Rechts nach Vertragsschluss gem. Art. 27 II 2 EGBGB bzw. Art. 3 II 2 Rom I-VO die Rechte Dritter nicht berühren, was z.B. beim Vertrag zugunsten Dritter eine Rolle spielt. Im Übrigen unterliegt die Rechtswahl selbst keinen Einschränkungen; wegen ihrer großen Reichweite ist sie jedoch verstärkt Gegenstand späterer Modifikationen, also der „nachträglichen Inhaltskontrolle". Zunächst kann also beispielsweise ein Kaufvertrag zwischen einem Deutschen und einem Griechen grundsätzlich neuseeländischem Recht unterstellt werden. Ob dieses tatsächlich uneingeschränkt zur Anwendung kommt, entscheidet sich erst im Rahmen der nachträglichen Inhaltskontrolle.

Eine ähnlich weit reichende Rechtswahlfreiheit wie im internationalen Vertragsrecht gilt im internationalen Gesellschaftsrecht, wo im Geltungsbereich der Gründungstheorie[16] eine indirekte Rechtswahl durch bewusste Wahl eines Gründungsstaates mit einer „passend" erscheinenden Rechtsordnung, die z.B. nur ein niedriges Gründungskapital verlangt oder die Haftung der Gesellschafter für diese günstig ausgestaltet, in Betracht kommt. Aber auch die Sitztheorie[17] erlaubt eine mittelbare Rechtswahl, wenngleich wohl in stärker eingeschränktem Umfang[18].

Im internationalen Privatrecht der außervertraglichen Schuldverhältnisse sind die Rechtswahlmöglichkeiten gerade erweitert worden: Art. 14 der seit 11. Januar 2009 geltenden Rom II-VO erlaubt – wie schon bisher Art. 42 S. 1 EGBGB – eine nachträgliche Rechtswahl durch Vereinbarung, weiterhin aber – unter zusätzlichen Voraus-

---

**13** Siehe nur *v. Bar* (Fn. 2), Rn. 425.

**14** Zum Charakter als Sachnormverweisung siehe hier nur *Rugullis*, Die Rechtswahl nach Art. 27 Abs. 1 EGBGB – Sachnorm oder Gesamtverweisung?, ZVglRWiss 106 (2007), 217 ff. m.w.N.

**15** Zur Möglichkeit einer materiellrechtlichen Verweisung auf nichtstaatliche Regelwerke siehe insb. Erwägungsgrund 11 sowie *Pfeiffer*, Neues Internationales Vertragsrecht, EuZW 2008, 622, 624; *Leible/Lehmann*, Die Verordnung über das auf vertragliche Schuldverhältnisse anzuwendende Recht (Rom I), RIW 2008, 528, 533; R. *Wagner*, Der Grundsatz der Rechtswahl und das mangels Rechtswahl anzuwendende Recht (Rom I-Verordnung), IPRax 2008, 377, 380.

**16** Siehe dazu hier nur EuGH v. 9.3.1999 – Rs. C-212/97 *Centros*, Slg. 1999, I-1459; EuGH v. 5.11.2002 – Rs. C-208/00 *Überseering*, Slg. 2002, I-9919; EuGH v. 30.9.2003 – Rs. C-167/02 *Inspire Art*, Slg. 2003, I-10155; BGHZ 154, 185, 189 f.; BGH, NJW 2005, 1648, 1649; BGHZ 164, 148, 151 ff.

**17** Dazu insb. BGHZ 53, 181, 183 m.w.N. aus der älteren Rechtsprechung; BGHZ 97, 269, 271 f.; BGH, EuZW 2000, 412, 413; BGH, NJW 2009, 289, 290 f. m.w.N.

**18** Siehe dazu auch *Leible*, FS Jayme (2004), S. 485, 497 ff.

setzungen – auch eine vorherige Rechtswahl. Eine solche Rechtswahl ex ante[19] kommt vor allem in Betracht, wenn zwischen den Parteien des außervertraglichen Schuldverhältnisses gleichzeitig eine vertragliche oder sonstige Beziehung besteht. Die vorherige Rechtswahl ist zulässig, wenn die Parteien einer kommerziellen Tätigkeit nachgehen und die Vereinbarung frei ausgehandelt ist. Durch das Erfordernis des freien Aushandelns ergeben sich Berührungspunkte mit der materiellrechtlichen Einbeziehungskontrolle im Recht der Allgemeinen Geschäftsbedingungen, auf die später zurückzukommen sein wird.[19a] Hier bleibt zunächst festzuhalten, dass sich bei den außervertraglichen Schuldverhältnissen die – allerdings nicht unumstrittene – Tendenz zur Ausdehnung der Parteiautonomie im Internationalen Privatrecht aktuell besonders deutlich manifestiert. Allerdings bleiben nach Art. 14 I 2 Rom II-VO die Rechte Dritter – zu denken ist etwa an Haftpflichtversicherer oder Regressgläubiger – durch *jede* Form der Rechtswahl unberührt. Der Drittschutz reicht hier folglich weiter als im internationalen Vertragsrecht. Zudem wird die Rechtswahl für Ansprüche wegen Wettbewerbsverstößen sowie wegen Verletzung von Rechten des geistigen Eigentums nach Art. 6 IV bzw. Art. 8 III i.V.m. Art. 13 Rom II-VO gar nicht zugelassen. Die aus diesem Ausschluss folgende Einschränkung der Parteiautonomie ist jedoch Gegenstand berechtigter Kritik, vor allem in Bezug auf betriebsbezogene Wettbewerbshandlungen, die sich ausschließlich im Verhältnis zwischen zwei Konkurrenten abspielen: Hier ist schwer nachvollziehbar, warum ohne nennenswerte Beeinträchtigung von Interessen Dritter oder der Allgemeinheit die Parteiautonomie so weit eingeschränkt wird.[20] *De lege lata* ist die Regelung freilich hinzunehmen.

Weniger weit gehende Rechtswahlmöglichkeiten finden sich im Personenrecht im weiten Sinne: Im internationalen Namensrecht ist nach Art. 10 II, III EGBGB eine Rechtswahl möglich, aber es können nur bestimmte Rechtsordnungen – zu denen die Parteien enge Verbindungen haben – gewählt werden. Ähnliches gilt im internationalen Familienrecht, wo für die Ehewirkungen (und über die Verweisung in Art. 17 I EGBGB auch für die Scheidung) nach Art. 14 II – IV EGBGB und für den Güterstand nach Art. 15 II, III EGBGB (mit Einschränkungen in Art. 16 EGBGB) jeweils bestimmte Rechtsordnungen gewählt werden können. Dagegen besteht im deutschen internationalen Erbrecht nur in Art. 25 II EGBGB eine sehr eingeschränkte Rechtswahlmöglichkeit für im Inland belegenes unbewegliches Vermögen.[21]

Im internationalen Sachenrecht schließlich kommt eine Rechtswahl aus Gründen des Verkehrsschutzes in der Regel nicht in Betracht.[22]

---

**19a** S. u. IV. 1.

**19** Kritisch dazu insb. *Rugullis*, Die antizipierte Rechtswahl in außervertraglichen Schuldverhältnissen, IPRax 2008, 319, 322 f., befürwortend z.B. *Kadner Graziano*, Gemeineuropäisches Internationales Privatrecht (2002), S. 185 f.; *Leible*, FS Jayme (2004), S. 485, 495; *ders.*, RIW 2008, 257, 258 m.w.N.

**20** Kritisch z.B. auch *de Boer*, Party Autonomy and its Limitations in the Rome II Regulation, YbPrIntL 9 (2007), 19, 24 f.; *Leible*, RIW 2008, 257, 259.

**21** Zu europäischen Bestrebungen zu einer Ausweitung der Rechtswahlfreiheit im internationalen Familien- und Erbrecht z.B. G. *Rühl*, RabelsZ 71 (2007), 559, 565 f.

**22** Siehe z.B. *Kühne*, Liber amicorum Gerhard Kegel (2002), S. 65, 69 f. (auch zu einzelnen Tendenzen zur Zulassung einer Rechtswahl in bestimmten, fest umrissenen Einzelbereichen vor der

Zu ergänzen bleibt, dass eine Rechtswahl im Zusammenhang mit einem Vertrag möglicherweise auf Rechtsgebiete ausstrahlen kann, in denen eine Rechtswahl nicht oder nur in eingeschränktem Umfang zulässig ist, wenn dort im Rahmen einer Ausweichklausel eine akzessorische Anknüpfung an das Vertragsstatut in Betracht kommt. Allerdings haben die Parteien keinen Einfluss auf die akzessorische Anknüpfung; sie wird letztlich durch den Richter vorgenommen, dem dabei häufig ein Auslegungsspielraum verbleibt. Daher kann die akzessorische Anknüpfung eine Rechtswahl nicht ersetzen, sondern allenfalls im Einzelfall das Fehlen einer Rechtswahlmöglichkeit ausgleichen.[23]

Das Zustandekommen der Rechtswahl richtet sich mangels ausdrücklicher Regelung in den internationalprivatrechtlichen Vorschriften über die Rechtswahl grundsätzlich nach dem gewählten Recht (so ausdrücklich Art. 27 IV i.V.m. Art. 31 EGBGB sowie Art. 3 V i.V.m. Art. 10 I Rom I-VO, deren Rechtsgedanken sich für andere Bereiche verallgemeinern lassen)[24]. Auch die Einbeziehung von Allgemeinen Geschäftsbedingungen, die eine Rechtswahlklausel enthalten, in den Vertrag ist nach diesen Regelungen zu beurteilen.[25] Die sonstigen Anforderungen (z.B. Form, Zulässigkeit einer Teilrechtswahl oder Beschränkung auf bestimmte Rechtsordnungen) werden hingegen regelmäßig durch das Internationale Privatrecht des angerufenen Gerichts (die *lex fori*) bestimmt, für die hier in den Blick genommenen Konstellationen also durch das deutsche Internationale Privatrecht.

## 2. Modifikationen der Anwendung des gewählten Rechts

Eine einmal getroffene, nach den Regeln der *lex fori* zulässige Rechtswahl muss jedoch noch keineswegs endgültig sein. Vielmehr kommen vielfältige Modifikationen der Anwendung des gewählten Rechts in Betracht – hier beginnt die nachträgliche Inhaltskontrolle. So kann die Rechtswahl durch die Anwendung von zwingenden

---

IPR-Novelle 1999); *Leible*, FS Jayme (2004), S. 485, 495 ff. sowie ausführlich *Einsele*, RabelsZ 60 (1996), 417, 437 ff.; zu Einflüssen der Warenverkehrsfreiheit siehe hier nur *Pfeiffer*, Der Stand des Internationalen Sachenrechts nach seiner Kodifikation, IPRax 2000, 270, 276 f. m.w.N.

**23** Vgl. auch *Leible*, FS Jayme (2004), S. 485, 495 zum Internationalen Privatrecht der außervertraglichen Schuldverhältnisse.

**24** Siehe insb. *v. Bar/Mankowski* (Fn. 1), § 7 6. g) Rn. 82 m.w.N.; zur Rom II-Verordnung z.B. *Leible*, RIW 2008, 257, 260. Kritisch zu diesem Ansatz insgesamt *Stoll*, Das Statut der Rechtswahlvereinbarung – eine irreführende Konstruktion, in: Festschrift für Heini (1995), S. 429, 430 ff.

**25** Siehe nur *Mann*, Die Gültigkeit der Rechtswahl- und Gerichtsstandsklausel und das internationale Privatrecht – Zugleich ein Beitrag zu den Haager Regeln, NJW 1984, 2740, 2741; *Meyer-Sparenberg*, Rechtswahlvereinbarungen in Allgemeinen Geschäftsbedingungen, RIW 1989, 347, 348; *Baumert*, Abschlußkontrolle bei Rechtswahlvereinbarungen, RIW 1997, 805, 806; C. *Rühl* (Fn. 4), S. 105 ff. m.w.N.; kritisch auch insoweit *Stoll*, FS Heini (1995), S. 429, 438 ff. sowie ausführlich unten IV. 1. Zur Sonderproblematik kollidierender Rechtswahlklauseln in den Allgemeinen Geschäftsbedingungen beider Vertragspartner insb. *Meyer-Sparenberg*, RIW 1989, 347, 348; *Sieg*, Allgemeine Geschäftsbedingungen im grenzüberschreitenden Geschäftsverkehr, RIW 1997, 811, 817; C. *Rühl* (Fn. 4), S. 68 ff.; *Dutta*, Kollidierende Rechtswahlklauseln in allgemeinen Geschäftsbedingungen, ZVglRWiss 104 (2005), 461 ff. m.w.N.

Bestimmungen oder Eingriffsnormen überlagert (a) oder sogar ihr Ergebnis durch die Anwendung der Grundsätze des *ordre public* modifiziert (b) werden.

*a) Überlagerung der Rechtswahl durch Anwendung von zwingenden Bestimmungen oder Eingriffsnormen*

Eine Überlagerung der Rechtswahl durch Anwendung von zwingenden Bestimmungen oder Eingriffsnormen kommt in einer ganzen Reihe von Fallkonstellationen in Betracht. Sie betrifft vor allem die Rechtswahl im internationalen Vertragsrecht, vereinzelt auch die Parteiautonomie bei außervertraglichen Schuldverhältnissen. Ein Teil dieser Kontrollmechanismen kann im Einzelfall auch bei der Veränderung anknüpfungserheblicher Tatsachen, also bei der mittelbaren Rechtswahl, greifen.

aa) Einschränkungen bei rein innerstaatlichen Sachverhalten

Zum einen wird die Rechtswahl bei rein innerstaatlichen Sachverhalten modifiziert: Nach Art. 27 III EGBGB bzw. Art. 3 III Rom I-VO sowie nach Art. 14 II Rom II-VO sind bei Sachverhalten, die – abgesehen von der Rechtswahl – ausschließlich mit einem einzigen Staat verbunden sind, die zwingenden Bestimmungen des Rechts dieses Staates, des so genannten „Einbettungsstatuts", anzuwenden. Insoweit kommt es also zu einem „Rechtsmix"[26]. Unter zwingenden Bestimmungen sind alle diejenigen Vorschriften zu verstehen, von denen nicht durch Parteivereinbarung abgewichen werden darf, also öffentlich- wie privatrechtliche Normen. So können etwa zwei Deutsche für einen zwischen ihnen geschlossenen Kaufvertrag, der ausschließlich in Deutschland abgewickelt wird, zwar türkisches Recht wählen, aber neben türkischem Recht kommen gegebenenfalls zwingende Vorschriften des deutschen Rechts als „Einbettungsstatut" zur Anwendung, z.B. diejenigen über Fernabsatzverträge, über den Verbrauchsgüterkauf oder über den Widerruf von Haustürgeschäften[27], aber auch diejenigen über die AGB-Kontrolle[28]. Diese Einschränkungen der Rechtswahl beruhen letztlich auf dem Gedanken, dass in derartigen Fällen zunächst gar kein Sachverhalt mit Auslandsberührung vorliegt, der das Internationale Privatrecht auf den Plan ruft. Vielmehr wird der Auslandsbezug überhaupt erst durch die Rechtswahl geschaffen, also von den Parteien sozusagen künstlich hergestellt. In diesen Fällen erscheint eine gewisse Umgehungskontrolle angebracht und sinnvoll.[29]

bb) Einschränkungen bei Binnenmarktsachverhalten

Auch bei Sachverhalten, die sich auf den EG-Binnenmarkt beschränken, wird die Rechtswahl im internationalen Schuldrecht eingeschränkt: im internationalen Ver-

---

**26** Dazu z.B. G. *Rühl*, FS Kropholler (2007), S. 187, 203; *Leible*, RIW 2008, 257, 262.
**27** Zu Letzteren z.B. LG Hamburg, IPRax 1990, 239, 241.
**28** Siehe etwa OLG Düsseldorf, NJW-RR 1994, 1132 f.
**29** So im Ergebnis, wenngleich mit teilweise abweichender Begründung auch *Kühne*, Liber amicorum Gerhard Kegel (2002), S. 65, 73.

tragsrecht durch Art. 29a I EGBGB bzw. künftig Art. 3 IV Rom I-VO, im Recht der außervertraglichen Schuldverhältnisse durch Art. 14 III Rom II-VO. Diese Vorschriften gewährleisten die Durchsetzung zwingender Regelungen des Gemeinschaftsrechts, wie etwa derjenigen des Produkthaftungsgesetzes, der Fernabsatzrichtlinie, der Timesharing-, der Verbrauchsgüterkauf- und auch der Klauselrichtlinie, gegenüber Rechtsordnungen von Drittstaaten in Fällen mit – abgesehen von der Rechtswahl – ausschließlichem Gemeinschaftsbezug. Auf diese Weise sollen materiellrechtliche Mindeststandards des europäischen Privatrechts abgesichert werden, es kommt wiederum zu einem „Rechtsmix"[30]. So können der Deutsche und der Grieche im obigen Beispiel ihren Kaufvertrag zwar neuseeländischem Recht unterstellen, aber neben neuseeländischem Recht sind wegen des Binnenmarktbezugs des Falles gegebenenfalls die europäischen Regeln über Verbrauchsgüterkauf, Klauselkontrolle, Fernabsatzverträge oder Haustürgeschäfte anzuwenden. Bemerkenswert ist, dass die Vorschriften in den Verordnungen Rom I und II anders als Art. 29a EGBGB nicht auf bestimmte gemeinschaftsrechtliche Regelungen und auch nicht auf den Verbraucherschutz beschränkt sind, sondern gemeinschaftsrechtliche Standards auch über den Verbraucherschutz hinaus durchsetzen. Auf die Einordnung der Vorschriften der Klauselrichtlinie als zwingende Bestimmungen im Sinne dieser Regelungen wird noch zurückzukommen sein.[30a]

#### cc) Einschränkungen für bestimmte Fallkonstellationen

Darüber hinaus wird die Privatautonomie im internationalen Vertragsrecht für bestimmte Fallkonstellationen noch weiter eingeschränkt. Besonders stark ausgeprägt sind diese Restriktionen im Bereich des Verbraucherschutzes. So darf nach Art. 29 I sowie nach Art. 29a I EGBGB bzw. künftig Art. 6 II 2 Rom I-VO dem Verbraucher der Schutz der zwingenden Bestimmungen (wiederum im Sinne von nicht abdingbaren Normen) seines Heimatrechts (also des Rechts des Staates, in dem er seinen gewöhnlichen Aufenthalt hat) nicht entzogen werden. Im gerade erörterten Beispiel kommen die verbraucherschützenden Bestimmungen des Heimatrechts des Käufers, also des deutschen oder griechischen Rechts, je nachdem, wer Käufer ist, zur Anwendung.

Auch die Einschränkung der vorherigen Rechtswahl bei außervertraglichen Schuldverhältnissen in Art. 14 II Rom II-VO dient letztlich dem Verbraucherschutz. Weitere Einschränkungen der Rechtswahl im internationalen Vertragsrecht betreffen den Arbeitnehmerschutz (Art. 30 I EGBGB bzw. künftig Art. 8 I Rom I-VO), den Schuldner- bzw. Drittschutz bei der Forderungsabtretung (Art. 33 II, III EGBGB bzw. künftig – teilweise abweichend – Art. 14 II Rom II-VO[31]) sowie Versicherungsverträge (Art. 7 III Rom I-VO) und künftig Beförderungsverträge (Art. 5 II 3 Rom I-VO). Hier werden materiellrechtliche Wertungen in das Kollisionsrecht transportiert und sichern den in der Rechtsordnung der engsten Verbindung vorhande-

---

**30a** S. u. IV. 2.

**30** Siehe z. B. G. *Rühl*, FS Kropholler (2007), S. 187, 204 f. m. w. N.

**31** Zu Einzelheiten insb. *Flessner*, Die internationale Forderungsabtretung nach der Rom I-Verordnung, IPRax 2009, 35, 39 ff.

nen jeweiligen materiellrechtlichen Schutz (z. B. Verbraucher-, Arbeitnehmer- oder Schuldnerschutz) ab.[32]

dd) Einschränkungen durch Eingriffsnormen

Zudem wird die Rechtswahl – wiederum vor allem im internationalen Vertragsrecht, teilweise aber auch im Recht der außervertraglichen Schuldverhältnisse – zur Wahrung von Interessen der Allgemeinheit eingeschränkt. So eröffnen Art. 34 EGBGB für das internationale Vertragsrecht und Art. 16 Rom II-VO für außervertragliche Schuldverhältnisse die Möglichkeit einer Anwendung der zwingenden Bestimmungen des deutschen Rechts. Der Kreis dieser Normen ist enger zu ziehen als derjenige der zwingenden Bestimmungen bei Inlands- oder Binnenmarktsachverhalten und umfasst zum einen nur international, also nicht lediglich intern zwingende Normen, die zum anderen der *lex fori* (in den hier betrachteten Konstellationen also dem deutschen Recht) entstammen müssen. Gedacht ist in erster Linie an Vorschriften, die nicht dem Interessenausgleich zwischen Privaten, sondern staatlichen Interessen dienen, wie z. B. Vorschriften des Kartell- bzw. Wettbewerbsrechts, aber möglicherweise auch privatrechtliche Regelungen, etwa solche des Verbraucherschutzrechts[33] (sofern hier nicht insoweit als vorrangig anzusehende Spezialregelungen, insbesondere Art. 29 EGBGB bzw. Art. 6 Rom I-VO, greifen)[34]. Ähnliches dürfte künftig im Rahmen der ausdrücklichen Definition von Eingriffsnormen in Art. 9 I Rom I-VO gelten. So wenden deutsche Gerichte etwa auf einen urheberrechtlichen Nutzungsvertrag zwischen einem Deutschen und einem Franzosen, für den englisches Recht gewählt wurde, auf den aber ohne die Rechtswahl deutsches Recht anzuwenden wäre, die Vorschriften über angemessene Vergütung und weitere Beteiligung des Urhebers (§§ 32, 32a UrhG) an. Etwas weiter reicht künftig Art. 9 Rom I-VO, der in Abs. 2 die Eingriffsnormen des angerufenen Gerichts, darüber hinaus aber in Abs. 3 auch die Eingriffsnormen des Staates, in dem sich der Erfüllungsort der vertraglichen Verpflichtungen befindet, beruft.[35]

---

**32** Siehe dazu etwa *de Boer*, YbPrIntL 9 (2007), 19, 21; *Leible*, FS Jayme (2004), S. 485, 492 f. Zur ökonomischen Bewertung insb. *Basedow*, Lex Mercatoria und Internationales Schuldvertragsrecht – Eine rechtsökonomische Skizze, in: Festschrift für Horn (2006), S. 229, 243.

**33** Dies ist jedoch umstritten, siehe nur *Giuliano/Lagarde*, Bericht über das Übereinkommen über das auf außervertragliche Schuldverhältnisse anzuwendende Recht, ABl. 1980 C 282/1 einerseits, BGHZ 165, 248, 255 ff. andererseits; weiterhin etwa *Kühne*, Liber amicorum Gerhard Kegel (2002), S. 65, 75; Münchener Kommentar-*Martiny* (Fn. 10), Art. 34 EGBGB Rn. 109 m.w.N.; Prütting/Wegen/Weinreich-*Remien*, BGB Kommentar (4. Aufl. 2009), Art. 34 EGBGB Rn. 13 m.w.N. Nach ganz h.M. sind jedenfalls die Vorschriften über die AGB-Kontrolle keine zwingenden Bestimmungen im Sinne dieser Regelungen, siehe z. B. *Sieg*, RIW 1997, 811, 817 m.w.N.; Münchener Kommentar-*Martiny* (Fn. 10), Art. 34 EGBGB Rn. 111 m.w.N.; a.A. OLG Düsseldorf, IPRax 1997, 115, 117 f.; OLG Düsseldorf, IPRax 1997, 118, 120; kritisch dazu *Thorn*, Termingeschäfte an Auslandsbörsen und internationale Schiedsgerichtsbarkeit, IPRax 1997, 98, 104 f.

**34** Zum Vorrang siehe insb. BGHZ 123, 380, 390 f. m.w.N.; BGHZ 135, 124, 136; *Grundmann*, Europäisches Vertragsrechtsübereinkommen, EWG-Vertrag und § 12 AGBG, IPRax 1992, 1, 2; zum Streitstand insgesamt Prütting/Wegen/Weinreich-*Remien* (Fn. 33), Art. 34 EGBGB Rn. 3 m.w.N.

**35** Dazu z. B. *Leible/Lehmann*, RIW 2008, 528, 542 f.; *Pfeiffer*, EuZW 2008, 622, 628; *Freitag*, Die kollisionsrechtliche Behandlung ausländischer Eingriffsnormen nach Art. 9 Abs. 3 Rom I-VO, IPRax 2009, 109 ff.

Bei den Modifikationen der Rechtswahl – aber auch objektiver Anknüpfungen –[36] durch die Anwendung solcher Eingriffsnormen handelt es sich um einen besonders sensiblen Bereich: Je mehr die Gerichte nicht nur öffentlich-rechtliche, sondern zunehmend auch privatrechtliche Vorschriften als Eingriffsnormen ansehen – und hier herrscht nicht nur in Deutschland, sondern auch in Europa eine zunehmende Tendenz, desto stärker wird über solche Normen de facto eine Inhaltskontrolle – oder gar eine teilweise Inhaltsänderung – der Rechtswahl vorgenommen.

ee) Gesetzesumgehung

Teilweise wird vertreten, dass die freie Rechtswahl auch durch die Vorschriften über die Gesetzesumgehung (*fraus legis*) eingeschränkt werde.[37] Hier wie in anderen Bereichen sind jedoch die Regeln über die Gesetzesumgehung zurückhaltend anzuwenden. Voraussetzung ist ein Verhalten, das deutlich über die eben geschilderten Fallgruppen und verwandte Konstellationen hinausgeht. Daher dürften diese Grundsätze bei Rechtswahlvereinbarungen nur ganz ausnahmsweise zum Zuge kommen.[38]

*b) Ergebniskontrolle mit Hilfe des ordre public*

Führt die Rechtswahl trotz aller bereits genannten Einschränkungen zu einem als unbillig zu wertenden Ergebnis, kommt zudem eine nachträgliche Ergebniskontrolle mit Hilfe des *ordre public* in Betracht. Für vertragliche Schuldverhältnisse ist bisher Art. 6 EGBGB[39], künftig Art. 21 Rom I-VO maßgeblich, für außervertragliche Schuldverhältnisse Art. 26 Rom II-VO bzw. in Einzelbereichen, insbesondere bei Verletzungen des Persönlichkeitsrechts, Art. 40 III EGBGB. Auch hier sind materiellrechtliche Erwägungen entscheidend.[40] So können etwa Schadensersatzansprüche eines Deutschen gegen eine englische Boulevardzeitung wegen Ehrverletzung zwar einer Rechtsordnung unterstellt werden, die bei der Bemessung des Schadensersatzes besonders „großzügig" ist. Die Ansprüche können nach Art. 40 III

---

**36** Siehe aber insb. *Kühne*, Liber amicorum Gerhard Kegel (2002), S. 65, 72, der festhält, dass die Anfälligkeit des parteiautonomen Vertragsstatuts für die Überlagerung durch solche Eingriffsnormen tendenziell größer sei als die des gesetzlichen Vertragsstatuts.

**37** Z. B. Münchener Kommentar-*Martiny* (Fn. 10), Art. 27 EGBGB Rn. 11; zweifelnd Staudinger-*Magnus*, BGB (Bearb. 2002), Art. 27 EGBGB Rn. 29; Bamberger/Roth-*Spickhoff*, Kommentar zum Bürgerlichen Gesetzbuch (2. Aufl. 2008), Art. 27 EGBGB Rn. 53.

**38** So i. E. auch Staudinger-*Magnus* (Fn. 37), Art. 27 EGBGB Rn. 29; Münchener Kommentar-*Martiny* (Fn. 10), Art. 27 EGBGB Rn. 11 m.w.N.; Bamberger/Roth-*Spickhoff* (Fn. 37), Art. 27 EGBGB Rn. 53, alle m.w.N.

**39** Dazu z. B. AG Lichtenfels, IPRax 1990, 235, 236 in Bezug auf das Widerrufsrecht nach § 1b AbzG a. F.; OLG Celle, IPRax 1991, 334, 336 für das Widerrufsrecht bei Haustürgeschäften. Dagegen aber LG Hildesheim, IPRax 1993, 173, 174 f. Die Vorschriften der Klauselkontrolle werden zu Recht nicht als Bestandteil des deutschen *ordre public* angesehen, siehe z. B. *Wolf*, Auslegung und Inhaltskontrolle von AGB im internationalen kaufmännischen Verkehr, ZHR 153 (1989), 300, 302; *Sieg*, RIW 1997, 811, 817.

**40** Zu denkbaren Einschränkungen der Parteiautonomie im internationalen Eherecht aufgrund verfassungsrechtlicher Wertungen siehe insb. *Kühne*, Liber amicorum Gerhard Kegel (2002), S. 65, 78 ff.

Nr. 1 bzw. Nr. 2 EGBGB aber nicht geltend gemacht werden, wenn sie wesentlich weiter gehen als zur angemessenen Entschädigung des Verletzten erforderlich oder wenn sie offensichtlich anderen Zwecken als einer angemessenen Entschädigung des Verletzten dienen. Ähnliche Ergebnisse lassen sich auch im Anwendungsbereich der Rom II-VO erzielen (siehe nur Erwägungsgrund 32). Ansätze zur Etablierung eines europäischen *ordre public* haben sich allerdings bislang nicht durchsetzen können; die *ordre public*-Kontrolle erfolgt also ausschließlich am Maßstab der *lex fori*.[41] Letztlich kann mit Hilfe der *ordre public*-Regelungen allgemeinen Gerechtigkeitserwägungen Geltung verschafft werden. Da der Richter hier besonders stark in die Parteiautonomie eingreift, indem er durch Anwendung einer solchen Regelung das Ergebnis der Rechtswahl modifiziert, ist bei der Anwendung des *ordre public* gerade in Fällen einer Rechtswahl besondere Zurückhaltung geboten.

## IV. Kontrolle von Rechtswahlklauseln in Allgemeinen Geschäftsbedingungen?

Mag dieses spezifisch internationalprivatrechtliche Instrumentarium der Inhaltskontrolle bereits recht umfassend erscheinen, stellt sich dennoch bei der unmittelbaren Rechtswahl die Frage einer weitergehenden Kontrolle von Rechtswahlklauseln, die in Allgemeinen Geschäftsbedingungen enthalten sind.[42] Hier ist zwischen Einbeziehungs- und Inhaltskontrolle zu differenzieren.

### 1. Einbeziehungskontrolle

Eine Einbeziehungskontrolle von Rechtswahlklauseln in Allgemeinen Geschäftsbedingungen wird im internationalen Vertragsrecht von der ganz h.M. für zulässig gehalten,[43] weil Art. 3 IV des Europäischen Vertragsrechtsübereinkommens sowie der auf ihm beruhende Art. 27 IV EGBGB ebenso wie künftig Art. 3 V Rom I-VO keine gesonderten Regelungen über die Einbeziehungskontrolle enthalten. Daher erfolgt die Einbeziehungskontrolle gemäß der in diesen Vorschriften aufgestellten allgemeinen Regel anhand des gewählten – in diesem Zeitpunkt aber noch hypothetischen – Vertragsstatuts. Im Einzelfall kann allerdings über Art. 31 II EGBGB bzw. demnächst Art. 10 II Rom I-VO auch eine Einbeziehungskontrolle nach dem am gewöhnlichen Aufenthalt des Vertragspartners des Verwenders geltenden Recht erfolgen.[44]

---

**41** Siehe dazu hier nur G. *Rühl*, FS Kropholler (2007), S. 187, 208.

**42** Zur Zulässigkeit der Rechtswahl in Allgemeinen Geschäftsbedingungen siehe hier nur C. *Rühl* (Fn. 4), S. 46 ff. m.w.N. Fn. 19.

**43** Siehe z.B. *Sieg*, RIW 1997, 811, 815 f.; Münchener Kommentar-*Spellenberg* (Fn. 10), Art. 31 EGBGB Rn. 23; Staudinger-*Hausmann* (Fn. 37), Art. 31 EGBGB Rn. 72, beide m.w.N.; a.A. *Stoll*, FS Heini (1995), S. 429, 438 f.

**44** Zur Anwendbarkeit dieser Regelungen auch auf die Einbeziehung von AGB siehe insb. *Meyer-Sparenberg*, RIW 1989, 347, 350; *Sieg*, RIW 1997, 811, 815 f.; C. *Rühl* (Fn. 4), S. 158 ff.; *Schmidt-Kessel*, Kollisionsrechtliche Behandlung der Einbeziehung Allgemeiner Geschäftsbedingungen unter

Vor allem bei der Wahl eines mit dem Sachverhalt nicht verbundenen Rechts in Allgemeinen Geschäftsbedingungen könnte schon die Einbeziehung der Rechtswahlklausel fraglich sein, wenn diese nach dem anwendbaren Recht (z.B. nach § 305c I BGB oder entsprechenden Vorschriften in anderen Rechtsordnungen) als überraschend anzusehen wäre.[45] Solche Konstellationen können, müssen sich aber nicht mit den in Art. 27 III, 29a I EGBGB konkretisierten decken. Daher ist es denkbar, dass die Wahl einer unverbundenen Rechtsordnung bereits an den Einbeziehungsregeln des nach Art. 27 IV i.V.m. Art. 31 I EGBGB anwendbaren Rechts scheitert, selbst wenn es sich nicht um einen reinen Inlands- oder Binnenmarktsachverhalt handelt. Fraglich ist, wie dieser Konflikt von Wertungen der Einbeziehungskontrolle mit solchen der kollisionsrechtlichen Kontrolle, der beispielsweise zur Unzulässigkeit einer kollisionsrechtlich an sich zulässigen Wahl eines drittstaatlichen Rechts führen kann, aufzulösen ist. Erscheint es auch auf den ersten Blick bedenklich, auf diese Weise kollisionsrechtliche Wertungen zu negieren,[46] ist doch zu berücksichtigen, dass diese Wirkung nur bei Rechtswahlklauseln in Allgemeinen Geschäftsbedingungen eintreten kann, also nur bestimmte Fälle der Wahl des Rechts eines Drittstaates betroffen sind. Lässt man die Einbeziehungskontrolle überhaupt zu, muss konsequenterweise auch eine solche auf speziellen Erwägungen der materiellrechtlichen Klauselkontrolle beruhende Folge hingenommen werden.[47]

Bei außervertraglichen Schuldverhältnissen stellt sich bei Rechtswahlvereinbarungen vor Entstehung des Schuldverhältnisses ein weiteres Problem der Einbeziehungskontrolle: Nach Art. 14 I 1 lit. b Rom II-VO muss die Rechtswahlklausel „frei ausgehandelt" worden sein. Fraglich ist daher, ob eine vorherige Rechtswahl in Allgemeinen Geschäftsbedingungen überhaupt möglich ist. Das hängt davon ab, wie man das „freie Aushandeln" versteht. Dass diese Frage in einem europäischen Rechtsakt nicht nach den zu §§ 305 ff. BGB entwickelten Grundsätzen beurteilt werden kann, sollte sich von selbst verstehen.[48] Interpretationshilfen im europäischen Recht liegen aber auch nicht auf der Hand: Die Klausel-Richtlinie betrifft nur das Verhältnis zwischen Gewerbetreibenden und Verbrauchern, erfasst also gerade nicht die kommerzielle Tätigkeit beider Parteien, die in Art. 14 I 1 lit. b Rom II-VO vorausgesetzt wird. Gleichwohl sollte der in Art. 3 II der Klausel-Richtlinie enthal-

---

dem CISG: Entscheidung des niederländischen Hoge Raad vom 28. Januar 2005, ZEuP 2008, 605, 609; a.A. wiederum *Stoll*, FS Heini (1995), S. 429, 439; zur insgesamt recht eingeschränkten Anwendbarkeit dieser Regeln insb. *Baumert*, RIW 1997, 805, 807 ff.; C. *Rühl* (Fn. 4), S. 159 ff.

**45** So z.B. *Meyer-Sparenberg*, RIW 1989, 347, 350.

**46** Gegen eine derartige Kontrolle überraschender Klauseln daher z.B. *Baumert*, RIW 1997, 805, 809; dafür wohl (jedenfalls für eine spezielle Fallkonstellation) Münchener Kommentar-*Basedow*, BGB (5. Aufl. 2007), § 305c BGB Rn. 16.

**47** Ebenso im Ergebnis Münchener Kommentar-*Spellenberg* (Fn. 10), Art. 31 EGBGB Rn. 24; Staudinger-*Hausmann* (Fn. 37), Art. 31 EGBGB Rn. 89 m.w.N.; C. *Rühl* (Fn. 4), S. 127 ff. (zu § 3 AGBG a.F.). Zwar bewegt sich die Kontrolle überraschender Klauseln an der Grenze zwischen Einbeziehungs- und Inhaltskontrolle, aber wenn ihre Rechtsfolge innerhalb der anwendbaren Rechtsordnung die Nichteinbeziehung der Klausel ist, muss sie wohl internationalprivatrechtlich als Element der Einbeziehungskontrolle qualifiziert werden.

**48** Ausdrücklich ablehnend z.B. G. *Wagner*, Die neue Rom II-Verordnung, IPRax 2008, 1, 13 f.

tene Grundgedanke dahingehend verallgemeinert werden, dass im Voraus abgefasste Klauseln grundsätzlich nicht als frei ausgehandelt anzusehen sind.[49] Zwar wäre es denkbar, im unternehmerischen Geschäftsverkehr für das Aushandeln niedrigere Standards anzusetzen, aber hierfür finden sich im europäischen Recht bislang keine Anhaltspunkte, und eine gleichsam „freihändige" Entwicklung neuer Standards erscheint in diesem Bereich problematisch. Daher sollte auf den Rechtsgedanken von Art. 3 II Klausel-Richtlinie zurückgegriffen werden, mit der Folge, dass eine vorherige Rechtswahl in Allgemeinen Geschäftsbedingungen nur getroffen werden kann, wenn die Rechtswahlklausel im Einzelnen ausgehandelt wurde.[50] Das mag man zwar mit Blick auf den internationalen Handelsverkehr als unpraktisch und unüblich kritisieren. *De lege lata* ist aber eine andere Lösung kaum möglich und das Ergebnis erscheint tragbar, wenn man berücksichtigt, dass eine Rechtswahl bei außervertraglichen Schuldverhältnissen bisher international ohnehin keine Selbstverständlichkeit war und in vielen Fällen noch die Möglichkeit der akzessorischen Anknüpfung an ein gewähltes Vertragsstatut bleibt (z.B. nach Art. 4 III, 5 II, 10 I, 11 I, 12 I Rom II-VO). Bei der hier bevorzugten Interpretation ermöglicht Art. 14 I 1 lit. b Rom II-VO eine europäische Missbrauchskontrolle einer im Voraus getroffenen Rechtswahl, z.B. bei einer Täuschung über eine Rechtswahlklausel oder in Fällen, in denen mit einer Rechtswahlklausel schlechterdings nicht zu rechnen war. Allerdings dürften diese Fälle im unternehmerischen Verkehr praktisch nicht allzu häufig vorkommen, weil hier an die Aufmerksamkeit des Vertragspartners höhere Anforderungen gestellt werden als etwa in Verbraucherfällen.

## 2. Inhaltskontrolle

Stärker kontrovers als die Einbeziehungskontrolle wird die Möglichkeit einer Inhaltskontrolle von Rechtswahlklauseln diskutiert. Diese dürfte in der Regel nach dem gewählten Recht erfolgen;[51] ob dies aus Art. 27 I 1 EGBGB (bzw. künftig Art. 3 I 1 Rom I-VO) oder aus Art. 27 IV i.V.m. Art. 31 I EGBGB[52] (bzw. künftig Art. 3 V i.V.m. Art. 10 I Rom I-VO) herzuleiten ist, muss nur entschieden werden, wenn eine Inhaltskontrolle überhaupt für zulässig gehalten wird. Einigkeit besteht in diesem Bereich nur darüber, dass eine Klauselkontrolle keine rechtswahlspezifischen Elemente enthalten darf, dass also z.B. im Vertragsrecht die Wahl eines mit dem Sachverhalt nicht verbundenen Rechts nicht im Wege der Klauselkontrolle untersagt werden darf.[53] Sie kann vielmehr nur durch die hierfür geltenden spezi-

**49** So auch *Leible*, RIW 2008, 257, 260.

**50** So auch *Leible*, RIW 2008, 257, 260; *Rugullis*, IPRax 2008, 319, 322; a.A. z.B. G. *Wagner*, IPRax 2008, 1, 14; Bamberger/Roth-*Spickhoff* (Fn. 37), Anh. Art. 42 EGBGB Rn. 99; Palandt-*Thorn*, BGB (68. Aufl. 2009), Art. 14 Rom II-VO Rn. 9.

**51** Siehe z.B. Staudinger-*Hausmann* (Fn. 37), Art. 31 EGBGB Rn. 72 m.w.N.

**52** So z.B. C. *Rühl* (Fn. 4), S. 196.

**53** Anders noch in § 10 Nr. 8 AGBG a.F.: „In Allgemeinen Geschäftsbedingungen ist insbesondere unwirksam […] die Vereinbarung der Geltung ausländischen Rechts oder des Rechts der Deutschen Demokratischen Republik in Fällen, in denen hierfür kein anerkennenswertes Intefischen internationalprivatrechtlichen Normen, die bereits dargestellt wurden,[54] eingeschränkt werden. Insofern ist der Vorrang des insoweit als abschließend anzusehenden Art. 3 des Europäischen Vertragsrechtsübereinkommens, der dem Völkerrecht entstammt und auf dem Art. 27 EGBGB beruht, zu wahren. Nach Inkrafttreten der Rom I-VO wird allerdings Art. 3 Rom I-VO als Nachfolgeregelung von Art. 3 des Europäischen Vertragsrechtsübereinkommens jedenfalls für den Bereich der Verbraucherverträge den Regelungen in der Klauselrichtlinie, also ebenfalls einem europäischen Rechtsakt, gegenüberstehen. Gleichwohl dürfte sich der dargestellte Grundsatz der Sache nach aufrechterhalten lassen, weil sich die Anwendungsbereiche beider Rechtsakte klar gegeneinander abgrenzen lassen.

Umstritten ist und bleibt aber die Anwendbarkeit der Inhaltskontrolle im Übrigen. So stellt sich etwa die Frage, ob das Transparenzgebot oder die Grundsätze der Missbrauchskontrolle auf Rechtswahlklauseln in Allgemeinen Geschäftsbedingungen angewandt werden können. Das Transparenzgebot könnte etwa eine Rolle spielen, wenn vereinbart wird, dass auf einen Vertrag das Recht des Landes anzuwenden ist, in dem der Vertrag geschlossen wurde, oder wenn in Kaufverträgen, die im Rahmen einer deutschsprachigen Verkaufsveranstaltung auf Gran Canaria ausschließlich in deutscher Sprache geschlossen werden, die Geltung spanischen Rechts festgelegt wird. Die Missbrauchskontrolle könnte z.B. bei dem eingangs genannten Beispiel zum Zuge kommen, in dem in einem Schiffsfrachtvertrag vereinbart wurde, dass im Falle einer Gesetzeskollision Schiff und Verfrachter den Schutz des ihnen günstigsten Gesetzes genießen, aber auch möglicherweise bei der Wahl eines mit dem Sachverhalt nicht verbundenen Rechts.

Die wohl herrschende Meinung lehnt eine Inhaltskontrolle von Rechtswahlklauseln ab.[55] Argumentiert wird wiederum teilweise mit Art. 3 des Europäischen Vertragsrechtsübereinkommens, der keine Inhaltskontrolle vorsehe.[56] Dieses Argument ist allerdings ambivalent, wenn in Bezug auf die Einbeziehungskontrolle – wie dargestellt – gerade umgekehrt argumentiert wird, dass eine solche im Europäischen Vertragsrechtsübereinkommen und den darauf aufbauenden Vorschriften nicht gesondert geregelt und daher nach allgemeinen Grundsätzen möglich sei. Weiterhin wird vorgebracht, dass in den Fällen der Rechtswahl regelmäßig eine Sachnormverweisung vorliege (Art. 4 II bzw. Art. 35 EGBGB – künftig Art. 20

---

resse besteht." Diese Regelung wurde 1986 außer Kraft gesetzt, weil sie dem in Art. 3 EVÜ und Art. 27 EGBGB verankerten Grundsatz der freien Rechtswahl widersprach (BT-Drs. 10/504, S. 95).

**54** S.o. III.

**55** Z.B. *Meyer-Sparenberg*, RIW 1989, 347; *Jayme*, Inhaltskontrolle von Rechtswahlklauseln in Allgemeinen Geschäftsbedingungen, in: Festschrift für W. Lorenz (1991), S. 435, 439; *Grundmann*, IPRax 1992, 1 f.; *Stoll*, FS Heini (1995), S. 429, 439 f.; *Mankowski*, Timesharingverträge und Internationales Vertragsrecht, RIW 1995, 364, 366; *Baumert*, RIW 1997, 805, 809; Münchener Kommentar-*Martiny* (Fn. 10), Art. 27 EGBGB Rn. 13; *ders.*, Europäisches Internationales Vertragsrecht – Erosion der Römischen Konvention?, ZEuP 1997, 107, 116 f.; C. *Rühl* (Fn. 4), S. 206 ff.; *v. Bar/Mankowski* (Fn. 1), § 7 6. h) Rn. 85; Staudinger-*Hausmann* (Fn. 37), Art. 31 EGBGB Rn. 85; Münchener Kommentar-*Spellenberg* (Fn. 10), Art. 31 EGBGB Rn. 23, beide m.w.N.

**56** Z.B. *Mankowski*, Strukturfragen des internationalen Verbrauchervertragsrechts, RIW 1993, 453, 456; *ders.*, RIW 1995, 364, 366; *Grundmann*, IPRax 1992, 1, 2.

Rom I-VO, sowie Art. 24 Rom II-VO), so dass jedenfalls eine Kontrolle von Rechtswahlklauseln anhand des Internationalen Privatrechts der gewählten Rechtsordnung nicht in Betracht komme, andererseits aber spezifische Inhaltskontrolltatbestände nur im Internationalen Privatrecht zu finden seien.[57] Dieses Argument steht allerdings einer Inhaltskontrolle anhand der sachrechtlichen Normen des gewählten Rechts, wie sie hier diskutiert wird, gerade nicht entgegen. Schließlich wird noch geltend gemacht, eine sachrechtliche Inhaltskontrolle könne zu dem paradoxen Ergebnis führen, dass sich das gewählte Recht selbst für inhaltlich unangemessen erkläre.[58] Dem lässt sich entgegenhalten, dass das gewählte Recht letztlich nicht sich selbst, sondern eine bestimmte Parteivereinbarung für unangemessen erklärt.

Teilweise wird allerdings in der Literatur eine Inhaltskontrolle von Rechtswahlklauseln für zulässig gehalten,[59] und zahlreiche Gerichte sind in der Vergangenheit geradezu selbstverständlich davon ausgegangen, dass eine Inhaltskontrolle möglich sei.[60] Relevant wurde die Frage vor allem in den so genannten „Gran Canaria-Fällen", in denen für Verträge deutscher Urlauber am Urlaubsort spanisches Recht zu einem Zeitpunkt gewählt wurde, in dem die Richtlinie über den Widerruf von Haustürgeschäften in Spanien noch nicht umgesetzt war.[61] Für eine Inhaltskontrolle führen die Vertreter dieser Ansicht unter anderem an, dass Art. 3 des Europäischen Vertragsrechtsübereinkommens die Inhaltskontrolle nicht regele und damit auch nicht ausschließe.[62] Das erscheint angesichts der oben dargestellten Argumentation zur Einbeziehungskontrolle konsequent. Weiterhin sei die Differenzierung der Gegenansicht zwischen Einbeziehungs-, Überraschungs- und Inhaltskontrolle weder überzeugend noch praktikabel.[63] Schließlich wird geltend gemacht, wenn man die Missbrauchskontrolle als allgemeinen Grundsatz des europäischen (Privat-)Rechts ansehe, spreche auch dies für eine – zumindest begrenzte – Inhaltskontrolle von Rechtswahlvereinbarungen. Über Bestehen und Reichweite solcher allgemeinen Rechtsgrundsätze im europäischen Privatrecht ließe sich allerdings trefflich streiten – das ist jedoch nicht Gegenstand dieses Vortrags.

Beide Ansichten stehen sich damit gegenüber, ohne dass ein qualitatives Überwiegen einer Seite deutlich würde. Daher muss nach weiteren Argumenten gesucht werden. Letztlich geht es hier um die Konkurrenz zwischen Internationalem Privat-

---

**57** Z.B. *Mankowski*, RIW 1993, 453, 456 f; *ders.*, RIW 1995, 364, 366; C. *Rühl* (Fn. 4), S. 201.

**58** *Mankowski*, RIW 1993, 453, 456; *ders.*, RIW 1995, 364, 366; *v. Bar/Mankowski* (Fn. 1), § 7 6. h) Rn. 85.

**59** Z.B. *Wolf*, ZHR 153 (1989), 300, 302; *Heiss*, Inhaltskontrolle von Rechtswahlklauseln in AGB nach europäischem Internationalem Privatrecht?, RabelsZ 65 (2001), 634, 636 ff.

**60** Z.B. OLG Frankfurt, IPRax 1990, 236, 239 (ob eine solche Inhaltskontrolle überhaupt statthaft ist, war nicht Gegenstand der Revisionsentscheidung des BGH, ZIP 1990, 1348); OLG Hamm, IPRax 1990, 242, 244; LG Limburg, NJW-RR 1989, 119 f.; LG Stuttgart, IPRspr 1990 Nr. 36; LG Hildesheim, IPRax 1993, 173, 174; LG Düsseldorf, RIW 1995, 415 f.

**61** Z.B. OLG Hamm, IPRax 1990, 242; LG Hamburg, IPRax 1990, 239; LG Stuttgart, IPRspr 1990 Nr. 36; AG Bremerhaven, NJW-RR 1990, 1083; LG Hildesheim, IPRax 1993, 173; ähnlich AG Lichtenfels, IPRax 1990, 235. Siehe dazu hier nur *Jayme*, FS W. Lorenz (1991), S. 435, 437.

**62** *Heiss*, RabelsZ 65 (2001), 634, 637 ff.

**63** *Heiss*, RabelsZ 65 (2001), 634, 640 ff. Eingehend zur Abgrenzung C. *Rühl* (Fn. 4), S. 208 ff.

recht und Klauselkontrolle. Die Frage müsste angesichts der zunehmenden Europäisierung des Internationalen Privatrechts gerade in den Bereichen, in denen eine Rechtswahl besonders bedeutsam ist (also vor allem im internationalen Schuldrecht), wohl einer autonomen europäischen Lösung zugeführt werden. Problematisch ist hier allerdings die nur rudimentäre Regelung der Kontrolle Allgemeiner Geschäftsbedingungen in der Klauselrichtlinie, die sich auf das Verhältnis zwischen Unternehmern und Verbrauchern beschränkt. Soweit die Richtlinie reicht, wird ihr aber im Rahmen der internationalprivatrechtlichen Binnenmarktklauseln (Art. 29a I EGBGB, Art. 3 IV Rom I-VO, Art. 14 III Rom II-VO) gegenüber dem gewählten Recht eines Drittstaates Vorrang eingeräumt. Zugleich wird wohl vom Gesetzgeber vorausgesetzt, dass auch bei binnenmarktinternen Sachverhalten die Inhaltskontrolle greifen kann. Sofern die in der Richtlinie enthaltenen Klauselverbote auch für Rechtswahlklauseln passen, lässt sich also eine Inhaltskontrolle bereits *de lege lata* begründen, wenn man davon ausgeht, dass die Wirksamkeit des Rechtswahlvertrags nach allgemeinen Grundsätzen des internationalen Vertragsrechts zu beurteilen ist.[64] Im Übrigen, also insbesondere im Verhältnis zwischen Unternehmen, fehlt es an einer europäischen Regelung. Hier geht es daher um das Verhältnis zwischen – zunehmend europäischem – Internationalem Privatrecht und Klauselkontrolle nach nationalem Recht. Auch hierfür lässt sich das internationalprivatrechtliche Instrumentarium nutzen: Sähe man die nationalen Regeln der Klauselkontrolle als zwingende Bestimmungen an, könnten diese Vorschriften des gewählten Rechts jedenfalls bei Inlands- bzw. Binnenmarktsachverhalten über Art. 27 III EGBGB, Art. 3 III Rom I-VO, Art. 14 II Rom II-VO bzw. über Art. 29a I EGBGB, Art. 3 IV Rom I-VO, Art. 14 III Rom II-VO zur Anwendung gebracht werden. Würde man sie gar als Eingriffsnormen betrachten, käme eine noch weiter reichende Anwendung jedenfalls der Klauselkontrolle nach der *lex fori* in Betracht. Eine Einordnung nationaler Regeln zur Inhaltskontrolle als zwingende Bestimmungen erscheint plausibel, die Qualifikation als Eingriffsnormen hingegen als zu weitgehend, weil man den Regeln der Inhaltskontrolle wohl kaum einen vergleichbaren internationalen Durchsetzungswillen bescheinigen kann wie z.B. Ein- und Ausfuhrbestimmungen oder Regelungen des Devisenrechts. Da Eingriffsnormen zudem generell zurückhaltend angewandt werden sollten, will man nicht das Internationale Privatrecht vollends materialisieren, ist die Inhaltskontrolle aus Sicht des Internationalen Privatrechts nur bei innerstaatlichen und Binnenmarktsachverhalten möglich. Hier sind also Rechtswahlklauseln anhand des gewählten Sachrechts zu kontrollieren. Das kann zwar im Einzelfall dazu führen, dass Gerichte nach einem ausländischen, ihnen also nicht vertrauten Recht die Befugnis erhalten, den Rechtswahlvertrag zu modifizieren. Dies ist jedoch eine Konsequenz der generellen Zulassung einer Anwendung ausländischer zwingender Bestimmungen, die auch in diesem Bereich zugunsten des Rechts, mit dem der Sachverhalt eine enge Verbindung aufweist, hingenommen werden muss. Andererseits spricht eben dieser Aspekt dafür, die Inhaltskontrolle von Rechtswahlklauseln nicht über den genannten Bereich hinaus auszudehnen.

---

**64** Enger hingegen C. *Rühl* (Fn. 4), S. 241.

Die Transparenz- oder Missbrauchskontrolle ist stark von der jeweiligen Rechtsordnung und vor allem Rechtskultur abhängig und kann daher von in einer anderen Rechtskultur verwurzelten Richtern nur schwer nachvollzogen werden. Genau dies würde aber notwendig, wenn man die Klauselkontrolle von Rechtswahlvereinbarungen anhand des gewählten Sachrechts generell zuließe. Das bedeutet trotzdem nicht, dass ein Missbrauch der Parteiautonomie bei der Rechtswahl hinzunehmen wäre, denn es bleibt immer noch die Anwendung des internationalprivatrechtlichen Instrumentariums zur Inhaltskontrolle. So lassen sich die Fälle mangelnder Transparenz regelmäßig mit Hilfe der allgemeinen internationalprivatrechtlichen Regeln zur Rechtswahl erfassen, denn nach ihnen muss sich eine Rechtswahl „mit hinreichender Sicherheit" (Art. 27 I 2 EGBGB, Art. 14 I 2 Rom II-VO) oder sogar „eindeutig" (Art. 3 I 2 Rom I-VO) aus den Bestimmungen des Vertrags bzw. den Umständen des Falles ergeben.[65] Diesen Anforderungen dürfte etwa die Klausel „Auf diesen Vertrag ist das Recht des Landes anzuwenden, in dem der Vertrag geschlossen wurde" nur genügen, wenn der Vertrag gleichzeitig eindeutige Angaben zum Staat des Vertragsschlusses enthält.[66] Zwar betreffen die genannten Regelungen *prima facie* die Frage, *ob* überhaupt eine Rechtswahl vorliegt. Ihr Wortlaut lässt aber auch eine erweiternde Auslegung zu, die deswegen sinnvoll erscheint, weil eine unklare Rechtswahlklausel ebenso wenig eine eindeutige Bestimmung des anwendbaren Rechts ermöglicht wie ein mehrdeutiges Parteiverhalten. Bei überraschenden oder missbräuchlichen Klauseln helfen die allgemeinen Vorschriften zur Rechtswahl hingegen nicht immer weiter: Fälle wie die überraschende Wahl einer mit dem Sachverhalt nur marginal oder gar nicht verbundenen Rechtsordnung oder der Übervorteilung des Vertragspartners scheitern nicht zwingend an mangelnder Transparenz der Rechtswahl.[67] Bei der schon angeführten Klausel eines Seefrachtvertrags „Im Falle einer Gesetzeskollision genießen Schiff und Verfrachter den Schutz des ihnen günstigsten Gesetzes" dürfte allerdings wohl schon die Transparenzkontrolle negativ ausfallen. Zusätzlich verbleibt aber zur Vermeidung unangemessener Ergebnisse immer noch die *ordre public*-Kontrolle, mit der sich Fälle eines Missbrauchs der Rechtswahl hinreichend erfassen lassen dürften. Dieser Weg hat den Vorteil, dass die Gerichte den Missbrauch anhand der ihnen vertrauten *lex fori* zu beurteilen haben; so wird zudem der inländische Entscheidungseinklang gefördert.

Damit zeigt sich, dass eine Inhaltskontrolle von Rechtswahlklauseln in Allgemeinen Geschäftsbedingungen über das Internationale Privatrecht hinreichend ge-

---

**65** So schon *Jayme*, FS W. Lorenz (1991), S. 435, 439; ebenso C. *Rühl* (Fn. 4), S. 132. Auch E. *Lorenz*, Die Auslegung schlüssiger und ausdrücklicher Rechtswahlerklärungen im internationalen Schuldvertragsrecht, RIW 1992, 697, 705 f., will die Vorschrift auf eine Rechtswahl durch eine unklare AGB-Klausel anwenden, allerdings noch weitergehend als hier vorgeschlagen im Sinne einer kollisionsrechtlichen Unklarheitenregel.

**66** In OLG Frankfurt, IPRax 1990, 236, 239 wurde die Klausel im Rahmen der AGB-Kontrolle als unwirksam nach § 9 AGBG a.F. angesehen, weil sie eine unklare, den Kunden grob benachteiligende Regelung enthalte.

**67** Auch die Einbeziehungskontrolle über Art. 27 IV i.V.m. Art. 31 II EGBGB vermag hier nur selten weiterzuhelfen, siehe *Baumert*, RIW 1997, 805, 809.

währleistet wird: Teilweise werden die nationalen oder europäischen Regeln der Klauselkontrolle in internationalprivatrechtlichen Vorschriften ausdrücklich zur Anwendung gebracht. Wo dies nicht der Fall ist, lässt sich über internationalprivatrechtliche Mechanismen eine ausreichende Kontrolle gewährleisten, so dass eine parallele oder gar zusätzliche Klauselkontrolle weder erforderlich noch angemessen erscheint.

## V. Zusammenfassung und Bewertung

Festzuhalten ist also, dass die Inhaltskontrolle im Internationalen Privatrecht insgesamt eine kollisionsrechtliche Kontrolle ist. Das zeigt sich bei ihren Voraussetzungen und Rechtsfolgen: Die Berücksichtigung der Bezüge des Sachverhalts zu einer bestimmten Rechtsordnung im Rahmen der Zulassung der Rechtswahl ebenso wie bei nachträglichen Einschränkungen trägt den Besonderheiten von Sachverhalten mit Auslandsberührung Rechnung. Bei den Rechtsfolgen ist vor allem bemerkenswert, dass die kollisionsrechtlichen Kontrollmechanismen nicht lediglich zur Unwirksamkeit der Klausel führen, sondern die Parteivereinbarung häufig durch Vorschriften aus einer anderen Rechtsordnung ergänzt oder sogar – bei Anwendung einer *ordre public*-Klausel – das Ergebnis der ursprünglichen Rechtsanwendung modifiziert wird. Insoweit reicht die Inhaltskontrolle und damit auch die richterliche Gestaltungsmacht weiter als im materiellen Recht. Teilweise ergeben sich aber auch deutliche Berührungspunkte zur materiellrechtlichen Inhaltskontrolle, vor allem bei den Regelungen zum Schutz bestimmter Personengruppen, wie z.B. Verbrauchern oder Arbeitnehmern, sowie bei der Berücksichtigung von Drittschutzinteressen. In diesen Bereichen wird die heute verstärkt zu konstatierende „Materialisierung" des Internationalen Privatrechts, also seine „Auffüllung" durch materiellrechtliche Wertungen, besonders deutlich.[68] Jenseits der gesetzgeberischen Grundentscheidungen sollten jedoch materiellrechtliche Gerechtigkeitsvorstellungen nicht stärker als unbedingt notwendig in das Internationale Privatrecht transponiert werden. Vor allem im Rahmen der Vorschriften über Eingriffsnormen sowie beim *ordre public* ist Zurückhaltung geboten, will man nicht in Zeiten der Globalisierung einer verstärkten Durchsetzung einzelstaatlicher Wertvorstellungen Vorschub leisten.

Das Fazit für die Inhaltskontrolle im Internationalen Privatrecht lautet daher: Die Inhaltskontrolle ist hier eine spezifisch kollisionsrechtliche. Sie integriert teilweise materiellrechtliche Wertungen und berührt sich insoweit mit der sachrechtlichen Inhaltskontrolle. Im Übrigen sollte jedoch ihr kollisionsrechtlicher Charakter gewahrt und damit letztlich die Parteiautonomie, die sich im Internationalen Privatrecht vor allem durch die Rechtswahl ausdrückt, gestärkt werden.

---

**68** Siehe dazu hier nur *Kühne*, Liber amicorum Gerhard Kegel (2002), S. 65, 82.

## Diskussionsbericht zu § 11

Zur Einleitung der von ihm geleiteten Diskussion wies *Riesenhuber* darauf hin, dass der Generaltenor des Vortrags sich thematisch sehr gut in das Thema der Tagung einfüge: Bei der Parteiautonomie handele es sich um ein spezifisch kollisionsrechtliches Thema. Die Parteiautonomie gehe besonders weit, wenn man sich vor Augen führe, dass man ja auf deren Grundlage ganze Rechtsordnungen samt ihrer zwingenden Bestimmungen abwählen könne. Zugleich gehe auch der Eingriff potentiell besonders weit, da die Parteien unter Umständen ein buntes Gemisch an Rechtsordnungen bekommen könnten, das in der konkreten Art gar nicht gewollt war.

*Karampatzos* bat *Schaub* um eine Stellungnahme zu der Frage der Möglichkeit der Wahl eines anerkannten Regelwerks wie zum Beispiel des *Draft Common Frame of Reference*[1]. Er wies darauf hin, dass die Präambel der Rom I-Verordnung[2] in Begründungserwägung Nr. 13 eine derartige Wahlmöglichkeit einzuräumen scheine, während sich in Art. 3 der Verordnung keine entsprechende Regelung fände.

*Schaub* erläuterte zunächst die Gesetzgebungsgeschichte der Rom I-Verordnung und machte deutlich, dass hier kein Konsens zur Frage der Wählbarkeit nicht-staatlicher Regelungswerke gefunden werden konnte. Aus diesem Grund habe der Gesetzgeber die Möglichkeit zwar in den Begründungserwägungen, nicht jedoch im rechtssetzenden Teil der Verordnung erwähnt. Sie wies darauf hin, dass die von *Karampatzos* genannte Begründungserwägung tatsächlich auf eine Wählbarkeit schließen lasse, dass diese allerdings im Widerspruch zu der darauf folgenden Begründungserwägung Nr. 14 stehe. Diese besagt, dass die Gemeinschaft in einem Rechtsakt zum materiellen Vertragsrecht bestimmen kann, dass dieser Rechtsakt wählbares Recht ist. Hierin liege demnach eher die Wertung, dass selbst ein von der Gemeinschaft erlassener und somit näher am staatlichen Recht liegender Rechtsakt, der im Vergleich zu einem „sonstigen" Regelwerk einen höheren Rang einnähme, einer entsprechenden Klausel bedürfe, um wählbar zu sein. Sie rügte, dass es sich bei der Vorgehensweise des Europäischen Gesetzgebers, Umstrittenes entweder nur in die Begründungserwägungen zu schreiben oder eine Entscheidung durch den Verweis auf künftige Berichte zu verschieben, um eine typische Verlegenheitslösung handele. Dies werfe auch die Frage auf, welchen Wert die Begründungserwägungen neben Gesetzgebungsgeschichte und anderen Auslegungsmethoden nun noch hätten. Sie folgerte, dass der DCFR zur Zeit jedenfalls, aufgrund der Widersprüchlichkeit der Begründungserwägungen, noch kein wählbares Recht sei.

*Riesenhuber* bestätigte das mit dem Hinweis auf die Rechtsprechung des EuGH, der Begründungserwägungen nur dann methodisch heranziehe, wenn diese auch einen Anknüpfungspunkt im verfügenden Teil des entsprechenden Rechtsakts fänden.[3]

---

1 *v. Bar/Clive/Schulte-Nölke* (Hrsg), Principles, Definitions and Model Rules of European Private Law Draft Common Frame of Reference (DCFR) – Interim Outline Edition (2008).

2 Verordnung (EG) Nr. 593/2008 des Europäischen Parlaments und des Rates vom 17.6.2008 über das auf vertragliche Schuldverhältnisse anzuwendende Recht (Rom I), ABl. 2008 L 177/6.

3 *Riesenhuber*, Die Auslegung, in: ders. (Hrsg.), Europäische Methodenlehre, § 11 Rn. 36 f.

Sodann sprach er die Frage an, inwieweit Art. 3 Abs. 4 Rom I-Verordnung die Ingmar-Entscheidung[4] des EuGH umsetze oder gar erweitere. Die Ingmar-Entscheidung sei noch auf Grundlage des Art. 7 EVÜ getroffen, also über Eingriffsnormen gelöst worden.[5]

*Schaub* bestätigte, dass die Ingmar-Entscheidung heute unter die erweiternden Regelungen der Rom I- und Rom II-Verordnungen fallen würde, diese aber natürlich nicht auf solche oder ähnliche Sachverhalte beschränkt seien. In Zukunft könnten jedenfalls mehr Sachverhalte über die Binnenmarktklausel gelöst werden.

*Riesenhuber* zweifelte, dass man eine Inhaltskontrolle von Rechtswahlklauseln in Bezug auf deren Transparenz über den Wortlaut des Art. 3 Abs. 1 S. 2 Rom I-Verordnung („eindeutig") rechtfertigen könne. Bezüglich des von *Schaub* in ihrem Vortrag gebrachten Beispiels der Klausel „Auf diesen Vertrag ist das Recht des Landes anzuwenden, in dem der Vertrag geschlossen wurde" fragte er, was daran nicht als eindeutig angesehen werden könne – die Frage, ob überhaupt eine Rechtswahl erfolgen sollte oder welche Rechtsordnung gewählt werden sollte?

*Schaub* gab ihm insofern Recht, als es bei der Prüfung, ob eine Rechtswahlklausel „eindeutig" i.S.d. Art. 3 Abs. 1 S. 2 Rom I-Verordnung sei, hauptsächlich darum gehe, ob überhaupt eine gültige Rechtswahl vorläge. Sie betonte jedoch, dass eine derartige Beschränkung auf das „Ob" der Rechtswahl nicht zwingend sei. Für diese „innovative" Auslegung spreche, dass eine derartige Lösung sinnvoller sei, als auf die Klauselkontrolle des nationalen Rechts zurückzugreifen. Auf diese Weise könne man Einzelfälle gut lösen, ohne zu sehr in das System einzugreifen.

*Riesenhuber* merkte an, dass man die Voraussetzung der Eindeutigkeit in Art. 3 Abs. 1 S. 2 Rom I-Verordnung auch als Schutzinstrument für die Selbstbestimmung der Parteien sehen könne. Auf Grundlage dieser Annahme sei dann auch teleologisch gut begründbar, das Transparenzgebot hierin verankert zu sehen; „eindeutig" setze auch voraus, dass man erkennen könne, was man wählt.

*Julia Jacobs*

---

**4** EuGH v. 9.11.2000, Rs. C-381/98, Slg. I-9305 – Ingmar.
**5** *Riesenhuber*, Europäisches Vertragsrecht (2. Auflage 2006), Rn. 180.